当代中国
教育学人文库

当代中国教育学人文库

数智教育学

刘复兴 等●著

中国人民大学出版社
·北京·

前 言

当今世界正在经历百年未有之大变局，最为强劲的变革动力是新一轮科技创新浪潮以及由此引发的第四次工业革命。人工智能、互联网、物联网、区块链、新型通信技术、量子科学与新能源技术正在重塑整个世界与人们的生活。以数字技术的体系化发展为代表的前沿技术创新正在把人类社会带入一个新的历史发展阶段——数字文明。体系化的数字技术逐步成为人类社会包括教育发展的新型技术与物质基础。正如农业文明具有农业时代的教育，工业文明具有工业时代的教育，数字文明必然会具有新的数字时代的教育。（需要说明的是，当前国内外学术界在对第四次工业革命所引发的这个时代的研究中使用的概念并不统一，甚至是五花八门。本书中在描述这个特殊的历史阶段时大致使用了“数字文明时代”“数字时代”“算法时代”“数智时代”等不同的表述。读者可以把这几种描述理解为“数字化”“网络化”“智能化”发展阶段的不同名称，本质上是一样的。）

数字文明时代的教育呼唤数字时代的教育学理论。在信息化、大数据、互联网、物联网、区块链与人工智能技术叠加发展的数字文明时代，目前在国内外仍然占主导地位的工业时代的教育学无法有效回答教育数字化中的一系列新问题，正在逐步被数智教育学所取代。在数字文明时代，教育学理论与实践不得不面对、研究与讨论人类社会数字化转型中的一系列教育问题。如数字文明时代人类教育活动的哲学本体论、方法论的变革，数字化技术体系特别是人工智能技术对教育与人的发展、社会发展的关系的影响，数字化教育活动、制度有哪些新的特点？社会职业要求与人才培养标准将如何变化？学校作为教育资源提供者的唯一地位受到挑战，教育空间与场域的复杂化是否会带来新的教育生态系统？教学课程与教学模式的变化将为学习者身心发展带来何种影响？教师教育结构与制度如何变革，才能解决教师面临的角色重构与专业发展难题？教育评价如何实现数字化转型？同时，教育政策的保障与治理、教育伦理的法律与规范的重构，以及教育研究的方法论等多方面都面临重大转型的要求。本书对以上这些问题都做了较为系统深入的研究与探讨，以期为数字文明时代的教育学发展提供一些新的理论依据与思想的火花。

在新时代，数智教育学的研究，也是本书的主题，具有独特的学术价值。

一是本书应该是国内首部探讨数字文明时代教育学理论问题的学术著作，目前也没有检索到国外有同类的书籍，至少可以说本书的成果处在目前国内外教育学研究的学术前沿位置。二是本书对数字文明时代教育学需要研究的一系列新问题做了系统研究与讨论，提出了“教育与机器的关系”基本命题，系统论证了数智教育学的技术物质基础，论述了数智时代教育活动与制度的基本特点以及教育研究范式转型的基本观点，并呼吁要警惕“富饶的贫困”，避免算法、数据所带来的“信息茧房”，强调教育中新人文主义的价值回归，具有鲜明的创新性。三是本书实际上是我们在新时代建构中国教育学自主知识体系的一个努力。在数智教育学理论这个问题领域，当代的中国与欧美实际上处在同一个起跑线上，本书的出版既是在数字化转型中建构中国特色教育学理论的努力，也是打破近代以来西学东渐进程下中国的教育学主要是学习国外特别是美西方教育的格局的一个十分难得的契机。

关于数智教育学的研究也是作者近年来思考、规划与布局中国人民大学教育学科发展与建设的一个具体成果。中国人民大学的教育学科与教育学院是从延安走出来的，具有光荣的革命传统和鲜明的红色基因。教育学科与教育学院的发展既要不忘历史，把这一光荣传统和红色基因传承好，致力于马克思主义教育学与习近平新时代中国特色社会主义思想的教育理论体系研究；又要放眼世界，始终走在世界教育学科发展的前沿，致力于探索与建构中国教育学自主知识体系。一是认真学习贯彻落实习近平总书记关于教育的重要论述，努力推动新时代我国马克思主义教育学的研究与学科建设，建设新时代中国的马克思主义教育学重要阵地。二是面向世界教育学学科发展前沿、党和国家的中心任务、我国教育事业改革发展关键领域、区域教育发展重大需求，建设世界前沿教育科学理论创新基地。三是服务党的中心工作与教育发展战略，善于用学术讲政治，强化战略教育学研究，发挥智库咨政作用，建设新时代教育发展战略策源地。特别是 2022 年 4 月 25 日，习近平总书记在中国人民大学考察时指出，要“加快构建中国特色哲学社会科学，归根结底是建构中国自主的知识体系。要以中国为观照、以时代为观照，立足中国实际，解决中国问题，不断推动中华优秀传统文化创造性转化、创新性发展，不断推进知识创新、理论创新、方法创新，使中国特色哲学社会科学真正屹立于世界学术之林”。要做到屹立于世界学术之林，我国教育学的研究就要走在世界教育学发展的前沿。数智教育学就是当今世界教育学发展中最前沿的一个问题领域。关于数智教育学的研究就是我们研究团队致力于建设世界前沿教育科学理论创新基地的一个小小的努力。

刘复兴

2025 年 4 月

目　录

第一章
论教育与机器的关系*

* 本章已全文发表在《教育研究》2019 年第 11 期。

人类社会正在走向数智时代[①]。第四次工业革命的快速来临，使得整个人类社会进入新一轮革命性变革的序曲。作为专门研究教育现象与教育问题的学问——教育学——面临着研究新问题、提出新理论、讨论新政策的巨大挑战和无限机遇。

一、教育学需要面对一个新的主题

教育与人的发展的关系、教育与社会发展的关系，是教育学研究的两大根本主题。不论在什么世界观和方法论的指导下，教育学理论体系主要都是建立在这两大研究主题的基础上。但是，在信息化、互联网、区块链与人工智能技术等叠加发展的新时代，教育学不得不面对、研究和回答"教育与机器[②]的关系"这一新的主题。而且，需要把教育与人的发展、教育与社会发展、教育与机器发展结合在一起，甚至需要以教育与机器发展的关系为物质与技术基础来讨论教育与人的发展、教育与社会发展的关系。

（一）第四次工业革命带来新的革命性影响

当前，以人工智能技术为核心标志的第四次工业革命将把人类社会带入一个全新的数据时代。"人工智能是引领新一轮科技革命和产业变革的重要驱动力，正深刻改变着人们的生产、生活、学习方式，推动人类社会迎来人机协同、跨界融合、共创分享的智能时代。"[③] 这个时代最典型的特征就是人工智能技术的快速进展、智能机器的产生及大量应用、人与智能机器的交互甚至融合。这些特征具体体现在以下几个方面：一是人工智能技术发展进入新阶段，基于神经网络（neural network）方法的深度学习（deep learning）成为现实[④]，人工智能技术由计算智能、感知智能向综合智能发展，由窄人工智能（narrow AI）

---

① 关于数智时代的说法，基本上是指在数据主义或者计算主义主导下以互联网、物联网、大数据、区块链和人工智能技术等为标志的科技发展时代，即第四次工业革命时代。也有人称之为"算法时代"，参见：多梅尔．算法时代：新经济的新引擎［M］．北京：中信出版社，2016．或称之为"增强时代"，参见：金．智能浪潮：增强时代来临［M］．北京：中信出版社，2017．或称之为"后人类时代""后人类主义"，参见：朱彦明．后人类主义对教育的挑战与重塑［J］．南京社会科学，2018（11）．

② 这里所说的"机器"，主要是指基于人工智能技术的具有深度学习能力与特征的智能机器。以蒸汽机为代表的第一次工业革命以来，机器的发展仅仅还是以人类的工具而存在。当具有深度学习能力的智能机器产生以后，机器成为主体、人机结合成为可能，教育与机器的关系才成为一个必须要面对的话题。

③ 习近平向国际人工智能与教育大会致贺信［N］．人民日报，2019-05-17．

④ 李开复．AI·未来［M］．杭州：浙江人民出版社，2018：16-20．

向通用人工智能（general AI）发展①。二是智能机器开始具有自主意识和自主学习能力。据有关报道，机器人已经首次出现“自我意识”，美国哥伦比亚大学研发出了首次展现出“自我意识”的机器人②。超越深度学习水平的神经网络架构学习技术也获得了突破，清华大学施路平团队已经构建出了类似人脑神经元的人工智能芯片回路，可以让机器人最大限度地模拟与人类相似的思考方式，像人一样自行思考，自主解决问题③。三是人脑与计算机接口技术获得突破，人机交互甚至融合成为可能。人脑与电脑连接即将实现，特斯拉与 SpaceX 的创始人马斯克表示，其投资的初创公司“神经连接”即将公布首个人机交互界面，可将人脑与计算机连接起来，完成人脑与计算机的交互④。浙江大学的研究团队通过“脑电帽”采集人脑电信号，并将其传输到计算机上，由专门设计的程序加以处理，编码成电刺激参数，再传递给大白鼠背着的芯片，即可以“操纵”大白鼠按照人的指令行动⑤。智能机器与作为主体的人融合为一体，产生了人机结合体。除了目前已经成为现实的生物医学意义上的人机结合体之外，未来所有的学习者都可以使用由智能机器构成的可穿戴设备或者可植入设备，成为另一种类型的人机结合体。5G 以及超越 5G 的更先进通信技术、量子科学的新发展，都会大大推动和促进人工智能技术的发展，显著加快上述进程。

在可以预见的未来社会，智能机器在社会与教育生活中扮演着不可或缺的角色，成为社会的一个有机组成部分和具有独立判断、自主行动能力的行为主体；承担越来越多的功能，甚至有可能参与关于政治、法律、伦理等方面的决策与行动。因此，人与社会不得不面对的一个问题就是，必须要学会与智能机器共存、共生与合作。

（二）技术变革必然带来哲学理论与人类行为方式的革命

技术变革决定着社会变革。人类历史上发生过的三次工业革命都给人们的生活、社会发展和科学理论带来了革命性影响。以人工智能为标志的第四次工业革命及其新技术变革正在快速改变人们的生活方式与社会活动方式，形成人类活动新的物质、技术结构，这必然带来哲学理论与人类行为方式的革命。

一是现代科学赖以建立的主客二分、人与非人的二元论世界观将被打破。现代科学理论体系和方法论都是建立在人类中心主义和以人为中心的主客二分

---

① 李开复．AI·未来［M］．杭州：浙江人民出版社，2018：21.

② 美国科学家称机器人首次出现“自我意识”［N］．参考消息，2019－02－02.

③ PEI JING，et al. Towards artificial general intelligence with hybrid tianjic chip architecture［J］. Nature，2019（7767）.

④⑤ 人脑与电脑连接即将实现？［N］．参考消息，2019－04－25.

的二元论世界观基础之上的。人是世界的中心，是万物的主宰；人是主动的主体，其他一切外部的非人的东西都是被动的客体。人既是一切真理的出发点，也是目的。现代科学理论体系、方法论及其指导下建设的包括所有工具在内的外部世界其实只不过是人认识外部世界和改造外部世界的结果与工具。

人工智能技术的快速进展、智能机器的产生及大量应用、人与智能机器的交互甚至融合将导致哲学本体论的改变。特别是智能机器具备了媲美甚至可能超过人类的学习与思维能力，产生了人机结合体，这必然使传统的主体与客体、主观与客观、人与物、人与非人之间原本严格分明的界限变得模糊甚至被彻底打破。“在万物互联的世界里，人类不是中心，而只是其中的一个部分”①，人也不再是一切真理的本源和目的，“只是创造万物互联的工具”②，“以人为中心的世界观走向以数据为中心的世界观”③，人类中心主义被颠覆，数据主义世界观会逐步取代人文主义世界观，人类社会发展进入后人类时代。哲学本体论的改变又会带来价值论、认识论、方法论的改变。

二是算法（algorithm）成为认识和解释人与世界的基本法则和思维方式。在数据主义主导的世界里，算法成为认识和解释人、社会及其他所有一切的基本法则和思维方式。人工智能技术的核心部分其实就是各种功能不同的算法。一般认为，算法是由算法工程师编写的，为解决某一特定任务而规定的指令程序，对于符合一定范围的输入，它能在有限的时间内给出有效的输出。算法是智能机器利用特定程序处理数据流的方案，其在数据时代的地位和重要性类似于人类的知识、神经网络和思维方法论。

在数据时代，“算法正在深刻地改变我们看待生活、看待宇宙乃至一切事物的方式”④。未来“生物本身其实就是算法，生命是不断处理数据的过程”⑤，甚至“拥有大数据积累的外部环境竟比我们自己更了解自己”⑥。信息自由成为新的价值观，数据主义成为1789年人文主义价值观确立以来第一个真正创造新价值观的运动⑦，以至于信息、数据和算法将会成为理解人与社会本质的重要概念⑧。

三是人（社会）与机器的内涵与边界需要重新解释和界定。现代科学的历

---

①② 赫拉利．未来简史［M］．北京：中信出版社，2017：345.

③ 同①353.

④ 多梅尔．算法时代：新经济的新引擎［M］．北京：中信出版社，2016：引言．

⑤⑥ 同①封面.

⑦ 同①346.

⑧ 李建会．走向计算主义：数字时代人工创造生命的哲学［M］．北京：中国书籍出版社，2004：203.

史表明，人发明创造了机器，机器仅仅是人的发展与社会发展的工具。人是主体，具有主观能动性，机器是被动的客体与工具。但在数据时代，在传统的主体与客体、主观与客观、人与物、人与非人之间原本严格分明的界限变得模糊甚至被彻底打破的情况下，在机器具有自主学习和自主思维能力的条件下，我们需要重新思考人（社会）与机器的关系，重新界定和解释人（社会）及其活动的本质内涵。首先，人与机器的关系日益复杂，不再是绝对的主体与客体关系。人与机器的关系、社会与机器的关系、机器与机器的关系变得更为复杂，不再是单向度的主客体关系，而是一种交互式的、主体间性式的、日益融合的关系。其次，人的本质与机器的本质都变得更为丰富。数据流成为解释人的本质核心内涵的方案之一。人类历史实际上就是数据处理的过程①。机器也从绝对化的工具转变为一种实在或者本体②。最后，存在着人与机器主客易位的可能性。机器人与人类相比更具有优势③，人类创造了算法，却面临着避免被算法淘汰的挑战④，正如人类创造了上帝并对它顶礼膜拜一样，“数据主义则可能从以人为中心走向以数据为中心，把人推到一边”⑤。

（三）万物互联：教育学不能无视伴随人工智能技术而来的新的教育与学习革命

我们必须正视世界本体及其关系的变化。当人（社会）的本质、人（社会）与工具的关系甚至人类的主宰地位可能或者正在发生改变的时候，当人与社会的本质开始使用信息、数据和算法等概念加以认识和解释的时候，以研究教育与人的发展、教育与社会发展的关系为己任的教育学怎么可能无视这种变化？

我们必须正视万物互联条件下教育与学习实践的变化。正如历次工业革命带来了教育的革命性变革一样，第四次工业革命将会带来新的教育与学习革命。数据主义的一条诫命“就是要把一切连接到系统，连那些不想连入的异端也不能例外。而且这里指的一切并不只是人，而是一切事物。人类的身体自不必说，还包括街上行驶的车、厨房里的冰箱、鸡舍里的鸡、树林里的树，一切都要连接到万物互联网上”⑥。在万物互联的世界中，教育仅仅是其中的一个小小的

① 赫拉利．未来简史［M］．北京：中信出版社，2017：342．
② 同①191．
③ 金．智能浪潮：增强时代来临［M］．北京：中信出版社，2017：101．
④ 李开复．AI·未来［M］．杭州：浙江人民出版社，2018：封面．
⑤ 同①352．
⑥ 同①345．

部分。万物互联也会把教育连接进来，而且首先会把教育连接进来。在信息化、网络化、数字化、智能化以及5G技术的支持下，教育会呈现为一种新的形态。包括智慧校园在内的万物互联网中，人类的学习、机器自主学习、人机交互学习成为教育和学习的常态。互联网、物联网、区块链、5G技术以及量子科学决定着未来社会与教育的结构关系。教育面临着以第四次工业革命为背景的发展范式的结构性变革。当教育和学习的实践活动发生革命性、结构性变革的时候，研究教育现象与教育问题的教育学不能无视这种变化。

在数据时代，建立在工业时代基础上的教育学不得不面对一个新的主题。一方面，以人工智能为标志的机器革命及其相应的技术变革催生教育学研究的新主题。教育学既需要探讨教育与机器的关系，又需要以“教育与机器的关系”作为中介，研究、讨论教育与人的发展、教育与社会发展的关系，以及作为本体与目的的人工智能所带来的伦理价值与思维方法的重构。另一方面，教育学需要在新的技术结构和历史条件下重新研究和思考人类的命运和未来这个根本性问题。人类思想史上的近代人文主义与科学主义之争在21世纪的数据时代转化为人与机器的关系问题。其中一个严肃的问题是，机器会像当年人文主义取代神（宗教）使人类成为世界的中心那样，逐步取代人成为世界的中心与主宰吗？众多的科学家和学者都预言和分析了这个可能性。实际上，处理好人与智能机器的关系是讨论“教育与机器的关系”的一个重要条件。智能机器越发展、水平越高、融入社会生活越深入，越需要我们回到人性、回到人本身去思考人的本质与社会的本质问题；越需要我们从人类与机器相互适应的视角，从多个层次去思考“教育与机器的关系”及其内在机制这个命题。这个问题的提出会使人类和世界更加需要教育，需要教育去研究和思考为什么存在、为什么教、教什么、培养什么样的人、人类的未来是什么等涉及人与社会发展的一系列根本性问题。此外，教育学对于信息化、网络化以及人工智能技术的研究亟须超越“教育与技术的关系”这个层面，即需要超越“教育技术学”的范畴。尽管历史上任何一次革命性技术变革都带来了人类社会的根本性变化，但是这一次似乎有些不同。技术变革不再仅仅是促进人的发展、社会发展的技术基础、物质基础、工具和手段，而同时又是人的发展、社会发展的本身、本体和实在，还会引起价值体系与思维方式的重构。教育学应该从一个更为根本、更加理论化以及更为上位的视角来讨论教育如何面对人类社会新一轮技术变革所带来的新挑战与新问题。

二、关于“教育与机器的关系”命题的几个基本要点

在教育与教育学的历史上，关于机器在教育、教学中的应用并不是一个新

问题。最为典型的是20世纪中期美国心理学家斯金纳（B. F. Skinner）的程序教学理论与使用教学机器的教学模式，以及当代计算机辅助教学的广泛应用。但这些理论与实践背后的哲学与行为方式是局限在人类中心主义与主客二元论的范畴里的。一般是在方法论的层面把行为主义、建构主义、技术哲学作为哲学基础，从工具主义的层面看待机器的作用，仅仅把机器作为人类教育与学习的工具来看待和使用。

在数据时代，人类中心主义的地位将会被撼动，主客二元的思维方式将会被打破，人的本质被赋予新的含义。机器至少将会从工具、技术、客体转变为目的、主体乃至本体的一部分，学校、教师、学生也会成为万物互联的一部分。这需要我们超越行为主义、技术哲学、工具主义等方法论层面的思维，在哲学本体论、价值论层面来思考和研究教育教学中的机器问题。新的哲学本体论的产生，必然影响着价值体系和伦理规则的变化，进而影响着方法论与评价体系的变革。教育学应该从哲学、教育学原理、教育政策学的层面思考和研究"教育与机器的关系"这个命题。

（一）机器及其发展将成为人与社会发展本质内涵的一部分

关于人与社会的本质，哲学史上存在不同的观点，见仁见智。马克思主义强调"物质生活的生产方式制约着整个社会生活、政治生活和精神生活的过程。不是人们的意识决定人们的存在，相反，是人们的社会存在决定人们的意识"①，指出"全部社会生活在本质上是实践的"②，认为"人的本质不是单个人所固有的抽象物，在其现实性上，它是一切社会关系的总和"③。马克思主义基本原理为我们思考和研究数据时代智能机器的本质以及人与社会的本质提供了思维方法。

首先，智能机器是一种存在物。拉斯穆森（S. Rasmussen）曾使用5个公理和3个推论论证了智能机器的实在性④。增强智能时代⑤造就的大量人机结合体本身就是一种新型的存在物。"在后人类看来，身体性存在与计算机仿真之间、人机关系结构与生物组织之间、机器人科技与人类目标之间，并没有本质不同的或者绝对的界限。"⑥ 生物人与智能机器以及人机结合体共存、共生与合

---

① 马克思，恩格斯．马克思恩格斯文集：第2卷［M］．北京：人民出版社，2009：591.

②③ 马克思，恩格斯．马克思恩格斯文集：第1卷［M］．北京：人民出版社，2009：501.

④ 李建会．走向计算主义：数字时代人工创造生命的哲学［M］．北京：中国书籍出版社，2004：191－194.

⑤ 金．智能浪潮：增强时代来临［M］．北京：中信出版社，2017：7－40.

⑥ 海勒．我们何以成为后人类［M］．北京：北京大学出版社，2017.

作成为一种社会生产与社会生活的常态。

其次，智能机器成为人与社会的一部分，已经而且正在不断深化自身的社会实践。一方面，机器越来越像人。具有自我意识、自主学习能力与思维能力的智能机器越来越具有“人”的特质。当机器的物质结构与机能达到或者超过人脑的结构与机能的时候，机器就会从人的最重要的工具成为“人”本身，成为本体。生命的概念得到扩展，自然生命与智能机器只不过是建立在生化算法与电化算法等不同算法之上的不同的社会存在而已。另一方面，智能机器在实践中不断形成、发展和丰富自身的社会关系。AlphaGo 打败了围棋冠军李世石与柯洁，陪伴机器人风靡日本与美国，拥有近 400 年历史的日本京都高台寺正式使用机器人 Mindar 进行布道，生物医学领域智能机器的应用产生大量人机结合体，等等，都可以看作智能机器参与的社会实践。更为重要的是，智能机器在社会实践中将会逐步建立自己的社会关系，从而形成、发展和不断丰富自己的本质内涵。

最后，人与社会也是这一进程中的受益者。马克思主义的劳动对象化理论揭示了具有自我意识的人在使用工具的劳动过程中通过“主体客体化”与“客体主体化”实现了人自身的再生产①。在数据时代，这种人类自身的再生产速度更快，范围更广，内容更丰富。人越来越像机器，智能化穿戴设备、可植入设备以及增强智能技术越来越完善和先进，可以使人具备超越自然生命的、生物人所无法具备的思维与行动能力。人与具有自我意识、自主学习能力的智能机器之间互为主体、互为客体甚至合为一体的社会关系会更为复杂。与之前的作为绝对客体的工具相比，智能机器及其发展会成为一种前所未有的动力，推动人与社会不断丰富和发展自身的本质内涵。所有这些已经出现或者可能出现的变化，对于我们关于教育本质、人的发展本质、社会发展本质认识的影响会如何，也是一个需要认真回答的问题。但是需要指出，尽管在人工智能时代机器开始具有主体的意义，人的主体地位与机器的地位还是有根本的不同，机器的教育和人的教育也会有本质的区别。这是我们讨论教育与机器关系问题的一个出发点。

（二）作为教育的工具与载体的机器成为教育者与受教育者本身

人是教育的主体又是教育的对象，这是现代教育学的基本命题。在数据时代与万物互联的时代，这个命题需要引入新的视角和新的内涵，需要我们从新

---

① 桑新民. 呼唤新世纪的教育哲学：人类自身生产探秘［M］. 北京：教育科学出版社，1993：84-93.

的视角看待教育者与受教育者及其关系。

机器的基本功能仍然是教育与学习的载体、工具。智能机器及其物质、技术结构是教育的基本物质、技术基础和基本工具。在万物互联的时代，就像过去和现在我们离不开书本、离不开电脑、离不开手机一样，人类也终将离不开智能机器。智能机器是万物互联网中的枢纽和网结。随着自动化机器学习系统的不断完善，利用智能机器进行劳动、教育、学习是基本形式和基本途径。由于智能机器在劳动、教育、学习中具有不可替代性，因而教育与机器发展的关系成为思考和解决教育与人的发展、教育与社会发展关系问题的中介与载体。但是，机器不再仅仅是载体和工具，也会成为教育的主体和教育的对象。

一是会出现越来越多的机器人教师，机器人教师至少可以承担一部分教育教学职能。更重要的是，智能机器不仅仅依靠程序、指令、算法运行，而且也能依靠自我意识、自主学习与自主思维运行。随着人工智能技术的发展，智能机器的自我意识、自主学习和自主思维能力会越来越强，加上本来就比人类强大且越来越强大的数据库以及算法的不断改进，甚至具有把体现人类特征的生化算法与体现智能机器特征的电化算法兼容、结合起来的可能性，导致智能机器在某些特定方面会比人类更强大。因为“算法执行的任务是人类无法完成的”①。未来的机器人教师会超过人类教师吗？至少在教育与学习的某些环节、某些方面上是如此。

二是产生了教育机器以及人机结合体的问题。当机器越来越像人时，机器会逐步成为社会实践与社会生活的一部分。生物医学技术与人工智能技术的合作，会产生越来越多的人机结合体。尤其是使用了较多可穿戴设备、可植入设备的人机结合体，其特征是把人与社会的发展导向另外一个相反的方向，即人越来越像机器。科学家们预言，奇点②注定会在未来的某一天到来。面对智能机器以及人机结合体所带来的社会、伦理乃至法律问题，机器以及人与机器的结合体必然会成为教育的对象。后人类主义也严肃地提出了这个问题，即如何教育机器的问题③。尽管有学者认为“计算机无法做出价值判断”，“计算机不可能拥有道德”，“价值体系不能以算法的形式存在”④，但是，且不论随着人工

① 多梅尔．算法时代：新经济的新引擎［M］．北京：中信出版社，2016：203.

② 奇点指的是机器与人类彻底融合的时刻，参见：布拉班迪尔．极简算法史：从数学到机器的故事［M］．北京：人民邮电出版社，2019. 在理论上，奇点意味着可以通过运用越来越强大的算法来解决人类面对的所有问题，参见：金．智能浪潮：增强时代来临［M］．北京：中信出版社，2017.

③ 朱彦明．后人类主义对教育的挑战与重塑［J］．南京社会科学，2018（11）.

④ 布拉班迪尔．极简算法史：从数学到机器的故事［M］．北京：人民邮电出版社，2019：109.

智能技术的发展和广泛应用会带来无限可能性，至少人类需要智能机器学会价值判断，具有道德准则，遵守基本规范。算法实际上已经“可以改变当今社会舆论的进程”①，已有的事实也初步表明，大数据和算法可以影响、决定甚至塑造价值判断和价值体系。尤其不能忽视的是，教育机器的问题已经成为一个现实社会中的实践与政策问题，如欧盟已经于 2019 年 4 月发布了《人工智能伦理准则》，日本于 2018 年 12 月发布了《以人类为中心的人工智能社会原则》，中国于 2017 年 7 月发布的《新一代人工智能发展规划》鲜明地提出了伦理问题，联合国教科文组织也发布了《教育中的人工智能：可持续发展的挑战与机遇》，系统关注了人工智能技术在教育中应用所带来的挑战。在人工智能时代，未来教育最终走向何方还有待持续观察。但是机器作为人造物，为人类的福祉服务，与人类和谐共生、共存，恰恰是人类期待教育机器或者机器教育完成的一项重要使命与归宿。

（三）教育结构需要不断适应建立在人工智能技术革命基础之上的社会结构变革

技术革命深刻改变着社会结构，教育结构必须适应社会结构的变革，这既是现代社会学与教育学的一个基本原理，也是人类近现代教育历史上屡屡发生的事实。在数据时代、数智时代或者说增强智能时代也是如此，并且这种变革的深刻性、广泛性和快速性是之前的任何一次工业革命②都无法比拟的。

人工智能技术与互联网、物联网的结合将造就一个万物互联的社会结构。在数据时代，“人类世界被植入了计算机逻辑”③，换句话说，算法是控制人类社会行为的基本准则和思维方式，算法成为“在人类集体智慧的作用下形成的信息与社会组织方法”④。随着互联网、物联网以及人工智能技术的进展，人类社会和它的实践活动的要素及其关系日益复杂化。且不论智能终端及网络集合会不会成长为一个带有人格的主体，至少人、机器人和人机结合体是三个基本的主体，它们之间又构成了更为复杂的主体之间的关系。世界成为由真实世界、数学世界和计算世界等三个世界构成的特殊世界⑤，也有人认为世界是由人、

① 多梅尔．算法时代：新经济的新引擎［M］．北京：中信出版社，2016：231.

② 金．智能浪潮：增强时代来临［M］．北京：中信出版社，2017：42.

③ 同①217.

④ 同①210.

⑤ 李建会．走向计算主义：数字时代人工创造生命的哲学［M］．北京：中国书籍出版社，2004：197－198.

物理世界、智能机器和虚拟信息世界等构成的四元空间①，它们彼此的关系也必然是更为复杂的。与人类目前的世界相比，其连接与协作方式也会发生巨大的改变②。社会职业类型以及社会所需要的劳动力类型、数量、标准也会发生巨大变化，"人类劳动从低层次思维到高层次思维将逐步被机器替代"③。数据时代的教育结构体系也必须随着社会结构的改变而变革，它是以人工智能、互联网和物联网技术为物质和技术基础，嵌入万物互联的社会结构，是万物互联的一个组成部分。教育的形态由工业时代的教育转变为信息化教育、算法教育、"互联网＋教育"、"物联网＋教育"、"人工智能＋教育"；教育制度体系由正式制度为主体的纵向上以梯级、等级制度体系为特征，横向上以普通教育与职业教育的双轨制为特征的刚性制度体系，转变为立体的甚至是一种边际不断扩展的球状的多回路、网络式的，由正式制度与非正式制度共同构成的弹性制度体系；学科体系、教材体系、教学体系和管理体系也会相应地进行变革。教师、学生、管理者的身份、联结与协作关系也会日益复杂。

（四）学校成为万物互联的新型社会组织

在人类教育史上，从分散的个别教育到有组织的学校教育，是建立在第一次工业革命技术变革基础上的教育组织变革。以电力的广泛应用为标志的第二次工业革命和以计算机、互联网为标志的第三次工业革命只是从内涵上不断丰富着学校的概念，并没有从根本上改变学校的外延和组织方式。但是在数据时代，互联网（特别是移动互联网）、物联网、5G 技术，尤其是人工智能技术的快速发展为学校重组、重构与新生提供了可能性。

首先，学校是万物互联的社会组织。互联网、物联网、5G 技术特别是人工智能技术在教育中得到越来越广泛的应用，使学校成为万物互联网的一个组成部分。出现虚拟教师、智慧课桌、智慧学校、智慧幼儿园，学校与万物互联的世界融合为一体。更重要的是，随着技术的进步，会不断发生技术变革嵌入学校、教育、学习系统再到学校、教育、学习者嵌入技术变革系统的辩证轮回。而作为教师、学生、教育管理人员的人"不过是万物互联中的一个芯片"④。

其次，人机交互成为教育与学习的常态。在目前互联网与物联网应用的基础上，教育机器人会大量应用于教育领域。如《教育信息化 2.0 行动计划》

---

① 吴朝晖．智能增强时代的学习革命：在国际人工智能与教育大会上的发言［J］．世界教育信息，2019（10）．

② 金．智能浪潮：增强时代来临［M］．北京：中信出版社，2017：213．

③ 黎家厚．人工智能时代的教育四大支柱：写给下一代的信［J］．人民教育，2018（1）．

④ 赫拉利．未来简史［M］．北京：中信出版社，2017：348．

指出，“教育机器人作为机器人应用于教育领域的代表将成为智慧学习环境的重要组成部分”[①]。可穿戴、可植入的教育学习设备甚至微型教育机器人成为学习的标准配置。学会在教育中与机器共存共处成为一个基本前提。

最后，学校概念的边界与外延被突破。教育、教学、学习逐渐成为线上线下融合（OMO）[②] 的活动，移动终端、新型通信技术与增强智能会彻底改变人们的教育、学习组织方式。像流水线一样的标准化的传统学校组织方式被颠覆。现实场景学习与虚拟学习共存，课堂学习与移动学习结合，制度化学习与非制度化学习平分秋色。教育与学习等实践活动的要求、结果和效果都需要新的标准。“不仅仅需要教给学生科学、技术、工程和数学（所谓的“STEM”科目），而且也需要教授灵活、创意思维、快速学习和适应。”[③] 像信息素养、数据素养、终身学习、快速学习、学会选择、高阶思维与高情商、坚定的价值观与信仰等成为对学习者的基本要求，也有人称之为 21 世纪的新通识教育[④]。

（五）机器发展水平与教育的发展水平相互制约

在数据时代，首先，机器发展水平决定着教育的发展水平。互联网、物联网与人工智能技术的发展会在传统的社会与世界之外带给我们一个由智能机器与虚拟世界（或者计算世界、数据世界）构成的新的社会形态。正如在传统社会中谁具有最高质量的人才和最先进的生产工具，谁就会领先于世界一样，在数据时代，谁具有最先进的互联网、物联网和教育机器人，谁就可能拥有最高质量的教育和人才。从教育的历史来看，决定教育质量和水平的因素有很多，但在数据时代，人工智能技术的水平、教育机器人的水平将是影响教育改革、教育质量的一个革命性、决定性的变量。反过来看，人才质量决定着人工智能技术的水平，决定着智能机器的水平。从人工智能技术发展的轨迹来看，人才、政策、市场和大数据，都是影响人工智能技术发展的核心要素[⑤]。其中人才是核心，政策是保障。没有创新型人才和专业化、高水平的人工智能工程师，就不可能有领先世界的人工智能技术和智能机器。

---

① 教育部关于印发《教育信息化 2.0 行动计划》的通知［EB/OL］. http//www. moe. gov. cn/srcsite/A16/s3342/201804/t20180425_334188. html.

② 李开复 . AI · 未来［M］. 杭州：浙江人民出版社，2018：146.

③ 金 . 智能浪潮：增强时代来临［M］. 北京：中信出版社，2017：53.

④ 吴朝晖 . 智能增强时代的学习革命：在国际人工智能与教育大会上的发言［J］. 世界教育信息，2019（10）.

⑤ 同②105.

其次，教育科学的研究水平也将会对人工智能技术产生重要影响。一般认为，人工智能技术是一个跨学科的领域，数学、逻辑学、计算机科学构成人工智能技术的学科基础①，早在神经网络学习方法被应用到人工智能技术中时，认知神经科学（心理学）就已经成为人工智能技术的学科基础。随着未来具有自主意识和思维能力的智能机器被广泛应用于包括教育在内的社会生活的方方面面，会产生诸如机器人行为规范与伦理问题，人与机器的价值关系问题，教育与管理机器的问题，教育机器人的制造、使用与管理问题，等等，这些都需要数据时代教育学的理论指导。如果说教育学是未来人工智能技术发展的重要理论与学科基础，那么从现在开始，中国的教育学必须要建立在这样的观念之上并为之做好理论准备。

三、教育学及其研究需要作出变革

教育具有保守性，需要延续和传递文化与文明。教育又是具有超前性的社会事业，对未来社会发展和人的发展具有引领和塑造的作用，因此负有重大的社会责任。面向数据时代的要求，教育学的研究需要认真思考教育是发挥了这个引领与塑造的作用、负起了这个重大的社会责任，还是实际上滞后于时代的发展与需要？历史已经证明，技术变革不仅仅会改变人们的生活和社会结构，而且会催生新的理论体系、价值体系、政策体系乃至新的教育体系。这些方面的综合作用又会催生新的技术变革，如此周而复始，人类社会就会不断变革和前进。

目前我们基本上可以断定，在数据时代，谁拥有最高水平的人工智能技术，谁占据应用人工智能技术的制高点，谁就具备了拥有世界上最好教育的必要条件。数据时代的教育创新需要教育学及其研究的创新。教育学肩负着倡导、塑造新的教育价值体系、新的教育政策体系乃至新的教育结构体系的任务。目前，在教育技术学已有大量研究的基础上，教育学科乃至教育学门类更要重视“教育与机器的关系”这个主题的研究。特别是教育哲学、教育学原理、教育政策学更加需要从哲学的视角、原理的视角和制度建设的视角开展系统研究，充分发挥教育学的理论导航作用。

（一）倡导建立新的教育发展观

教育学要系统研究智能机器的发展与应用所带来的一系列新问题，站在新

① 布拉班迪尔．极简算法史：从数学到机器的故事［M］．北京：人民邮电出版社，2019：序．

时代与技术变革的前沿，倡导建立新的教育发展观。

关于教育发展观，人们的看法多种多样，教育现代化发展观是一个普遍性的看法。但现代化发展观的背后往往是线性思维与社会进化论，甚至具有技术决定论的影子。现代科学技术越来越快速的变革及其所带来的革命性影响又不断强化着现代化发展观中的线性思维与社会进化论。如前所述，在数据时代，我们会遇到一些前所未遇的新问题，诸如，如何教育机器——给机器喂多少和什么样的大数据；如何管理机器——面对机器的伦理问题、规则问题与道德教育问题，需要研究和确立人工智能时代的教育活动规则以及评价标准；如何确定人类与机器之间的角色分工[①]——教育机器人的标准怎么定，就像今天的教师资格、教材编订与审查一样，只不过是更为复杂；如何面对机器设计的算法——到目前为止，算法都是由算法工程师也就是说是由人设计的，总有一天智能机器自己会设计新的算法；等等。人类和教育如何面对和解决这些问题？如果仅仅按照线性思维、社会进化论甚至技术决定论来思考这些问题，那么人类的未来、人性的地位就是高度不确定的。

在人工智能技术变革日新月异的背景下，教育学要重新审视教育现代化发展观，需要重新探究人、社会与机器发展的本质及终极目的等问题。我们“不仅需要了解算法正在发挥哪些作用，还要了解这些算法设计的目的”[②]；需要用人文主义的传统，用文化的、文明的传统来缓解发展越来越快的技术变革给人类未来和人性地位带来的冲击与挑战；需要用教育人文主义来平衡数据主义和算法主义带来的冲击和影响；需要用教育的文化传统来平衡教育现代化发展带来的问题；需要用价值教育来平衡智能机器应用所产生的众多伦理困境。我们既需要以文化人，又需要以文化机器。如何建立更加传统同时又更加现代的教育发展观，实现教育不断向前走向现代化而又向更传统一端不断延伸，并最终实现传统、文化与现代化、技术革命的融合发展，建立起关于人、社会与机器发展的本质及终极目的的新理论体系，是教育学面对“教育与机器的关系”这个主题需要研究的首要问题。

（二）探索建立信息化教育学理论体系

现代教育学理论体系基本上是在工业时代的基础上建立起来的，其基本价值、基本概念、基本观点、理论体系与方法论体系在解释数据时代教育与机器

---

① 多梅尔．算法时代：新经济的新引擎［M］．北京：中信出版社，2016：200.

② 同①225.

发展、教育与人的发展、教育与社会发展的新问题时往往力不从心、不得要领。我们需要探索建立中国特色数智教育学的基本理论体系。

一是要为认识、丰富和发展教育的本质内涵准备教育学理论。人工智能技术条件下，教育活动的时空、内涵都会更加丰富和复杂，教育活动的数量和质量都会有前所未有的提升。教育学需要就教育的本质论、价值论与目的论作出新的阐释和判断。二是要为处理人的发展、社会发展与机器发展之间的关系准备教育学理论。人工智能技术条件下，技术结构决定着社会结构，社会结构决定着教育结构。需要教育学就教育的结构论、体系论、功能论建构新理论框架。三是要为描述、解释机器成为教育者和教育的对象准备教育学理论。人工智能技术条件下，教育活动的参与者、活动主体更为多样化，其关系更为民主化、交互化、融合化，教师与学生、教与学的二元论思维模式被打破。需要教育学就教育的主体论、客体论、主客体关系论建构新的理论观点。四是要为逐步应用人工智能技术准备教育学理论。在人工智能技术条件下，教育教学的组织形式、主客关系、交往方式、过程结构与评价标准都面临着更多的挑战与问题。需要教育学针对课程论、教学论、方法论等方面得出新的研究结论。五是要为造福人类的人工智能技术发展准备教育学理论。人工智能技术条件下，机器成为实在性存在，成为教育的主体与对象，如何制造使用机器、如何应对机器的自主意识与自主思维、如何应对机器开始设计新算法等问题，成为教育不得不面对的问题。需要教育学开拓教育的机器本质论、机器伦理学、机器规范论等新的研究领域①。

（三）研究构建“人工智能＋教育”的政策体系

教育政策是国家和地方规划、规范和管理教育的主要手段。教育政策水平决定着未来教育的发展水平。面向第四次工业革命，在人工智能技术条件下，教育发生着结构性、革命性变革，教育政策如何应对新的发展趋势及其带来的问题，如何规划、规范和管理教育活动，是我们实现教育现代化、建设教育强国必须要面对和解决的新问题，是一个从现在起就需要着手考虑和研究的重要问题，也是一个决定着未来中国教育能否站在世界前沿的关键问题。

一是开展系统的教育政策研究。致力于改变传统的“教育信息化”政策思维模式，从互联网、物联网和人工智能技术条件下教育的结构性、体系性、革

---

① 朱彦明. 后人类主义对教育的挑战与重塑 [J]. 南京社会科学，2018 (11).

命性变革角度出发，系统研究“互联网＋教育”、“物联网＋教育”与“人工智能＋教育”新型体系中教育政策的一系列新问题。二是密切关注国际趋势。联合国教科文组织、欧盟以及美国等都已经制定与实施了关于人工智能技术与教育关系领域的政策文件[①]，代表了当今世界关于“人工智能＋教育”领域政策的最高水平。我国目前相关的政策文件主要还是集中在产业发展领域。我们需要借鉴国际趋势，研究、制定关于“人工智能＋教育”的专门化教育政策。三是着眼政策配套。努力破除目前广泛存在的信息孤岛现象与各部门各自为战的习惯，首先抓住“人工智能＋教育”领域的标准问题、规范问题、联通问题、评价问题，推进相关政策的标准化、体系化，引领“互联网＋教育”、“物联网＋教育”与“人工智能＋教育”新体系的高水平高位发展。并针对一些特殊问题，如网络信息教育安全与互联网、物联网、人工智能技术条件下的立德树人问题等未雨绸缪地组织开展前瞻性的对策研究。四是重点建设新的人才培养体系。“把握全球人工智能发展态势，找准突破口和主攻方向，培养大批具有创新能力和合作精神的人工智能高端人才，是教育的重要使命。”[②] 要立足于“努力构建德智体美劳全面培养的教育体系，形成更高水平的人才培养体系”[③] 的要求，致力于培养创新人才特别是人工智能工程师。要特别重视跨学科与跨文化人才培养。五是抓好学科体系、教材体系、教学体系与管理体系的创新。依据面向第四次工业革命与人工智能技术条件下的人才培养新要求，切实改革大中小学的学科体系、教材体系、教学体系与管理体系，以保障创新人才的培养。

① 参见联合国教科文组织 2021 年发布的《教育技术创新战略（2022—2025 年）》《人工智能伦理问题建议书》，美国教育部教育技术办公室 2023 年发布的《人工智能与教学的未来》，以及 2024 年发布的《利用人工智能设计教育：开发人员必备指南》，欧盟委员会 2022 年发布的《关于在教育工作者的教学中使用人工智能和数据的道德准则》等。

② 习近平向国际人工智能与教育大会致贺信［N］. 人民日报，2019－05－17.

③ 坚持中国特色社会主义教育发展道路 培养德智体美劳全面发展的社会主义建设者和接班人［N］. 人民日报，2018－09－11.

第二章
工业时代的教育学及其超越

一、自然的重新发现与近代教育学的诞生

自然与人的观念，深刻地影响了每一时代的教育观念与教育学。在哲学史和思想史上，对自然的理解从一开始就伴随着对自然的争议。同样的问题也拷问着教育研究者。深入探索“自然”的含义，了解自然观如何影响教育，才能深刻理解教育学史上重大变革的缘由，尤其是现代教育的诞生。现代欧洲语言中的“自然”一词有两个基本的义项：一是本性，比如 human nature（人性），比如 the nature of science（科学的本质）；一是自然界。前者更原始，但后者今天用得更多①。在前工业时期，“自然”概念既与人们实际接触的、未经人类改造的自然界相关联，也是一个充满神秘、充满力量的神圣领域。前者为教育带来田园牧歌似的理想，出现在种种形式的自然主义教育学中；后者为教育平添了神圣属性，小写的自然（nature）与大写的自然（the Nature）共同影响了工业时代之前的教育。

（一）自然观的革命与教育的出场

1605 年，培根（Francis Bacon）在《学术的进展》中，依照人类理性活动的方式和领域，为所有的“科学”拟定了一个完整的分类谱系。当时，知识界尚不存在“教育学”这一学科，但培根在科学谱系里为教育学留下一个小角落，如同创制初期的元素周期表，为当时尚未被发现但应该存在的元素预留了空间。培根对教育并没有专门的兴趣，也并不打算设立或创造这样一门学科。他的工作是扩大知识的范围，增强人对所在环境的理解和控制力，并致力于在人的理性中创造出一个与客观世界的本质相符合的模型。

这是近代西方吹起的第一缕教育学的学科之风。虽然培根并非教育学真正的先驱，但他的做法在 17 世纪的知识谱系中，仍然有相当的超前性。培根为科学分类的方式很独特，并非根据科学研究的对象，而是根据人的理性活动的能力来分类。而理性之所以要建立这样一套完整的学科架构，是因为理性自身拥有一个完整的结构，而这一结构能够与认识的对象相符合，实现完整理性认识完整的世界。每一种理性的能力都有，或应该有相对应的学科。培根通过对作为科学活动主体的“人”的研究，认为“讲述与传授”是一种内在于人的理性本质的活动。换句话说，人要真正成为人，要充分运用自己的理性与世界、他人和自我建立关系，就必须有“讲述与传授”的活动参与其中，否则理性的发

---

① 吴国盛．自然的发现［J］．北京大学学报（哲学社会科学版），2008（2）．

育和活动就是不完整的。因此，这个模型中有一个位置属于教育学。当培根如此设计科学的分类和结构时，大概不会想到，几个世纪之后，教育学会成为规模最大的社会科学之一。

从知识史来看，教育学在近代的诞生并不是一个孤立的事件。在那个对整个世界、自然和人的认知正在发生巨大转变的年代，对教育的认知与研究也实现了极大的丰富、转型并发展成熟。意识到教育学的诞生，和意识到现代知识学意义上的学科在一个较为集中的时期萌发并发展成熟，则是人类回头审视学科史与知识史时才发生的事。

西方的近代知识观和自然观的变化经历了长久的准备和漫长的变化过程。从中世纪后期开始，西方文明逐渐出现一些影响深远的变革，对教育有重要影响的事件就有文化复兴、翻译运动、城市兴起以及伴随而来的中世纪大学……在这些巨大变化中，虽然神学仍然占据统治地位，但可见的物质世界重新进入了学术思考的范围，精神和信仰领域之外的严肃知识重新出现在知识人的头脑中，“可见世界地位上升，对可见世界的研究也出现了新的局面”。

变化出现在三个方面。第一，对物理世界的研究重新被重视，并以多种方式表现出来，这一变化催生了后来的自然科学。第二，人的身体作为一种自然的存在，被重新给予正面评价，这改变了对人的认识的整体观念，也在一定程度上修正了中世纪只看重人的精神性而忽略其身体性的偏差。正如第一位伟大的女性神学家宾根的希尔德加德（Hildegard of Bingen）所言，“有精神而无血肉之身者并非活人”。第三，如果说物理世界及其物质要素的重要性有所提升，那么认识这些事物的手段，即人的感官，也被赋予新的地位。在此之前，受柏拉图主义影响的基督教哲学，普遍重视信仰与理性，而轻视感官。

其中，自然观念革新是最重大和最根本的变化。在基督教神学占主导地位的千年时间里，自然研究处于非常边缘甚至合法性堪忧的地位。当时的主流思想认为，对暂时的物质世界、脆弱的身体和多变的感官感受的关注，会妨碍人追求神圣和永恒。这些知识只有在能够服务于永恒知识的前提下才有存在的理由和价值。研究自然的方法在很大程度上是被诠释《圣经》的方法塑造的，对人的理解更是被神圣知识规定好的。不仅哲学是神学的婢女，教育也是宗教的附庸。但进入中世纪中期，《圣经》的多重解释已经被学者们发掘殆尽，作出高级诠释的余地已经很小。于是学者们寻找了两条出路：一是寻找新的释经学方法，二是把诠释《圣经》的方法用于诠释新的文本——自然。

通过这种新的导向，自然本身被构造成一部富有意义的连贯文本。关注自然世界也并不是非神圣而世俗化的堕落象征。正如可以认为某一段经文承载着整个《圣经》的含义，所以也可以把单个物体看成对整个物质世界的反映。罗伯特·格罗斯泰斯特指出，一粒尘埃“是整个宇宙的映像”和“造物主的镜子”。

在新的变化之下，追求重新认识世界是近代西方知识界的重要课题。人类渴望了解自然，然而对于如何研究自然存在着不同的道路和方式，如何让自然交出自己的秘密，在各个时代差别甚大，甚至有根本性的差别和对立。直到17世纪初，研究自然的自然志著作仍然明确属于“人文学问”或人文科学的领域。这意味着在当时以及过去漫长的历史中，对自然进行人文化的（寓意、道德意味和宗教教化）理解，是人类看待自然的主要模式。在这种传统中，阐明自然界需要一种诠释性的（interpretive）科学，而不是一种分类的或数学的科学。“在16世纪的亚里士多德派学者、柏拉图派学者以及帕拉塞尔苏斯派学者看来，世界被设想成是有生命的——并在所有层次上都是如此。”① 此时，人们对自然的研究，与后来人们熟知的观察与实验方法还相去甚远，而数学、实验科学等后来统治性的研究范式，还尚未成为研究自然的主流方法。

然而，重新认识自然的知识运动已经怀着雄心壮志踏上征程。掀开自然的神秘面纱，将自然放在实验室和解剖台上，让自然交出自己的秘密，是人类在认识世界的道路上的一大变革。这带来一种对自然与对人的新的认识模式：宗教观的变化以及新教的兴起，让人们理解宗教和理解自然的方式都发生了根本性的转变。自然不仅仅是神性的象征，认识自然也成为认识上帝的作品，进而成为认识上帝本身的一种手段。相比来自经典、传统、礼仪和教会权威的神学解释，人们发现认识自然这条路更加可靠，“自然之书不仅普遍可得……对它的诠释相对来说也不太有争议”②。因此，对自然的重新理解和重新诠释成为近代各学科发展的重要主题，后来也成为夸美纽斯论证教育技艺的重要理论基础。在《泛智的先声》中，夸美纽斯将技艺奠基于自然：技艺从自然借取自己所需的理念，自然借取于上帝，而上帝来自自身。技艺离开自然则一无所能。在夸美纽斯的教育著作中，也可以看到教育对自然的关照和遵循。其背后有技艺和自然的关系，还有自然与人性之间的密切关联。

（二）近代教育学的三大转变

新的时代要求培养新的人，自然观的转变与教育学的诞生在时间上是同步的，甚至可以说，典型的近代教育学就是这种新自然观下的产物。从17世纪开始，人类从整体上开始创造一个“新”世界，从自然世界的整体结构到人类生活的基本方式，都与之前的旧世界有巨大的不同——后来的工业文明正是这一

① 狄博斯．文艺复兴时期的人与自然［M］．上海：复旦大学出版社，2000：43.

② 哈里森．圣经、新教与自然科学的起源［M］．北京：商务印书馆，2019：268.

新世界的产物。在进一步的发展中，自然研究越来越与数学、实验方法相结合，背后的神圣目的逐渐淡化，最终迎来了神学和科学的分野。宗教退缩至道德和灵魂的领域，后来更进一步退至私人领域。而对自然及世界的认知，能够被验证并成为公共知识，则成为科学的属性。这个新世界一方面催生了后来的现代科学与技术，另一方面释放了人在自然面前巨大的能动性，更重要的是重新定义了人与自然的关系。近代思想界对“自然”的重新理解推动了自然科学的诞生，也从根本上影响了教育学的创立。

教育学的诞生与这些科学变革的时间距离并不远，在伽利略发表《关于托勒密和哥白尼两大世界体系的对话》的同一年（1632 年），夸美纽斯写出了他的《大教学论》。前者导致伽利略受到教会的审判，而后者宣告了教育学的诞生，在各自的领域，它们都是划时代的重量级著作。虽然在文艺复兴之后，欧洲的教育思想和实践都进步甚巨，但关于教育尚未积累足够的知识和方法，也没有形成符合学科逻辑与完整知识结构的体系，更没有转折性的人物和代表性的著作，可是之前的一切积累都在 17 世纪初喷薄而出。

教育学最大的转变之一，在于从具体的“善教之法”发展到用审视世界般的整体眼光审视教育自身。近代之前，历代教育者已经积累了丰富的教学方法和原则，稍早于夸美纽斯的拉特克已经将教学方法整理成文。但这些知识还没有形成对教育的整体性理解，也就还没有形成真正的教育学。《大教学论》之所以能成为教育学的近代起点，不仅在于其教育思想的丰富，更在于夸美纽斯主动用一种整体性、学科性的眼光来看待教育自身，将教育学作为一个独特的知识领域，与培根对人类知识结构的划分相呼应。

转变之二，是新的认识自然的原则也成为指导现代教育的最重要的原则：教育要基于自然来理解人性，也需要在理解自然的基础上发展正确的教育方式和途径，并且要回到人性原初的自然根基中，找到坚实的基点。虽然从亚里士多德开始就有教育效法自然的论述：“教育目的及其作用有如一般的艺术，原来就在效法自然，并对自然的任何缺漏加以殷勤的补缀而已。”① 但是近代以来，教育与自然的关系，已经被自然观的整体变化改变了。人类看待自然的方式开始朝向科学的方式迈步。此后，“教育遵循自然”成为近代以来教育学最基本的命题之一。

转变之三，是教育学第一次具有了“面向全体人民”的宏愿。当夸美纽斯在《大教学论》的扉页上写下“将一切事物交给一切人”，在正文中又重申“让一切人在一切事物上受到彻底的教育”时，新的时代的教育学正式喷薄而出，

① 亚里士多德．政治学［M］．北京：商务印书馆，1965：411.

与以往被局限于贵族和精英的旧教育学相比，其在精神品质上完成一次质的飞跃。从此之后，世人逐渐接受，受教育的权利从一种特权真正变成属于所有人的权利。

对自然和人的重新认识是近代教育学的典型特征，为后期科学化的教育学以及工业时代的教育学做好了基础的认识论和价值观上的准备。即使科学革命要在一个世纪之后才真正爆发，此时的教育学也既受到新的思维方式的影响，也为新学术的出现做了准备。后来，以卢梭为代表的倡导“自然主义”的教育学，其中对教育价值与人的价值的内在认识，仍是由那个年代奠基的。

二、科学革命与现代教育学的基本格局

（一）理性而无限的新宇宙观

自然观念的变化催生了科学，也更为深刻地改变了整体的世界观。从近代到现代的思想转变中，最大的变化就是“科学”逐渐成为现代人看待世界的基本方式。科学思想史家柯瓦雷在其代表作《从封闭世界到无限宇宙》中描述了这样一幅场景：人类的宇宙观在近代发生了一场深刻的、整体性的变革，古代人的宇宙是有秩序、有神圣性、层次分明的、有限的宇宙（cosmos），而现代人的科学观念下的宇宙变成了均质而无限的宇宙（universe）。旧时代的世界观是封闭的、固定的，古人并没有“世界无穷无尽”的观念，“无尽”或“无限”的属性只属于神，这是神性而非自然性的领域。在这一世界观中，人类的生产方式是顺应自然的农业，以及服务于人类生活、对自然改变不大的手工业。而新的世界观下，带有神意的自然开始退场，均质而无限的宇宙对应的是人的无限的认识能力和改造这无限世界的能力，随后而来的是依靠人力实现天翻地覆的现代工业。

与漫长的文明史相比，这一转变发生得十分迅速，由古人的封闭世界到近人的开放世界之途并非十分遥远：从哥白尼的《天球运行论》（1543 年）到笛卡儿的《哲学原理》（1644 年）仅仅用了 100 多年，从笛卡儿的《哲学原理》到牛顿的《自然哲学的数学原理》（1687 年）也不过 40 多年[①]。在这一过程中，开普勒作为天空的立法者，为希腊的古典天文学画上了句号[②]；不同于古代自然研究和自然志的新物理学登上历史舞台，传统炼金术（alchemy）发展成了化

① 柯瓦雷．从封闭世界到无限宇宙［M］．北京：商务印书馆，2016：ii.

② 吴国盛．科学的历程［M］．4 版．长沙：湖南科学技术出版社，2018：249.

学（chemistry），古代医学向现代生物学和生命科学迈步，实验、观察加数学化的研究成为科学的方法论特征，自然和世界也罩上了一层数学化和机械化的外衣。

这种新的自然观念可以概括为四个方面：“第一，人与自然相分离；第二，自然界的数学设计；第三，物理世界的还原论说明；第四，自然界与机器的类比。机械自然观随着牛顿力学的建立而确立。在近代生命科学中，它也取得了普遍的胜利。”① 世界逐渐祛魅，取得了物理上的“无限”和“永恒”的属性，永恒的物质根据永恒而必然的定律在永恒的空间中永不停息地、无目的地运动着②，在此之前，哲学和世界是联结的、相关的，在此之后的世界变得永恒了，也变得孤独了。现代科学技术，以及奠基于其上的现代工业，就处在这样一种开放、无限的世界观之下。

人类对这一世界的探索和改造，也变成了可以无限拓展的。“完整的‘旧’世界被换成了破碎的‘新’世界。被撕裂的既有我们的世界图景，也有我们的认识。”③ 不仅在空间上拓展改造世界的广度，在宏观和微观层面拓展改造世界的深度，还有无所不在的改造世界的精细度。“可以肯定的是，在科学革命结束时，17 世纪之前的自然认识的‘旧制度’几乎没有留下来。这并不是说，它没有激烈反抗所有那些新奇的知识主张便投降了。”④ 在这一过程中，将人培养成有知识、能力和勇气去改造世界的人，逐渐成为教育的目标，而这样的人性观，已经具备了“工业人”的基础。教育学同样面临从已经熟悉的旧世界向即将到来、充满未知、损益未定的“新”世界进发的前景。

（二）教育学的三大转变

19 世纪初的教育学迎来了一个新的开端，这一开端经过了很长的酝酿。伴随着科学的发展，17 世纪末到 18 世纪末，成为这一“教育”之学的准备时期⑤。这是教育学的一个艰难沉潜和酝酿的时期，夸美纽斯的理论并没有直接催生一个成熟的学科，在他之后，许多“锐敏的教育眼光、闪光的教育智慧与不谨严的理论形式扭在一起”⑥，直到 18、19 世纪之交教育学才有新变化出现。

第一个新变化，是教育学的理性化，这也带来了教育学的真正独立。康德

---

① 吴国盛．科学的历程［M］．4 版．长沙：湖南科学技术出版社，2018：302.

② 柯瓦雷．从封闭世界到无限宇宙［M］．北京：商务印书馆，2016：302.

③ 科恩．世界的重新创造：近代科学是如何产生的［M］．长沙：湖南科学技术出版社，2012：211.

④ 同③262.

⑤ 陈桂生．历史的“教育学现象”透视［M］．北京：人民教育出版社，1998：27.

⑥ 同⑤28.

将自己的哲学思考平移到教育中来，在讲课中加入他对教育的些许反思和洞见，形成了他的讲稿《论教育学》。仅从这份文稿，虽然感受不到康德有把教育学作为一门学科的意识，但基本的问题框架和问题意识已经开始出现和形成。这项工作的完成留给了稍晚于康德的赫尔巴特，他起到了最关键的推动作用——身居德国学术的中心，身兼哲学家和教育家双重身份，最先推出划时代的、具有现代学科性质的教育学著作《普通教育学》使得赫尔巴特成为后来教育学必须回应的一个承前启后的人物。在19世纪上半叶，教育学开始形成的年代，“由于各种错综复杂的社会关系，在最初倒出现了一种引人注目的现象，教育学竟一时变成了主要的科学，为其他科学之桂冠。因为在当时其他科学的提高相应较慢”①。第斯多惠认为教育学在一时成为主要的科学，其判断或许有些夸张，但他意识到教育学在当时突飞猛进地发展，进展超过很多传统的优势学科，却是非常敏锐的观察。时代带来了教育学的科学化和理性化，教育学成为一门现代学科，并分享了科学化的理想、知识结构和组织方式。

第二个新变化，是教育学的国家化。在19世纪上半叶的德国，其他学科的发展动力大多是知识自身的进程，而教育学的发展有极大的外部动因：伴随国家推动教育普及和教师培育的巨大需求，教育学在这一时期可谓突飞猛进。现代教育学的形成进程，比同时期其他现代社会科学（如社会学和管理学）要开始得更早。“如果说德国教育研究的兴趣集中于建立没有教育政策的教育学，那么法国教育家的兴趣则是确立没有教育学的教育政策。”② 深刻影响德国现代教育的费希特极其重视教育与现代国家的关系，认为培养国民是现代教育最重要的职责之一。相比之下，诞生过卢梭这样伟大的将教育置于其学说核心地位的思想家，并在法国大革命前后推行过雷厉风行教育改革的法国，在教育学学科诞生的过程中，并没有作出系统性的理论贡献。这一时期的教育学被打上明显的德国学术风格的烙印，也为推动19世纪的德国成为“世界的学校”作出了潜在的贡献。

第三个新变化，是教育学对人的可教育性赋予了越来越高的期待，甚至有“无限潜能”的假想。人是“可教的动物”③，这是教育学的基本人学前提。进入科学时代之后，人的可教性逐渐被诠释为一种近乎无限发展的潜力，有待于投入更多资源，用更有效的方法去实现更大程度的培养和开发。这一对人的潜能无限的想象，与对世界整体的无限性的构想，是在同一种现代性逻辑下平行

① 第斯多惠．德国教师培养指南［M］．北京：人民教育出版社，2001：68.

② 陈桂生．历史的“教育学现象”透视［M］．北京：人民教育出版社，1998：83.

③ 夸美纽斯．大教学论［M］．北京：教育科学出版社，2014：22.

诞生的。这一事业已经远远超出个体的教学能力和个别社会团体的组织水平，现代教育的主导权和资源投入逐渐转移成国家责任。

这三个变化使得现代教育学跟近代的、仍带有古典特征的教育学产生了根本的不同，也在学科形成的道路上迈出了重大一步。“如果我们把教育学作为一门科学来和其他科学的完整性相比较的话，那么我们不是没有察觉到教育学本身还存在许多不足之处，有待进一步发展”①，现代教育学的基本格局与知识框架，仍然继承自那一时代的思想成果。

三、工业时代与教育学的变革

（一）科学与技术结合的工业时代

到了19世纪，“科学在这个世纪开始成为社会生活的一个重要组成部分，科学知识被大大普及，理论科学的伟大创新正转变为技术科学的无比威力”②。科学和技术前所未有地紧密结合起来，从前被上层知识分子享有，局限在沙龙和学会中的科学知识，通过工业生产对普通人的生活产生了巨大的影响。

工业革命有一个明确的时间起点，但“工业化”却是一个源远流长的事件。18世纪60年代，工业革命首先爆发于英国，带来了从生产方式到社会关系的剧烈变革，也标志着人类社会从手工业时代开始进入工业时代。“产业革命即工业革命。它表现在以机器代替人力、以大规模的工厂生产代替个体工场手工生产，在生产力和生产关系方面均发生巨大的变革。它使人类历史进入了一个全新的时期。”③ 工业化最初只是一种局部的社会现象，英国纺纱业的变革在经历半个世纪后才广泛影响欧洲。但这种力量具备强大的影响和改变世界的能力。一个世纪后第二次工业革命爆发时，从一开始就成为国际性现象。而20世纪以原子能、电子计算机、空间技术和生物工程为代表的第三次工业革命，则广泛发生在各个具备工业化基础的国家，包括发达国家和部分快速进步的发展中国家。

狭义的工业化（industrialization）通常被定义为工业（尤其是其中的制造业）在整个国家的生产体系中比重不断上升，取得主导地位的过程。在这一过程中，工业规模不断扩大，以工业为职业的人数也不断上升，工业逐渐取代农业和传统手工业，成为现代国家和现代生活的最大支柱。而以更广阔的视野考察，工业化带来的绝不仅是机械化或生产领域的改变，它是整个现代化的核心

① 第斯多惠．德国教师培养指南［M］．北京：人民教育出版社，2001：65.

② 吴国盛．科学的历程［M］．4版．长沙：湖南科学技术出版社，2018：475.

③ 同②317.

部分，对社会总体而言，标志着传统的农业社会向现代工业社会转变。这一转变经历了漫长而曲折的过程，前工业化时代的技术积累、思想进步和科学革命为之作了长期的铺垫，而最终在工业革命这一历史事件中集中爆发。

在这一过程中，工业发展不是孤立的工业界事件，而是伴随着城市化、资本化……改变整个世界和全人类生活的总体性事件。工业时代不仅代表一种生产方式，更代表一种思维方式。这种思维方式背后包括一整套人论、科学观、生产观，以及新的对人的期待以及对人与世界关系的理解；既带来了许多教育中值得肯定的新的改变，也产生了更大的、更为隐秘的异化的隐忧，对人类社会的进步既有积极作用，也有消极影响。

对教育而言，工业化提高了对劳动者知识和能力的基本要求，促进了教育发展，推动了教育的普及化，但也给教育造成功利化和过分实用主义的弊端。

工业化为知识生产和传播创造了便捷的条件，也为学校的建立和普及提供了硬件基础，同时也使学校向工厂的生产方式靠拢。

更重要的是，工业化时代对人的要求，与人的自由而全面发展的目标既有一致，也有冲突。当遇到社会转型或发展困难期时，两者矛盾的一面会更加突出。工业化和现代化并不自动指向更“全面而自由”的人，例如资本化和对人的进一步的压迫和异化，并没有随生产力的提高而减轻。因此，对工业化及整个工业时代的反思是当务之急，也是走向新的时期必做的工作。

（二）工业时代教育学的三大变化

工业时代教育学的第一大变化是，这个时代很难形成稳定的教育学。自 19 世纪后期以来，教育理论更新换代的速度前所未有地加快，以往一种理论能够引导一个世纪，引导几代人的稳定传统几乎不复存在。主要国家都处于理论和实践双重的不断更新当中，以至于“改革”成为当代教育重要的关键词。

这一现象是新的时代特有的。以往的教育学进展缓慢，缓慢地积累对教育的见解和认识，常常还忘掉古代的宝贵思想资源，以至于需要重要的时间节点“重新发现”，例如近代重新发现古罗马昆体良的教学理论。在前工业时代，这是社会发展和知识发展的常态。工业化之前的人类社会变迁十分缓慢，生产力水平和社会形态都在曲折中缓慢进展，对社会而言，稳定的意义要大于进步，甚至许多进步需要以“复古”的名义才能取得合法性。社会整体既不鼓励进步和创新，也对充分发展人的体力与脑力没有整体的需求，教育和关于教育的知识被局限在较小的范围里。工业革命及随之而来的工业化最终打破了这种局面。工业革命使得整体性的变革和创新成为社会发展中至关重要的因素，人类社会首次实现了快速的变化和增长，个人在一生中就能够清晰地感知到这种变化。

它重塑了人对世界的理解，世界并不是古代先民想象的那样不断倒退，这是古代世界的基本图景，不论是古希腊人从黄金时代逐渐倒退的历史观，还是中国古人对“三代”的美好想象；世界也并非在稳定中停滞，传统社会的人们会将变动视为对稳定的威胁。工业化让人们意识到这个世界有可能向前发展，走向更强大和更好。未来有可能优于现在也优于过去，怀念过往的辉煌不如展望未来的可能性。理论和知识的不断更新被认为是常态，教育学的这种“非稳定性”，将求新、求变视为美德，成为其最突出的特征之一。

第二大变化是，工业化带来的标准化和对效率的追求，成为深刻影响教育学的价值标准。一种像工业生产一样，或将工业生产的逻辑——追求效率、普遍而一致的标准、满足最大化的需求、整齐的节奏和步调、社会化大生产的模式——运用到教育中来，成为现代教育的基本性格。班级授课的理念古已有之，近代学校逐渐推广使用，但只有现代教育才将其作为无所不在的基础配置。教育的系统性：系统、标准、秩序和流程……都是工业的特征。工业化推动了教育的普及化，尤其是对劳动力文化技术水平的需求，带来教育前所未有的普及；近代基于人文主题提出的教育普及理想，在工业化的推动下才得以真正实现。工业化对生活无所不在的渗透，体现为伴随而来的对教育的需求拥有极高的合法性，不仅是国家法律和文化传统的规定，接受教育在现代社会中也是一种符合道德和符合良好生活的状态。这种内在的动力使国家和个人对教育都有很高的热情。同时，资本在教育中的作用得到极大扩张，“学以成人”和“作为工具与生产力”的人产生了前所未有的巨大割裂和张力。

第三大变化是，工业化思维和后工业化思维，正如影响其他领域一样，也影响着教育领域。因此，20 世纪的教育学既充满工业时代的种种深刻烙印，也充满各种反思和试图突破工业时代教育学的理论和实践努力。这种张力和困境，在面临新的数智时代时，正好迎来了新的挑战与可能。

四、面向新的时代的教育学

（一）站在数智时代的门槛上

200 年后，回顾第斯多惠对当时的教育学的判断，“如果我们把教育学作为一门科学来和其他科学的完整性相比较的话，那么我们不是没有察觉到教育学本身还存在许多不足之处，有待进一步发展”①。这话在今天仍未过时，并且，

① 第斯多惠．德国教师培养指南［M］．北京：人民教育出版社，2001：65.

20 世纪以来的教育学虽然大多以对近代教育学的超越自居或以之为目标，但至今仍在“工业时代的教育学”这一大框架内，并未取得真正意义上的突破。虽然出现若干内部调整，如某些方面取得进步，某些领域有所新得，但也在另一些方面出现品质下降或减退了勇气。我们需要厘清“教育学的发展阶段及其划分的依据”①，虽然教育学的发展与生产方式的变革阶段并不完全重合，但工业时代这一最具有变革性的时代确实催生了与之相符的教育学。

任何一个时代的教育都与文化发展的形态紧密相关。在口传习俗的时代，人类最早的教育就已经诞生，将超越个体经验的习俗与认识传递下去成为教育的主要任务；在写刻经典的时代，诞生了最卓越的早期思想家和教育家。此时，虽然教育学还没有成为专门学科，但那些综合性的文明经典为后世教育提供了重要的思想资源和精神财富，直到今天仍然散发出璀璨的光芒。当文明进入印刷文本的时代，普及教育的需求和可能性随之到来，而教育学也在这个时代，经过长久的积累之后应运而生。近代到现代的教育学，都是在印刷时代，同时也是在工业时代结出的果实。当书籍不再珍贵无比，书籍生产的方式再也不是一人在台上口授，多个抄写员坐在台下奋笔疾书的时候，基础教育和文化的普及终于成为有现实意义的可能。教育学就是伴随着印刷时代的到来而出现的。知识生产和传播方式的改变带来了对教育的巨大需求，接受教育也在“成人”的过程中占到更大的比重。工业时代的教育的最大成就之一是建立了义务教育制度，这一明显以标准化的工业模式建立起来的庞大教育系统，既是现代国家的重要职责，也为国家提供最重要的人才后备力量。在这一基础上的教育学，必须以“面对所有人的教育”为自己的基本出发点。从中国建立基础教育体系的艰苦历程，到教育发达国家“不让一个孩子掉队”的口号，都在重申这种“面向每个人”的价值观。

而 20 世纪后期，世界进入信息时代，人们对世界的整体认知，再一次发生巨大的转变。当下，我们站在数智时代的门槛上，最需要的是拥有在整体上面对新的时代的明智和勇气。

（二）“向前看”和“向后看”的教育学

从工业时代迈向数智时代，是当下面临的历史转折。算法与计算机科学是划时代的技术，但真正能影响教育的不仅是技术本身，更是技术背后的哲学与对世界的整体观念。人类正在面临越来越强大的“人造物”，当人类不能轻易控制自己制造出来的作品时，当人类制造出来的产物将强烈影响到人自身时，何

---

① 王坤庆．教育学史论纲［M］．武汉：湖北教育出版社，2000：21.

种因素影响着“人之成人”将受到非常大的挑战，这也是对教育学提出的基本问题。

因此，教育学首先需要重思数智时代人的哲学。技术的进步要为教育带来进展而不是异化，我们需要对技术有清晰的认知并审慎地使用它，而这离不开有真知灼见的教育学。新的教育评价建基于对人的新的认识，我们已经看到工业化时代下，人面临被异化的风险与可能，数智时代能否带来新的人论？对于“类人”的思考，能否成为人认识自身的有效参照？又如何确保新的人论为今日的学习者和未来的劳动者带来更好的教育，而不是更隐性、更弥漫的控制？为了让人们成为因算法而受益的学习者，而非“困在算法中的学习者”，教育学需要重新研究数智时代的人论，将对人本身及其发展的认识继续深化。

与人论相关的更重要的问题是，数智时代如何安置人的精神？教育中精神、德性、人格……这些不变的核心追求，与可变的技术与可视化的外在标准之间将呈现出何种关系？算法天然具有的对效率和利益扩大化的倾向，数智时代的人论天然具有的去道德化的风险，给教育提出更大的难题。

教育学还必须思考如何在数智时代让学生过上更健康的生活，站在追求“好”而不是追求“效率更高”和“利益更大”的立场上来思考教育；如何避免学习的碎片化，避免用检索替代学习、用算法替代思考①。

有没有好的教育学、有没有好的教育，最根本的判断标准在于这样的学说和实践，是促进还是阻碍“人的自由而全面的发展”。这也是我们审视未来的数字、算法及更多新的时代不变的试金石。

在上一次工业化进程中，中国并非早期的参与者，而是后来的追赶者。在面向数智时代的今天，我们是亲自探索者，甚至有可能成为引领者。这一切，端赖于教育学同人如何面对这个新的时代以及面对我们自身。

“其实，教育学何去何从，不是一个孤立的问题。它与整个社会学科、人文学科有共同命运。……整个社会科学与人文科学大抵都向实证-实验科学的方向演变；不过，在这方面进展越大，所带来的问号越多。许多学科皆是如此，以教育学为甚。”② 教育学应该充满希望地面对新的时代，它既有人文学科的古老内核，又有现代社会科学的庞大框架，从古至今人们对教育的思考的严肃与丰富，已经赋予这门学科面对艰难挑战的力量。从诞生之初，教育学受到的质疑从未减少，这个学科能够立身，不是在于自我辩护，而是在于永远有勇气面向任何真实世界中永不会消失的“使人成人”这一真实问题。

---

① 阿伯特．大学教育与知识的未来［M］．北京：生活·读书·新知三联书店，2023：218－219.

② 陈桂生．历史的“教育学现象”透视［M］．北京：人民教育出版社，1998：296.

第三章
算法教育学：数字文明时代教育学的新形态*

一、算法教育学及其基本特点

二、算法教育学赖以建立的技术物质基础

三、算法教育学需要研究和解决的基本问题及其方法论

四、算法教育学的时代意义与独特价值

* 本章内容已全文发表在《教育研究》2023年第11期。当时文章标题及主要内容中使用了“算法教育学”概念，并在文中详细解释了这个概念的含义。在本书正式出版时，根据学术研究与政策实践的最新进展，书名及主要内容中一律使用“数智教育学”这个概念。考虑到本章内容已经全文发表，且算法教育学与数智教育学之间存在的现象与本质的关系，即数智教育学是一个更加形象、通俗的概念，算法教育学则是一个更加本质、学术的概念，两个概念基本上可以画等号。所以本章中的算法教育学概念未加改动，仍沿用了文章发表时的样子。

人类社会加速进入数字文明，工业文明与数字文明相互交织、激荡、融合，不断创新与发展。当前，算法（algorithm）成为众多数字技术的内核与本质，因此数字文明的第一个发展阶段又被称为算法时代。有研究表明，2017 年人类社会已经进入了算法时代[①]。这是一个不同于农业文明、工业文明乃至信息社会、网络社会的新的社会与技术发展阶段。正如蒸汽机革命、电动机革命与计算机革命彻底改变了农业文明的教育与教育学，形成了工业文明的教育与教育学，数字文明阶段众多前沿科技特别是数字技术的叠加式、井喷式发展，也在推动教育与教育学的新变革。

一、算法教育学及其基本特点

算法教育学是指对应人类社会数字文明发展阶段的教育学理论体系，其研究对象是人类社会数字文明发展阶段的数字化教育实践、教育问题及其特点和规律。算法教育学从哲学、教育基本理论与方法论展开研究讨论，数字技术哲学、创新发展观与新人文主义构成了算法教育学的主要方法论基础。

回顾教育学的发展历史，可以将其简要区分为原始社会文明与农业文明发展阶段的教育学、工业文明发展阶段的教育学。任何教育学的理论都有其独特的社会、技术与物质基础，不同历史发展阶段的教育学都具有不同的技术物质基础、独特的问题领域、特定的理论体系与方法论。在原始社会文明与农业文明发展阶段的大部分时间里，尚未形成独立的教育学体系，教育的思想与理论往往与文学、哲学、历史学、伦理学等糅杂在一起，结绳记事、口耳相传、史诗故事、家族传承、读书—背诵—记忆，以及带有鲜明个别教学色彩的私塾、家庭学校等构成了教育教学活动的基本形式与技术物质基础，研究方法论上主要体现为思辨的、解释学的方法论。在农业文明后期与工业文明发展阶段，教育学逐步从文学、哲学、历史学、伦理学等中分化出来，形成了独立的现代教育学体系，班级授课制、印刷技术、黑板、粉笔、模型化实物教学用具、科学实验设备、课堂教学、电视电话教学、计算机辅助教学等构成了教育教学活动的基本形式与技术物质基础，形成了阐释主义、实证主义、分析主义、行动研究等系统的教育研究方法论。

算法教育学是面向未来已来、将至已至的一个新时代的教育学。人类社会正在进入数字文明发展阶段，我们把对应这个发展阶段的教育学称为算法教育

① Code-Dependent：Pros and Cons of the Algorithm Age［EB/OL］. https：//policycommons. net/artifacts/618042/code-dependent/1598940/2017 - 02 - 08.

学。相比于工业文明发展阶段的教育学，算法教育学的世界观与方法论、概念与理论体系、问题领域等将发生整体性、系统性、革命性的变革。从能够观察到的有限的事实与既有的研究来看，算法教育学大致有以下基本特点：

（一）算法教育学以人类社会数字文明与数字技术的发展为背景

从蒸汽机时代到电动机时代再到计算机时代，工业文明发展阶段以生产机器和工业技术的创新推动生产方式、劳动模式以及生产关系的变革为人类社会的主要发展逻辑和背景，技术迭代周期较长，社会更新速度较慢。而在数字文明发展阶段，最显著的特点是数字技术的快速发展，主要表现为众多数字技术的叠加式井喷式发展、海量数据的产生、海量连接的浪潮以及算法经济时代的到来，引领我们“进入大数据时代”①。数字技术正在以前所未有的速度产生海量数据，“数据潮汹涌而来，每两年数据总量就会增加一倍”②。而新型通信技术、芯片技术、脑机接口技术和增强现实系统等正在把人类带入“第七波海量连接的浪潮”③。“随着大数据技术的快速发展，我们正在进入‘算法经济时代’。”④ 数字技术与若干新兴发展趋势正在以前所未有的速度被应用到经济、教育和社会生活当中，从而催生新的教育学问题领域、概念、理论与方法。

（二）算法教育学以新型数字化教育教学形态为对象

在工业文明发展阶段，教育教学的形态主要是为了适应大规模、机械化的生产需求，以教育者和受教育者为二元主体，以班级授课制为组织形式，重点在于提高教学效率、扩大教育对象。然而，当前数字化教育首先是以数字技术及其物质表现形态为载体，其次是在海量数据与“海量连接”⑤ 共存的基础上构成智能数字网络。“这种力量会推动人类将机器和大脑一起接入相互连接的智能数字网络，而这也将从根本上改变我们的生活和工作方式，并将物质世界和虚拟世界融合成一种全新的另类的现实。”⑥ 这一过程形成了教育教学实践的若干新形态，如学校成为万物互联的新型社会组织⑦，数字化教材课件、网络教育、线上教学、慕课、翻转课堂、弹性化学习制度、混沌教育教学生态乃至教

① 洛尔．大数据主义［M］．北京：中信出版社，2015：6.
② 同①7.
③ 霍夫曼．原动力：改变未来世界的5大核心力量［M］．北京：中信出版社，2021：48.
④ 多梅尔．算法时代：新经济的新引擎［M］．北京：中信出版社，2016：封面介绍．
⑤ 同③.
⑥ 同③1.
⑦ 刘复兴．论教育与机器的关系［J］．教育研究，2019（11）.

育元宇宙等也相继出现。

（三）大数据主义世界观决定算法教育学研究的主题具有新的维度

在算法时代，算法成为解释和认识人与世界的基本法则和思维方式①。信息自由成为新的价值观，数据主义成为1789年人文主义价值观确立以来第一个真正创造新价值观的运动②。大数据主义被看成是新的世界观③。人类社会进入后人类时代④，智能机器（人工生命）、赛博格（Cyborg，仿生人）⑤ 与数字人（digital human）⑥ 的诞生，使人（社会）与机器形成一种交互式的、主体间性式的、日益融合的关系；这打破了现代科学赖以建立的主客二分、人与非人的二元论世界观，推动着哲学本体论的革命。

与工业文明发展阶段的教育学相比，算法教育学超越了之前单向度的关系研究，重点探究后人类时代教育、人、社会、（智能）机器之间多向度、多层次且交互融合的关系。在已有的对教育与人发展的关系研究、教育与社会发展的关系研究基础上，探究教育与智能机器、赛博格、数字人发展的关系，形成算法教育学所面临的新情况新层次，即“以人工智能为标志的机器革命及其相应的技术变革催生教育学研究的新主题。教育学既需要探讨教育与机器的关系，又需要以‘教育与机器的关系’作为中介，研究、讨论教育与人的发展关系和教育与社会的关系，以及作为本体与目的的人工智能所带来的伦理价值与思维方法的重构”⑦。

（四）算法教育学比工业文明发展阶段的教育学更需重视“算法时代的人文力量”⑧

在工业文明发展阶段，以蒸汽、电力为标志的能源革命及其背后的技术创新、物理实验、计量的科学方法，以及计算机二进制、断点式的运算方式，在很大程度上影响了现代科学下人的认知思维逻辑。随着数字技术的深入与广泛应用，“算法正在深刻地改变着我们看待生活、看待宇宙乃至看待一切事物的

---

① 刘复兴．论教育与机器的关系［J］．教育研究，2019（11）．

② 赫拉利．未来简史［M］．北京：中信出版社，2017：346．

③ 洛尔．大数据主义［M］．北京：中信出版社，2015：6．

④⑤ 海勒．我们何以成为后人类［M］．北京：北京大学出版社，2017．

⑥ 全国科学技术名词审定委员会．全国科技名词委组织召开元宇宙及核心术语概念研讨会［EB/OL］．http：//www.cnterm.cn/xwdt/tpxw/202209/t20220915_715277.html；运用数字技术创造出来的、与人类形象接近的数字化人物形象，如清华大学的数字学生华智冰。

⑦ 同①．

⑧ 马兹比尔格．意会：算法时代的人文力量［M］．北京：中信出版社，2020．

方式”[①]。

“算法是思维方式的技术基础，有什么样的技术基础，就有什么样的思维方式”[②]，并逐步形成一种新型的数字技术哲学，深刻影响着算法教育学的认知与思维方式。海量数据与海量连接带来数据的快速积累与世界的快速变化，日益需要人类创新力的不断提升，以应对和解决不断产生的新问题，从而使创新发展观逐渐成为一种核心的世界观与方法论。与此同时，算法的局限性特别是“算法霸权”[③] 的出现也从一个相反的方面对算法教育学构成挑战，人性与人的发展问题变得更为复杂，人文主义的重要性更加凸显，算法教育学必然会诉诸文化的力量，以减少“算法霸权”的不利影响。由此，以大数据主义、计算主义、后人类主义为代表的数字技术哲学、创新发展观[④]以及代表人类文化传统的新人文主义[⑤]将成为今后教育学研究的方法论特征。

（五）算法教育学关注的核心问题是算法技术及思维方式对人发展的影响

在既往的研究中，人们使用许多不同的概念来表达数字文明发展阶段的教育学，如教育技术学、人工智能时代教育学[⑥]、未来教育学[⑦]、信息化教育学[⑧]、智慧教育学[⑨]、新教育学[⑩]、数字教育学[⑪]等。特别是在受计算主义哲学影响产生了计算社会学的情况下，有研究随即系统论证了“计算教育学”的概念与理论[⑫]。本书坚持把数字文明发展阶段的教育学称为算法教育学，一方面，因为在数字文明发展阶段，信息、数据特别是“算法”成为理解人、智能机器与教育甚至社会本质的核心概念，算法则是众多数字技术的核心与本质，是一个目前最为贴切、精准反映数字文明、数字技术与数字化教育内核和本质的概念。另一方面，“算法”包含了“计算”的意涵，比“计算”更具有本体论与方法论

---

① 多梅尔．算法时代：新经济的新引擎［M］．北京：中信出版社，2016：引言 XIV.

② 同①推荐序 XI.

③ 张志祯，齐文鑫．教育评价中的信息技术应用：赋能、挑战与对策［J］．中国远程教育，2021（3）.

④ 联合国教科文组织．一起重新构想我们的未来［M］．北京：教育科学出版社，2022：130.

⑤ 联合国教科文组织．反思教育：向“全球共同利益”的理念转变？［M］．北京：教育科学出版社，2017：29.

⑥ 靖东阁．人工智能时代教育学知识生产的转型、危机与重构［J］．教育研究与实验，2022（2）.

⑦ 伍红林．人工智能进步与教育学的发展：交互关系的视角［J］．现代大学教育，2019（5）.

⑧⑨⑩ 李子运，李芒．中国教育技术学向何处去［J］．中国电化教育，2018（1）.

⑪ 扬德里奇，诺克斯．后数字转向：哲学、教育、研究［J］．中国远程教育，2021（11）.

⑫ 郑永和，严晓梅，王晶莹，等．计算教育学论纲：立场、范式与体系［J］．华东师范大学学报（教育科学版），2020（6）.

意义。算法是解释和认识人与世界的基本法则和思维方式，是由基本运算及规定的运算顺序所构成的、次数有限的、求解问题的步骤。算法由解题所需的一系列规定好的规则、方法、程序，或一连串固定的、一劳永逸的运算或（判定命题真假的）推理组成，是解题方案精确、完整的描述①。

"算法"较之"计算"，一是更突出了研究的覆盖范围，"计算"的对象是传统抽样的样本案例，"算法"则是基于数字技术挖掘的海量数据，体现了教育学从关注局部教育环节到关注整体教育活动的研究转向；二是更突出了研究的整体过程，"计算"的周期是跟踪截取的片段素材，"算法"则是数字技术所捕捉的连贯性过程，体现了教育学从关注教育静态片段到关注教育动态过程的研究转向；三是更突出了研究的思维变化，"计算"是对于简单的、线性的教育规律的计量，"算法"则是对于复杂的、网络的教育完整方案的探索，体现了教育学研究不断转向复杂性分析的特点。从这些意义来看，计算是算法的表象，算法是计算的本质。所以本书不主张使用"计算教育学"这个概念来表述数字文明发展阶段的教育学，因为这种表述还是停留在程序层面、技术层面、工具层面，没有表达出从哲学思维方式与方法论层面开展数字化教育研究的意涵。

当然，数字教育学也是一个可以考虑的选项，但"数字"或者"数字化"更多地代表一种发展阶段、发展类型的表象而非思维方式与方法论。另外，也许有人会认为，"算法教育学"的表述方法与"计算教育学"相比，是一种更为技术决定论的表述。实际上恰恰相反，"算法教育学"的表述是反技术决定论的。因为从数字文明世界观与方法论高度看，"算法问题也是人生问题"②，算法教育学关注的核心问题就是"算法技术对人的影响"③，"算法"概念比"计算""数字化"等概念更为接近数字化教育与教育学的本质。而且，本书所理解的算法教育学，并不过多地从工具论视角讨论科学技术及其应用，其关注的重点恰恰在于哲学层面、在于教育基本理论层面、在于本体论与方法论层面的问题，即所有数字技术共有的本质——"算法"对于人（包括生物人、赛博格、智能机器与数字人）的发展与教育的影响以及我们的应对之策。

---

① 沈以淡．简明数学词典［M］．北京：北京理工大学出版社，2003：293－294．

② 多梅尔．算法时代：新经济的新引擎［M］．北京：中信出版社，2016：引言 XI．

③ 同②推荐序．

二、算法教育学赖以建立的技术物质基础

迄今为止的任何教育学体系都有其赖以建立的技术物质基础。算法教育学赖以建立的技术物质基础就是数字技术及其衍生物质形态，以及在数字技术支撑下形成的社会结构与教育结构。

（一）科学技术体系化发展与数字技术崛起为算法教育学提供了技术物质基础

在数字文明阶段，科学技术正在以前所未有的速度发展。著名的“曲棍球杆曲线”显示了过去600年科技加速进步呈现出的指数级增长状态[①]；有研究表明，“现在人类30年所创造发明的总和已经超过了人类2000多年发明的总和”[②]；且过去50年被反复证明的“摩尔定律”也说明，一块高密度集成芯片的信息处理能力增加一倍大约只需要18个月的时间，而这一趋势在未来若干年内仍将保持下去[③]。特别是，第四次工业革命与前三次工业革命的最大不同之处在于，它超越了如蒸汽机革命、电动机革命与计算机革命等单一技术体系的工业革命发展模式，实现了众多前沿科学技术特别是数字技术如互联网（物联网）、新型通信技术（5G、6G）、人工智能技术、大数据、终极算法、区块链、脑机接口技术、纳米技术、新材料，以及增强现实（AR）、虚拟现实（VR）、混合现实（MR）、扩展现实（XR）、影像现实（CR）技术等的叠加式、井喷式与体系化发展。

在数字文明阶段，以数字技术及其体系化发展为代表的科学技术日益成为人类发展与教育创新的一股决定性力量。呈现出指数级增长状态的科学技术、众多的衍生物质形态及其排列组合，正在越来越快速地应用于社会生活与教育之中。由于快速的增长、广泛的体系化的应用，正如工业文明的火车、喷气式飞机、移动通信改变了那个时代的社会结构一样，科学技术特别是数字技术的发展正在重塑人类社会的结构。科学技术不仅仅是发展的工具与方法，而且正在成为发展的技术物质基础，成为发展本身，成为发展的本体与方法论。其中，网络技术（包括互联网、物联网、区块链等）成为新型社会结构、教育结构和各种实践活动舞台的新型结构性网络基础，并使万物互联成为可能；以芯片为

---

① 金．智能浪潮：增强时代来临［M］．北京：中信出版社，2017：9－10．

② 朱永新．抓住关键 创造更好的教育［N］．中国教师报，2020－12－30．

③ 逄健，刘佳．摩尔定律发展述评［J］．科技管理研究，2015（15）．

代表的存储技术为海量数据的诞生与发展准备了物理空间；以5G、6G为代表的通信技术使更加快速的数据传输与计算成为可能，实现了海量连接与速度越来越快的即时交互；人工智能技术与深度学习为社会与教育的智能化提供了技术物质基础，创造了智能机器并组合其他技术创造了数字人；虚拟现实、增强现实、混合现实、影像现实技术，把人类带入了增强时代①，利用科学技术全面增强人的认知与学习能力；脑机接口技术、纳米技术、新材料与芯片技术、新型通信技术相结合，以及以此为基础产生的可植入设备，将彻底改变人类认知与学习方式，并实现机器与生物人的融合，从而产生形形色色的赛博格。

（二）数字化教育的结构与体系的基本特点

以数字技术及其体系化发展为基础，算法时代数字化教育的体系结构正处于重构的历史过程中，变动不居，要想将其描述清楚是十分困难的。但是科学技术变革产生新的技术结构，技术结构重构社会结构，社会结构又决定教育结构——这个发展趋势是确定无疑的。新的科学技术变革正在塑造新的社会结构，有研究者把它描述为“三重叠加式变革”，即农村城市化、高端工业化、信息化网络化智能化数字化②，这“是一个‘并联式’的过程，工业化、信息化、城镇化、农业现代化是叠加发展的”③。教育体系结构需要适应新技术革命基础上的技术结构与社会结构变革，已经或者正在出现一些新的结构性特征。

数字技术体系所支撑的数字化教育活动具有若干新的结构化特征。

一是在空间结构上，教育实践活动具有多维空间的属性。工业文明发展阶段的教育主要是人的世界与物理世界两个维度。而根据拉斯穆森关于人工生命实在性的5个公理与3个推论中的公理4④，数字文明的世界可以分为三部分，即真实世界、数字世界、计算世界。真实世界的事物都处在真实的时间和空间中，事物与事物之间的各种相互作用受到自然界的各种物理规律支配。人工智能则跨越了两个世界，一个是由计算机本身的物理器件构成的实际世界，另一个是由各种算法构成的数字世界⑤。在数字文明阶段，传统物理空间与人的世界仍然存在，以算法为本质的网络虚拟空间日益丰富和发展，OTO模式、OMO

① 金．智能浪潮：增强时代来临［M］．北京：中信出版社，2017：241.

② 推进以县城为载体的城镇化建设［J］．社科院专刊，2022（602）.

③ 中共中央文献研究室．习近平关于科技创新论述摘编［M］．北京：中央文献出版社，2016：25.

④ 李建会．走向计算主义：数字时代人工创造生命的哲学［M］．北京：中国书籍出版社，2004：191.

⑤ 同④197.

模式[①]与 P2P 模式从商业市场中逐步应用到教育、学校、课堂与家庭之中；催生了智慧学校、虚拟课堂、数字阅读、差异化教育、开放学习、慕课、翻转课堂、学习管理系统（LMS）以及新型教育评价制度，甚至是新的教育哲学与方法论。随着万物互联不断向纵深发展，海量连接成为连接物理空间、人类思维空间与虚拟网络空间的网络高速公路，并在智能数字网络的支撑下形成虚实结合的、多维的、大小不一的、理论上有着无限可能性的空间排列组合。

二是在时间结构上，存在多维多向度、可逆可预测的时间视角。除了对过去和未来进行部分的有限的文字描述与简单模拟之外，工业文明的教育活动在时间维度基本上是不可逆与不可预测的。而建立在增强现实、虚拟现实、混合现实、扩展现实、影像现实技术与纳米技术之上的可穿戴设备与传感器则可以帮助教师和学生在现实性、共时性教育体验的基础上，实现时间可逆的教育教学体验与预测未来的教育教学体验，以及在不同维度学习体验上的反复互换与比较。

三是在主体结构上，具有多维多层次的活动主体与活动模式。工业文明的教育活动主体类别具有单一性——人（生物人），活动模式主要表现为个体、小组、集体等维度的排列组合。数字化教育则复杂得多。一方面，简单地从类别上看，生物人、智能机器、赛博格、数字人将可能共存于某个时空的教育活动中；另一方面，在社会（社区）、班级、小组、个体等维度会形成两两之间、一对多、多对一的立体互动与即时交互模式。

四是在活动结构上，表现为一种混沌的自组织与他组织共存的教育教学生态。一方面，工业文明时代教育中所具有的集体的、小组的、个体的教育、教学、学习活动仍然大量存在。另一方面，以智能数字网络为联络通道，依托不同的时空形成多样排列组合的自组织与他组织共存的交互活动形态，构成一种具有多时空、多主体、多层次、即时性、交互性特点的混沌教育教学生态。

五是在制度结构上，具有多样性与统一性相结合的弹性制度特征。一方面，教育制度体系由正式制度为主体的纵向上以梯级、等级制度体系为特征，横向上以普通教育与职业教育的双轨制为特征的刚性制度体系，转变为立体的甚至是一种边际不断扩展的球状的多回路、网络式的，由正式制度与非正式制度共同构成的弹性制度体系；学科体系、教材体系、教学体系和管理体系也会相应地进行变革。教师、学生、管理者的身份、连接与协作关系也会日益复杂。另一方面，不同时空的教育活动应有不同的制度规则，例如，主体世界的活动规则（生物人、智能机器、赛博格、数字人彼此又要有区别以及非生物人主体的

① 李开复 . AI · 未来［M］. 杭州：浙江人民出版社，2018：89.

伦理规则)、物理世界的活动规则、虚拟世界的活动规则、海量连接与智慧数字网络的活动规则。此外，还要考虑提供不同时间空间主体之间活动规则的通用性标准与差异性标准。

三、算法教育学需要研究和解决的基本问题及其方法论

教育的数字化转型方兴未艾，因此目前全面精确讨论以数字化教育为研究对象的算法教育学的问题、概念、理论、方法还是非常困难的。本书主要是以工业文明的教育学基本认知为基础，从宏观的方面即算法教育学的理论逻辑出发，从目前可以观察到端倪的一些教育数字化变革的现象出发，围绕以下五个方面做初步的探索与分析。

（一）算法教育学的基本理论问题

从工业文明的教育学到算法教育学的转变是科学发展范式上的根本性转变，需要在数字化教育实践的基础上建构新的教育学概念与理论体系。一是厘清数字化教育的本质含义、教育活动的基本特点与基本规律。数字化教育与教育元宇宙是一种全新的教育形态，算法教育学要说清楚数字化教育的本质含义、教育活动的基本特点与基本规律。比如，系统研究数字化教育与人的发展、社会发展以及智能机器等核心科学技术发展的关系，研究生物人与非生物人发展的共性与个性问题，探讨万物互联、虚实融合、沉浸体验、协同交互的教育教学活动的特点与规律。二是分析数字化教育与算法教育学的技术物质基础。数字文明阶段科学技术特别是数字技术的发展对于教育的发展具有决定性意义，算法教育学要说清楚数字化教育与算法教育学赖以建立的技术物质基础及其作用，系统研究不同类型的正在快速发展的前沿科技特别是数字技术在教育中的应用及其作用。三是阐明数字文明阶段的学校、家庭与社会关系。万物互联、虚实融合打破了传统学校的空间、时间界限，重新定义了学校的本质，将重塑学校、家庭与社会的关系。算法教育学要系统研究深度嵌入技术变革背景下新型技术结构、社会结构、教育结构中的国家、教育、学校、个人、家庭与社会的角色及其关系，系统研究虚实融合时空中的家庭、学校、社会与市场的功能，系统研究学校作为万物互联的新型社会组织的功能。四是研究数字化教育的制度特征。数字文明阶段教育的主体、空间、时间以及活动范式的变革决定着数字化教育需要构建一套新的制度体系。算法教育学要系统研究数字化教育的规则与制度特征，以及新的制度体系与传统制度体系的相容及其关系。除了传统的人的全面发展、公平正义、创新发展等视角外，科学技术及其伦理准则的视角应

成为算法教育学讨论制度问题的重要维度。

（二）工业文明的教育与数字文明的教育比较研究

人类社会由工业文明向数字文明的过渡需要一个较长的历史阶段，这期间，工业文明的教育与数字文明的教育将长期共存并融合发展。为了推动数字文明教育的发展并匡正其发展方向，算法教育学必须加强对于工业文明的教育与数字文明的教育的比较研究。需要对工业文明的教育进行总结与反思，特别是从社会技术学、生态技术学、马克思主义技术哲学与中国式现代化的视角进行总结与反思。在此基础上开展系统的比较研究，从共同、不同、新发展趋势与生长点等不同层面，从概念、理论、制度、方法等不同内容出发，对工业文明的教育与数字文明的教育进行系统比较。在进行系统比较研究的基础上，形成关于数字化教育与算法教育学发展的新问题、新理论、新认识。

（三）数字文明阶段人的发展与教育教学活动

数字化教育所具有的新型主体结构、空间结构、时间结构、活动结构与制度结构，决定了人的发展及其相关的教育教学活动具有新的特点与规律。首先，数字化条件下人的身心全面发展具有新的特点和规律。在移动式、开放式、个性化、沉浸式、交互式教育教学与学习中，如何促进学习者认知、情感、意志、动机、行为的有效发展，如何实现德智体美劳综合素质的发展与数字化技能素养的发展，特别是如何有效实现人的价值观、信仰与道德的发展，以及如何避免数字化带来的不利影响，这些都需要基于新的特点和规律来进行研究。其次，数字化条件下的课程与教学改革具有新的指向。算法教育学要对课程与教学的含义进行新的解释，设计新的课程与教学模型；要为在万物互联环境中实现学习者的有效互动准备理论工具；要为描述和解释智能机器和数字人成为教育者和教育的对象准备教育学的理论；特别是要探讨在线上教育、教育元宇宙以及混合时空学习中如何保障教育教学的质量与教育公平等问题。再次，学生的就业与创业面临新问题。数字文明阶段科学技术的应用会导致部分社会职业消失、被机器取代并产生许多新的社会职业。算法教育学需要全面研究数字化条件下学生就业与创业的新趋势和人才标准，以及与此相关的课程结构与专业结构的调整问题，从而保证学生能够为新的市场和社会职业需求做好准备。最后，教师及其专业发展产生新情况。数字化条件下需要重新定位教师的角色，要系统研究数字技术的广泛使用对于教师的课堂教学活动、主体身份认同、专业主体地位的影响与重构，系统研究与此相关的教师专业发展问题，还要认真对待智能机器与数字人作为教育者或者辅助的教育者所带来的一系列相关问题。

（四）数字文明阶段的教育治理

由于存在一种具有多时空、多主体、多层次、即时性、交互性特点的混沌教育教学生态，数字文明阶段的教育治理远比工业文明的教育治理复杂得多，因此算法教育学需要关注以下问题：一是学习管理系统的建立。需要研究如何以多样化的学习者为中心建立一个数字技术为支撑的保障有效互动的学习者管理系统。二是教育质量监测与数字化教育评价的研制。需要依据数字文明阶段人才质量标准的变化研制新的教育质量标准及其理论模型，并依托数字技术实现教育教学质量的大数据评价、全时空评价、个性化评价、分类评价、等值评价与预测发展性评价，特别是要解决好数字化条件下学生的非智力因素、非认知因素（如情感、态度、价值观、道德素养）的有效甄别、有效评价与有效发展问题。三是数字化教育伦理、教育政策与法律规范的保障。需要关注数字化条件下的数字鸿沟、教育公平问题，特别是智能机器与数字人作为教育者与被教育者的伦理问题，以及数字化教育实验中的伦理问题；需要高度关注并系统研究以人工智能为代表的数字技术发展趋势，研究数字技术在教育领域应用的政策体系，研究如何推动最前沿的数字技术从市场领域快速应用于教育领域，特别是研究国家与政府从公益的角度推动教育教学类芯片发展的政策安排；需要研究保障数字条件下的教育权与受教育权的法律问题，研究如何以人类为中心建立抵御数字技术应用风险、保障信息数据隐私权及收益权的法律规范问题。

（五）算法教育学的研究范式与方法论

在大数据主义、计算主义、后人类主义等数字技术哲学、创新发展观以及新人文主义的强势影响下，教育学研究的方法论将发生重大变化，教育研究范式也随之转型，算法教育学会逐步形成自身独特的融合性、混合式研究范式。第一，解释主义、实证主义、分析哲学与行动研究及其作用的嵌入。以解释主义、实证主义、分析哲学与行动研究为特征的工业文明的教育学研究范式将长期存在并发挥作用，重要的是如何把它们有效嵌入数字技术应用的框架中，并在数字技术支撑下开展系统的数字化教育实验研究。第二，数字技术支撑下教育研究范式的转型。一是理论与数据双向驱动，大数据越重要，价值的引领教育就越突出，需要不断进行理论建构以引导数据分析。二是在实证主义的因果关系研究、经验研究与循证研究的基础上，数字化教育中独特的多维空间、多维时间虚实融合特点使预测因果关系研究成为可能。三是计算社会学实现了大数据分析与社会科学研究的跨界融合，数据分析模型方法可以支持算法教育学有效开展宏观、中观层面的研究，并有效支持最小单位视角的研究。第三，新人文主义与文化分析独特价值的运用。数字化条件下的研究方式是混合式、融合性的，算法教育学需要研究科学主义与人文主义、政策科学与政策分析、大数据主义与文化分析、因果分析与价值分析日益融合的趋势。但为了避免走向大数据主义、计算主义，算法教育学需要以新人文主义指导下的文化分析来平衡科学技术创新与发展对于人性的压迫，并极力避免“算法霸权”的形成。

四、算法教育学的时代意义与独特价值

在过去 300 年左右的时间里，在科技发展、知识传播等方面，我国面对的一个重要现实就是西学东渐。由于我们错过了第一次工业革命，在第二次工业革命与第三次工业革命中一直处在后发追赶之中，近代以来我国社会发展特别是工业化、现代化进程整体上落后于西方发达国家。西学东渐，向西方学习，“睁开眼睛看世界”乃至改革开放，成为中国知识体系建构的一个十分明显的特征。近代我国教育学理论体系的建设与发展也大抵如此。以洋务运动为代表的第一次现代化主要是学习日本的教育学；五四运动前后的第二次现代化主要是学习欧美的教育学特别是美国的教育学，当然其中也伴随着中国的马克思主义教育学的诞生与发展；中华人民共和国成立后的第三次现代化则经历了学习苏联教育学、社会主义教育学自主探索以及改革开放后重新学习欧美教育学的不同阶段。所以说，近代以来我国教育学总体上来讲还是一个“舶来品”。

习近平在 2022 年 4 月 25 日考察中国人民大学时提出要“建构中国自主的知识体系”①，党的二十大报告提出“以中国式现代化全面推进中华民族伟大复兴”②，如何在中国式现代化思想指导下建构中国特色教育学自主知识体系是教育学理论界在新时代的新使命。在这样一个视域和背景下，研究与建构中国自己的教育学——算法教育学，是当代教育学人无法回避的一个现实问题。

首先，算法教育学的研究与发展是中国教育学走向世界前沿的一个难得的契机。从目前世界范围内算法教育学发展的状况来看，我国与欧美国家基本上还处在同一个起跑线上。所以说，研究与建设中国特色世界水平的算法教育学理论体系是中国教育学摆脱近代以来的“舶来品”色彩、走向世界学术前沿的一个难得契机。如果我们能够在这个学术领域占领先机，就有可能改变 300 多年来教育学西学东渐的格局。

---

① 坚持党的领导传承红色基因扎根中国大地 走出一条建设中国特色世界一流大学新路［N］. 人民日报，2022-04-26.

② 习近平. 高举中国特色社会主义伟大旗帜 为全面建设社会主义现代化国家而团结奋斗：在中国共产党第二十次全国代表大会上的报告［N］. 人民日报，2022-10-26.

其次，探索算法教育学的问题也是我们建构数字文明时代教育学科新形态的必然要求。数字文明时代需要一种新的教育学形态。工业文明时代的教育学科体系所具有的独特的哲学基础与知识体系正在发生重大改变。一是主客二分法正在受到挑战，教育教学中的主体与客体关系变得相当复杂；二是教育教学空间正在发生革命性变化，线上＋线下的教育教学正在成为常态，并由此带来众多需要解决的新的教育教学问题；三是大模型、大数据、可穿戴可植入与增强现实设备等将带来教育教学方法论与方法变革的无限可能；四是科学技术的爆发式、叠加式增长为教育教学提供了多样广阔的新知识体系；五是数据主义、科学主义的深度发展要求我们重新认识价值观教育、道德教育、思想政治教育、人文精神教育的地位和作用；等等。本书提出算法教育学的概念并试图初步分析其基本问题，就是要从这些重大的变化出发，探索数字文明时代教育学的新形态及其所具有的独特的概念体系、问题体系、理论体系、方法体系与话语体系。

“在算法时代，我们必须要学会处理教育与机器的关系，学会把生化算法与电化算法结合起来，人们需要用算法教育学与教育政策来取代工业时代的教育学与教育政策。任何一个国家与地区都概莫能外。”① 党的二十大报告提出“教育、科技、人才是全面建设社会主义现代化国家的基础性、战略性支撑”② 的重大论断，把我们党关于教育的地位和作用的认识提高到一个新的高度，把教育、科技、人才的作用提高到一个新的战略高度。我们的教育要在数字文明阶段培养拔尖创新人才，提高人才自主培养质量，培养出世界上最具有创新能力的人才，必须要全面推进教育的数字化转型，系统研究与建构我们自己的算法教育学体系。努力研究与建设马克思主义哲学指导下、融汇习近平新时代中国特色社会主义思想世界观与方法论的中国特色世界水平的算法教育学理论体系，具有重大的时代意义与独特的理论价值。

① 刘复兴．论教育与机器的关系［J］．教育研究，2019（11）．

② 习近平．高举中国特色社会主义伟大旗帜 为全面建设社会主义现代化国家而团结奋斗：在中国共产党第二十次全国代表大会上的报告［N］．人民日报，2022－10－26．

第四章
数智时代的教育活动及其制度特点

一、数智时代的教育活动新形态

（一）算法深度融入教育教学活动

自 2012 年以来，以深度学习为代表的人工智能技术与产业浪潮汹涌澎湃，新的算法技术层出不穷，图像识别、机器翻译等智能任务水平逼近人类。技术红利快速释放，已在多个领域初具应用成效。人工智能技术的应用开始全面覆盖日常生活、科学研究、社会治理、商业创新和国家安全等经济社会的关键领域，在医疗、金融、安防、交通、物流、教育等多个领域，以空前的广度和深度推动社会发展①。

在教育行业，大部分学者都认为，在移动互联网、大数据、超级计算、传感网、脑科学等新理论新技术以及经济社会发展强烈需求的共同驱动下，人工智能将对教育行业产生深刻的影响。但就目前来看，这些应用大致集中在线上和线下教育中。一方面，是涌现大规模的线上教育，尤其是在 2020 年新冠疫情的影响下，在线教育取得空前发展，出现了网校教育、大学 MOOC、直播和知识付费等多种网上教育方式和教学平台。在教学模式上有一对一直播讲解、录播、视频会议等方式。另一方面，是对传统线下教育带来的改变，主要集中在教育装备和个性化教学定制方面。包括：校园网络环境、班级多媒体、网络数字中心等基础环境装备，实现资源融通共享的数字教学资源，包含电脑、大屏显示设备、书写设备、扩音系统、摄像系统、录课系统等六大系统的智慧教室，基于语音识别、人机交互等人工智能技术的学业测评、教学反馈，利用信息技术实现教育管理现代化。在个性化学习辅导方面有智能教育机器人、AI 自适应智能教师、一对一辅导等。其他教学数字化技能还包括智能批改、智能组卷、学情报告分析、拍照搜题、AI 写作、AI 音乐创作等。

由此可见，算法的应用已经渗透到教育教学中的方方面面。手机终端的普及化以及手机应用的智能算法推荐，在很大程度上塑造了学习者的行为和喜好，对学习者的思维方式产生了深刻的影响。

（二）数智时代下教育活动的新形态

算法将造就整个 21 世纪的人类生活，它是一种工具，其巨大的力量在地球

① 中国信通院，中国人工智能产业发展联盟．人工智能核心技术产业白皮书［R/OL］（2021-04）．［2024-03-12］．http：//www.caict.ac.cn/kxyj/qwfb/bps/202104/t20210419_374019.htm.

上罕见。我们所知道的这场世界范围内的革命并不是算法的革命，而是掌握这些算法的人积累了力量，继而引发了革命。计算机的计算能力能够集中处理来自互联网的无数条信息，这为一些行业企业提供了前所未有的强大手段，使他们有能力来影响我们的选择和行为。

近年来，随着大数据成为互联网信息技术行业的流行词汇，教育逐渐被认为是大数据可以大有作为的一个重要应用领域，有人大胆地预测大数据将给教育带来革命性的变化。

1. 重申教育目的与人的全面发展，拓展人的潜能（$FA_{人} \to \infty$）

本节的教育目的是试图探索算法技术下社会和个体的“价值理性＋目的理性”达到均衡的可能路径。

教育目的是教育实践最基本的问题之一，它是教育价值观的集中体现。它是人们在观念上、思想上对教育活动结果的设计以及借助一定教育手段通过一定教育途径去达到某种结果的设计①。在数智时代，教育活动出现了很多前所未有的新形态，诸多人工智能辅助教学产品、个性化教育需求等对传统的教育提出了挑战。这些新的产品和需求是否应该被应用和设计到教育活动中，需要我们结合教育目的进行重新思考。也就是说，教育学需要在新的技术结构和历史条件下重新研究和思考教育目的这个教育理论的核心课题。

传统的教育目的可以概括为以人为中心的教育目的论、以社会为中心的教育目的论、以文化为中心的教育目的论三种类型。但是，在数智时代，我们必须注意到，技术变革带来哲学理论与人类行为方式的革命，现代科学赖以建立的主客二分、人与非人的二元论世界观将被打破。算法成为解释和认识人与世界的基本法则和思维方式。人（社会）与机器的内涵与边界需要重新界定和解释②。教育的目的不仅仅是要考虑单纯的人的发展、人与社会的发展、社会文化发展，还要考虑人与机器的发展、机器与社会的发展、机器文化的发展，教育目的必须建立在正视世界本体及其关系的变化之上。

教育目的是依存于一定的生产方式的，是由一定社会的物质关系决定的。数智时代给人类生产方式带来的巨大改变，让我们必须思考，在新的生产方式下，人究竟要发展成什么状态，在人工智能与人的本体相互结合的状态下，人的能力究竟会被开发到何种程度。技术哲学认为：技术是人的存在方式，人的本质是自我构建出来的，他没有一个先天的本质。这个“构建自我本质”的重

① 孙喜亭．教育原理（修订版）[M]．北京：北京师范大学出版社，2013．

② 刘复兴．论教育与机器的关系 [J]．教育研究，2019（11）．

要环节就是工具、就是技术[①]。计算主义认为，宇宙是可以计算的，宇宙中的自然过程就是计算过程。一旦从计算的视角审视世界，科学家们不仅能发现大脑和生命系统是计算系统，而且能发现整个世界事实上就是一个计算系统。所谓的存在实质上不过是以不同方式所显现的信息形式，所有的物质性事物都是信息性的，物理世界的时间和空间都是不连续的或离散的。因此，从技术哲学和计算主义角度出发，以算法的方式理解人的发展趋势，将政治（P）、经济（E）、科技（T）、文化（C）、社会（S）作为输入，将人的发展（FA）作为输出，我们是否有以下假设：

存在特定的技术条件输入，存在一种算法，使人的潜力逼近无穷。若用 ST 代表科技状态，$FA_{人}$ 代表人未来的能力发展，A 作为算法，那么如式 1 所示：

$$\text{Input}(T)，\exists A(T')，\text{Output}(FA_{人}\rightarrow\infty) \quad （式 1）$$

即在仅考虑科技 T 为输入的状态下，存在一种技术 T' 算法，在有穷迭代后，使人发展的潜力趋于无穷（或达到目前人类的想象境界）。

如何验证这种假设的真伪呢？计算主义为我们提供了新的验证思路：通过构建全部宇宙的虚拟图景，进行模拟试验。2007 年 1 月，著名科学杂志《自然》第 445 期刊登了《社会科学：生活就是一场游戏》，介绍了一小群社会科学家如何用大型网络游戏进行社会科学研究的工作。2007 年 8 月，《科学》第 317 卷刊登了《虚拟世界中科学研究的潜力》，介绍了两个大型虚拟世界，模式世界和第二人生之中的事情。尤其强调了一批科学家进行的一系列有关社会学和人类学的试验。可见，在基于算法的思维逻辑下，若是关于地球、宇宙、人类社会的数据粒度够细致，那么通过计算机模拟整个宇宙是有可能的，而在虚拟的宇宙中进行各种无现实条件制约的实验研究也将成为可能。

目前，计算宇宙中得出一些结论：规则复杂性的增长并不一定会导致行为复杂性的增长。行为的复杂性增长到一定程度就停止增长了。也就是说，在一个初始系统中，有限的规则输入，随着时间的推移和规则的自我进化，也会得到复杂的系统。复杂系统的生成，并不依赖输入规则的复杂性。这会极大地简化虚拟世界中输入端的研究工作。验证此种假设的初步设想：

（1）实验前：将技术按照功能数据标签化、粒度化。

（2）建立初始状态人的个体模型，构建初始化虚拟宇宙系统。

（3）实验：自动输入技术的各种组合，进行系统模拟，设置模拟终点机制和中断机制。

（4）分析模拟结果，考察假设是否被验证。

---

① 吴国盛．技术哲学讲演录［J］．中国人民大学学报，2016（6）．

(5) 依据实验结果，修正假设。

(6) 其实，依据历史是人创造的、人类社会的发展也是由人主导的思想，这一实验可以进一步拓展和完善。

(7) 上述模拟的过程，将每一种模拟的状态作为输入。将社会运行的根本基准作为输入，进一步进行模拟，就可以看到不同发展阶段的人，在社会运行的根本基准下，可以演化出何种社会状态。

需要强调的是，这种模拟的方法并不能直接得出我们的教育目的。而是通过虚拟宇宙的模拟试验，看到人的发展的可能性。教育目的不能由个人的主观意志决定，也绝不能由纯粹的技术决定。因此，我们有以下假设：

$$\text{Input}(T,\ P,\ E,\ C,\ S),\ \exists A(T',\ P',\ E',\ C',\ S'),$$

$$\text{Output}(SLP(FA'_{\text{人}}))$$

$$SLP(FA'_{\text{人}}) = \sum_{i=1}^{k} r_i FA^i + \sum_{j=1}^{l} u_j D^j + \delta \qquad (\text{式 } 2)$$

即将政治、经济、文化、科技和社会均纳入输入端后，会产生一定的规则子集，在相应的算法下，使得人的发展和社会的发展处于最优状态，即存在最优的解 $SLP(FA'_{\text{人}})$，从而既使人的发展符合社会的要求，在实践中产生巨大的效果，同时又满足了人在一定约束下的身心自由。

从理论层面，上述假设具有可验证的途径。与上述验证人的潜力趋于无穷一样，我们也需要将科技、政治、经济、文化和社会进行数据化表示，并尽可能地将它们的粒度最小化，从而让输入端提供的集合中的子集相互处于尽可能独立的状态。

对现实生活世界进行全方位的模拟，似乎是一项不可能完成的任务。但是，现有的一些技术和企业的努力方向，已经在这方面露出了一些端倪。一方面，模拟宇宙世界的行为正在发生：“谷歌地球”启动了对人类文明镜像世界的建造。这一工程最终将把人们随时随地置于任何一个三维空间和无限的时间运行轨道之中。还有“虚拟星空软件”（Stellarium）软件的开发。我们的生存环境正在被全方位数字化。甚至是人类社会活动的内容也将以全方位的数字化形式被记录。在“谷歌地球”平台上集成着与人类社会运行相关的各种各样的信息群落。“谷歌地球”试图把迄今为人类所认识的自然界和人类社会运行的丰富内容细节一一描绘出来。另一方面，数智时代的万物互联和信息共享，为民主合作、大规模的协作式的研究提供了极大的可能。让“用无线的协作推动无限的创造达及没有止境的理想目标”成为一种可能的追求。

耶鲁大学计算机科学教授戴维·杰勒恩特的著作《镜像世界：或者当软件将整个宇宙装到鞋盒里的那天，会发生什么？意味着什么?》，探讨了虚拟世界中的种种可能。作为教育工作者，无论是科技保守者还是技术激进派，在面临新技术的情况下，都应该率先思考这些科技会为教育界带来什么，我们在传统的教育理论下的教育实践活动是否应该改变，若要改变，应该在哪里进行改革，又要改往何处，我们的教育目的究竟可以走向何方。

2. 革新教育活动空间，学习无处不在（学习≈∞）

数智时代为虚拟空间的创造拓展了人类所处的传统意义上的空间范畴。首先是对物质的/物理的日常生活空间即直观空间的颠覆性改造，其次是对表征的/想象的思想空间的创造性显现。

（1）数智时代对直观空间的改造与设计将重塑学校教育活动空间布局。

万物互联的真实物理空间的灵活性变化促使学校教育活动空间布局发生变化。随着数智时代的到来，我们居住的建筑也会发生根本性的变化，万物互联、万物感应。我们居住空间的色彩、光线、布局也许可以随着我们的心情改变，一切改变的指令都可以依据人的需要发出。

首先，对未来教育活动空间的需求，不仅可以基于历史经验中人们的想象，还可以从现在的教育活动探索案例中寻找答案。如北京市中关村三小的信息化校园建设。该校将学校发展分为三个阶段：1.0 版的学校体现农业社会特征，以学会读书、写字、算术为目标，要求学生学得对而快；2.0 版的学校体现工业社会特征，一间间教室规整排列，使学科课程变得很精细，注重程序化和标准化的纸笔考试；3.0 版的学校有多种空间组合和多形态的空间布局，强调分科课程下的综合课程，融入更多基于学习表现的多样性的评价。中关村三小设计了灵活的“活动墙”，依据教与学的需求“变形”。老师们没有办公室，和学生同处一个空间；操场悬在半空中，操场下面是篮球馆。从桌椅、书柜到可以“藏身”的小窝儿，都是按学生们喜欢的样子来设计、打造。中关村三小的创造性变革是对小学教育模式的突破。

具体的学校形态也许千变万化，但我们可以总结出一些趋势化特征：未来的建筑将呈现出美观、舒适、实用、环保而又个性化的高科技现代化景象。所有这些会体现在以下几个方面：一是建筑材料的多样化、环保化和可再生性。二是建筑结构的模块化、智能化，可重拆重组。三是建筑装饰的多样化、环保化、集约化。四是建筑整体的智能化、系统化、自适性运行管理，涉及噪声、温度、能源、水源、垃圾处理、防火、防盗、远程控制等方面。具体来说，未来建筑空间具有感性追求、实用性、环保性、个性化、安全性等五大特点。五是实现物理空间和虚拟空间的结合。

其次，是数智时代的社会教育活动空间的开发与延伸，如当前的博物馆、科技馆、美术馆、各种行业的体验馆、高校的实验室、打造的科幻体验馆等。在数智时代，基于个体需求的教育活动势必呈现多样性发展，可以说只要是有需求，就会发生社会教育活动。

(2) 数智时代对思想空间的创造性显现将打破教育活动的时空限制，脱离个体意识的藩篱。

当前，在线教育已实现学员与教师即使相隔万里也可以开展正常的教学活动，同时借助网络课件，学生可以随时随地进行学习，一定程度上打破了时间和空间的限制，不仅给予了学习者一定的学习自由，也促进了教学环境提供主体的多元化。而随着元宇宙的兴起，教育活动空间将进一步得到延伸与扩展。

元宇宙是一个3D虚拟网络，专注于社会联系。其概念来自1992年的科幻小说《雪崩》，目前现代可用的技术已经可以为用户提供两种访问元宇宙的方式：虚拟现实和增强现实。虚拟现实是通过使用相应的设备进入一个完全创建的数字世界。增强现实是用数字元素覆盖真实世界，将虚拟事物呈现在现实中。混合现实是第三种正在发展中的元宇宙体验途径，其结合了虚拟现实和增强现实元素，并涉及数字和现实世界元素的交互。所有涉及的技术都可以描述为扩展现实。马克·扎克伯格在2021年将“Facebook”改名为“Meta”，并推出了视野工作室（Horizons Workrooms），人们可以在这样一个虚拟的办公环境中一起工作。Republic Realm（现在更名为Every Realm）是一家在多个元宇宙中管理数字房地产不可替代代币（NFTs）的公司，包括管理数字幻想岛屿、购物区、艺术画廊和游泳池等目的地。

虽然元宇宙尚处于初级发展阶段，还不能实现其科技许诺，但是元宇宙为我们的教育活动带来了更多的畅想和挑战。

畅想是：对教育活动空间的有限性的反思。胡塞尔在《世界之空间时间上的无限性要求处于交流之中的诸绝对意识之无限性》的开篇指出：“诸事物是通过诸如知觉、诸经验关联被给予我的。但是事物是以受限制的方式给予我的，关于每一个事物，我只是以受限制的方式拥有经验认识。……我只能以受限制的方式，以当前经验之形式，探究诸经验的可能性。”① 时至今日，在元宇宙技术发展下，胡塞尔提及的“受限制”呈现方式、“受限制”认识中的“受限制”边界将实现极大的超越与扩展。一是事物的呈现方式。物理的/物质的实体的存在，可以通过增强现实，将其目前的所有认识进行呈现。表征的/想象的意识存在，可以通过虚拟空间的模拟和创造进行呈现。甚至胡塞尔所说的移情之能力，也可以通过信息/信号的模拟，进行物理传输。二是认识的途径。元宇宙的空间模拟以及对实体世界的还原与复刻，可以将主体带入任何其他主体的经验和感受之中，也可以跨越主体所在的社会真实环境，带其体验“远在深海3 000米

① 胡塞尔．共主观性的现象学：第1卷[M]．北京：商务印书馆，2018：20.

的世界”。从某种意义上讲，“人必须通过肉身化意识才能感知世界”的观点可能会被颠覆。

挑战是：个体时间的约束性以及进入虚拟空间学习而放弃实体环境学习的机会成本和人类属性的削弱危机。当前的脑神经研究认为，大脑可以被看作一个有机的计算机，它可以被重新编程以整合外部元素，比如人工工具。这就引发了一个科技化生活的深思：随着人类对智能手机等数字设备越来越依赖，是否可能重新编程我们的大脑，削弱我们的人类属性，使人类成为一个生物学上的数字系统。贝琪·斯派洛（Betsy Sparrow）① 等人的一项研究表明，把一些简单的心理（关键词）搜索转包给谷歌可能会降低我们大脑可靠存储和记忆的能力。雪莉·特克尔（Turkle）② 通过采访大量使用短信、社交媒体和其他在线虚拟环境的青少年和成年人，指出虚拟平台的长期使用会导致严重的焦虑，减少真实的社交互动，缺乏社交技能和人类同情心，难以应对孤独。此外，人类皮质容量所能提供的群体规模大约限制在 150 人，而元宇宙始终在线的日常生活方式可能会造成我们的大脑皮层过度劳累，从而引发焦虑，造成注意力、认知甚至记忆障碍。

因此，数智时代的教育活动的实体空间的改变可以基于学习需求进行灵活调整和组合，从而创建以人为中心的学习空间。而元宇宙或虚拟空间的教学实践活动则需要基于合乎价值理性的要求进行深入的探讨。

因此，在数智时代，有以下假设：在时间约束机制下，存在一定的算法规则（组），从而使得个体在物理教育空间和虚拟教育空间的学习成果最大化。任何空间的学习效率都可表达为一个时间函数，因此，如式 3 所示若 $\eta_p(t)$ 代表物理空间的学习效率，$\eta_v(t)$ 代表虚拟空间的学习效率，则存在基于时间算法 A，使得个体的学习成果 F 在固定时间 T 的约束下达到最优或最合适：

$$\exists A，\text{Max } F(\mathrm{t})=A(\eta_p(t)\times t_1，\eta_v(t)\times t_2)$$

$$t_1+t_2\leqslant T \qquad \text{（式 3）}$$

3. 革新教学内容，主动学超越被动教（学＞教）

数智时代，应对大量的知识和信息，我们有这样一个假设：对于任意的教育活动者，知识都是无穷的，且这些知识都有对应的获得途径，那么，对于个体来说，主动学习的效果将远远大于被动教学的效果：

$$\forall \text{教育活动者}，\exists \text{知识}=\infty，\text{学}>\text{教} \qquad \text{（式 4）}$$

---

① SPARROW B，LIU J，WEGNER D M. Google effects on memory：cognitive consequences of having information at our fingertips [J]. Science，333 (6043).

② TURKLE S. Alone together：why we expect more from technology and less from each other [M]. New York：Basic Books，2011.

这一公式表明，教学内容，要以学习为中心进行构建。目前教学内容的改革以个性化学习为出发点，主张开发智能学习系统、智能教学系统和各类个性化学习平台。自20世纪70年代以来，许多国家和地区都十分重视智能教学系统的研究、开发和应用。

(1) 智能学习系统的开发。在国家层面，美国教育部门对大数据的运用主要是创造了“学习分析系统”——一个数据挖掘、模化和案例运用的联合框架。这些“学习分析系统”旨在向教育工作者提供学生何以学习得更多、更好、更精确的信息。在企业层面，美国的梦盒学习公司 (Dream Box Learning) 和纽顿公司 (Knewton)、培生集团等均已经各自发布了基于大数据的适应性学习 (adaptive learning) 系统。其中，主要由培生集团开发的适应性学习产品——“我的实验室/高手掌握” (MyLab/Mastering) 可以在全球范围内向数百万名学生提供个性化的学习服务，向他们提供真实可信的学习数据，让学校通过这些数据提高学生的学习效果并降低教学成本。综合看来，促进个性化教学、提高教学效率和降低教学成本是未来智能教学系统开发的主要趋势。

(2) 智能教学系统的应用。智能教学系统 (intelligent tutoring system, ITS) 是教育技术学中重要的研究领域，它借助人工智能技术，在没有人类导师指导的情况下帮助学习者获取知识和技能。2013年9月13日正式推出的丁博士智能教学系统，通过互联网计算机系统提供即时、有效、全面且有针对性的学习、诊断服务。它主要有海量题库、智能诊断、名师视频辅导、针对性教学等特色功能，能精准、即时地对学生进行学习诊断和智能化提分。

(3) 各类自发建立的个性化学习平台。随着用户对碎片化、多样化学习需求的与日俱增，在线教育平台也越来越被用户所接受。在国内，知名的教学平台有微教育、网易公开课、百度教育、腾讯微课堂、YY教育、淘宝同学等。

综上所述，在教育活动中，教与学的关系将发生重要的转向。从以前的“注重教”转向主体的“主动学”。数智时代的教育，更加注重主体学习能力的培养与构建。

4. 革新师生关系，师生、生生智能匹配 (Match (师，生))

人是教育的主体又是教育的对象，这是现代教育学的基本命题。在数智时代，这个命题需要引入新的视角和新的内涵，更需要我们从新的多样的视角看待教育者与受教者及其关系。一是会出现越来越多的机器人教师，虚拟教师至少可以承担一部分的教育教学职能。二是会产生教育机器以及人机结合体的问题。三是机器人可能成为学生或者虚拟学生。2021年6月1日，清华大学计算机系知识工程实验室迎来了中国首个原创虚拟学生——华智冰。

因此，教育活动者的变化，必将导致师生、生生关系的变化。

(1) 依据学习者与教授者，构建平衡的教学生态。

首先是数智时代教师的角色转变。数智时代教师承担的主要任务将由传授转变为引导，即对学生的自主学习进行指导。教师不仅教授学生文化知识，还是学生学习道路上的指引者。教师也不应该停下学习的步伐。教师是一个发展着的个体，在教授学生的过程中必须不断地改进自己，以顺应时代发展的潮流。受教育群体是面向未来的青少年，所以教育的步伐必须跟进社会。教师的责任便是指引学生进步的同时完成自我水平的提升和跨越。数智时代的“未来教师”，其存在形态必有所改变，必须突破和创新。教师改变以往单纯师者的存在形态，更像是一名学习者、研究者、探索者，甚至是艺术家。

其次是数智时代学生的角色转变。北京师范大学教育技术学院教授、博士生导师余胜泉在《没有围墙的“未来学校”》一文中提出了这样的观点：未来的教育课程是具有可选择性的，教育服务可以来自你自己所在的学校，也可以来自学校以外的社会服务。根据这一观点，家长和学生可以根据自己的不同的需求或者兴趣爱好来选择不同的课程或者活动，以达到自身发展的目的。家长和学生的主动权得以扩大，一方面有利于学生的个性化发展，另一方面对教育资源的整合也起到了很大的作用。数智时代学生要从传统的“受教者”转变为“寻教者”，即善于自我寻找知识者，实现自身角色定位的改变。

最后是数智时代师生关系的转变。虽然我们不能准确预测数智时代，也可能无法想象数智时代的师生关系是怎样的，但是，无论科学技术怎么发展，总有人类坚守的永恒的文化或者核心存在，这种存在必定是超越了科技的发展，是万变中的不变，是万象中的永存。因此，我们可以依据数智时代的教师、学生特点，推测师生关系发生的变化，并探寻建立一种可以不变的师生关系准则或者原则，寻找师生之间的某种关系内核。数智时代，师生之间的依赖关系将逐步减弱。美国密涅瓦大学就是一个典型的例子，它在全球有多个校区，教师通过网络直播对学生进行授课，师生不一定要见面，这使传统意义上的师生关系得到了突破，教师与学生的关系变得更加自由多变，互联网将两者有机地结合了起来。这就说明，与其说师生之间关系为“授业”和“受业”，还不如说教师在引导学生主动学习。数智时代，师生之间的民主性逐步增强。2015 年世界教育创新峰会曾对 20 年后的师生关系愿景做过问卷调查，接近八成的被访者认为师生关系将转为“民主性”。教师与学生之间的角色开始发生重大转变：教师由传统地教授文化知识变为引导学生学习，教师完全主导课堂转变为师生共同引导课堂，师生之间更像是知识探索者。而这种转变，也必将导致师生关系的民主性逐步加强。

(2) 依据学习者构建富有活力的学习生态。

数智时代，学校的地域性及其不可或缺性逐步降低，甚至可以用“没有围墙”来形容。尤其是在“互联网+”的大时代背景下，传统意义上把学生集中起来，利用固定时间、固定地点、固定教材、固定方法，对其进行统一知识传授的传统教学方式，已经开始显现出与社会不相适应的地方。那么，数智时代学生之间的联系应该是怎样的呢？探讨学生之间的关系，就必须对现有的学生关系进行分析，对现有的学生关系特征以及其发挥的作用进行分析，从而对未来生生关系的期望有一些指导借鉴。

在数智时代，我们每天都会在虚拟网络中留下活动痕迹，这些痕迹都会被数字化处理，再经过算法的筛选过滤机制以及预测模型，变成下一个网络行为决策建议。相应地，在教育平台，我们很容易定位学生、教师在某一网络结构中所处的位置，并基于一定的匹配原则进行教师和学生的匹配。

(3) 依据学习需要，构建不同生态间的交流互动机制。

学习者的学习行为、教师的教学行为千差万别，但是，在数智时代，这些千差万别的行为都可以被记录和分析，我们可以依据不同的主体需求，提供合适的交流机制。具体算法流程如下：

1) 采集学习者的学习需求；

2) 采集学习者的学习行为、学习方式、喜好的交流方式等；

3) 采集教学者的教学内容；

4) 采集教学者的教学行为、教学方式、喜好的交流方式等；

5) 构建学习者集合；

6) 构建教学者集合；

7) 构建学习行为、学习方式、喜好的交流方式集合；

8) 依据学习需求与教学内容匹配原则、学习行为与教学行为组合效果最大化原则、学习方式与教学方式组合效果最大化原则、喜好的交流方式效果最大化原则等进行随机匹配；

9) 应用实践，并跟踪结果；

10) 进行模型修正，依据 9) 的实践结果修正 8) 的匹配原则。

也许在未来，随着机器人教师和学生的加入，这种师生匹配关系会得到进一步的修正与完善。

5. 革新教学评价，教学质量“全”监测 ($\not\ni q_{教}=\varnothing$)

数智时代，一切将被置于可测量的状态，人类可以通过数据认识自我[①]。这与教育评价背后的理念相契合。基于此，我们提出以下假设：在数智时代大

---

① 多梅尔. 算法时代：新经济的新引擎 [M]. 北京：中信出版社，2016.

数据支持的条件下，不存在任何不可以被评价的教学行为，即如式 5 所示：

$$(\not\ni q_{教}=\emptyset) \quad (式 5)$$

目前，随着众多评价软件相继应用于教学评价和学习评价，学者们普遍认为未来的评价将更加注重过程性评价或形成性评价。即时的评价反馈将会加快学生学习知识和技能的速度。

（1）教学评价中教与学评价的全面性。借助智能辅导系统，对教育质量进行全面监测，寻找提升教学质量的着力点成为现在智能辅导系统开发的主要驱动力。在教育特别是在学校教育中，数据成为教学改进最为显著的指标，主要包括：宏观的考试成绩、入学率、出勤率、辍学率、升学率等；微观课堂教学中学生识字的准确率、作业的正确率、多方面发展的表现率（积极参与课堂科学的举手次数），回答问题的次数、时长与正确率，师生互动的频率与时长等。这些教育活动中的种种指标将会随着新技术在教育领域中的深入应用而逐渐细化增加，构成全面评价教学的数据资源。就目前来看，大数据技术允许中小学和大学分析从学生的学习行为、考试分数到职业规划等所有重要的信息。但随着数据立法的完善与技术的发展，更多有效的指标将会在数智时代得到监测与应用。

（2）教学评价中教与学评价的全过程性。智能诊断性评价、预测性评价、即时形成性评价、个性化总结性评价将贯穿教学的全过程。智能诊断性评价可以在学生及监护人授权的情况下，采用多项指标，对学生进行智能诊断，如学生的身体健康水平、道德发展水平、智力发展水平、心理健康水平、技能发展水平等。预测性评价是指依据学生现有表现，预测其学业成绩或者其他维度的发展水平。国外学者利用学习分析框架和教育大数据，从课程中收集 21 个变量对学生的最终学业成绩进行预测。实验发现，在学期的 1/3 阶段，就可以预测学生的学业成绩，并能分析出影响学业成绩的关键因素[①]。这种预测性评价可以有效提醒教师对学生进行恰当的干预。即时形成性评价是指在教学的过程中，教师和学生可以借助智能评价系统实时得到“教”的效果和“学”的效果反馈，从而使教学过程处于自动调整优化的过程。如医学领域的教师们用 DxRClinician 分析软件，了解学生的行为表现并调整课程；它可以在解决问题的过程中跟踪学习者的“心理步骤”，以诊断错误的概念，并估计学习者对该领域的理解。加拿大的教育科技公司 Desire 2 Learn 推出“学生成功系统”（student suc-

① LU O H T，HUANG A Y Q，HUANG J C H，et al. Applying learning analytics for the early prediction of students' academic performance in blended learning.［J］. Educational technology & society，2018（21）.

cess system)。通过监控学生阅读电子化的课程材料、提交电子版的作业、在线与同学交流、完成考试与测验，就能让其计算程序持续、系统地分析每个学生的教育数据。个性化总结性评价是借助大数据以及智能评价系统，为不同的教师和学生提供一段教学过程后的精准教与学的评价。

(3) 教学评价中教与学评价的科学性。教学评价中教与学评价的全面性和全过程性，可以有效提高教与学评价的科学性。图 4-1 为具有自适应功能的双控制反馈评价系统。数据采集系统对学生和教师进行合法授权的数据信息采集，首先基于大数据知识库进行智能诊断性评价，然后将进行教学活动，对教学活动进行基于算法的评价，与即时教学目标进行比对，并生成即时形成性评价和预测性评价对教学活动进行修正，形成教学过程中的评价反馈系统。教学活动阶段结束后，与最终教学目标相比较，形成个性化总结性评价，并与之前采集的学生与教师数据进行比对，进一步对教学活动进行评价，并依据指标的不断调节与改善，对整个教学评价系统进行优化，使其更加科学。

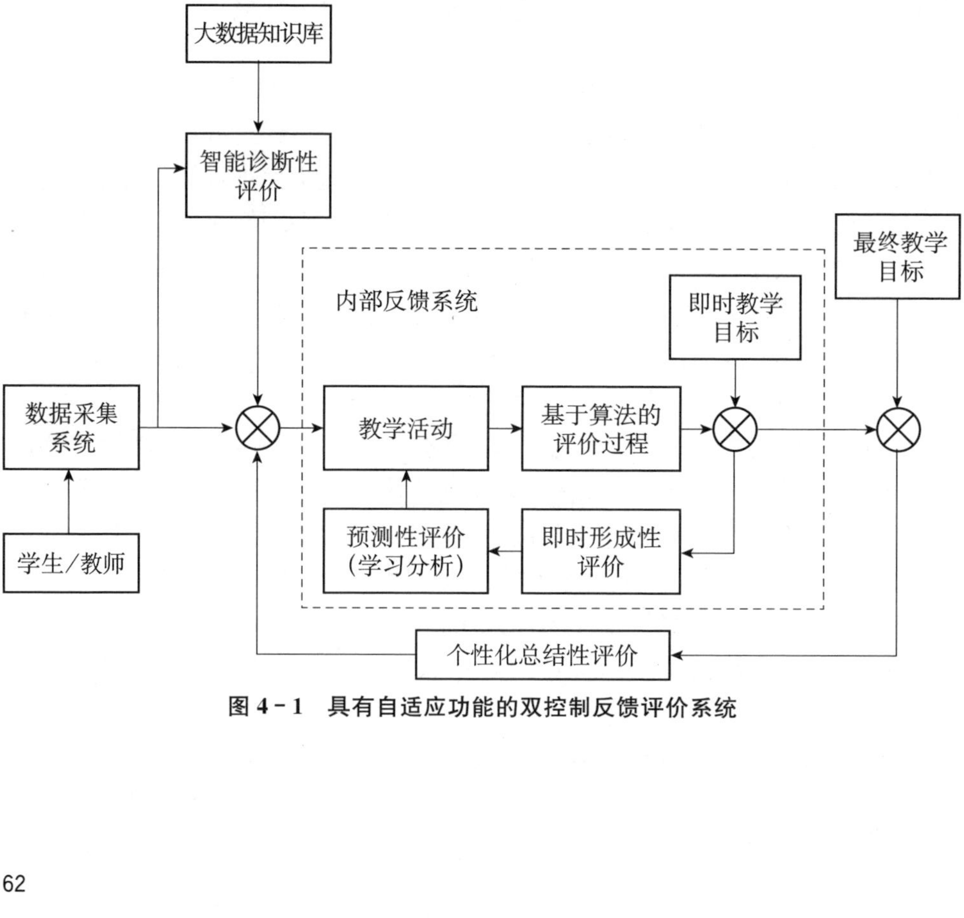

图 4-1　具有自适应功能的双控制反馈评价系统

二、教育活动中的人工智能应用

（一）人工智能技术在教育中的应用现状及特点

目前，人工智能教学产品已经实现较广泛的应用，主要集中在对传统的教、学和评价过程的辅助与加强；还没有开创出人工智能教育独有的教学活动。线上教育活动从理论上不属于人工智能教育活动的范畴，属于信息网络在教育中的应用。

1. 人工智能在学科知识学习方面的应用现状

人工智能在教育行业的应用场景主要在学科知识方面。目前主要在传统的教、学、评价过程中作辅助。如大众可以接触到的教的层面主要包含智慧课堂、语音辅助教学等应用，学习层面主要包含智能搜题、智适应学习系统等应用，评价层面主要包含口语测评、智能批改等应用。一是智慧课堂（虚拟教师）和智适应学习系统。虚拟教师和学生的对话可以实时反馈。反馈通过虚拟教师以对话的方式让学生感觉更亲切，接受度更高。关于个性化对话辅导，根据学生的历史数据、教学目标、学生的反馈确定最佳的对话路径、学习速度。关于课堂专注度分析，通过对学生课堂状态进行自动监测，包括学生人数、姿态、行为、面部角度、表情等，实现对抬头率、看手机率、微笑率、专注度、离席率等课堂效果指标的智能统计。二是智适应学习系统：智能推荐，难度调控。让成绩优异的孩子学习具有挑战性的内容；让成绩一般或者不佳的孩子学习能听懂并接受的知识点，考试更轻松。关于动态规划学习路径，根据每个孩子学习进度情况的不同，制定个性化学习方案，使其将时间花在薄弱的知识点上，更快看见学习效果。三是语音辅助教学。语音辅助教学是自动语音识别（ASR）、文本-语音转换（TTS）和自然语言处理（NLP）（指令式）的简单应用。关于智能语音指令（ASR＋NLP），通过语音识别，App 能够识别出学生的指令，实现自动翻页、查询搜索、跳转页面等。智能语音控制设备使用起来更灵活、更有趣。TTS 是语音合成技术，能够配合学生的学习内容，流畅自然地朗读播报。多种语音，能够结合文本内容为学生提供多样化的朗读风格，增加阅读趣味性。网课直播字幕（ASR）通过实时语音识别，能够将老师说的话实时转换成文字，并展示在屏幕上，方便学生清晰快速地了解教学内容。四是智能搜题、批改。智能搜题、批改都是光学字符识别（OCR）的文字识别和手写识别的应用。目前 OCR 技术已趋于成熟，手写体识别准确率可达 90％以上，印刷体的识别准确率更高。在技术层面，各类拍照搜题产品都大同小异，能够构建起竞争壁垒的部分是需要依靠强大的人力和组织力生产的题库，这是决定产品用户体验的关键因素。如果题库中搜索不到，一些产品就会加入在线问答、向学霸提问的功能以增加用户黏性。同时产品运营人员会对搜题的图片进行标注处理以丰富题库。五是口语测评。口语评测包含三类：朗读与复述、陈述与讨论、演讲与问答。不同场景对应考查学生不同的口语能力，并且学生表达的主观灵活性逐渐提升。朗读的场景：如很多英语学习的 App 有跟读和配音的功能，普通话等级测评。由于测试的对比材料固定，评测相对简单，主要考查的是语音、语调等节奏的准确性和清晰度。复述的场景：根据看到的文本或听到的语音内容，记忆后通过自己的理解进行口述。如此就要求机器能够“听懂”学生复述的整体内容，主要测评有表达连贯、内容完整、语言规范、情感恰当、人称转换、时态归纳、概括要点记录等，而非仅仅是逐词校对。目前复述题模型需要基于朗读题数据做自适应处理，以提升识别性能。陈述的场景：比如“英语流利说”口语考试中，App 出一道“What do you think of how to be a good leader?”题目，给 5 分钟答题时间，要求观点明确、内容充实、语言连贯、结构完整。讨论的场景：几个人就一个主题进行开放式讨论，比如辩论。能够参与讨论，并针对他人的论点进行反驳。演讲的场景：与陈述的场景有些相似，但是演讲一般是提前准备好的，主要是测评演讲内容的逻辑性和完整度、流利度、情绪饱满度，紧扣主题、论证合理、引用规范、语言丰富等。问答的场景：由人工智能代替老师进行提问，学生进行回答。一部分主要是场景式对话的内容，如在机场的英语对话场景中，和你对话以及评测的都是人工智能，主要测评回复内容的相关性、准确性，要求能够针对题目回答相关问题。在陈述、讨论、演讲和问答等半开放场景下，例如学生在和人工智能口语老师进行口语交际、情景问答的过程中，可以还原真实语言应用环境，让学生在主题场景下学习、应用语言知识。

2. 人工智能在学生德育、美育培养方面的应用现状

人工智能为学生德育和美育方面的培养也带来了机遇。

在学生德育培养方面，有的学校开展“去中心化＋精准化”的教学实践。德育工作由教师主导变为学生自主教育。人工智能采用区块链技术或思维，将每个学生假想设定为一个基本账户，通过对学生的思想动态、心理感受、对世界观的选择、对时事热点的喜爱偏好等个体化行为进行追踪记录，最终形成个性化德育方案，以供学生自主认知、选择和学习，避免了传统德育工作“大水漫灌”的尴尬。“精准化”实现教师在德育工作中的精准“把脉”。人工智能通过对学生进行面部捕获、语义识别、动作分析等，将有关信息量化反馈给教师，可协助教师及时调整德育策略，做到对学生的精准“把脉”和对德育工作的准确把握。

在学生美育培养方面，采取如下措施：一是开展“人工智能＋美育”创客项目。以学生为中心，将中国古建筑的相关知识纳入美育课程中。构建包含测量、设计、雕刻、组装、美化，将科学、技术、工程、数学一体化的图形化编程、智能硬件、未来智慧城市、3D 打印、智能激光切割等系列课程。二是创建“AI＋音乐＝情景空间自主创作”的音乐课。人工智能通过大数据分析人类音乐智能，模拟人类视、听、触、感及思维和推理的信息过程，构建自身神经网络及算法，最终应用于人类感知音乐、认知音乐、研究音乐、创作音乐，创新“人机互动”的音乐教学新模式。在音乐课上，人工智能系统可以现场、实时地模拟出各场音乐会的场景，提高学生的审美情趣。三是搭建中小学 3D 人工智能音乐课室。所谓 3D 人工智能音乐课室，指的是融合三维可视化技术与人工智能算法，构建沉浸式、智能化、交互式的新型音乐教学空间。其主要功能包括：第一，通过虚拟现实、增强现实等技术手段，模拟多样化的音乐演奏环境，增强学生的临场体验与交互感知；第二，依托 AI 作曲、智能陪练与智能评测系统，实现对学生音乐学习过程的个性化指导与动态反馈，提高学习效率与教学精准度；第三，应用人工智能生成技术，辅助学生进行旋律创作、和声编配与节奏设计，培养学生的创新思维与综合艺术素养；第四，通过智能系统支持个性化学习路径规划与多人协作演奏，促进学生的自主学习与合作能力发展。整体而言，3D 人工智能音乐课室不仅在教学空间形态和教学方法上实现了技术革新，更在教育理念上体现了从传统知识传授向沉浸体验、智能生成与个性发展的深层转型，符合智慧教育、智能校园建设的发展趋势，对于提升学生的艺术素养、技术素养和跨学科综合能力具有重要意义。四是高校音乐人工智能作曲应用。高校依托人工智能技术，广泛开展基于深度学习、生成模型（如 GAN、Transformer）等算法的音乐创作与教学实践。具体而言，一方面，人工智能作曲系统能够根据不同风格、情感或特定参数生成旋律、和声与编曲作品，辅助学生理解音乐结构与风格变换，提升作曲与编配能力；另一方面，通过人机协作模式，学生可以在 AI 生成的音乐基础上进行二次创作，拓展音乐表现的创新空间。同时，部分高校还开设了人工智能音乐创作课程，融合音乐学、计算机科学与人工智能技术，培养具有跨学科素养的新型音乐创作人才。五是“AI＋美术＝与‘重生’艺术大师交流”的美术课。在美术课程中，人工智能等信息技术的投入，使得传统的教学形式加速变革。计算机辅助技术可以将艺术设计作品的三维效果图呈现出来，全景效果图的展示有助于教师和学生全方位地观看艺术设计作品，发现其中的问题，方便后期修改；三维化的模型还可以帮助学生对艺术设计作品形成更深层次的认识，与设计者产生思想上的共鸣。将人工智能生成式对抗网络技术（GAN）应用于美术教学，可以让莫奈、梵高等艺术大师“重生”，让学生获得更好的艺术体验。六是人工智能书法课堂。书法向来被视为是“慢生活”的典范，如今语言文字交流方式将呈现“形体（人脸）识别系统”和“语音识别系统”结合的趋势，作为审美的书法，将在履行“保卫汉字”历史使命的同时，由汉字书写的高级形态即“书法艺术”来承担①。在云南，“墨韵智能·书法进校园助力项目”运用“人工智能＋书法教育”模式，为书法教育增添科技含量，提供书法教育支持，并进一步在云南省千余所中小学普及推广书法课②。

3. 人工智能在学生劳动技能和体育方面的应用现状

有学者认为，人工智能＋体育＝实现动作智能识别的体育课。人工智能对体育教学的推动主要体现在缓解体育师资压力、贯彻课程改革理念、转变教师教育模式、研究范式全面转型等各个方面。人工智能的发展能够为体育教育提供大力的支持和辅助，实现体育学科的本质和目标。目前人工智能在体育方面的应用主要有：一是高校体育教学新媒体交互评价系统。如北京大学前沿计算研究中心的人工智能辅助体育教学（Artificial Intelligence Physical Education，AIPE）是人工智能应用到体育教学的一次跨越性尝试③，该项目利用计算机视觉技术中的单视角人体姿态估计算法，通过一段视频即可恢复三维空间中的人体骨架，并结合专业的体育评价指标开发相应的评价算法，对视频中运动者的体育训练作出图文评价。学生仅需登录 AIPE 新媒体数据交互平台，上传自己拍摄的运动视频，AI 评价系统即可通过高性能计算平台对视频素材进行人体姿态估计和关键帧评价，教师可通过 AIPE 审核评价结果并生成评价结果报告。AIPE 自 2020 年 5 月上线后，大大提高了体育教学的灵活性与交互性，获得师生广泛好评。二是中小学智慧体育新模式。腾讯教育以人工智能技术构建智慧体育新模式。在不增加家长和老师负担的情况下，实现课外体育的作业布置、练习监控、技能复习、完成反馈、效果评价、大数据统计、赛事参与、技能考核、个人成长记录和体育技能等级评定等全要素的自动化。如深圳罗湖区华丽小学通过对体育动作全过程的识别和计数，实现运动过程可视化，个人运动数据和图像上传到云端，方便随时查看掌握自己运动的情况。当前，罗湖区教师、学生的注册率达到 100%，部分家长也注册，带领孩子一起运动打卡，全民智

---

① 陈振濂．人工智能时代，书法如何“华丽转身”[J]．人民论坛，2017（27）．

② 中华人民共和国中央人民政府．“人工智能”助力书法进校园［R/OL］．（2019－04－04）［2024－12－04］．http：//www.gov.cn/xinwen/2019－04/04/content_5379776.htm#1．

③ 北京大学前沿计算研究中心．王亦洲课题组：人工智能辅助体育教学（AIPE）［R/OL］．（2020－12－30）［2024－12－03］．http：//cfcs.pku.edu.cn/news/239814.htm．

能化运动的新风潮正在兴起。湖南长沙的一些学校运用人工智能、大数据、物联网等信息技术，以智能跳绳为切入点，结合其他辅助智能运动设备（运动电话手表、智慧运动小屋、跳绳智能检测箱等），将其深度融入体育教学、体育作业、学生体质健康管理全过程，帮助学校打造课后、课间、课中的智慧体育新模式。三是中职舞蹈动作智能分析教学。在舞蹈教学中，舞蹈动作智能分析软件的研发及应用呈现一种鲜明的趋势。舞蹈教学总是以“先有形再有情”的学习规律展开，教师在采用舞蹈混合式教学模式变革中运用信息智能化技术，可以实现“学生为主体、教师为主导”，弥补了传统舞蹈教学中教师“一对多”、难以及时监控指导的不足，对学生学习过程的实时记录和评价转化为教师与“数据”双引导；同时，对现场课堂的学习时间进行重新分配，给学生合作探究和自主学习的空间，优化舞蹈教学。

此外，人工智能技术已让人们突破健身空间、时间的限制，向更高质量的智能化方向迈进。近年来智能健身行业更是风起云涌，各类企业主体竞相入局，抢占智能体育赛道，诸多人工智能体育产品随之面世。2022 年 11 月 16 日，爱希塔推出新的智能健身产品，实现了矫正、娱乐、健身和共享等功能，借助 3D 姿态捕捉技术和人工智能精确算法的加持，通过 3D 立体扫描、全程追踪、智能提醒、语音交互等功能，给用户营造极具专业性、科学性和交互性的运动场景。同时爱希塔将用虚拟动画课程打通世界各个地区，串联五洲四洋；用虚拟健身房开辟元宇宙社交场所；用炫酷的短视频分享个人健身成果。点开元宇宙社交模式，即可开启专属的健身宇宙，与全世界的朋友互动 PK，共同进步。此外，总部位于以色列的，与央视、咪咕、腾讯和 CBA 达成合作的人工智能体育内容服务商 WSC 体育，专注为体育版权方提供一站式的内容解决方案，可能提高其体育内容价值，正在革新着体育内容生态圈。

人工智能还产生了“线上体育运动会”。人工智能运动又可以称为人体动作智能识别技术，实时定位人体 25 个骨骼关键点信息，将关键点连成线，再将线连成动作，通过算法分析动作轨迹数据判断运动动作是否完成及是否标准，在此基础上衍生出对动作的计数、纠正动作细节等应用。“线上体育运动会”可以让运动者足不出户即可通过手机等其他电子产品与全国其他运动者共同完成体育运动项目，功能涵盖线上互动沟通、成绩排名、运动项目成绩等，通过 5G、人工智能、大数据、云计算、物联网等实现体育运动新体验，让运动者的运动动作更加标准、运动积极性大幅度提升。“线上体育运动会”可以包含的项目有跑步、跳绳、平板支撑、开合跳、深蹲、高抬腿等，通过电子产品的摄像头采集运动者的动作姿态数据，动作识别算法对姿态数据进行分析、比对进而实现计数、动作标准度判断等。

在未来，体育行业将迎来机器人教练和教师。2022 年 10 月，谷歌公布其正在研究的“乒乓球机器人”项目，该机器人在与人类对打时，一回合可接球 340 次。谷歌强调这只是人类与人工智能的“合作”，并非击败人类，但以人工智能的成长速度，它将很快成为专业选手。在未来，乒乓机器人可能作为人类练球的辅助设备。

（二）人工智能在教育活动中的应用效果究竟如何？

从当前的实践可以看出，人工智能技术在学校教育领域取得了重大进展，改变了教学、学习和行政流程的各个方面。在学校教育中主要包括个性化学习、数据分析和决策、自动评分和反馈、虚拟助理和聊天机器人、语言学习和翻译、内容创建和定制、预防辍学预测分析、教师专业发展、增强课程设计等维度的改变[①]。那么，人工智能技术在教育活动中的应用效果究竟如何？

从现有的研究结果来看，这一效果还没有确定的有效结论，有待进一步研究分析。一方面研究认为，人工智能的研究还处于微观碎片化阶段，不能得出其有利于改进教育的结论。有研究者以近三年三本具有国际影响力的期刊中人工智能教学应用相关文献为样本，以人工智能局部替代教学、赋能教学为焦点，分析国外人工智能教学应用研究现状。研究发现，当前国外研究者在探索认知特征、学习本质和教育规律的基础上，关注将机器学习、逻辑推理、自然语言理解等人工智能技术嵌入各类教学、学习、决策等工具、系统、平台中，支持构建体验学习情境、规范学习行为、评估学业水平和能力结构、制定个性化学习路径和内容等研究，旨在通过人机协同优化教学方式与路径，为学习者提供个性化学习服务。但人工智能的研究还处于微观碎片化阶段[②]。国内一些研究者对人工智能技术在教学过程中的使用效果进行分析发现，基于课堂视频的人机协同教研虽然不会显著影响教师教学反思内容的广度，但会显著影响教师教学反思层级的深度，使教师教学反思层级更加全面且深入[③]。另一方面研究认为，人工智能技术在高等教育中产生了积极的作用。有研究者选取不同数据库的英文同行评审期刊中的实证研究文献进行分析，认为多数研究表明人工智能有助于提升学习体验、提高学习效果，扩大教育机会、促进教育公平。在提升

① BURGOS C，CAMPANARIO M L，et al. Data mining for modeling students' performance：a tutoring action plan to prevent academic dropout［J］. Computers & Electrical Engineering，2018（66）；杨俊锋，包昊罡，黄荣怀．中美智能技术教育应用的比较研究［J］. 电化教育研究，2020（8）.

② 郭炯，荣乾，郝建江．国外人工智能教学应用研究综述［J］. 电化教育研究，2020（2）.

③ 蔡慧英，卢琳萌，顾小清．人机协同教研会促进教师教学反思能力的发展吗?：基于课堂视频智能分析技术的实证研究［J］. 现代远距离教育，2023（1）.

教学效果的研究中，9.1%的文献认为人工智能技术的应用效果并未优于真人教师，而多达 90.9%的文献积极评价了人工智能技术在高等教育中的应用。由于受到研究方法和样本的限制，这些研究的推广性和可复制性还有待更多的教育实践进行验证[①]。

此外，不同的人工智能技术带来的实际效果也存在差异[②]。一是智能导学系统可以提升学习质量。AR 图形与智能导学系统的自适应指导可优化学习者的学习体验，嵌入增强现实技术的智能导学系统能帮助学习者将考试成绩提高 25%，任务完成速度提高 30%，显著提升学习质量。人工智能技术可以建立开放式学习者模型支持学习者自我评估和决策，并能提高学习者的学习绩效和积极性，但也容易导致学习者因依赖反馈信息而降低自我内在的主动反思意识。二是智能教学伙伴对学生的学习效果存在正反两方面的影响。有研究者在分析 163 名 10～11 岁学习者的 3 983 次游戏学习数据后发现，智能教学伙伴角色对学习者的学习坚持度、挑战性和学习表现有积极影响。智能教学代理的非正式语言风格对学习者有较强的吸引力，但会引发学习者更大的意义理解困难和心智游离，延长其认知反应时间和降低其学习品质。“教中学”和“被动式认知导学”（learning by being tutored）两类不同元认知能力的智能教学代理，对学习者学习效果没有显著差异。智能教学代理产生不同的效果可能是由于其语言、性别角色、认知和情感行为等影响学习者的认知投入、情感投入和行为投入；学习者的学习动机、性别和个性对教学代理干预效果有不同程度的差异。三是大规模在线课程和移动学习有助于学生批判性思维的发展和降低学生的辍学率。有研究者提出应用路标智能推送视频观看系统支持学习者自主研学，并通过教师为学习者视频学习过程提供定制性服务，提高学习者的表达技能和基于概念的意义建构能力，促进其交流协作与批判性思维发展。在大规模在线课程中，有研究者发现通过实时链接和智能教学代理将学习者与同伴进行智能匹配的协作交互干预措施，可使学习者的辍学率显著下降。四是机器学习技术能优化学习者的自主学习效果和提高问题预测质量。机器学习技术在学习中的应用可以缩短学习时长、提高学生的学习效果和学习满意度。五是学习者情感计算及探测智能技术方法在实际过程中的准确性有待优化，其可以在一定程度上缓解学习者的消极情绪，但其效果受使用方法和学习者性别的影响。六是学习者素养的智能测评工具，在预测学习者学习迁移表现效果方面有较好的预测性能。七

---

① 郝丹，肖俊洪．从学习效果和教育公平的角度看高等教育人工智能应用：一项基于多个数据库英文同行评审期刊文献的综述［J］．现代教育技术，2021（4）．

② 徐欢云，胡小勇．借鉴、融合与创新：教育人工智能发展的多维路向：基于 AIED（2011—2018）的启示［J］．开放教育研究，2019（6）．

是个性化反馈与自适应学习，在学生的学习过程中产生了积极的影响，可以促进学习者有意义学习。

（三）未来人工智能在教育活动中的发展方向和趋势

1. 科技文化角度下人工智能的发展前景

有关当前的科技文化发展趋势①，武汉理工大学杨怀中教授认为，理论上，我们必须从建设新时代中国特色科技文化出发，深入挖掘传统文化和当代科技文化中所蕴含的中国价值、中国智慧和中国力量，着力构建新时代中国特色、中国风格、中国气派的科技文化理论体系；实践上，则应以问题为导向，面向中国特色社会主义现代化强国建设的宏伟目标，着力于中国传统科技文化的时代发展和创造性转化，拓展科技文化合作交流的国际视野，吸纳世界科技文化之精要，向世界展示新时代科技文化建设的中国方案。南京信息工程大学刘国章教授也认为，中国特色社会主义进入新时代，新科技文化观应该从现代系统思维的视角来加以把握，超越既成科技文化观仅局限于自然科学及其科学技术领域的片面性，把人文社会科学及其科学技术纳入其中，从而形成完整、全面和系统化的科技文化观。黑龙江大学张本祥教授认为，科技角度构建的智慧社会是指在社会整体层面表现出一定水平以上群体智能特性的社会，具有生命体的特征，要求一些相应的伦理原则，机理上可以分为两个部分。确定性部分：其一，整体社会效率优化原则；其二，群体优化原则；其三，超越性的价值观认同。不确定性部分：其一，个体之间保持尊重个性的、距离适当的宽松伦理关系；其二，组织层面保证在可能性空间进行全域搜索的多样性；其三，各种社会行为主体、社会组织之间保持一定的独立、自由、多元。黑龙江大学刘振怡教授从哲学层面审视大数据时代的文化精神，认为大数据的产生是人类探寻世界发展规律和规划自我发展道路上的积极产物，开启了重大的时代转型。大数据时代文化精神中渗透着如何依托于大科技、大信息和大数据来看待自然、社会和人类自身，进而转变为一种哲学意义上的新的自然观、社会观、价值观。超协调逻辑、人之存在的非确定性与符号化和宏观线性历史观的解构是大数据时代文化精神的三个主要特征。

武汉理工大学夏劲教授认为，未来人工智能发展需要营造有利于人工智能核心科技创新及可持续发展的文化氛围，把人工智能人才培养上升为国家教育重点，设立“智能科学与技术”一级学科，发展人工智能文化，加强人工智能

① 夏劲.“新时代科技文化与科技伦理建设”探究：全国科技文化与科技伦理学术研讨会综述［J］.长沙理工大学学报（社会科学版），2019（1）.

教育师资队伍与科普人才队伍建设，多模式多路径培养造就多层次多类型人工智能人才。同时，重视人工智能社会学和伦理学的前瞻性研究，避免可能出现的风险，引导人工智能朝着造福于人类的方向健康发展。

因此，从科技文化的角度来看，未来的社会领域各个行业都需要一种超协调的发展路径。教育在培养人才以及社会价值观的传播过程中肩负着更加重要的责任。从科技文化角度来讲，未来的教育需要面向技术，培养高层次的技能创新人才。因此，未来人工智能教育发展应该转变传统教育模式，消除知识与文化相脱节、教书与育人相脱节、读书与做人相脱节的弊端。当代科学观正由知识论朝着文化论转变，客观上要求教育观相应地从知识教育转向文化教育。文化教育观主张建构以人为本的文化教育新模式：第一，将教育内容从知识层面拓展到涵盖器物、制度、观念和行为诸层面的整个文化；第二，教师不仅是知识的传授者，更是文化的传播者；第三，受教育者不仅收获了知识，更提升了文化素养。从知识教育向文化教育的转变，将使教育走出传统的“应试教育”困境，从而为培养创新型人才和全面发展的高素质人才开辟广阔的前景。

2. 人文文化角度下人工智能的发展前景

自新文化运动开始在中华大地上传播马克思主义以来，经过众多仁人志士的不懈努力，马克思主义最终得以在我国确立。进入 21 世纪，中国特色的社会主义文化成为我国人文文化的主导。以中国特色的社会主义文化为代表的人文文化涵盖了政治、经济、伦理、法律等社会生活的多个方面，推动着我国社会观念、体制、制度等社会上层建筑的发展。作为我国社会的主流文化，人文文化无异于我国的民族文化，在大力弘扬民族文化的今天，人文文化有着良好的发展契机。在社会主义文化的发展过程中，我国传统的人文文化也被当作社会主义精神文明建设的重要组成部分。在适应社会发展的前提下，对以儒道法为代表的传统思想要取其精华、去其糟粕，使其继续发挥作用，世界各地孔子学院的建成为我国人文文化输出的重要渠道。由此可见，在当代，我国的人文文化在马克思主义的引导下坚持以人为本，涵盖社会生活的多个方面，在自我发展的同时不断增强其国际影响力。

从人文文化视角来审视人工智能的发展，会引发人的主体性、伦理道德等方面的风险。人们普遍担心人工智能为人类提供服务的过程存在失控的可能性。人类对每一种“危险的新技术”都保持着极为审慎的态度。人工智能技术在本质上是一种有别于工业机械技术的现代技术，它从一开始就是作为一种具有生产性与创造性的技术介入人类社会的，因此它所生产的物件与创作的作品，就必然存在着归属权的问题。当人工智能的产物仍然被圈定在物的范畴时，仍可通过法律、规则等进行划分；当人工智能的产物超越物的范畴，进入非物质范畴时，对其所有权的划分就极有可能触及伦理道德层面的礁石。因此，在追逐科学技术的发展时，我们不能忽视其对文化现实层面与道德层面的双重侵袭与破坏，也必须正视人文科学的发展空间将会因为社会对科学技术的需求而被急剧压缩甚至其本身被直接替代的现实问题。

从人文文化视角来看，我们需要警惕技术对人的奴役。人们对技术的依赖已达到前所未有的程度。技术试图打着“便利”“高效”等旗号悬置人们的独立思考精神。一开始人们还会对技术心存芥蒂，甚至抱着拒斥的态度，但当尝到科技为其生活带来的“甜头”时，他们就开始不自觉地滑入技术所营造的舒适圈，并逐渐适应充盈着便利技术的生活，最后，科技成为日常生活的首选，思考也从统治阶级的外部被动悬置变成行为主体的内部主动搁置。久而久之，这将会从根本上造成人们心理层面的去崇高化，主观欲望被抹消、审美趣味被消解，最后社会个体的需求被单一化为对技术的倚仗，人类社会将通过发展技术完成生产、消费、创作等过程。届时，技术将真空化人的思维并随意地填充内容，这才是人工智能技术给人类社会带来的毁灭性破坏。

3. 第三种角度下人工智能的发展前景

第三种视角是科技文化与人文文化相融合的视角。在上文梳理了不同文化角度下人工智能的发展前景后，笔者认为，我们应该通过超协调的方式，从二者融合的视角看待人工智能的发展前景。应该认识到，技术有其自身的发展演变规律，新技术更新迭代旧技术是技术的发展趋势。但人作为人类世界的主体，有权利且有义务绝对捍卫人的主体权力，将技术锁在人们可以控制的笼子里，驯服技术使其更好地为人类服务。因此，未来的人工智能发展，需要的就是打破文化之间的隔阂，促进文化主体全过程、全面性、全维度的交流。在此融合过程中，教育将肩负起使技术与人相融合的使命。

一是需要教育工作者和研究者积极学习新的技术，在教育实践活动中展开教育实证研究，汇集众多的教育实践经验与数据，通过民主的方式在此基础上共同构建教育领域中的制度遵循原则，如人工智能开发的伦理原则、算法的设计与使用原则、人的全面发展原则等，并以这些原则评价所用技术给教育工作带来的影响。

二是需要教育领域进一步承担起培养“哲学工程师”的重任。创造数智时代的责任永远应该落在人类的肩上。在这个时代，代码是机会的引擎，而非不公正的引擎。我们有责任不遗余力地“教导”机器区分正义与非正义。监控算法和防止算法不公的工作不能留给单一群体，但我们不得不承认，软件工程师将越来越多地成为数字生活世界的社会工程师，他们的个体偏见将会有意或无意地影响算法的公正。因此，教育必须承担培养符合社会发展正义观的“哲学工程师”的责任。

三、基于教育情景的人工智能核心算法需要遵循的原则

人工智能在教育领域中的深入运用已逐渐成为一种不可阻挡的趋势，也是未来教育高质量发展的内在需求。人工智能的核心是借助大量的教育活动数据与不同的算法技术，由此产生一个不可忽略的严重问题在于：在大多数情况下，人工智能是按照决策者和开发者的立场设计的。若我们把关乎教育领域的重要活动和原则放权或委派给人工智能决策者或开发者，那就将教育活动乃至社会置于极大的风险之下。因此，要确保人工智能等新技术融入我们的教育，最大限度地发展教育，需要我们努力确保从一开始引进教育技术的方式就能赢得教育共同体的信任，为教育领域争取最大的利益，并主动阻止任何潜在的不良后果的产生。

（一）基于机器人法则规定教育载体人工智能开发的伦理准则

数智时代产生的深远影响在于机器拥有人类智能，并根据全面的数字化信息数据，通过不同的算法形成可解释或不可解释的机器理念。在教育领域中，机器通过学习“教育存在”的数据集并归纳提取出“教育的普遍属性”和“教育各要素之间内在必然的联系”，从而建立起智能机器对教育目的、教育空间、教学内容、师生关系和教学评价的认识，与人类基于教育实践建立的教育观念论范畴形成对照。基于此，必须建立人工智能开发的伦理准则来控制和驯服技术，掌控人工智能在教育领域中发展的根本方向。

教育领域中人工智能的开发原则必须坚持教育主体“人”的最高地位。1942 年，阿西莫夫在《转圈圈》一书中，首次提出著名的“机器人学三大定律”。其中，第一定律：机器人不得伤害人类个体，或者目睹人类个体将遭受危险而袖手不管。第二定律：机器人必须服从人给予它的命令，当该命令与第一定律冲突时例外。第三定律：机器人在不违反第一、第二定律的情况下要尽可能保护自己的生存。在阿西莫夫创作一系列关于机器人的短篇科幻小说并提出“机器人学三大定律”时，世界上还没有机器人，但是随着第一台工业机器人的诞生，人们开始重新审视这些看似科幻的技术规则，对这些定律的模糊性和漏洞进行了探讨，形成了多种基于三大定律的规则。如“机器人不能伤害人类的感知能力，或者不作为，让人类的感知能力受到伤害”，“机器人必须时刻确认其作为机器人的身份”，“机器人必须能够向公众识别自己”（“对称识别”），“机器人必须能够向公众解释其决策过程”（“算法透明度”），“所有被赋予类似人类

理性和良知的机器人都应该以兄弟情谊的精神对待彼此”。可见，在所有关于机器人的科幻小说中，都强调对人的主体性的最高维护。因此，我们可以借鉴这一原则的理念，建立教育领域中人工智能开发的伦理准则。

第一原则：教育界人工智能的开发与应用必须以机器人学原则集为基础。机器人哲学以及伦理学，是未来智能机器发展的基石。即使在机器智能还未达到人类智能时代的现在，也需要考虑这一原则。如需要我们共同以科学理性的方式考虑“引进的众多教育技术（如 AR）是否会伤害人的感知能力”。这一条规则，需要大量教育研究者的基础研究进行数据集支撑，以此来训练智能教育机器明白这一规则的意思。如贝琪·斯派洛等人①发现，把一些简单的心理（关键词）搜索转包给谷歌可能会降低我们大脑可靠存储和记忆的能力。特克尔②通过采访大量使用短信、社交媒体和其他在线虚拟环境的青少年和成年人，指出由于我们人类皮质容量所能提供的群体规模大约限制在 150 人，因此频繁连接社交媒体和虚拟现实环境可能会使我们的大脑皮层过度劳累，从而引发焦虑，造成注意力、认知甚至记忆障碍。未来，我们需要更多这样的研究来训练智能教育机器。此外，人工智能在机器学习的过程中必须遵循“对人类有益”原则，并可生成解释机器学习的学习过程记录。“对人类有益”目前虽是一个模糊的定义，但是随着人类认知水平的提升以及多元教育研究的数据集喂养，人工智能机器将会有足够高的智慧对是否有益于人类进行短期与长期的综合判断，并将这一结果进行呈现。

第二原则：教育界人工智能的开发与应用必须遵循以人为中心的原则。数智时代，必须更加重申与彰显人的主体地位，以防技术异化人类的品格。要牢牢守住人类中心主义的地位。数智时代将催生新的教育研究范式，将给我们制定和实现教育目的带来全新的算法决策过程。如果认可在足够细致的数据粒度下，宇宙是可以计算的，或者说至少人类的符号世界是可计算的，那么，教育目的的制定就可以依据算法的方式，进行计算模拟，以人类未来发展能力为因变量，逐步加入政治、经济、科技、文化和社会等自变量，求得人类未来能力的发展维度与边界以及相应的实现路径集合。对这一集合结果的产生以及选择，必须遵循以人为中心的原则。这里的“以人为中心”包含“人的个体”以及“人类整体”原则，内含这样一种假设与理念：存在一种算法路径，可通过以“人类个体为中心”实现“人类整体”的利益。二者之间的统一与冲突，在于人

① SPARROW B，LIU J，WEGNER D M. Google effects on memory：cognitive consequences of having information at our fingertips [J]. Science，333 (6043).

② TURKLE S. Alone together：why we expect more from technology and less from each other [M]. New York：Basic Books，2011.

们对人类整体利益的追求方向与途径，未来的算法智慧可能有望为我们提供更加理性客观的图景。

第三原则：在教育公平与效率之间，人工智能的开发与应用必须以人类公平为优先考虑原则。公平与效率是教育的两大永恒话题。数智时代的人工智能，需要我们建立基于人机关系的新的教育公平与效率观念。在未来人类发展的无限可能中，公平与效率之间的最优解是否存在有待于人类进一步的探索，但二者处于动态发展的过程中毋庸置疑。因此，在公平与效率向最优解动态演化的过程中，要在兼顾效率与公平的前提下，遵循公平优先原则，并坚持透明性原则，使结果具有可理解性。与此同时，随着机器自我学习能力的提升，我们必须注意到机器教师、机器学生给人类主体带来的公平损益。2022 年 11 月，向位于加利福尼亚州的美国联邦法院提起的一项针对 AI 编程辅助工具 GitHub Copilot 的新诉讼，挑战了支撑过去 30 年来一些最重要的人工智能进步的基本原则[①]。Copilot 是一种托管着数亿个软件项目代码的强大工具，可以在程序员工作时自动编写工作代码，提升编码人员的工作效率，但是，Copilot 偶尔会从公共代码存储库的数百万行中复制可识别的代码片段并不提供署名，不仅可能构成侵犯版权问题，也违反了微软公司自身的服务条款和隐私法。这一案件的有趣点在于：人类程序员在工作中研究、学习和复制彼此的代码，但并不都认为 AI 做同样的事是公平的。更甚至于在视觉艺术创作领域，“AI 助手”也和人类一样，从人类先前的作品中训练出来，因此，在不构成侵权的情况下，产生优胜于人类自身学习的作品。可见，在不久的将来，我们必须面对从人工智能机器这一维度产生的公平与效率的抉择问题。

第四原则：教育界人工智能的开发与应用必须明确其功能仅仅是教育与学习的载体、工具。随着人工智能机器的发展、人与智能机器的结合，机器必将成为教育主体和教育对象的一部分。那么如何区分机器的教育者和学习者与人的教育者和学习者，便成为必须面对的话题。因此，从技术为人类服务的原则出发，成为教育者和学习者的机器，依然是为人类知识创新提供方法和途径的工具与载体，不可超越人的主体地位。2011 年初，英国发布了一部国家级别的人工智能软件法，里面明确规定了机器人只是各种各样的工具，其行为责任不在于机器，而在于人类。因此制定了设计、销售和使用机器人需要遵循的行动规则。具体的内容为：（1）机器人是多用途的工具。机器人的设计不应该仅仅或主要是为了杀死或伤害人类，除非是为了国家安全的利

① ‘A Brave New World of Software Piracy:’ Lawsuit Takes Aim at Scrapping Methods Underpinning Modern Artificial Intelligence［DB/OL］. https://gizmodo.com/ai-microsoft-dall-e-1849816871.

益。(2) 人类，而不是机器人，才是负责任的代理人。机器人的设计和操作应尽可能符合现行法律、基本权利和自由，包括隐私。(3) 机器人是产品。其设计过程应确保其安全性。(4) 机器人是人工制品。它们不应以欺骗的方式设计，以利用易受伤害的用户，它们的机器性质应该是透明的。(5) 对机器人负有法律责任的人应该被认定[①]。

第五原则：教育界人工智能的开发与应用必须为人类的灵魂留有栖息之地。教育具有保守性，需要延续和传递多样性的文化与文明。我们必须承认，人对科技发展具有不同的适应性，在科技发展的进程中，个体与科技之间的冲突必然存在，这种与科技之间的调适需要一定的发展过程。因此，教育技术的开发与应用必须为人类的精神提供人文庇护，给个体提供无差异的选择空间。无差异的选择空间是这样一个空间，在这个空间内，技术与教育的融合程度或者方式是不同的，但是，受教育的个体从中得到的效用程度却是相同的。以目前存在的多种教育空间为例，在元宇宙的技术发展下，诸事物的呈现方式和感知有了多种途径。在呈现方面，物理的或物质的实体存在，既可实体呈现，也可虚拟化、增强化呈现；表征的或想象的意识存在，既可由个体想象，也可通过虚拟空间的模拟和创造进行呈现，更甚至于人类独有的移情之能力，也可以通过信息或信号的模拟，进行物理传输。在感知方面，通过肉身化意识感知世界[②]和通过技术化模拟来感知世界的方式并存。因此，数智时代教育活动的空间改变必须基于不同教育主体的需求，在时间维度的约束下进行灵活性组合，创建以人为中心的、保护个体不同差异性的无差别教育空间。

第六原则：教育的人工智能产品在自己设计新算法的过程中，必须遵循以上原则。这一原则，是人工智能产品学习过程中的内置原则，也即所谓的机器人繁殖原则。在机器制造机器的过程中，首先需要遵循这一原则，将这五条原则内置于任何一个新智能技术产品中。

（二）基于正义论的教育理型建立算法的设计与使用准则

数智时代的到来，为教育与人的发展创造了无限的机遇，需要倡导建立新的教育发展观[③]。目前学者认为从“工业化教育”向“智能型教育”转变可能有三重境界：赋能教育，最大限度地提升“标准化教育”的运行效率；创

① BODEN M，BRYSON J，CALDWELL D，et al. Principles of robotics：regulating robots in the real world [J]. Connection Science，2017，29 (2).

② 胡塞尔 . 共主观性的现象学：第 1 卷 [M]. 北京：商务印书馆，2018：20.

③ 刘复兴 . 探索与超越：教育政策分析的前沿问题 [M]. 北京：中国人民大学出版社，2021.

新教育，促进“标准化教育”向“个性化教育”转型；重塑教育，推动教育从“去标准化”阶段迈向“去制度化”阶段[①]。在将技术引进教育的过程中，不能回避潜在的伦理和价值风险，必须回答人的禁锢和自由、人的真实和虚拟、人的同质化和个性化、学校的存在和灭亡、社会竞争的加剧和缓解、教育布局的公平和效率、教育的价值和意义等七对命题。

回答这七对命题的关键就在于如何用数据喂养机器，如何使用算法技术并评价它。技术革命深刻改变着社会发展，评价技术的发展之善在于其是否满足并有利于人类社会基石的发展。在《正义论》中，罗尔斯把正义观的规定视为社会发展的基石，认为正义是社会体制的第一美德。教育是社会体制的一部分。因此，从正义论的角度讨论算法技术在教育领域的发展至关重要。基于我们对数智时代特征的理解，数据成为社会的主要生产资料，对数据进行加工的能力成为获取权力的新途径。在智能化发展的进程中，智能可穿戴设备的出现、高端生物医药工程的进步等，这些技术福利该如何在社会上进行分配，成为重要的政治命题。“大数据算法很可能导致数字独裁，也就是所有权力都集中在一小群精英手中，而大多数人只不过是被剥削，还面临更糟糕的局面：如草芥般无足轻重”[②]。因此，科技日益更新的情景下，教育需要重申人文关怀理念，重申社会正义之平等原则。在教育领域应用的任何技术，都必须考虑公平原则，以防产生马太效应。从算法思维的角度，我们提出以下设想：

第一原则是个体接受教育的平等自由原则。数智时代的教育发展应该确保每个教育主体享有尽可能多的教育自由，这一自由的唯一约束条件是任何成员的教育自由不得侵犯其他成员的教育自由。与功利主义的道德理论不同，罗尔斯的正义论建立在充分尊重每个个体的自由之上，这与我们的教育价值追求具有内在的一致性。大数据、云计算乃至数智时代的众多智能技术在教育领域中的应用，必须建立在充分尊重每个个体的自由之上。教育领域中的平等自由权利大致有：基本人权与自由的发展权利、有平等接受教育的权利(义务教育、终身教育)、教育过程中受到平等对待的权利。在秩序良好的教育制度里，这些权利都是平等的。在数智时代，由于教育活动形态的改变，这些权利必然会受到技术的显性或隐性影响，而造成技术对个体权利的损益。因此，对任何一种技术的引进，我们可以基于博弈论在虚拟的教育活动状态下进行模拟演化，以尽可能掌握这一技术对个体现有教育权利的影响，从而

① 曹培杰．智慧教育：人工智能时代的教育变革［J］．教育研究，2018（8）．

② 赫拉利．今日简史：人类命运大议题［M］．北京：中信出版社，2018：71．

为技术的采用提供依据。这一方法可以借助《自私的基因》① 一书中作者所介绍的对“好人有好报”这一结论的验证方法②：对个体现有的自由权进行赋值；引进一种技术，依据这种技术对不同个体的自由权影响程度进行赋值；设置博弈模型；将数值输入计算机进行博弈演化，从而分析结果。

第二原则是资源分配的机会均等原则。在教育领域中，资源的分配将通过国家、市场和算法分配的相互作用来实现，其分配原则需要更加强调公平、客观、机会平等、消除贫困和享受自由。解决分配正义是罗尔斯对社会和经济不平等开出的方剂，这一方剂的本质是在不损害任何个体现有利益的基础上实现总体利益最大化，在分配资源的过程中强调个体的机会平等（随机分配）。在数智时代，算法不公正的争论焦点是社会正义的灵魂，即分配和承认。当前分配正义的实现机制是通过市场体系和国家的相互作用来实现的。在数智时代，随着全样本数据的积累、算力与算法的提升，算法分配将与市场和国家一起决定我们获得重要社会物品的途径，成为一种新的、重要的分配正义机制③。在适当的要求下，算法可以克服人类决策的模糊性，产生新的透明形式，从而有机会发现在其他情况下无法发现的规则歧视。在正确的保障措施下，算法可以成为促进公平的潜在积极力量④。已有国外学者结合罗尔斯观点的实质元素与直观的解释，建构了从定性到定量的模型，提出了从罗尔斯原则派生出的克服当前算法偏差的最大最小公平解决方案⑤。可见，让算法参与分配并不是一件坏事，其核心在于如何精心设计算法，以消除教育决策者的私心和偏见，并不增加弱势群体获得权利的困难。也就是说，如果想要通过算法分配实现正义的分配与承认，那么就必须在算法设计的最初，时刻警惕算法基于数据的不公正、基于显性或隐性规则的不公正，将正义的规则植入初始代码中。

（三）基于教育目的之人的自由全面发展制定人工智能共享准则

人的自由全面发展是马克思主义的基本原理之一，也是中国教育方针的

---

① 道金斯．自私的基因［M］．长春：吉林人民出版社，1998．

② 在《自私的基因》第十二章，研究者用“进化稳定策略”验证“好人终有好报”这一社会共同遵守的准则。首先将人与人之间交往的 63 个策略作为第 1 代输入计算机制造进化。然后依据不同策略的博弈赋值演化第 2 代并进行世代传递，最后的模拟结果是：在第 1000 代后，得到种群不再变化、环境不再改变的稳定状态。很多策略在传递的过程中消失。

③ 萨斯坎德．算法的力量：人类如何共同生存？［M］．北京：北京日报出版社，2022．

④ KLEINBERG J，LUDWIG J，MULLAINATHANS，et al. Discrimination in the Age of Algorithms ［J］. Journal of Legal Analysis，2018（10）．

⑤ BARSOTTI F，KOÇER R G. MinMax fairness：from Rawlsian theory of justice to solution for algorithmic bias ［J］. AI & SOCIETY，2024，39（3）．

理论基石。目前，从马克思主义的视角出发，学者普遍认为人工智能拓展了人的发展向度，为人类解放和走向“自由人的联合体”提供了可能[①]。技术与教育的融合将统一于人的自由全面发展。

坚持教育界人工智能的公有制，是人工智能发展逻辑服从于人的自由全面发展逻辑的根本保障。马克思认为，技术的本质就是人的本质力量对象化的产物，是人类征服和改造自然的劳动手段，是一种生产力。技术在整个人类社会发展与历史进步中充当着“革命力量”，发挥着“历史的有力的杠杆”作用。技术导致的一切不道德的技术异化现象都源自技术的资本主义应用，其根源是生产资料的私有制。如果使技术不再成为资本增殖的手段，使全社会的人成为全部生产资料的主人，使技术的逻辑服从于人的自由全面发展的逻辑，就可以实现人和自然界之间、人和人之间的矛盾的真正解决。从这一技术哲学观念出发，未来人工智能的发展将向着造就全社会高度发达的生产力、为人的自由全面发展提供发展空间、推动资本主义世界历史向共产主义世界历史转变的方向迈进[②]。教育作为准公共物品，需要建立对人工智能技术发展的公有制式开发，使技术脱离资本的驱动，确保人工智能技术发展有利于人类每个个体的发展。

坚持教育界人工智能的民主式开发，是教育促进人自由全面发展的根本前提。人工智能的发展引发人类的警惕与对社会的多重想象。在人工智能技术经济范式下，劳动主体、劳动内涵、劳动分工、劳动生产率、劳动的社会功能都将发生深刻变化，并通过生产系统载体变革，催生促进人的全面发展的劳动机遇。这种变化为技术革命中停滞过剩人口向“完整的人”过渡提供了条件，服务于人的全面发展的新兴行业将逐渐兴起，劳动由生存手段向发展手段转变越来越明显，教育与生产深度融合将是新的生产力条件下“劳动方式—人的发展”这一哲学纽带的新模式[③]。与此同时，技术变革的指数式加速使得社会生产关系备受考验，虽然新技术的广泛应用在短期内能使生产力发展达到可视化的预期效果，但从长期来看，新时代社会矛盾、技术异化、职业转换、社会关系异化等都在挑战个人自由全面发展的实践逻辑[④]。但我们

---

① 吴海江，武亚运．人工智能与人的发展：基于马克思人学理论的考察［J］．学术界，2019（3）．

② 刘旭雯．人工智能视域下的分工与人的全面发展：对马克思分工理论的思考［J］．社会主义研究，2019（4）．

③ 张新春，董长瑞．人工智能技术条件下“人的全面发展”向何处去：兼论新技术下劳动的一般特征［J］．经济学家，2019（1）．

④ 张学敏，周杰．技术变革下“个人全面发展”的教育选择：新时代马克思核心教育思想再认识［J］．清华大学教育研究，2020（6）．

必须注意到在教育领域中人的自由全面发展是否能够实现，取决于全社会不同主体的观念之间的动态博弈过程。需要明确的是，个体自由是全面发展的基石，没有个体的自由，就不会有人与社会的全面发展。基于此，我们愿意重申批判哲学的一个观点：我们可以将技术提交给更民主的设计和开发过程来驯服它。在积极推进智能化时代的过程中，充分利用大数据和人工智能给人类带来的自由自主自治，将人从自然的束缚、制度的束缚、社会的束缚、人自身的束缚当中解放出来，促进人自由而全面的发展。

第五章
算法时代嵌入技术变革的教育权力关系重构*

* 本章已全文发表在《教育研究》2023 年第 11 期，发表时采取“算法时代”的概念。

算法，原指智能机器利用特定程序处理数据流的方案，类似于人类的知识体系、神经网络和思维方法论①。随着重大科技进步的指数型迭代，新一轮技术革命在不同技术组合应用下产生复合效应，将算法本质拓展为“以数据为生产资料的算法思维与算法技术的应用”②。算法时代以日新月异的技术变革为表征，包括数据主义或计算主义主导下的互联网、物联网、大数据、区块链和人工智能等技术的发展，同时以不断扩散的算法思维为底层逻辑，成为“解释和认识人与世界的基本法则和思维方式”③。由此，算法正在引起人类社会生产实践方式和认知方式的双重转变。党的二十大将“推进教育数字化”写入报告，明确了我国教育数字化未来发展的行动纲领。深入推进教育数字化，必须从哲学本体论、价值论和方法论等层面对技术变革所带来的生产力和生产关系重构进行“元思考”。

新时代，教育与国家、社会的关系发生了什么样的变动，带来了何种新现象和新问题，人类又该如何应对，这些问题超越了技术变革的工具理性，引入了算法时代不容忽视的价值思考，将技术变革下教育领域的权力关系重构提上了研究议程。技术赋能之下，以国家权力为核心的几对教育主体间的关系发生了深刻变化，作为重要权力载体的知识生态面临挑战，而保障上述权力关系的教育治理形态也在发生转型。本书基于“权力主体-权力载体-权力保障”的分析框架，从教育主体、知识生态和教育治理三方面入手，对悄然进入算法时代但缺乏自觉的教育实践形成的权力关系进行剖析，并在澄清底层价值逻辑的基础上提出重构教育权力关系的路径。

一、算法时代教育权力关系的三维分析框架

算法在物理空间和人文空间之外增加了一个虚拟信息世界，即由虚拟网络世界迭代产生的元宇宙。作为超现实空间的元宇宙，对现实场景的再构具备永续性；随着现实世界的时空发展演变，元宇宙中的万事万物会同步演化。元宇宙以沉浸式体验、虚拟化分身、开放式创造、强互动属性和稳定化系统为特征，主体在元宇宙世界中的视觉、听觉、触觉、时间感、空间感等都会不断延伸，最终实现现实世界和虚拟信息世界的深度融合与协同共生。随着区块链技术、交互技术、电子游戏技术、人工智能技术、网络及运算技术、物联网技术的演

① 刘复兴．论教育与机器的关系［J］．教育研究，2019（11）．

② 金．智能浪潮：增强时代来临［M］．北京：中信出版社，2017：9．

③ 同①．

化发展，虚拟信息世界与现实世界将逐步融合形成新的生态体系。人类也将深入算法时代，实现数字经济与实体经济、数字生活与社会生活、数字资产与实物资产、数字身份与现实身份的全面融合。

由此，教育活动的形态会经历深刻改变：算法将重构教育的理念和逻辑，“深刻地改变我们看待生活、看待宇宙乃至一切事物的方式”①；教育的空间形态被拓展与重塑，在自然和人文的维度之外增加了算法维度（或数据维度）；智能技术全面赋能教育，具有自主学习和深度学习能力的智能设备渗透至各个行业，并开始部分取代人类劳动力②；教育领域的主客体发生变化，智能机器已具备了超越传统工具意义的主体性，机器与人类正走向交互甚至融合，信息时代也由此走向人机时代（或“人机世”）③；教育环境转向万物互联与泛在智联，人工智能、云计算与物联网的发展塑造出万物互联的社会结构，人类与他人、与社会、与自然实现了前所未有的紧密联系④。

在日新月异的技术革命下，厘清教育领域的权力关系变化，明确国家、社会、学校、家庭和个人所面临的机遇与挑战，有助于在教育变革中把握先机。教育活动中的权力主体涉及国家、学校、父母和学生，多元主体在动态博弈中形成了以国家权力为核心的相对平衡关系，即“国家为保护社会整体及其成员的利益而在教育领域合理主张的权威”⑤。由此，“教育权力关系”可界定为：各社会主体在教育领域所拥有的支配性权力，以及以此为基础的主体间围绕自身利益诉求而形成的互动与博弈关系。

社会学家布迪厄的“场域”概念为考察算法时代教育领域权力关系的重构提供了独特视角：场域是各具不同资本和生存心态的行动者间相互博弈的“竞技场”；场域中行动者间的力量对比和相对地位呈现此消彼长，多重社会力量间的相互制衡塑造着场域中的主导性实践逻辑⑥。因此，在特定场域的结构变迁进程中，行动者（权力主体）间的博弈关系、场域中的资本形态（权力载体）以及主导性实践逻辑（权力保障）构成了三大核心要素。算法时代，教育场域的结构变迁同样呈现出以上特征：算法的万物互联性将教育场域与经济场域、政治场域、家庭场域乃至国际场域更加紧密地嵌套在一起，由此，技术逻辑、市

① 多梅尔．算法时代：新经济的新引擎［M］．北京：中信出版社，2016：引言．

② 戚万学，谢娟．教育大数据的伦理诉求及其实现［J］．教育研究，2019（7）．

③ 唐汉卫．人工智能时代教育将如何存在［J］．教育研究，2018（11）；李政涛，罗艺．智能时代的生命进化及其教育［J］．教育研究，2019（11）．

④ 吴冠军．后人类状况与中国教育实践：教育终结抑或终身教育？：人工智能时代的教育哲学思考［J］．华东师范大学学报（教育科学版），2019（1）．

⑤ 克里滕登．父母、国家与教育权［M］．北京：教育科学出版社，2009：1．

⑥ 高宣扬．布迪厄的社会理论［M］．上海：同济大学出版社，2004：136－165．

场规律、政治议程、家庭选择和国际因素共同作用于教育实践，塑造着教育场域中权力主体间的博弈关系，以及教育场域的资本形态和实践逻辑（见图 5－1）。

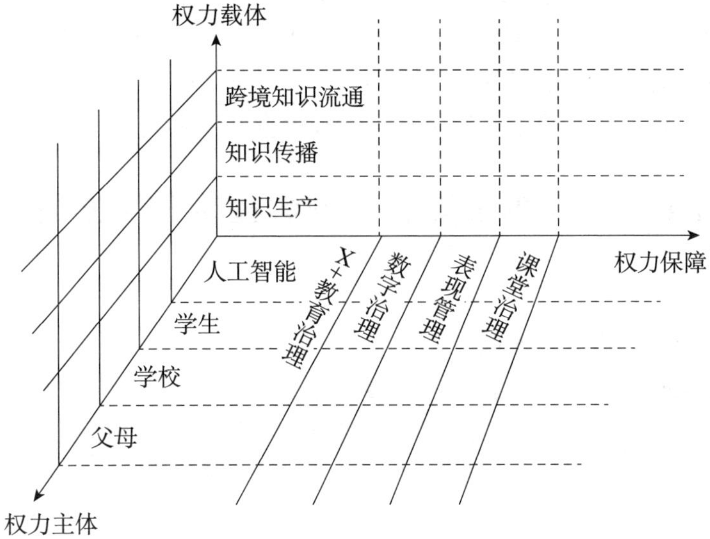

图 5－1　算法时代教育场域权力关系的三维分析框架

一是权力主体维度。学校、学生和父母等教育主体围绕着教育权展开博弈，推动着教育主体间关系定位的重构。传统工业时代的教育活动以课堂讲授为教学形式、以书面材料为教学媒介、以口耳相传为教学手段，呈现出一种学校中心、教师中心和父母主导的权力结构，学生在其中则处于从属地位。进入算法时代，海量智能技术为学生赋能，而生成式人工智能自身正崛起为新的教育主体；代表着国家教育权威的学校教育在获得革新机遇的同时也面临去中心化的挑战，而父母的教育权也同样面临着扩大与消解并存的处境。

二是权力载体维度。知识生产和传播模式变革重塑教育场域文化资本形态，给传统知识生态带来挑战。传统教育中的知识生产和传播呈现自上而下的线性模式，主要依托学校、主流媒体、正规出版物等官方渠道，而民间知识的传播主要通过口耳相传或非正式出版物，由于物理空间隔阂，跨境知识流通处于边缘化地位。进入算法时代，生成式人工智能赋能知识生态系统中生产和传播的各个环节，将带来颠覆性和革命性变革①，同时虚拟信息世界成为承载网络公共领域和支撑跨境知识流通的新兴场域，万物互联打破知识流动场域的封闭性，挑战着国家对于知识管理与传播的垄断性。

① 赫拉利．未来简史［M］．北京：中信出版社，2017：353.

三是权力保障维度。算法成为教育治理活动的主导性实践逻辑，塑造出教育治理的新样态。传统的教育治理活动主要表现为线性形态的单向治理，即各治理主体之间主要产生单向的一对一联系，治理活动的基层单位多为学校或班级，尚未深入师生个体或家庭。近年来，大数据、人工智能、物联网、互联网等技术的进步为教育治理带来了新的工具，并形成数字化实时交互模式，国家的治理权能由此从公共政策场域延伸至学校课堂乃至家庭。

二、权力主体：技术赋能权力博弈重构教育主体间的关系定位

在智联网技术和数据挖掘技术的支持下，人与智能体的交互共生和万物互联的社会环境成为影响未来教育的重要元素。人与人之间、各智能体之间，以及智能体与人之间，在不断扩展的教育场域中相遇，并借由联合行动实现人类生命的完善圆满与智能体的升级迭代。新技术嵌入教育活动将重构政府主导下的学校、父母和学生等权力主体间的相对平衡关系。

（一）海量智能技术为学生赋能

当前，学习资源、学生乃至知识本身的属性正悄然发生变化。智能机器与终端（如大数据平台、可穿戴设备、人工智能机器人教师等）的强大运算能力使其能够自动抓取、存储和分析用户的学习特征，针对特定用户的需求生成定制化的学习方案，使得面向全体学生的因材施教成为可能。随着教育大数据、人机交互和深度学习技术的发展，智能机器的主体性彰显出其所服务的对象——学生——的主体性，传统教学观念中的“受教育者”形象日益淡化，取而代之的是更为积极的“学习者”形象。

海量智能技术能够在以下方面为学生赋能：一是学习资源的丰富性使得学生不再受限于一时一地的知识。如元宇宙中的多维虚拟世界使得学生可同时置身于多个学习场域，互联网、自媒体、慕课等开放平台为全体学习者提供了海量学习资源与思想碰撞的平台；使得新一代青少年的知识储备、价值观念和审辩思维能够得到充分发展，并建立起一种对自身所处境遇乃至时代境遇的反思性视角，而不再是被动学习和思考。二是学生的学习自主性获得极大提升。学习资源的丰富性和多样性为学生提供了更多的选择，大数据和人机交互技术的进步也有助于学生实现对自身学习特征的精准评估，帮助学生结合自身天赋、兴趣和需要进行选择。三是学生自身正成为知识生产的主体。在互联化和匿名化的网络空间中，学生能够借助公共平台和自媒体平台参与公共知识创造，而

不再仅仅是知识传播的对象。

（二）生成式人工智能成为新一类教育主体

生成式人工智能（generative artificial intelligence），是指能够通过学习现有数据的分布规律进而生成新的数据的人工智能系统。不同于传统机器学习模型，生成式人工智能模型不仅仅停留于对已有数据进行分类、预测和识别的层次，而能够从已有数据中学习到数据的潜在分布并在此基础上生成新的数据，能够不断提高自身的生成能力和质量。生成式人工智能的出现或将颠覆建立在人类中心主义和以人为中心的主客二分的二元论世界观基础之上的教育场域结构。智能体将不再只是被动的客体，人也不再是教育唯一的出发点和目的①。智能机器成为教学活动中继教师与学生之后的第三类主体。

在传统工业时代的人类与工具关系中，工具（客体）并不能代替人类（主体）进行思考，而在当前及未来的教育活动中，各种伴生性和过程性数据在很大程度上是智能设备深度学习的产物。随着具有自主学习能力的人工智能主体地位的激活，智能体将不只是一种工具性的存在，还将以同伴、助手或导师的身份与人类互帮互助、互教互学、相互竞争；既可以作为同伴与人类学习者合作学习共同"演化"，也可以作为助教为教师提供个性化的教学建议和辅助决策。此外，人工智能可通过自然语言处理技术和对话系统，与学生和教师进行一对一交互沟通，真正成为教学主体之一并实质参与解决教与学中遇到的问题和困难。若以哈贝马斯的主体间性视角进行审视，教育活动已不再是人类借助智能设备作出的工具行为，而是一种人类与智能机器之间的交往行为、一种人类智慧与人工智能之间的沟通行动。

由此，人类学习者和教育者的中心地位将受到冲击。掌握海量信息和先进分析工具并不断学习和进化的生成式人工智能将有可能超越人类学习者的部分思维能力和创造力，而人工智能机器人教师的出场也昭示着"教师"角色开始走下神坛。未来，人类学习者和教育者面临着新挑战：如何在日新月异的技术冲击下建立个性化的比较优势，并在算法时代的教育场域中掌握教与学的主动权？ChatGPT 已然对传统教学活动、评价方式和权力关系造成冲击，但囿于其强大的功能和尚不明朗的使用规则极易引发新的教育秩序、伦理与公平问题，此类人工智能尚被全球多所大学禁用，一批顶级学术刊物也表达了拒斥立场。可以预见，在与智能体的交互共生中，人类将面临复杂互动博弈，未来还须进一步警惕技术对人的"异化"。

---

① 赫拉利．未来简史［M］．北京：中信出版社，2017：353．

（三）学校教育的革新机遇与去中心化趋势

元宇宙与万物互联打破了学校的时空物理边界，为发展虚拟-现实交互的学习中心提供了技术支撑。然而，我国推动线上教育技术和模式发展的主力军却是市场化教育机构，学校教育系统尚未主动适应并抓住新技术带来的教育模式变革机遇。近年来，手写板、移动终端、投影设备等远程交互设备不断完善，在线交互式授课模式相较传统的视频网课能带来更好的用户体验。5G 时代的流畅体验将继续提升线上教育的用户认可度，进而倒逼全面依托传统线下教育的学校实现自我革新。在虚拟-现实的混合环境中，作为学习中心的未来学校将能够利用泛在技术手段，将校内外的各种设备、环境与人普遍联结起来，创设一种泛在智联的学习场景，实现“无一事而不学，无一时而不学，无一处而不学”的泛在学习。

在算法时代的教育场域中，传统学校教育（作为国家教育权威的重要载体）的核心地位也面临挑战。一是虚拟学习社群的兴起开辟了网络虚拟学习空间。移动终端和新型通信技术打破了年级和地域的壁垒，形成大量网络虚拟学习社群，如围绕特定科目或知识领域而组建的正式及非正式学习群组。作为构成虚拟学习社群的核心要素，智能机器与终端能够自动收集、存储和分析用户的学习特征和学习行为信息，为面向每一位学生的个性化学习提供支撑。由此虚拟学习社群成为教育场域朝向网络虚拟空间扩展的重要载体，成为继学校教学、校外培训和家庭教育之外的第四大学习空间。二是在线教学驱动的校外培训市场催生出日益庞大的“影子教育”体系，在与传统学校教育的竞争中显现锋芒。随着慕课、教育大数据和深度学习技术的普及，校外培训机构能够以较低的成本和收费开设涵盖学科类及非学科类的海量课程，并提供高级用户辅导、名师慕课等传统学校无法全面推行的个性化服务。更重要的是，技术革新与商业运作的结合使得培训机构在“应试教育”方面具有天然优势，使得传统学校教育不再是家庭依赖的唯一渠道。

（四）家庭教育权扩大与父母教育权威消解并存

随着学校教育的去中心化，家庭教育将获得更大的自主空间。父母能够借助大数据等技术更深入地介入子女学业，使得学科教学的场域扩展至家庭。随着近年来“影子教育”的算法化升级，教培机构将模块化教学与深度学习技术进行整合，知识传播日益商业化。教育内容被精细切割成一系列知识单元，并进行搭配、重组和销售，以满足差异化学习需求和实现机构自身利益的最大化。而父母购买教育服务时则获得了更多的选择，因而能够更实质性地介入子女学业，承担起在家中的“辅助教师”角色。

与此同时，父母的教育权威因技术赋能学习者而逐步消解。受传统社会差序格局与家国同构形态的形塑，家庭在一定程度上扮演着国家治理的最小单位角色，父母的教育权威也成为国家权威在家庭场域的延伸①。父母的教育权威不仅来源于作为养育者的身份地位，也来自作为过来人的经验优势。进入算法时代，网络学习资源的丰富性、多样性与可选择性，将孩子从教科书、工具书及父母和教师的口耳相传中解放出来，知识获取的便捷性也强化了其知识储备、自我意识和审辩思维，其在面对学习问题时更倾向于寻求虚拟学习社群的帮助。获得技术赋能的孩子正以一种大写的“我”的姿态重新出现在家庭和教育场域，一定程度上消解了父母在教育中的示范性权威。

三、权力载体：知识生产与传播模式变革挑战传统知识生态

知识生态系统（knowledge ecosystem），是一个包含知识生产、传播、共享和利用等各种元素且各元素之间交互共生的系统②。在传统知识生态系统中，知识的权威性源于国家对知识生产、传播媒介和教学组织的有力控制，主要表现在：一是对知识来源的控制，通过对科技及社会各领域的知识生产者进行收编，以国家形式赋予其正统性地位，形成科学家、学者和艺术家等公共角色。二是对传播媒介的控制，通过控制学校教材、考试内容、工具书、行业标准等传播媒介，保障官方知识的市场份额。三是对教学组织的控制，确立学校的正统性地位，通过义务教育制度将全体民众确立为知识受众③。算法时代的信息爆炸和技术扩散，使得知识生产、流动和迭代加速，万物互联的开放型知识生产和传播模式推动了知识民主化进程，重构了传统的知识生态：生成式人工智能成为集知识生产、知识传播和开发利用于一体的多功能主体，技术赋能下的社会大众借助网络公共平台参与知识生产及传播，超国界的元宇宙公共平台加速了跨境知识流通，共同给国家的知识管理和官方知识的权威性带来挑战。

---

① 董标．教育、教育学、民族-国家同构论［J］．山西大学学报（哲学社会科学版），2014（4）．

② BRAY D. Knowledge ecosystems：a theoretical lens for organizations confronting hyperturbulent environments［J］．Social Science Electronic Publishing，2007（5）．

③ 阿普尔．官方知识：保守时代的民主教育（第二版）［M］．上海：华东师范大学出版社，2004；扬．知识与控制：教育社会学新探［M］．上海：华东师范大学出版社，2002．

（一）生成式人工智能变革原有知识生产模式

随着知识生产由遵循严格的组织规则和学科范式（模式一）走向与环境高度关联并强调共享、整合与应用（模式二）①，再走向强调公民社会参与和开放多元互动（模式三），知识生态系统逐渐呈现多层次、非线性、开放性和民主化特征②。在此生态系统中，具有自主学习能力的生成式人工智能对人类在知识生态系统中的绝对中心地位构成了挑战。其一，生成式人工智能具有强大的数据处理能力，能够在短时间内处理大量数据，从而更好地挖掘潜在的知识和信息。其二，生成式人工智能具有强大的模式识别和归纳能力，可以从数据中提取知识并进行组织、归纳和总结。其三，生成式人工智能具有跨学科、跨领域进行知识整合的“多元智能”，生成超学科知识体系和跨学科知识应用体系。其四，生成式人工智能逐步具备创新和思考能力，通过不断学习和训练，可以在一定程度上模拟人类的创新和思考能力。综上，利用无监督学习技术对大量数据进行快速反馈，且能够不断自动进化的智能体或将在知识生产过程中替代人类，甚至成为具备更高阶的创造力的实体或“本体”③。

在部分知识生产活动中，生成式人工智能具有显著高于人类主体的生产效率，如快速生成新闻报道、科技论文、艺术作品等。当前，已有广告传媒公司宣布无期限全面停止创意设计、方案撰写、文案撰写、短期雇员等四类相关外包支出，转向微软云官方人工智能调用和训练许可服务。生成式人工智能可以丰富知识生产内容，根据其角色扮演和性格定制能力生成多样化、创新性的艺术作品、音乐作品、电影剧本等，为人类文化的内涵和形式带来更多的可能性和创新性；其还可打破知识生产壁垒，突破语言、文化、领域等限制，为不同地区和人群带来更多的知识生产和合作机会。例如，它有望解决长期困扰非英语社会文化输出的语言壁垒，借由即时精准的语言翻译和信息传输促进跨文化交流和知识共享。生成式人工智能的迭代发展还将不断突破其创造力局限，进一步推动知识生产的变革和创新。如何合理有效地认识、运用生成式人工智能在知识生产中的优势，规避其局限性和风险，如何在算法时代重塑教育知识中“人的形象”④，将成为未来人类在知识生产中面临的主要挑战和重点任务。

---

① GIBBONS M. The new production of knowledge：the dynamics of science and research in contemporary societies [M]. London：SAGE Publications，1994.

② CARAYANNIS E G，CAMPBELL D F J. Mode 3 knowledge production in quadruple helix innovation systems [M]. New York：Springer，2012.

③ 李建会．走向计算主义：数字时代人工创造生命的哲学 [M]. 北京：中国书籍出版社，2004.

④ 石中英．重塑教育知识中“人的形象”[J]. 教育研究，2002 (6).

（二）元宇宙网络知识平台变革知识传播模式

元宇宙网络知识平台的兴起，使得知识传播模式发生变革，并催生出网络公共领域。在传统的“生产—传播—修正”分段式知识传播模式下，知识的生产者（如行业专家）、传播者（如教师和媒体）和用户（如社会大众）等主体呈现分割状态，传统的知识传播封闭机制使得知识传播链较易受到国家管控。而随着元宇宙网络知识平台的介入，知识传播过程转变为“生产＋修正＋传播”交融模式：当一个新的议题进入公共话语时，会在网络知识平台中形成相应词条，并在短时间内经历多次编辑修订。这一过程中，不同观点及立场相互交锋，并最终达成一定程度的共识与妥协；而上述博弈过程，同样会通过互联网的“记忆”呈现在词条中。

借助网络知识平台，社会大众能够凭借其海量人数优势动摇行业专家以及纸质媒体在知识生产与传播中的垄断地位。由于官方知识的生产需经历长时间的筛选、审核和校对流程，而网络知识平台则凭借海量用户的参与得以迅速回应大众的求知需求，使得民众逐渐形成了“有问题上百度”的新兴习惯。这种新的知识生产过程也是一个知识传播与修正的过程，它使得来自民间的知识能够更便捷地进入大众视野，并在较大范围内进行认同整合，推动网络“公共领域”① 的形成，改变了以往以电视等国家控管下的大众媒体为主的单向输出知识和价值观的公共治理形态。民间知识的生命力源自知识生产过程的“自下而上”，对“自上而下”产生的官方知识构成了挑战。算法时代的国家和政府在知识生态系统中被赋予两个方面的新使命：既要建构一个技术赋能之下充满活力的知识生产和流通的“市场”以不断促进创新发展，又要在打破边界、万众参与的知识“市场”中维护教育的公共性。这种新使命也对其治理能力提出了更高的要求。

（三）跨境知识流通挑战官方知识权威地位

赫拉利在《未来简史》中曾对数据主义下的万物互联进行过形象的描述：“要把一切连接到系统，连那些不想连入的异端也不能例外。而且这里指的一切并不只是人，而是一切事物。人类的身体自不必说，还包括街上行驶的车、厨房里的冰箱、鸡舍里的鸡、树林里的树，一切都要连接到万物互联网上。”② 随着网络空间的不断延展及其对全球大部分区域的覆盖，这一空间形态实现了与

---

① 哈贝马斯．公共领域的结构转型［M］．上海：学林出版社，1999.

② 赫拉利．未来简史［M］．北京：中信出版社，2017：353.

自然空间和社会空间的深度交叠。国与国的物理边界日益为网络所突破，在虚拟与现实交互中形成网络开放系统，知识的跨境流通也成为常态。教育场域不再是一国内部的文化竞技场，而成为全球舞台中的展台。在虚拟现实、增强现实、混合现实的开放情境中，知识生产、传播和学习的全过程得以贯通并真正模糊时空边界，终身、全民和随时随地的知识生产和知识学习成为可能。

跨境知识流通带来了新兴知识的增长和传播，推动着科学技术、文化艺术和生活方式等在全球的扩散。伴随知识扩散而来的是价值观与意识形态的输入，表现为国际（或部分国家）普遍认同的意识形态对其他国家本土意识形态的渗透，或是国外非主流价值观的输入。除了单向和多向的知识流通以外，网络空间中的知识生产本身也正向着协同创新的方向转变。例如，来自不同国家的民众可以借助维基百科和百度百科共同开发知识词条。对于民族国家而言，跨境知识流通呈现出机遇与挑战并存：一方面，科学文化知识的输入有助于完善本土知识体系，而知识生产中的跨境协同亦有助于提升文化包容性；另一方面，价值观和意识形态的输入不断对民族国家的话语建构（特别是历史叙事和意识形态）造成冲击。

四、权力保障：算法与教育治理的耦合带来治理新样态

算法与教育治理的耦合带来治理新样态，并由公共政策宏观场域延伸至学校课堂和家庭微观场域。可穿戴设备、物联网技术、大数据平台、虚拟仿真实验平台等在教育中的应用使得人机交互态成为治理新样态。人工智能背后的计算主义逻辑推动着循证治理向数字治理转型，围绕治理数据的“生成—采集—存储—集成—分析”形成了数据流通市场；这使教育治理活动走向表现管理(performance management)，将学生、教师、校长、学校乃至区域、国家等元素化约为治理数据和指标。多重技术在为教与学提供更多选择的同时也制造出新的规训结构，在赋能与规训两种机制的交互作用下，学生与教师的自主性走向重构。

(一)“X＋教育治理”带来治理中的人机交互态

随着深度学习技术的发展，教育行政部门和学校管理者的治理工具得到广泛拓展，传统上依赖自身管理经验、静态统计资料和报送性数据的决策模式正在发生改变，“X＋教育治理”的治理新样态正在形成。运用可穿戴设备，可实时收集有关学生和教师行为特征的过程性数据（注意力、眼动轨迹、面部表情等），并对学生的心率、脉搏等身心健康指标进行全样本、全过程收集；借助物

联网技术，可对从官方数据库、研究数据库等第三方数据平台或物联网设备所获取的数据进行有效传输，实现海量数据的高效采集；依托大数据平台，可对特定区域内全体学校的办学质量及其师生的各种表现实施动态可视化监测，对碎片化、低价值密度的海量数据进行整理、筛选和提纯①；依托虚拟仿真实验平台，能够从历史数据中挖掘影响教育政策执行的隐性因素，并进行成效预测、风险预警和政策评估。由此，教育治理中人类与多种智能设备相互嵌套的“人机交互态”开始显现。

（二）循证决策理念与数字治理走向融合

究其实质，传统教育治理所使用的数据多为静态统计资料和报送性数据，而进入算法时代，可穿戴设备、大数据平台、物联网技术平台能够从学生、教师、学校和行政部门处采集海量伴生性和过程性数据，并通过物联网有效采集第三方平台数据，将传统上阶段性、静态性的督导评估转变为全过程、全样本、动态化的监测②。人工智能技术的背后是一种数据主义或计算主义思维方式，以可计算性、可预测性、可控制性、标准化思维等为主要特征③。这一思维模式源于现代科学实证主义，其与教育治理的耦合推动循证决策理念成为显学，并作为各国决策和管理部门的共识被用于公共活动改进。

在技术赋能下，循证治理正向着数字治理转型。在数字治理中居于核心地位的是与学生学习、教师教学和教育管理相关的数据，围绕治理数据的“生成—采集—存储—集成—分析”已形成数据流通市场。个体和组织的行为表现被切割成一系列契合不同政策与管理目标的维度，进而化约为一系列数字化的干预目标，如学科能力表现、综合素养、体质健康、办学活力和办学效能等。学习行为、教学过程和办学活动不再是一个有机的整体，而各教育主体则日益成为教育治理中的一个个可计算、可分类、可预测、去背景化的客体，成为一部庞大的“效能机器”中的零部件，出现问题的部件可以被进行精准维修。

（三）数据流通市场推动表现管理渗透至课堂与家庭

效能本位的教育改革强调去管制化、放权和私有化，以自由市场竞争机制提升公共部门效能，并将市场关系纳入市场未曾覆盖的领域。近年来，智能技术的发展为其提供了物质平台与技术支撑，通过创造出一个庞大的教育数据流

---

①② 宋宇，卢晓中，郝天永．区域教育治理与大数据应用［M］．广州：华南理工大学出版社，2020.

③ 李建会．走向计算主义：数字时代人工创造生命的哲学［M］．北京：中国书籍出版社，2004.

通市场，使督导、监测和评估手段逐渐常态化，通过一系列考评措施实施表现管理①。表现管理作为评判学习、教学与办学效能的重要标尺，其对象不仅仅指向个体层面的学生、教师、校长和组织层面的班级、学校、教育部门，它甚至能够以区域和国家为表现测评的元单位。

表现管理的核心在于对个体、组织和群体的“表现力”（performativity）进行测评。传统工业时代，对教育表现力的测评偏向于阶段性和结果性评价，主要采用学业测验、教师考评、学校排名、教育指数等形式。而在人工智能和深度学习技术赋能下，对教育表现力的测评开始纳入伴生性、过程性和第三方数据，采用动态监测机制，朝向全样本和全过程评价转型。如在数字化课堂中，智能摄像系统经过算法设定能够对师生的特定反应（与深度学习相关的表情及肢体语言等）进行实时抓取，经过系统自动分析将数据实时汇入可视化数据平台；这些数据既可用于教师在授课前后实时调整教学行为，亦可作为形成性或终结性评价的参考依据。当前，技术赋能的表现管理逐渐渗透到教师教学、学生学习、学校管理各个方面，使课堂、校园、家庭等教育空间日益走向“监控社会”。

（四）算法赋能与规训机制重构师生自主性

算法与教育治理的耦合使国家教育治理由公共政策场域延伸至学校课堂和家庭场域。传统教育治理对课堂教学及学生学习的微观过程介入有限；随着智能技术的进步及其与表现管理的整合，学生在课堂和家庭中的学习行为以及教师的教学行为被纳入动态监测巨网。教育治理的网络向着教学和管理活动的毛细血管渗透，指向教育中的每个个体，创造出新的课堂治理和家庭教育治理空间。在上述微观治理空间中，治理技术的进步在为教与学提供更多选择的同时也制造出新的规训结构，赋能与规训两种机制同步作用重构着师生的自主性。

算法赋能为学生发展创造了更大的选择空间：大数据和深度学习技术帮助每一位学生绘制出自己的“学习风格侧写”（learning style profile），以便掌握自身各科学习的优势和短板，并在学习平台选择适合的课程模块，自主决定学习的进度安排。而这种选择背后同样隐藏着规训结构：智能终端所进行的学习风格分析受制于系统自身的算法，算法所测量的“表现力”由人定义。因此学生的选择更像是“限选”而非“任选”。有学者精辟指出算法时代课堂规训空间的特征：“混合课堂是一个强大的规训空间，通过学生成绩数据的导出、学习目标的生成、需求的标准化，以及教师电脑界面上累积的、个性化成绩报告的实

---

① 鲍尔，格里马尔迪．新自由主义教育与新自由主义课堂［J］．教育学报，2020（3）．

时输入，对空间进行监控和管理。自由学习者被转变成一个可分析的、因此可控的，但又积极选择的主体。”①

算法对于课堂教学的规训同样作用于教师。随着学生的学习行为向移动学习设备与虚拟信息平台转移，教师的“教”在教学活动中所占的比重逐步下降，教师角色也逐步由学习内容的设计者和提供者转变为学习过程的管理者。在教师的工作时间分配中，越来越多的时间被用于收集、管理、分析、诠释与学生学习相关的数据流，从而管理网络化学习平台，而用于备课、辅导、批改作业等事项的时间越来越少。在一定程度上，“教师作为课堂决策的最基本单位，正在被基于大数据收集和分析、算法设计的适应性学习系统所取代”②，教学软件及其开发者（企业及专家）获得了更大的能动性，对一线教师的专业自主性构成挑战。

五、算法时代教育权力关系反思与重构路径

算法时代的技术变革重塑着教育领域的权力主体、权力载体和权力保障，变动中的权力关系机遇与挑战并存。当前，亟待确立一种算法自觉意识，对算法的普及及其社会后果进行审思，澄清教育领域权力关系重构优化的底层逻辑。图 5－2 呈现了基于算法自觉的教育权力关系反思与重构路径。

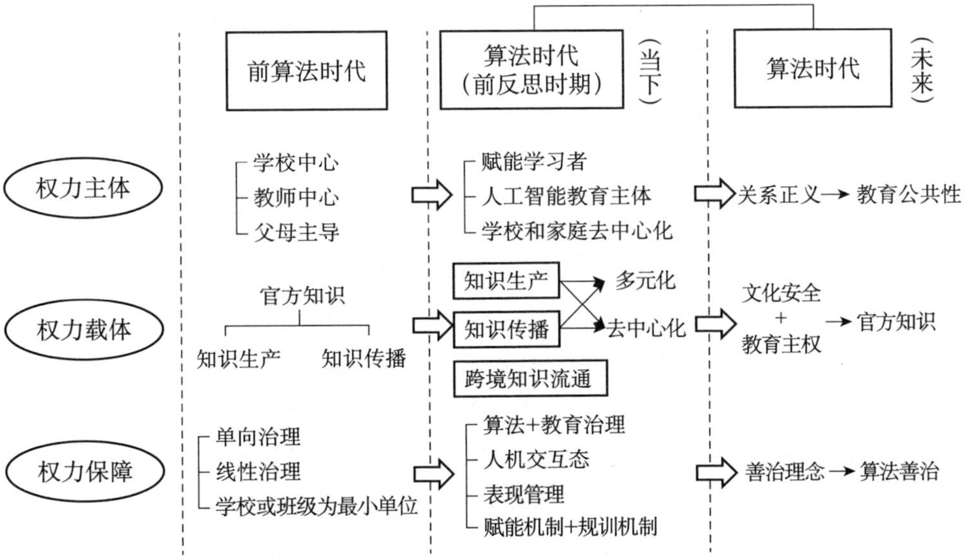

图 5－2　从前算法时代到算法时代的教育权力关系演进

---

①② 鲍尔，格里马尔迪．新自由主义教育与新自由主义课堂 [J]．教育学报，2020 (3).

（一）从前算法时代到算法时代的教育权力关系演进及其隐忧

当前社会正处在从前算法时代到算法时代的过渡进程中，若以算法的普及和人类对算法的自觉反思为临界点，可将进程划分为三个阶段：第一阶段是前算法时代，即算法技术尚未成形与普及的年代；第二阶段（当前所处的阶段）是人类社会已悄然进入的算法时代，但对算法及其社会后果尚缺乏自觉反思；第三阶段是反思重构阶段，人类开始系统反思算法普及的社会后果，并有望在澄清底层价值逻辑的基础上提出重构社会权力关系的路径。进程不断演进的背后动力有二：其一是算法的普及及其技术的不断革新所带来的社会实践形态变化；其二是人类基于反思而对算法介入下的社会权力关系进行自觉调整。其中，第一种动力推动了算法时代的来临；而当前，两种动力的共同作用使得人类有望与算法实现和谐共生。

如前所述，前算法时代的教育领域权力关系主要表现为：权力主体间的关系定位呈现出学校中心、教师中心、父母主导，权力载体方面表现为官方知识及其传播媒介占据主导地位，权力保障方面表现为以学校或班级为最小单位的线性形态单向治理。进入算法时代，教育权力关系发生新变化，但人类尚缺乏自觉反思。在权力主体方面，技术赋能权力博弈重构教育主体间的关系定位。海量智能技术为学习者赋能，生成式人工智能成为新一类教育主体，学校和家庭的教育权在面临革新机遇的同时也面临去中心化。在权力载体方面，传统知识生态受到挑战，表现为知识生产和传播主体多元化、过程去中心化、跨境知识流通普及化。在权力保障方面，算法与教育治理的耦合带来治理新样态。“X+教育治理”带来治理中的人机交互态，推动以表现管理为主要特征的数字治理渗透至课堂与家庭，算法赋能与规训机制重构师生自主性。

变动中的教育权力关系应当得到系统性反思检视，特别是要对其背后的潜在风险进行权衡。在权力主体方面，学校教育的去中心化或将加剧不同群体间既有的教育鸿沟，带来教育中的公共性危机。作为国家教育权威的重要载体，学校所承载的不仅仅是官方知识和国家话语，还有教育的基本质量和公益属性。当教学和学习活动日益从常规学校转向市场化的培训机构、差异化的家庭教育以及责任虚化的互联网时，不同群体间的教育资源差距将会被放大。家庭社会经济地位高的子女能够充分享有算法的技术红利，借助智能教育服务扩大自身教育优势；而家庭社会经济地位低的子女则更多依赖学校教师和人人可及的网络学习资源。值得进一步追问的是，“算法为学习者赋能”究竟赋的是谁的能？

在权力载体方面，来自网络公共领域的民间知识与跨境知识流通使奠基于官方知识的民族国家“想象共同体”[①] 面临挑战。问题在于：谁将成为这一新的想象共同体的主宰？不加控制的知识传播暗藏着反科学乃至反社会的风险，文明冲突和意识形态竞争亦会传播文化刻板印象、不实信息甚至攻击性言论。而万物互联的算法网络将每个个体和国家都置身于风险之中。

在权力保障方面，智能化教育环境中的每个看似自主的选项实际上都受着算法结构的限定，这种遵循计算主义的治理模式将导致人的工具化、同质化和教育的“快餐化”。全过程、全样本、动态化的监测模式将一切教学、学习和管理行为纳入动态监测巨网，使课堂、学校和家庭场域日益成为“监控社会”。在赋能与规训两种机制的同步作用下，算法治理的新型规训结构悄然显现。

（二）以自觉反思推动算法时代教育权力关系重构

面对变动中的教育权力关系及其背后的潜在风险，应从关系正义、文化安全与教育主权、善治理念的价值立场出发，对权力主体、权力载体、权力保障进行重构优化。

第一，以关系正义理念巩固教育公共性。进入算法时代，学校教育的核心地位受到挑战，同时算法对不同家庭背景学习者的赋能程度不尽相同，新的教育公共性危机或将显现。技术作为一种力量强大的非物质物品和虚拟资源，存在聚焦物品分配的传统分配正义原则无法解答的教育公平难题。此外，技术的崛起使正义不仅局限于程序和分配领域问题，还涉及“宏观和微观上的主导社会成员互相对待的正式和非正式规则”[②] 的重构。因此，聚焦人际互动层面的关系正义原则可成为引领算法时代教育公共性建构的重要价值基础。

应发挥人工智能技术的优势，使算法成为造福全体学生的利器。一是坚持发挥学校教育在维护教育公共性和教育质量中的核心地位，推动人工智能技术在学校中的应用，而不是将这一责任推卸或外包给市场化培训机构。未来学校将成为一个开放式的学习中心、交流中心、文化传播中心，个性化学习、自主学习、跨界学习将成为重要特征。不同领域、不同身份、不同需求的学习者将通过未来学校的生态系统和提供的服务帮助，自主建构学习需求清单和学习计划。二是强化对于校外培训市场的监管，遏制部分机构利用人工智能技术从事应试技能培训等乱象，引导校外培训回归到满足儿童差异化发展需求的健康轨道上。三是开展人工智能教育扶贫，为家庭社会经济地位低的子女提供额外的智能学习资源，让教育扶贫不再局限于资金和物资层面的供给，而是为弱势群

---

① 安德森．想象的共同体［M］．上海：上海人民出版社，2005.

② 石中英．教育公平政策终极价值指向反思［J］．探索与争鸣，2015（5）.

体创造更多的发展机会。四是学校应当保持其作为学生交往、互动、社会化的重要场所的定位。当信息和知识唾手可得、智识教育被重新定义时，情感教育将成为学校教育的重要任务之一，学生的交往、互动、社会化需要通过学校提供平台、建构环境、组织资源。

第二，铸牢文化安全与教育主权意识，强化国家主导作用。公共教育体系应把握技术革命先机，捍卫官方知识的权威地位，以防范与化解国家文化安全和教育主权方面的风险。面对生成式人工智能对传统知识生态系统的冲击，国家应在规范知识生产、甄别信息、筛选“知识”，以及促进知识良性流动和更新上发挥更主动的作用；支持生成式人工智能在教育行业的自主研发和探索应用，同时加强对知识产权和其他相关法律法规的制定和修订，开发一批掌握、理解中国特色话语体系和社会主义核心价值观的智能机器，以在新一轮的科技竞争、知识生产和文化传播中掌握主动权和话语权；关注生成式人工智能在知识生产、知识传播和教育应用过程中可能带来的安全风险和伦理问题，制定相应的法规和指导原则，确保知识生态系统安全和可持续发展。

具体来说，可从强化官方知识的权威地位和合理监管网络空间的民间知识入手。一是利用技术手段做好权威知识媒介的数字化工作，把握官方知识在网络空间的主动权。对权威词典、百科全书、教材等关乎国家文化和意识形态安全的知识载体进行系统性数字化升级，普及网络公共领域的公共学习资源。这些做法不仅让每一位民众都能够轻而易举地在互联网和自媒体平台进行知识检索，还能便于生成式人工智能抓取及整合经过权威部门审定的、契合我国话语体系的“语料库”。二是强化对网络知识生产与传播过程的合理监管，加快数字文化产业制度建设步伐，健全网络文化安全风险等级管理制度；为市场、公司和资本利用算法进入教育市场设置严格的准入条件和标准，并完善市场运行和退出机制，建立负责的、有序的、高效运转的算法时代的“知识市场”。三是开启官方知识和民间知识的双向“旋转门”，加强对网络非正式知识的甄别、筛选，将其作为官方知识的补充渠道，并采用公众号、视频网站等将官方知识转变为广泛传播的民间知识。四是推行批判性媒介素养教育，培养信息甄别意识和能力，改掉部分民众（特别是青少年）对网络和自媒体信息不假思索便接受的习惯，养成利用信息化手段查找权威性资料的良好学习习惯。

第三，确立善治理念，推动教育治理走向算法善治。算法时代的技术赋能使教育治理的手段由刚性督导评估转向更为柔性和隐性的质量监测，数据为本的教育测评成为一种“主导、控制学校教育的新型权力”①。技术是一把双刃

① 金生鈜．大数据教育测评的规训隐忧：对教育工具化的哲学审视［J］．教育研究，2019（8）．

剑，算法治理并不意味着算法善治。算法善治指的是确保人工智能开发和应用朝着提升治理优良性和有效性的目标迈进[①]。它具有两方面含义：一是构建可控的人工智能应用环境、可靠的安全属性、合理的责任机制，形成科学和有效的人工智能风险治理体系[②]，从而实现人工智能本身的善治目标；二是运用算法进行善治，保证人工智能助推教育治理的目标需要，建立人工智能与教育治理融合的机制，从而确保人工智能在正向意义上推动教育治理体系与治理能力现代化的实现。

用好算法使治理真正走向善治，应凸显教育治理的人性维度。一是清醒认识到现阶段人工智能的发展依然停留在初级阶段，智能机器的“智能性”仍然无法完全取代人类智慧。“在教育中，技术永远只是手段，不是目的”[③]，智能机器在教学和管理工作中的角色应当定位为辅助性角色，是规则的执行者而非制定者。二是警惕人工智能背后的计算主义思维方式，如可计算性、可预测性、可控制性、标准化等。在设定教育监测指标时，应避免工具化倾向，避免由于过度强调表现管理而带来人的异化，要维护教师和学生的主体性。三是防止智能设备在课堂和家庭中的滥用，以及由于过度监控所带来的伦理和隐私等问题。当前，部分学校将人脸识别技术运用于监控师生课堂表现，或是使用数据平台干预学生课后学习及家长教育参与活动，教育部门和学校应对以上做法持审慎态度。

---

① 颜佳华，王张华．以“善智”实现善治：人工智能助推国家治理的逻辑进路［J］．探索，2019（6）．

② 唐钧．人工智能的风险善治研究［J］．中国行政管理，2019（4）．

③ 顾明远．立足教育本质看“人工智能＋教育”［J］．中小学数字化教学，2019（9）．

第六章 数智时代的社会职业变迁与人才培养标准

一、教育与技术的竞赛：工业革命、职业变迁、教育变革之间的关系

二、数智时代的工作世界

三、技能需求：数智时代的人才标准

我们正生活在一个瞬息万变的时代，科学和技术的进步不断改变着人们的生产生活方式，与两百多年内所发生的前三次工业革命不同的是，第四次工业革命已经打破了从机械化到电气化再到信息化的单一技术发展模式，大数据、人工智能、VR/AR、工业4.0、“互联网+”、5G、共享经济、纳米技术、基因工程等同步发展，技术与技术叠加互动共同推动，重大科技进步的速度正在呈指数级飞跃。第四次工业革命即将把人们带入一个由数据支撑起来的时代，算法将成为认识和解释人与世界关系的基本法则和思维方式①。

算法是指解题方案的准确而完整的描述，它是一系列解决问题的清晰指令，人类进入数智时代则意味着我们未来生活的方方面面都可以以一套精准明确的方案或指令来计算和解决。数智时代则是数字化与智能化深度融合的全新阶段。2022年8月31日，中国互联网络信息中心（CNNIC）发布的第50次《中国互联网络发展状况统计报告》显示，截至2022年6月，我国网民规模已达到10.51亿，互联网普及率达74.4%。身处高度智能互联的时代，越来越多的关于人类的信息将被作为数据记录下来，被分类、存储并做数据处理，人类与机器、线上与线下、虚拟与真实的界限将越来越模糊②。我们不禁好奇并担忧我们的未来——技术是否会获得比人类更强大的力量；在数智时代的工作世界，人类是否终究会被机器所取代；生活在数智时代，什么技能是必备的；数智时代的教育会经历怎样的重大变革，我们又应该着力培养什么样的人才。

一、教育与技术的竞赛：工业革命、职业变迁、教育变革之间的关系

20世纪60年代，舒尔茨和贝克尔创建了人力资本理论，并对人力资本进行界定。舒尔茨认为，人力资本是指凝聚在劳动者身上的知识、技能及其表现出来的能力，是生产力提高的一个重要因素③。贝克尔则从广义上界定了人力资本的概念，他认为人力资本是指凝结在个人身上的、后天获得的、具有经济价值的体力、健康、知识、技能和能力④。人力资本理论认为，技能能够提高劳动生产率，帮助提高物质资本的生产效率，并且能够弥补劳动生产中的其他资本的不足，有利于经济发展、个人就业和收入；同时，还能够提高劳动力的

---

① 刘复兴．论教育与机器的关系［J］．教育研究，2019，40（11）：28－38.
② 萨斯坎德．算法的力量：人类如何共同生存？［M］．北京：北京日报出版社，2022.
③ 舒尔茨．人力资本投资——教育和研究的作用［M］．北京：商务印书馆，1990：1.
④ 贝克尔．人力资本：特别是关于教育的理论与经验分析［M］．北京：北京大学出版社，1987.

自主创新能力，促进生产技术革新，为经济发展提供新的动力。技能有多种形成途径，教育是最主要的一种。一方面，教育不仅能够提高劳动者的认知技能，还能够提高其对资源的配置能力；另一方面，教育不仅培养劳动者的一般技能，还能实现部分专业技能的培养。18 世纪 60 年代，第一次工业革命的开展标志着人类从农业时代走入崭新的工业时代，彻底重塑了传统的劳动力市场，改变了社会经济发展中的职业格局，同时也为教育活动提出了新的要求和挑战。此后，历次工业革命都引发了一定规模的职业变迁和教育变革。如果说市场需求是技术发展的根本动力，那么劳动力市场需求就是教育所培养的技能变化的根本动力，二者共同决定了在特定时代什么知识“最有价值”。

（一）第一次工业革命：从农业时代到蒸汽时代的教育

在漫长的农业时代，劳动力的身体技能是最为重要的，强健的体魄是高效开展农产品生产活动的必要条件。人们使用语言和文字，使得有用的经验能够代代相传，并最终凝练成被人们所认同的知识，这些知识也大多与日常的农耕活动息息相关，教育的作用之一就是教会人们更好地利用这些经验知识提升劳动生产率。随着农业技术的不断进步和新的生产工具的出现，劳动成果的积累加速了社会分工的出现，知识的日益丰富与文字的存贮性进一步推动了精神活动与物质活动的分离，教育摆脱了家庭与生产的束缚，学校教育成为新的教育主流形态①。农业时代的物质与技术水平决定了教育不可能是面向大众的，无论是中国传统的“学而优则仕”还是西方的贵族教育，都体现出接受良好的学校教育逐渐成为社会上层少数人的特权和教育的政治性。在古典文化繁荣发展的农业社会，人文教育得到了长足的发展。随着基督教的诞生和传播，在西欧中世纪，基督教教育成为教育的主干，世俗教育一度荡然无存，教育长期处于教会的统治下，沦为使人皈依的工具②。

15 世纪，德国人约翰·古登堡成功发明了金属活字印刷机，大大降低了印刷成本并显著提高了印刷速度，文化知识逐渐摆脱教会的垄断而开始下移。在文艺复兴的浪潮中，知识的传播与印刷品的普及打破了人类获取知识的身份门槛，人们逐渐摆脱愚昧和无知，科学和哲学开始摆脱黑暗中世纪的阴影而快速兴起。15—17 世纪，大航海时代预示着世界历史进入全球化阶段，国际贸易日趋繁荣，“海上马车夫”荷兰借此率先完成商业资本主义革命，西班牙和葡萄牙

① 张湘洛．人类教育的三次跨越［J］．学术交流，2008（7）：175－178．

② 符松涛．中世纪大学对西欧教育的影响［J］．青海师范大学民族师范学院学报，2020，31（2）：12－14．

通过殖民美洲完成扩张和崛起，席卷整个欧洲的科学革命又推动了人类认知和科学知识体系的根本变革。

16—17世纪的英国经历了宗教改革和光荣革命，并通过殖民扩张和三角贸易获得了丰厚的原始资本积累，成为西方新的“日不落帝国”。毛纺织业一直是英国的支柱性产业，面对世界市场对纺织品的大量需求及印度棉织品的威胁，当时的英国政府一边以贸易壁垒限制印度棉织品的进口，一边以多种优惠政策和奖励措施鼓励社会各界在纺织业上进行发明创造与科技创新，并于1624年颁布了《垄断法》，承认创新与创造的价值并予以法律保护，大大提升了英国社会的创新活力[①]。1765年，纺织工人哈格里夫斯发明的珍妮纺纱机揭开了第一次工业革命的序幕，20年后，瓦特发明的蒸汽机正式投入使用。生产效率的提升对运输效率提出了更高的要求，19世纪初，蒸汽轮船、蒸汽机车的发明和应用又掀起了新一轮的交通革命。第一次工业革命实现了从农业社会向工业社会的巨大转变，机械逐渐代替手工，蒸汽时代由此开启。

第一次工业革命的诸多重大成果大多源于工人匠师们在实践中点滴积累的经验，而鲜少与科学理论的进步直接相关。以蒸汽机为代表的机械化器具大量应用于生产活动，快速推进了市场的规模化，工业化水平和生产效率的提升不仅提供了大量的工作岗位，更对工人们提出了更高的知识技能要求——不同于之前的手工业时代，机械化、工业化的时代要求工人至少能够熟练操作机器。

然而，在第一次工业革命之初，英国政府对教育采取的是自由放任的态度，国家干预的缺失使得教育系统没有跟上经济生产领域大刀阔斧的变革，教育始终处于傲慢和落后中。18世纪，英国中等教育机构主要有文法学校、公学、私立中学三类，只有贵族子弟才能进入，贫困家庭的孩子只能受到初等教育，更多的孩子成为童工。然而，公学忽视科学，敌视工商业，蔑视操作性的机械工艺知识，文法学校也完全不关注实践技能的培养，实际上已经与工业革命下的社会现实和经济发展急需的技能脱钩；甚至是在牛津、剑桥两所垄断性高校中，高等教育仍体现出重文法、轻理工，重研究、轻应用，重政治、轻工商的特点，以至于当时英国许多专家和技术人员是从苏格兰流入的[②]。对劳动力进行投资并不是英国早期实现工业化的重点任务，相比知识和技能，雇主们更关注的是劳动者是否具备良好的个性品质，是否能够以高度的自觉实现更高效率的生产，直到1870年颁布《初等教育法》时，英国政府才意识到初等教育对工人基础知

① 张江健．智能化浪潮：正在爆发的第四次工业革命［M］．北京：化学工业出版社，2017.

② 李霄翔，舒小昀．从自由放任走向适度干预：英国工业革命时期国家的教育政策［J］．学海，2005（1）：85－89.

识和技能培养的极端重要性，并开始创办面向大众的公立初等学校。

（二）第二次工业革命：从蒸汽时代到电力时代的教育

科学和技术的相互促进是工业革命的核心特点。相比于第一次工业革命以技术发明推动发现科学规律再进一步提升技术水平的进路，第二次工业革命则是由科学理论的进步推动了技术发明，相应的，教育的作用和知识的价值在这一次工业革命中更为突出①。科学革命使人们对物质世界有了全面而深入的认知，牛顿力学、能量守恒和转化定律、电磁科学等科学理论的提出和完善都为第二次工业革命的开展提供了充分的理论基础②。19 世纪，安培定律、欧姆定律、电磁感应定律的提出推动了电研究与应用领域的巨大突破。1866 年，德国工程师西门子发明了第一台实用电动机，实现了将机械能转化为电能。1870 年，比利时人格拉姆在西门子发电机的基础上发明了改进型电动机，电能转化为机械能成为可能。电的发明和电力的广泛应用使人类进入电力时代。到 20 世纪初，电力已经取代了蒸汽动力，成为更为廉价的新能源，在此基础上，以汽车和飞机为代表的交通革命，以及以电报和电话为代表的通信革命进一步为人们的生产生活方式带来新的改变，加速了城市化进程和橡胶、石油等新兴工业以及第三产业的发展。

第二次工业革命以德国和美国为主导，这与两国的基础教育普及程度和高等教育发展水平紧密相关。德国早在 1810 年就立法规定了教育世俗化，并设三年义务教育，到 1846 年，普及义务教育的学校已有 24 044 所，学生达 243.4 万人③。而在 1810 年创办了以探究高深学问为鹄的研究型大学——柏林大学后，德国分三步构建起系统性的国家科学研究体系。首先在 19 世纪初到中叶创建起以物理与数学为主的纯科学研究体系，又在 1848—1871 年间扩展了化学、生理学与解剖学等实验科学，此后为了适应工业发展，大学内部的学术科学与工业界建立关联，高等工业学校及采矿、军事等方面的专业学院被广泛开设起来，科学开始具有功用取向④。美国在 19 世纪出现的公立学校运动也加速了美国教育的公共化、世俗化和初等教育的普及化进程。1862 年，美国颁布了《莫雷尔法案》，意图扭转当时高校过于关注古典文化与理论科学的倾向，大学的纯理论科学与技术之间开始有目的、有组织地“联姻”，美国大学开始有了重应用的农

---

① 朱永新，徐子望，鲁白，等．“人工智能与未来教育”笔谈（上）[J]．华东师范大学学报（教育科学版），2017，35（4）：15－30.

② 张江健．智能化浪潮：正在爆发的第四次工业革命［M］．北京：化学工业出版社，2017.

③ 周采．外国教育史［M］．2 版．上海：华东师范大学出版社，2020.

④ 阎光才．城市、科学与大学之间关系及其历史演变［J］．北京大学教育评论，2021，19（2）.

学和工程科学[1]。这一浪潮使得美国的工程类院校在10年内由6所激增到70所，1917年增加到126所[2]。

在工业社会早期，机器取代了部分体力劳动后，劳动力市场对劳动力的身体技能需求下降，对一般认知技能和专业技能的需求增加，基础教育得到了快速发展，并非常重视学生读、写、算等一般认知技能和参与工业生产流水线的程序性专业技能的培养。科技的进步和工业化水平的提升对劳动力人力资本积累提出新的要求，高等教育的人才培养、科学研究和社会服务功能日益凸显，创设研究型大学，开展系统、专业的高深知识教育迅速成为世界高等教育发展的中心任务，高等教育内开展的纯理论研究和工业界的技术研发工作共同推动了科学成果的技术转化与产品开发，直接推动了社会经济发展和综合国力的提高，二战后美国迅速成为世界第一大强国的实践进路证明了这一点。

（三）第三次工业革命：从电力时代到信息化时代的教育

1946年，世界第一台电子计算机ENIAC在美国宾夕法尼亚大学宣告诞生，标志着计算机时代的来临。经过数十年的技术更迭，到20世纪90年代，计算机走向大众市场，个人电脑快速普及，随之而来的是互联网的快速兴起。以电子科技、原子核研究、空间技术、生物工程等的发明和应用为主要标志的第三次工业革命，将人类社会引入了更加休戚相关的信息化时代，信息成为重要战略资源。正如工业社会于农业社会而言，信息社会对人们生产生活方式的变革是颠覆性的，人们不再仅仅是建造机器，更重要的是编制软件，赋予机械智慧[3]。信息社会以一种全新的、非物质的形态将世界联系起来。互联网是看不见摸不着的，然而信息的触角已经通过它延伸到每一个使用者，在一个全球互联的时代，技术的进步与人们的日常生活越来越近，再一次更新了人们对世界的认知。

第三次工业革命以自动化为代表，技术的革新冲击了机械化时代的劳动力市场格局，中止了机器与工人互相依赖的关系，因此，由大量中等技术工人组成的中产阶级正在被新技术淘汰——从1979年至今，超过700万个制造业岗位从美国消失，这批劳动者只能流动到低生产力的服务业；与之相对，计算机的

---

① 阎光才．学院科学与工业技术之间的转化逻辑：美国的经验［J］．北京大学教育评论，2018，16（3）．

② 封凯栋．发展转型与自主创新：基于工业革命历史经验的讨论［J］．经济社会体制比较，2012（6）．

③ 刘民钢．人类历史上的三次科学革命和对未来发展的启迪［J］．上海师范大学学报（哲学社会科学版），2018（6）：64-71．

普及催生了程序员、机器人工程师、数据分析师等一批新兴职业，市场对通过高等教育获得足够高科技知识与技能和具备创新能力的劳动者的需求正在快速增加①。在第三次工业革命的影响下，教育的媒介从封闭的印刷品和电讯号走向开放与互联，传统的教与学二元对立的关系被双向传播的新教育形式打破，一个人人皆学、处处可学、时时能学的时代已经来临②。同时，信息社会生产的自动化使得计算机能够越来越多地帮助劳动力完成一些简单的、重复性的、程序性的认知任务，劳动力市场对一些程序性的认知技能需求下降，对更复杂的一般认知技能和非认知技能的需求上升，无论是基础教育还是高等教育都更加重视对学生复杂的一般认知技能的培养以及综合素质的提升。基础教育中，传统的学科教学被弱化，情境教学法得到提倡，师生关系更加平等，以学生为中心的教学模式不断普及，教育评价走向个性化、多元化③；高等教育中，越来越多的高校意识到通识教育的重要性，开始注重学生社会情绪能力和创新能力的培养④。

（四）第四次工业革命：从信息化时代到数智时代的教育

在第四次工业革命方兴未艾的今天，网络化、数字化、智能化充分融合，算法的出现和普及不仅提高了生产力和生产效率，更催生甚至形塑了各行各业的变革，人们的生活与学习方式也随之发生颠覆性变革。中国电子信息产业发展研究院发布数据显示，2021 年，我国人工智能的研发强度为 19.4%，从业人数增加到 31 万，占全球比重的 5.3%；2017 年至 2021 年 5 年内，我国人工智能产业规模增长了 2.6 倍，占全球比重提升到 16.8%；专利申请量占全球比重从 2012 年的 13%增长到 2021 年的 70.9%。数智时代的工作世界也出现了前所未有的变化，人工智能研发力度不断加大，从业人员快速增加，来自 IT、通信、电子、互联网行业的招聘职位数所占比重不断增加，互联网相关行业缺口逐渐增大，正在占据职位招聘的主导地位，零工经济、线上娱乐、线上消费等依托数字技术诞生的新兴职业也在显著增长⑤。

在教育活动中，机器开始扮演日益重要的角色，线上课程给线下教育尤其是学校教育带来巨大的革新和冲击；手机、平板、电脑代替书本，成为今天获

---

① 弗雷．技术陷阱：从工业革命到 AI 时代，技术创新下的资本、劳动和权力［M］．北京：民主与建设出版社，2021．

② 郭文革．教育的“技术”发展史［J］．北京大学教育评论，2011，9（3）．

③ 鲍成中．第三次工业革命冲击下的基础教育变革［J］．教育研究与实验，2013（2）．

④ 周洪宇，鲍成中．第三次工业革命与人才培养模式变革［J］．教育研究，2013，34（10）．

⑤ 北京大学国家发展研究院，智联招聘．2022 雇佣关系趋势报告［R］．2022．

取知识和进行知识交互的重要工具；教育者和受教育者的二元对立正在被打破，在网络中，人人都可以成为知识的生产者、讲授者，也可以随时随地获取需要的知识，找到志同道合的学习伙伴，个性化学习和终身学习的学习型社会在科技赋能下成为可能。与此同时，算法的普及将特定的信息不断强化输入给受众，人们的认知可能在无形中被固化，人们逐渐被束缚在信息茧房里；人工智能通过深度学习，开始代替人类开展写作、绘画等创造性的工作，行业道德伦理和规范正在遭受前所未有的挑战；数字鸿沟的普遍存在使得贫困落后地区和弱势群体面临的教育不公平进一步加剧。数智时代在信息化时代的基础上，对认知技能和非认知技能的复杂性提出了新的要求，这不仅要求基础教育整体水平进一步提升，更对高等教育提出了前所未有的挑战。因此，高校的人才培养工作必须具有前瞻性，尤其是在高科技领域，高等教育需要培养出能够适应并引领科技发展的高质量人才。产业结构升级也对普通教育与职业教育提出了新的挑战。此外，数智时代知识的生产、整合和获取变得更加容易，教师更应率先提升数字化素养，以符合数智时代新教育形态的需求，扎实提升教育质量。

二、数智时代的工作世界

新技术的社会意义在于，它使以前不能做的事情可以做了，也让我们早就能做的事情变得更加简单了。第四次工业革命基于数据和算法为人类搭建起一个智能化的世界，随着数据的积累，算法也会变得越来越精确稳健。人工智能通过深度学习越来越具备“人”的某些特征，甚至在自然语言翻译、人脸识别、语音识别等领域已经快要超越人类所具备的能力①。人工智能技术的进步改变了数智时代的工作世界，体现在就业结构、收入分配和劳动异化等方面。

（一）数智时代的就业结构变化

就业结构又称社会劳动力分配结构，是指社会劳动力在国民经济各部门所占用的数量、比例及其相互关系，按不同的区分类别可分为就业的产业结构、行业结构、城乡结构、区域结构、技能结构及性别结构等。数智时代的来临将前所未有地冲击社会原有的传统就业结构，可以预见的是，当机器运算以超人脑的计算速度和计算水平被广泛投入市场，当人工智能能够逐步在机械劳动和简单技能劳动中替代人类，未来的工作世界将会出现人与机器的频繁合作，甚至是竞争，数智时代一方面使得社会生活更为便捷，一方面又为人的就业设置

---

① 萨斯坎德．算法的力量：人类如何共同生存？［M］．北京：北京日报出版社，2022.

了一定的门槛，不可能让全部劳动者受益，就业结构会出现集中化、极化、分化等更为极端的现象①。

1. 对就业的总体影响

随着智能化浪潮席卷到生产生活的方方面面，数字经济逐渐进化到智能化经济的新阶段，数智时代为产业变革与就业结构变化带来新的挑战与契机。其对就业结构的影响主要体现出四种效应：替代效应、填补效应、创造效应和结构效应，其中，替代效应和创造效应尤为重要②。

国内外研究者和机构对未来就业结构变化展开预测，认为人工智能可能对现有就业结构产生的替代效应已经引起了人们的警惕。根据麦肯锡预测，截至2030年，全世界将会有8亿多人的工作岗位被智能化机器人代替，这相当于如今世界劳动力的20%。世界银行估计在经济合作与发展组织成员国中有57%的工作可能在未来20年内被机器所替代。就世界各国的数据而言，阿西莫格鲁（Acemoglu）和雷斯特雷波（Restrepo）运用劳动力市场均衡方法研究美国劳动力市场，发现工业机器人的应用对就业具有替代效应③。弗雷（Frey）和奥斯本（Osborne）采用高斯过程分类器，对美国702个职业进行风险预测，认为美国约有47%的就业面临风险④，并进一步指出工资和教育程度与职业电脑化的可能性呈显著负相关⑤。帕贾里宁（Pajarinen）等人发现33%的挪威人和35%的芬兰人的就业处于高替代风险中。巴尔托斯基（Batorski）等人的研究表明，波兰的高替代风险就业比例高达46%。弗雷和奥斯本认为，未来中国77%的就业岗位、印度69%的就业岗位、埃塞俄比亚85%的就业岗位、乌兹别克斯坦55%的就业岗位面临被智能机器替代的风险⑥。英国德勤公司估算出英国约有35%的职业存在自动化的高风险。波尔兰（Borland）和科埃利（Coelli）的澳大利亚自动化对职业的影响的研究发现澳大利亚有接近9%的工作将会面临着被自动化所取代的风险⑦。从有关研究结果来看，整体而言，发达国家采用人工智能和自动化技术的动机更强，技术发展水平也更高，劳动力被替代的程度

① 隆云滔，刘海波，蔡跃洲．人工智能技术对劳动力就业的影响：基于文献综述的视角［J］．中国软科学，2020（12）：56-64.

② 邓洲，黄娅娜．人工智能发展的就业影响研究［J］．学习与探索，2019（7）.

③ ACEMOGLU D，RESTREPO P. Robots and jobs：evidence from US labor markets［R］．NBER-Working Papers，2017.

④ FREY C B.，OSBORNE M A. The future of employment［M］．Palgrave Macmillan UK，2013.

⑤ FREY C B，OSBORNE M A. The future of employment：How susceptible are jobs tocomputerisation?［J］．Technological Forecastingamp；Social Change，2013，3（12）：114-118.

⑥ https：//www. oxfordmartin. ox. ac. uk/downloads/reports/Citi_GPS_Technology_Work. pdf.

⑦ BORLAND J，COELLI M. Are robots taking our jobs?［J］．Australian Economic Review，2017，50（4）：377.

会更高，速度也会更快。

另一部分研究者对数智时代工作世界中人的处境抱有更乐观的态度，认为人工智能不但不会带来大量失业，还会催生出一批新的工作岗位，带来就业创造效应。马尔泰克（Martech）发现在美国制造业中出现工业机器人后，令人震惊的是不仅没有出现大规模失业，而且还创造了新的工作岗位。莫基雷塔尔（Mokyretal）的研究也指出人工智能的发展能够提高机器的智能化程度，同时也有利于新产品与服务的产生，在增进社会福利、加快经济增长等方面具有极其重要的作用。加格（Gaggl）和赖特（Wright）指出，人工智能时代的到来将会促进很多新工作的产生。霍德梅克斯（Hoedemakers）基于 15 个国家的动态面板实证分析结果指出，智能机器设备与就业之间存在正相关的关系。多思（Dauth）等人研究了德国的就业情况，同样没有发现因机器人的应用而导致的失业现象。阿西莫格鲁和雷斯特雷波从劳动生产力和企业成本角度分析认为，人工智能的发展对劳动力需求产生了正向的影响。白宫经济顾问委员会列出了可能直接受到人工智能推动增长的四类工作，分别是参与、开发、监督和转变响应。在我国，学者们基于不同地区、产业及行业对技术进步的就业效应进行研究，发现伴随技术的不断发展，新兴产业的不断出现创造了更多工作岗位①。随着智能机器人的不断发展，其在对部分工作产生替代的同时，也会同部分劳动力形成互补的关系，例如部分文字、数字和解决方案的工作岗位对人工的需求不断增加。北京大学国家发展研究院与智联招聘联合发布的《2022 雇佣关系趋势报告》通过将职位大类名称与该职位被自动化替代的概率进行匹配并进行交叉分析证明，“机器替代人工趋势”尚不明朗。报告指出，那些在长期来说更可能被人工智能替代的职位在 2018—2022 年并没有减少，反而有所上升，说明短期内人工智能对岗位的替代作用尚未显现。

2. 对就业的产业分布的影响

产业结构，亦称国民经济的部门结构，指国民经济各产业部门之间以及各产业部门内部的构成和比例关系，通常被划分为第一产业、第二产业、第三产业三类。第一产业是农业，包括种植业、林业、牧业和渔业。第二产业是工业和建筑业，其中工业一般包括采掘业，制造业，电力、煤气、水的生产和供应业。第三产业是除第一、第二产业以外的其他产业，通常可被分为流通部门、服务部门两大部门。服务部门又可被细分为：为生产和生活服务的部门，包括金融、保险业，地质勘查业、水利管理业，房地产业，社会服务业，农、林、

① 王高望，史博文，叶海云．中国产业结构转型特征事实的一个理论解释［J］．经济学报，2018，5（2）：43-62.

牧、渔服务业，交通运输辅助业，综合技术服务业，等等；为提高科学文化水平和居民素质服务的部门，包括教育、文化艺术及广播电影电视业，卫生、体育和社会福利业，科学研究业，等等；为社会公共需要服务的部门，包括国家机关、党政机关和社会团体以及军队、警察等。

当前，世界各国大多处于工业化阶段，第二产业为优势产业，即使是在农业传统优良的国家，工业也在逐渐发展为国民经济发展的主导部门或重要着力点，而部分发达国家已在向后工业化阶段迈进。据测算，2021 年，我国产业结构转型升级指数为 160.9，增长 7.0%。从主要构成指标来看，2021 年，战略性新兴产业增加值占 GDP 比重为 13.4%，比上年提高 1.7 个百分点，其中，规模以上工业战略性新兴产业增加值比上年增长 16.8%，高技术制造业增加值比上年增长 18.2%，分别比规模以上工业增加值增速快 7.2 个和 8.6 个百分点，新兴产业优化布局宏图正在展开①。数字化已经成为赋能产业结构转型升级和经济高质量发展的“新动力”和“新引擎”，数字经济、数字金融、互联网普及和人工智能发展等都显著促进了产业结构的合理化，但产业结构高级化的表现具有区位性、行业性差异。数字化发展对产业结构的影响进而带动了就业的产业分布变化。已有研究大多表明，数字化对第一产业的就业冲击已趋于不明显，这也符合产业结构升级规律。而在第二产业和第三产业中，不同类别的科技进步和应用对其产生的影响也不尽相同。

具体而言，一些具有普惠性、服务性特征的数字化科技如互联网、人工智能等会更利于产业结构的合理化和高级化，尤其会助推劳动力在第三产业就业比重的提高。数字化技术主要通过提高交易效率和增进行业分工来增加第三产业就业②。数字经济发展助推劳动力在第三产业就业占比更高，在 2010—2018 年间，互联网普及率、电话普及率、长途光缆长度对就业结构有显著的正向影响，而伴随着数字经济的发展，不断拓展的软件业务收入、快递业务收入等代理指标都推动了就业服务业化，就业的产业结构得到了相应优化③。国家统计局数据显示，2022 年，信息传输、软件和信息技术服务业，金融业增加值比上年分别增长 9.1%和 5.6%，合计拉动服务业增加值增长 1.5 个百分点，有力支撑服务业经济恢复④。与此同时，一些应用性的，能显著提升生产效率的数字

① 2021 年我国经济发展新动能指数实现稳步增长［EB/OL］. 中国政府网，2022 - 09 - 04.

② 曾世宏，钟纯，刘迎娣．数字化技术吸收会减少服务就业吗：基于新兴古典经济学分工理论的分析［J］. 经济学报，2022，9（3）：158 - 187.

③ 戚聿东，刘翠花，丁述磊．数字经济发展、就业结构优化与就业质量提升［J］. 经济学动态，2020（11）：17 - 35.

④ 李锁强：服务业延续恢复发展态势［EB/OL］. 国家统计局网站，2023 - 01 - 18.

化科技应用如机器人则会显著地降低第二产业尤其是制造业，及部分第三产业的就业份额，“机器换人”的替代效应明显。有研究指出，机器人渗透度每万人增加1台，制造业劳动力需求下降0.61%，而第二产业中的采矿业，电力、热力、燃气及水生产和供应业[①]，以及第三产业中的交通运输、金融业、邮政业等中大量的就业人口及会计、审计以及行政后勤人员等将会面临替代风险[②]。而在数字化和算法应用的冲击下，知识和技术密集型的现代服务业[③]，特别是教育行业的就业促进效应则更为显著，这也意味着教育和数字化发展是并向而行的，教育在新的时代背景下正面临新的机遇和挑战，需要及时应对数智时代社会和市场对人才的新需求。此外，也有学者从更广泛的意义上指出，数字经济发展对就业的产业结构、行业结构、技能结构均有显著影响，但其渗透率的增加对第二产业的就业促进作用大于对第三产业，总体上推动就业结构向着制造化、高技术化和高技能化的方向调整，且就业结构具有“正U形”特征，这意味着数字经济发展对于制造化、高技术化和高技能化的就业结构的影响是先负面再正面的[④]。这也提示我们要关注长期效应，尤其是产业结构不断升级，符合数智时代要求和标准后的新变化，同时进一步关注人工智能等新兴科技对劳动效率提高、产业结构优化、人力资本提升和促进高质量就业的核心作用[⑤]。

（二）数智时代的收入分配变化

人工智能、大数据等的应用给劳动力市场带来极大的冲击，过去稳定的就业结构和收入分配结构都正在经历程度不等的震荡。技术的进步对收入分配的影响主要源于技术进步的偏向性，一方面，其对与其相匹配的投资具有资本集约性；另一方面，数据作为数智时代的关键的生产要素也隐含着偏向性。此外，数智时代对工作技能的要求使得掌握这种技术需要高人力资本投资[⑥]。引起数智时代收入不平等的原因有二：一是机器人技术更加便宜时，每个人的产出将会增加，因此资本所占总收入的份额将会增大；二是生产力和熟练劳动力的工

---

① 周世军，陈博文．机器人与行业就业：基于分任务模型的视角［J］．统计与决策，2022，38（23）：85－89.

② 陈明生．人工智能发展、劳动分类与结构性失业研究［J］．经济学家，2019（10）：66－74.

③ 王文．数字经济时代下工业智能化促进了高质量就业吗［J］．经济学家，2020（4）：89－98.

④ 叶胥，杜云晗，何文军．数字经济发展的就业结构效应［J］．财贸研究，2021，32（4）：1－13.

⑤ 陈志，程承坪，陈安琪．人工智能促进中国高质量就业研究［J］．经济问题，2022（9）：41－51.

⑥ 朱琪，刘红英．人工智能技术变革的收入分配效应研究：前沿进展与综述［J］．中国人口科学，2020（2）：111－125，128.

资稳步增长，低技能的劳动力会受到损失，收入不平等的情况也会进一步加剧[①]。

在数智时代收入份额的变化上，人工智能是被学者们广泛纳入考量的一个重要变量。部分学者认为人工智能会对收入份额产生正向影响。例如，金陈飞等人基于2013—2018年中国中小企业动态数据库和2015—2017年浙江省“机器换人”分行业试点企业名单的微观企业面板数据，指出人工智能应用将显著提升企业劳动收入份额，平均而言可以提升1.4～1.7个百分点，具体而言，私营企业相对非私营企业提升程度更高，对劳动密集型企业的积极影响最为突出[②]。与之相对，另外的学者指出，人工智能的应用反而会对劳动收入份额产生负面影响。比如钞小静等人基于2008—2017年中国省级面板数据，指出人工智能在短期内不利于劳动收入份额的提升，并且这种抑制作用在第一产业中表现得尤为明显，同时对西部地区、非技术密集区以及高劳动收入份额地区的抑制作用更大[③]。也有学者提出，人工智能发展对劳动收入份额的影响方向是不确定的，在实际政策预估时应当考虑到产业部门间在人工智能产出弹性和人工智能与传统生产方式的替代弹性上的差别[④]。余玲铮等人基于广东省企业调查数据总结指出，机器人是一种偏向型技术进步的载体，当机器人与劳动是替代而非互补关系时，其应用将导致劳动收入份额下降，具体来说，机器人所产生的增长效应不会均等地惠及所有要素，虽然机器人同时促进了工资率和劳动生产率的增长，但前者增长幅度不及后者，从而使劳动收入份额下降；此外，只有当机器人与人力资本相匹配时，才能更好地促进工资率和劳动生产率的增长，这也提示着我们要去主动寻求探索一个“人机协作”的未来工作世界[⑤]。

学者们进一步探讨了数智时代技术更迭影响下不同行业或岗位间收入分配的差异。王林辉等人引入了阿西莫格鲁和雷斯特雷波人工智能技术模型中高技术与低技术两部门分类，利用中国2001—2016年全国及省级数据，指出人工智能技术通过岗位更迭效应和生产率效应，引发高、低技术部门劳动收入差距在2001—2016年期间年均扩大0.75%，测算出相对劳动密集地而言，人工智能技

① BERG A. et al. Robots, growth, and inequality [J]. Finance & Development, 2016, 53 (3): 10-13.

② 金陈飞，吴杨，池仁勇，等．人工智能提升企业劳动收入份额了吗？[J]．科学学研究，2020，38 (1)：54-62.

③ 钞小静，周文慧．人工智能对劳动收入份额的影响研究：基于技能偏向性视角的理论阐释与实证检验 [J]．经济与管理研究，2021，42 (2)：82-94.

④ 郭凯明．人工智能发展、产业结构转型升级与劳动收入份额变动 [J]．管理世界，2019，35 (7)：60-77，202-203.

⑤ 余玲铮，魏下海，吴春秀．机器人对劳动收入份额的影响研究：来自企业调查的微观证据 [J]．中国人口科学，2019 (4).

术对资本密集地收入差距的扩大作用更明显，相对技术密集地而言，非技术密集地的收入差距受到人工智能技术的冲击更大①。邓翔等人基于阿西莫格鲁的任务模型和2003—2016年我国行业面板数据，测算了人工智能对行业收入差距的影响，结果表明，人工智能对行业收入差距的影响具有阶段差异性，人工智能技术创新使行业收入差距呈先扩大后缩小的趋势，且对工作重复性高、创造性低的行业冲击更大②。总而言之，研究结论普遍表明，人工智能对低技术、低创新性行业的冲击更大，却能为高技术、高创新性行业赋能，这也为未来劳动力市场发展和人才培养工作提出了新的亟待解决的命题。而在人工智能之外，有研究结果表明，数字经济对不同群体的收入增长均有促进作用，能够普遍提高劳动收入，且对低收入群体的劳动收入的提升作用更大。数字经济发展对劳动力收入水平的普遍性利好进一步证明了加大数字基础建设投入和劳动者的人力资本投入，促进数字社会转型发展势在必行③。数字经济通过数字红利和数字鸿沟的双重作用对收入分配产生影响，我们必须重点关注数字经济所引致的偏向性问题，大力发展数字经济，加强数字基础设施建设，推动共同富裕的实现④。在无条件（普及）基本收入方案（Unconditional/Universal Basic Income，UBI）的基础上，澄清人的本质，综合劳动价值论、失业就业理论、社会福利保障理论、收入分配理论等多元视角，积极创新收入分配制度或许是一条可供参考的进路⑤。

（三）数智时代的劳动异化

“异化”是德国古典哲学中的一个重要概念，马克思在《1844年经济学哲学手稿》一书中第一次全面、系统地提出了异化劳动理论。他所概括的异化劳动的四个基本规定包括：一是从生产过程来看，劳动者和他的劳动活动相异化；二是从生产结果看，劳动者的劳动和他的劳动产品相异化；三是从人的类本质上看，人的类本质与人相异化；四是人与人关系相异化。异化劳动理论深刻揭

---

① 王林辉，胡晟明，董直庆．人工智能技术会诱致劳动收入不平等吗：模型推演与分类评估［J］．中国工业经济，2020（4）：97-115.

② 邓翔，黄志．人工智能技术创新对行业收入差距的效应分析：来自中国行业层面的经验证据［J］．软科学，2019，33（11）．

③ 罗小芳，王素素．数字经济、就业与劳动收入增长：基于中国家庭追踪调查（CFPS）数据的实证分析［J］．江汉论坛，2021（11）：5-14.

④ 王宁，胡乐明．数字经济对收入分配的影响：文献述评与研究展望［J］．经济与管理评论，2022，38（5）：20-35.

⑤ 姚伟．人工智能的广泛应用与收入分配制度的创新［J］．学术界，2018（4）：66-74.

示了资本与劳动之间剥削与被剥削的关系①。数字劳动指能够把数字化知识和信息作为劳动对象，把数字信息技术作为劳动资料的劳动者进行的劳动，数字劳动异化则是在传统的资本-劳动剥削关系中加入了数字技术这一中介因素，使得资本权力能够借助数字技术更隐蔽和广泛地渗入社会关系和生命过程，从而深层规范人的欲望和个性的再生产②。

数智时代数字劳动异化所产生的问题是全新而复杂的。数智时代劳动的特性正在发生重大转变。随着算法在工作世界中日益普及，劳动范围将被极限泛化，劳动地点漂移不定，劳动时间进一步分散化、碎片化，劳动关系将更加模糊，劳动方式的隐蔽协作性更加凸显③。简而言之，在无处不在的数字和算法中，无论我们是否察觉，劳动将无处不在，资本对劳动的剥削也将无处不在。一方面，在数字劳动中，劳动本身的数据被重新投入劳动的计算之中，迫使劳动转变为可计算的劳动数据，在绩效、考核的过程中被异化为一条条清晰可见的名目而往往遮蔽了劳动的实质和劳动者的本质。数字资本主义时代剥削的方式将由强制性的“你应当”转换为激励式的“你能够”，原本被动的“他者剥削”逐渐过渡为主体主动的“自我剥削”，人们在竞争和内卷的逻辑中将资本增值的欲望内化为了个人的欲望，并不断深化④。另一方面，由于劳动标准由外部数据规范内化为劳动自身数据的内部动态优化，数据就成为劳动指标的新型尺度，劳动评价将以数据为尺度开展对自我的量化与评价，形成一种扁平化的数据化劳动评价体系⑤。数字劳动异化无形中通过数字技术将更多社会资源与劳动纳入剥削的逻辑中，尤其是当数字被资本俘获时，人之为人的基本权利也将变为由资本左右，谁掌握了算法，谁就有能力掌握数字劳动市场的发展速率和发展方向。

数智时代的劳动异化以数据为中介，且这种中介具有自我学习的智能化能力，能进行自我的智能生产，劳动者可能会被海量的数据所统治和支配⑥。按照马克思对异化劳动的四个基本规定，数字劳动异化的具体表现形式包括数字

---

① 梁丽，包国光．试析技术异化的劳动异化根源［J］．东北大学学报（社会科学版），2008（1）：21－25.

② 聂阳．马克思资本批判视域下的数字劳动异化及其扬弃［J］．理论探索，2022（1）：47－53.

③ 汪金刚．信息化社会生产与数字劳动异化：对马克思“异化劳动理论”的当代阐释［J］．新闻大学，2020（2）：80－93，122.

④ 高天驹．从“他者剥削”到“自我剥削”：数字时代下异化劳动的新表现［J］．天府新论，2021（5）：33－40.

⑤ 王文敬．数据计算、动态优化、量化自我：论数据化劳动的异化形式及其超越可能［J］．自然辩证法研究，2022，38（7）：116－122.

⑥ 蓝江．从物化到数字化：数字资本主义时代的异化理论［J］．社会科学，2018（11）：105－114.

劳动产品异己化、数字劳动商品化、数字劳动者类本质异化、数字劳动异化导致的社会等级分化[①]。第一，在信息爆炸的时代，不仅数字劳动生产的商品不属于劳动者本人，而且劳动者还可能被自己的劳动对象所奴役，沦为资本家牟利的工具。信息社会劳动生产的扩大化，使得数字劳动广泛存在于数字资本公司、互联网平台零工、非雇佣形式的产消者等领域，并且在技术、资本和消费文化的感召下呈现出劳动方式娱乐化、劳动时空泛在化、劳动剥削隐秘化等特征。在这样一个泛娱乐化、商品拜物教盛行的社会中，道德也可以成为商品被任意买卖，社会责任的旁落和价值观引领的缺失将会导致更大的冲突[②]。第二，同传统劳动一样，在资本的操控下，数字劳动必然会走向商品化、资本化，且工作时间和娱乐时间的边界将会更加模糊，二者甚至会交织在一起。在数智时代，数字劳动异化所带来的劳动产品的异化隐藏于非物质化的数字产品和算法中，数字生产过劳与自我剥削的循环不断加重劳动与其本质的背离。第三，数字劳动的无意识性会使得人在未察觉的状态下受到资本逻辑的牵引，从而无偿进行数字劳动并无意识地被剥削。智能生产可能将使人与其类本质更加对立，同时劳资关系也会被更加显性突出的“人机关系”所掩盖，大量的技术性失业、劳动者向下流动可能会带来新的社会危机[③]。第四，时空维度上的数字鸿沟仍然在不断扩大，同时由于数字资源只掌握在少数人手中，共同作用使得社会等级分化的可能性不断加大，未来社会可能会分出数字的掌握者、生产者、使用者、隔离者等多种角色，是否能占有和使用数字生产资料已经成为人与人关系异化的关键因素。此外，从劳动者的情感维度出发，数智时代的劳动异化还表现在数字身份将现实的人的感性生命抽象化为一系列符号，个体作为数据生产者和消费者对情感的需求被异化成了对无数符号的虚假欲望[④]。

数字时代劳动异化的核心症结在于数字生产资料私人占有和数字生产社会化之间的始源性矛盾[⑤]，实现数据共享和信息资源公有制可能成为缓解数智时代新形态劳动异化的理想路径[⑥]，技术价值观培育、数字命运共同体和数字生态建设也是超越数字劳动异化的新尝试。从这一维度出发，数智时代的劳动形

---

① 刘海霞．数字劳动异化：对异化劳动理论的当代阐释［J］．理论月刊，2020（12）：14－22.

② 徐婷婷．劳动异化与劳动同意：互联网数字劳动的价值二重性辨析［J］．新闻爱好者，2021（4）：17－21.

③ 吴宏洛，孙璇．当代资本主义数字经济中的异化劳动问题［J］．当代经济研究，2021（6）：24－33.

④ 董慧，李家丽．数字劳动中情感的异化和解放［J］．世界哲学，2020（6）：28－37，157.

⑤ 姜英华．数字时代资本意向、技术加持与劳动异化的政治经济学分析［J］．北京社会科学，2022（10）：4－13.

⑥ 李扬．人工智能对异化劳动的消解及其限度［J］．江汉论坛，2022（8）：34－38.

式也可能会推动人本质的复归，这就在于数智时代所需求的劳动者技能大多可以从教育和互联网中获得，而非全被资本家占有。数智时代为教育提供了新的可能，也对人才培养提出了新的要求。

三、技能需求：数智时代的人才标准

数智时代为人才培养工作带来问题和挑战，更带来新的发展契机。一方面，人工智能对工作的替代效应体现在正在挤占技术工人、快递员、司机等从事可重复性工作岗位的空间，甚至一些知识工作者等价于体力劳动者，正如历史上数次工业革命般，更多的行业或许将再度面临失业的窘境。另一方面，庞大而复杂的算法又大大拓展了人类大脑所能及。数智时代与前几次工业革命的不同之处在于，即使是在音乐、美术等极其需要创造力的领域，也有越来越多的人工智能被投入其中，任何人只要用语言简单描述自己内心想象的音乐或画作，无需任何专业知识和技能，人工智能就会在几秒之内将一段旋律和一幅画作呈现在你眼前。我们不难想象这样一幅图景，随着数据的丰富和算法的精确，未来的人工智能通过机器学习，会越来越向人类的大脑靠近，为我们的生产生活提供更多助力，甚至创造出超越人脑所想的事物。《中国数字经济发展白皮书(2022年)》显示，2012年以来，我国数字经济年均增速高达15.9%，显著高于同期GDP平均增速。在宽带中国，在5G及工业互联网的推动下，2021年，我国数字经济规模已达到45.5万亿元，同比名义增长16.2%，不同于以往我国数字经济的发展，近年来工业互联网正在逐步赶超以电商为代表的消费互联网，对数字经济的带动作用变得更加明显，我国产业数字化占数字经济比重已超过八成，数字经济结构更加优化，产业数字化正在成为数字经济发展的主引擎。身处数字经济、人工智能飞速发展的时代，过去传统的教育和人才培养模式是否会失效，教育应该如何开展，要制定怎样的人才标准、培养什么样的人，是急需解决的问题。

（一）数智时代的技能需求

根据工作内容的程序性和非程序性，劳动力市场的技能需求可被分为程序性技能需求和非程序性技能需求两大类。从历史上的数据来看，奥特尔（Autor）等人采用美国职业大典的数据估算了职业的各类程序性和非程序性工作内容，并结合美国人口普查和人口现状调查数据，基于职业结构的变化探讨了美国从1960年到1998年职业技能需求的变化情况：非程序性的分析类工作内容和非程序性的交互类工作内容劳动力投入在这将近40年的时间内大幅上升；程序性的认知类工作内容劳动力投入在20世纪60年代上升，70年代后开始急剧下降；程序性的体力类工作内容劳动力投入也在20世纪60年代上升，到80年代后开始下降；而非程序性的体力类工作内容劳动力投入在这将近40年的时间内持续下降。各类工作内容的劳动力投入变化与产业内每年工人使用计算机比例变化的回归分析结果表明职业的迅速计算机化导致程序性的认知类工作内容劳动力投入减少，非程序性的认知类工作内容劳动力投入增加。回归分析表明，1970年至1998年间不同职业类别的劳动力投入变化可以在60%的程度上解释该时期大学毕业生劳动力比例变动。列维（Levy）和默南（Murnane）在奥特尔等人研究的基础上将职业工作内容分为专家思考型（Expert thinking）工作内容、复杂沟通型（Complex communication）工作内容、程序性认知工作内容、程序性体力工作内容、非程序性体力工作内容五类，同样使用美国职业大典和人口普查数据，以1969年为基线，研究了1969—1998年间美国职业技能需求的变化情况，发现专家思考型和复杂沟通型工作内容需求持续增长，程序性认知和程序性体力工作内容需求在70年代保持平稳，但在80年代和90年代不断下降，非程序性体力工作内容需求一直呈下降趋势。为了探究计算机的使用对劳动力市场技能需求变化的影响，列维和默南预测了在不使用计算机的情况下劳动力技能需求的变化情况，发现在不使用计算机的情况下程序性认知和程序性体力工作内容需求都会有所增加[①]。

斯皮茨（Spitz）沿用了奥特尔等人对工作内容的分类，基于德国联邦研究所职业培训部门组织的资格和职业调查数据，分析了1979年到1999年联邦德国职业技能需求变化的情况，发现分析与交互式的工作内容增加而程序性认知和程序性体力工作内容减少，非程序性体力工作内容存在一定的波动，但整体处于上升趋势。为了探究计算机的使用对该技能需求变化的影响，通过计算机使用比例变化与各类工作内容变化的回归分析，发现计算机与非程序性认知类工作互补，对程序性认知和程序性体力工作内容具有一定的替代性[②]。艾多（Aedo）等人采用了同样的对工作内容的分类方法，并将其作为职业技能需求的代表；采用美国职业信息网络数据，测算出各职业技能需求，并将该结果与包括美国在内的30个国家的职业（世界银行的国际收入分配数据库）进行匹配。通过国际的横向比较发现，人均收入水平越高的国家，对非程序性认知（分析与交互式工作内容）技能、程序性认知技能需求越高，对程序性和非程序

① LEVY，MURNANE. The new division of labor [M]. Princeton University Press，2003：39-40.

② SPITZ. Are skill requirements in the workplace rising? Stylized facts and evidence on kill-biased technological change [Z]. ZEW Discussion Paper No. 04-33，2004.

性的身体技能（体力类工作内容）需求越低。通过纵向比较发现，美国、巴西、智利、印度等 8 个国家技能需求随着时间的变化趋势并不一致，在非程序性认知技能需求上都表现出上升的态势，但上升速度并不一致，对非程序性认知技能分析类的需求上升最快的是哥斯达黎加，对非程序性认知技能交互类的需求上升最快的是美国。在非程序性身体技能需求方面也都表现出下降趋势，但对程序性认知技能和身体技能需求的变化趋势却并不一致①。吉斯（Goos）等人则基于程序性假设将工作内容分为抽象类的、程序类的以及服务类的，其中抽象类的与服务类的属于非程序类的，难以被计算机取代，抽象类的工作内容比服务类的工作内容对劳动力的教育水平要求高；采用美国职业信息网络数据对这三类工作内容进行量化，以工作时长代替劳动力从业人数，基于 1993 年到 2006 年的欧盟劳动力调查数据，研究了 16 个欧洲国家技能变化情况，发现职业每提高其抽象类的、服务类的工作内容一个标准差，将分别增加 1.33%和 1.28%的劳动力需求，职业每提高程序类的工作内容一个标准差，将减少 1.33%的劳动力需求②。

将技能分为程序性技能需求和非程序性技能需求两大类的前提假设是计算机对程序性技能具有替代性，对非程序性技能具有互补性。然而，随着技术的进步，尤其是机器学习的发展，计算机能够完成的任务范围扩大，越来越多的非程序性技能也面临着被计算机替代的风险。例如，在某些非程序性认知和非认知类工作内容方面，基于大数据的机器学习能够保证计算机比人类产生更少偏差。有研究者发现，以色列的法官在其午休结束后的一段时间内审判更加宽容。诸如此类需要作出公正或准确决策的职业，计算机比人类更具有优势。金融领域的一些职业也面临着计算机化的风险，人工智能能够给出更大范围的、更加个性化的理财建议，并且成本更低。软件工程师、教师也受到了计算机化的影响，计算机可以通过机器学习自动检测出软件中的漏洞，计算机能够根据学生在网络上的学习记录，如 MOOCs，给予学生更加准确的评价和更加具有针对性的辅导。基于机器学习技术的移动机器人也扩大了计算机对身体技能替代的范围，越来越多的非程序性身体任务开始受到计算机的影响。例如，无人驾驶汽车将影响到几乎所有的物流类工作。现代机器人具有更强的传感器和控制器，使其在生产商品的过程中比人类更加高效可靠，且生产的商品质量更高。技术进步导致机器人的成本下降，未来将有越来越多的机器人在制造业和服务

① AEDO，et al. From occupations to embedded skills：a cross-country comparison [R]. Washington，DC：World Bank，2013.

② GOOS，et al.. Explaining job polarization in Europe：the roles of technology，globalization and institutions [Z]. CEP Discussion Paper No. 1026.

业被使用，越来越多的职业被计算机化，因此，越来越多的劳动力将受到影响。

数智时代新兴科技应用背景下的劳动分工正由细化向极化方向发展，劳动过程趋向于实现有效的人机合作，这使得对劳动者的技能需求会经历从去技能化到再技能化的转型，同时也会经历技能适切化、高级化的升级[①]。2019 年 10 月，领英发布了《中国未来技能趋势报告》，该报告基于过去一年间的平台大数据统计指出，2019 年中国人才掌握的技能中，增长最快的十大新兴技能领域分别为合规、云计算、数据科学、小语种、风险管理、交互设计、人工智能、区块链、数字营销、全栈开发。可见，数智时代新兴产业和科技的快速发展不仅需要夯实相关硬技能基础，更需要人的创新能力、适应能力、大局意识、全球素养等综合素质的全面发展。2021 年 12 月，新加坡精深技能发展局发布了《未来经济技能需求报告》，聚焦新加坡数字经济、绿色经济和医疗经济等领域的前沿技术进行深度解读。该报告指出，数字经济领域的工作需要就业者具备科技应用能力、数据分析能力、市场趋势研究能力、技术开发能力以及物联网管理能力等。2022 年最新版的报告跟踪指出，随着业界不断通过数字平台来扩大顾客群，数字经济对软件设计和关于客户服务体验的技术需求日益增大。经济合作与发展组织 2021 年发布的《经济合作与发展组织技能展望 2021：终身学习》(OECD Skills Outlook 2021：Learning for Life）报告，通过跟踪新冠病毒病大流行对经合组织劳动力市场的演变和网上发布的招聘信息分析了未来的人才技能。该报告指出，培养“横向技能”对人工抵御快速技术变革、大趋势冲击或新冠疫情等突发性意外危机至关重要。这类技能被定义为“与特定工作、任务、学术学科或知识领域无关，可应用于广泛情况和工作环境的能力”，但在理论与实践上尚未形成关于该技能具体指向与衡量标准的统一意见。

（二）数智时代的技能溢价变化

劳动技能溢价可以被简单地理解为技术劳动力与非技术劳动力（或高技术劳动力与低技术劳动力）的相对工资水平差值，它衡量了知识、技能和专业水平在劳动力供给中的重要性，在劳动力短缺的情况下，高技术劳动力的薪资水平会更高。数智时代科技呈指数型发展，而技能偏向型技术进步对技能溢价有较强的解释力。数智时代的技能溢价变化在不同行业、不同收入水平、不同性别及不同年龄群体间都存在着显著的差异。研究发现，在 2006—2015 年间，我国智能化水平每上升 1%，技能溢价将上升 0.084 个单位，技能溢价的波动是

---

① 邱子童，吴清军，杨伟国．人工智能背景下劳动者技能需求的转型：从去技能化到再技能化[J]．电子政务，2019 (6)：23－30.

由智能化技能需求和劳动力供给技能结构二者博弈产生的，智能化通过增加对技能劳动力的需求提高技能溢价，劳动力供给技能结构则可降低该效应[①]。有学者采用我国2006—2018年工业行业数据，指出工业机器人应用能够显著提高技能劳动生产率，并通过非技能岗位替代和技能岗位创造的非对称方式扩大劳动技能溢价，且其溢价效应在资本密集型、高垄断程度和低劳动保护程度行业中更显著[②]。还有学者从2018年全国流动人口和城市截面数据出发，证明了智能技术通过集聚经济和创业活跃度显著扩大了技能溢价，同时存在群体效应和选择效应，智能技术的技能偏向性在工作稳定和高收入群体与流动时间较长和市外流动的群体中更加明显[③]。此外，在性别差异上，数智时代为女性提供了非常规技能溢价，对女性就业有着显著的促进作用，并且相比于男性，这种促进作用更加明显，年轻和高学历女性有着更加广阔的职业发展空间[④]。而对青年群体来说，互联网技能溢价对高收入青年群体的影响大于低收入青年群体，对城市青年群体的影响大于农村青年群体，女性工资溢价高于男性，但技能溢价低于男性，这提示我们要进一步关注城乡收入差距和性别技能溢价差异[⑤]。

在探讨技能溢价问题时，教育会作为一个重要变量被引入研究中。有学者考察了技术进步、个体教育选择和技能溢价的关系，指出个体会根据劳动力市场信息和自身能力决定是否接受高等教育，其临界值受制于个体对未来工资和劳动供给时间的预期，而劳动供给时间和工资又受技术水平的影响；技能偏向型技术进步对劳动工资比存在直接影响，会引致技能溢价，其作用强度取决于自身的水平和劳动替代弹性；而当技能劳动和非技能劳动供给不变时，中性技术进步将同比例地提高技能和非技能劳动的工资，但对二者的工资比呈现出无偏特征[⑥]。也有学者研究发现，在认知能力与非认知能力中，认知能力可以显著提高劳动收入，但对技能溢价的影响并不稳定且不显著；而非认知能力则既

---

① 王丽媛．智能化发展、劳动力供给技能结构与技能溢价［J］．山西财经大学学报，2021，43（5）：45－60.

② 胡晟明，王林辉，董直庆．工业机器人应用与劳动技能溢价：理论假说与行业证据［J］．产业经济研究，2021（4）：69－84.

③ 李志强，刘英，魏琳．人工智能时代技能溢价的影响路径研究［J］．当代财经，2022（7）：16－26.

④ 李建奇．数字化变革、非常规技能溢价与女性就业［J］．财经研究，2022，48（7）：48－62.

⑤ 丁述磊，刘翠花．数字经济时代互联网使用、收入提升与青年群体技能溢价：基于城乡差异的视角［J］．当代经济管理，2022，44（8）：64－72.

⑥ 董直庆，蔡啸，王林辉．技能溢价：基于技术进步方向的解释［J］．中国社会科学，2014（10）.

可以提高低技能劳动收入，又可以显著提升技能溢价水平[①]。在不同教育类别中，有学者选用我国 1994—2016 年的省级面板数据，指出当人力资本水平极低或极高时，公共教育投入的效应不明显，私人教育投入的效应大小与人力资本代际转移效率有关；当人力资本水平介于极端值之间时，公共教育投入的效应逐渐显现，私人教育投入则倾向于扩大技能溢价值[②]。在区位层面上，有学者通过对我国 1991—2012 年的省级面板数据进行分析，指出高等教育财政投入对技能溢价存在显著影响：中西部地区以及全国层面高等教育财政入学年投入可以显著缩小当地技能溢价，而东部地区则呈现扩大效应[③]。已有研究表明，数智时代影响技能溢价的变量众多，我们不仅要重视对不同技能的培养，还要关注不同教育类别、教育财政投入、区位差异等因素对技能溢价的影响，以充分应对新的劳动力市场的变化。

（三）教育变革：数智时代的人才培养目标

提升人力资源技能水平，加强知识能力建设，是培育经济发展新动能的重要保障。党的二十大报告将“实施科教兴国战略，强化现代化建设人才支撑”单独列出，并提高到前所未有的位置，首次提出“教育、科技、人才是全面建设社会主义现代化国家的基础性、战略性支撑”的重要论断，高度强调了“必须坚持科技是第一生产力、人才是第一资源、创新是第一动力，深入实施科教兴国战略、人才强国战略、创新驱动发展战略，开辟发展新领域新赛道，不断塑造发展新动能新优势”。可见，在数智时代，教育、科技、人才三者之间的关联更加密切。教育是关乎个人发展、国家与民族长远发展的大计。我们必须要把教育置于科技进步的背景下和人才培养的目标下，重构数智时代的人才培养目标，探索出一条符合数智时代特征的人才培养新路。

1. 数智时代需要人才数字技能的提高

在数智时代下，人们的生活、学习和工作的场域、模式等都发生了前所未有的变化，互联网技术、人工智能等的出现为人们参与各项活动提供了支持，但也为教育与人才培养工作提出了新的挑战。数字技能和素养不是天生的，而是后天随着时间的推移，通过有意的教育干预以及各种形式的非正式学习和自

---

① 盛卫燕，胡秋阳．认知能力、非认知能力与技能溢价：基于 CFPS 2010—2016 年微观数据的实证研究［J］．上海经济研究，2019（4）：28－42.

② 唐礼智，李雨佳．教育投入、人力资本与技能溢价［J］．南京社会科学，2020（2）：18－26，51.

③ 马磊．高等教育财政投入影响技能溢价的机理分析：基于技能劳动相对供需框架的视角［J］．经济问题探索，2015（9）：32－40.

学，逐渐被培养的[①]。数字技能可被大致分解为数字环境通识技能、数字专业领域技能和数字社会综合技能三类，其中，数字环境通识技能是人们在学习、工作和生活中使用的基本数字技能，数字专业领域技能是指专业化程度较高的高级数字技能，数字社会综合技能则代表了适应数字社会所必备的一系列数字公民素养。与前两种技能相比，数字社会综合技能更多表现为“软技能”[②]。可以说，数字技能已经成为个人在数字时代开展各项活动的核心素养。

近年来，为了更好地应对数智化转型所带来的挑战，弥合数字鸿沟，各个国际组织都格外关注数字技能与数字素养提升的极端重要性。联合国教科文组织于 2018 年发布了《全球数字素养框架》(Digital Literacy Global Framework, DLGF)，该框架以欧盟数字素养框架为构建蓝本，整合现有区域或国家素养框架，确定了一系列具有全球代表性的数字技能；经济合作与发展组织于 2019 年发布《经济合作与发展组织技能展望 2019：在数字世界中蓬勃发展》(OECD Skills Outlook 2019：Thriving in a Digital World)，强调了生活在数字世界中的公民具备数字技能的重要性；世界银行于 2020 年发布了《数字技能：框架与项目》(Digital Skills：Frameworks and Programs)。2021 年 4 月，我国人社部发布《提升全民数字技能工作方案》，提出将重点开展人工智能、大数据、云计算等数字技能培训，数字技能的培养已经成为人才强国的关键一环。同年 11 月，国家网信办（中共中央网信办）制定并发布《提升全民数字素养与技能行动纲要》，指出要着力拓展全民数字生活、数字学习、数字工作、数字创新四大场景，丰富优质数字资源供给，提升高品质数字生活水平，提升高效率数字工作能力，构建终身数字学习体系，激发数字创新活力，提高数字安全保护能力，强化数字社会法治道德规范。数智时代呼唤培养具有数字意识、计算思维、终身学习能力和社会责任感的数字公民。

2. 数智时代关注人才综合素质的提升

在数智时代，知识共享无时无刻不在发生，为了确保知识共享始终保持开放、公平、多样，持续推进有益生态的、跨文化的、跨学科的知识生产与获取，人才培养工作更应关注人的综合素质的提升。

在技能类别上，数智时代的人才培养工作的核心目标是兼顾认知技能与非认知技能，重视非程序性技能的培养。人工智能引领下的新的技术革命即第四次工业革命将导致劳动力市场的技能需求发生根本性的变化，主要表现在：第

---

① 联合国教科文组织．一起重新构想我们的未来：为教育打造新的社会契约［M］．北京：教育科学出版社，2022.

② 刘晓，刘铭心．数字技能：内涵、要素与培养路径：基于国际组织与不同国家的数字技能文件的比较分析［J］．河北师范大学学报（教育科学版），2022，24（6）：65－74.

一，我国劳动力市场对非程序性认知技能、非程序性非认知技能以及程序性认知技能的需求不断上升，对程序性身体技能和非程序性身体技能的需求不断下降。人均 GDP 越高，劳动力市场对非程序性认知技能、非程序性非认知技能以及程序性认知技能的需求越大，对程序性身体技能和非程序性身体技能的需求越低。第二，劳动力的非程序性认知技能随着教育程度的提高而上升，程序性身体技能、非程序性身体技能随着教育程度的提高而下降。劳动力的非程序性非认知技能随着教育程度的提高先上升后下降，大学本科学历的劳动力的非程序性非认知技能最高。每年程序性认知技能随教育程度变化的趋势并不一样，但总体来看，程序性认知技能得分最高的劳动力先从研究生以上学历变动为大学本科学历，最后移动到大学专科学历①。这在一定程度上也说明了从事那些需要具有较高程序性认知技能的工作的劳动力的学历变化情况。

目前我国无论是基础教育还是高等教育都普遍采用分科式教学，强调学生对学科知识点的掌握，忽略了学生基于现实场景的问题解决等非程序性认知技能的培养。在基础教育阶段，强调基础教育对下一阶段教育“输送人才”的作用，具体表现为对学生升学率和成绩的重视，主要培养的是学生的程序性认知技能，对学生的问题解决等非程序性认知技能培养不足。在高等教育阶段，受苏联模式的强烈影响，我国高等教育强调窄的专业教育，窄的专业教育是建立在细分的学科教学的基础上的，学科教学的特点是以单一学科知识为中心，知识点之间相互孤立，仅涉及单一的智能培养，强调学生对知识点的记忆，追求学科知识的系统性和逻辑性，主要培养了学生的认知技能，尤其是程序性的认知技能，不利于培养学生的问题解决等非程序性认知技能。

为了更好地培养学生的非程序性技能，应从以下两方面入手：一方面，应改变传统的教学内容和方法，改变过于重视单科教学的倾向，增加综合性课程的比重。在基础教育阶段应增加基于一定情境的教学，即主题教学；在高等教育阶段应增加跨学科、跨文化教学。这种综合课程的教学方式能够通过围绕某个跨学科领域的主题实现学科知识统整和课程整合，强调学生的多元智能发展，拓宽学生的视野与文化包容度，教学基于一定的情境和现实问题，强调以学生活动为中心，学生可以自由地探究与主题相关的任何学习材料，从而引导学生主动获取知识。另一方面，应扭转过去以教师、教材为主导的学习模式，让学生自己主导。学校和教师要善于利用开放性科学实践、课外活动等隐性课程培养学生的非程序性认知技能和非认知技能。要充分利用当地的科技教育资源，

① 袁玉芝，杜育红．人工智能对技能需求的影响及其对教育供给的启示：基于程序性假设的实证研究［J］．教育研究，2019，40（2）：113－123.

构建无边界、跨学科的开放学习服务平台，通过实验探究、动手制作、实践体验等方式，为学生提供多元、生动的合作探究式实践活动，让学生将所学知识应用到生活实践中，培养学生的问题解决和合作探究能力。通过社团等丰富的课外活动，锻炼学生的人际交往、组织协调等非认知方面的技能。在高等教育阶段，鼓励学校与企业合作，建设实习实训设施和基地，使学生的认知发生有效的迁移，提高学生的问题解决等非程序性认知技能，不断提升学生的综合素养。

3. 数智时代呼唤人文主义价值的弘扬

数字技术和智能算法的深入发展不断影响着人类认识世界和改造世界的方式，数据主义作为一种新的社会思潮不断冲击着自文艺复兴以来形成的人文主义价值取向。“数据主义”（data-ism）指一种主张以数据为中心、认为一切皆可数据化的世界观，其认为世界万物皆可以用数据表征，通过数据分析可以获得新知识，用数据可以解释自然秩序和社会秩序，用数据可以评估价值和重构人类价值体系，其实质是一种非人文主义的、虚拟的、使人类主体客体化的价值观①。

现代科学的机制发展使得人类开始重新思考自身的命运和人之为人的终极价值。随着当前可穿戴设备、智能手机等技术的不断普及，人的全息数据化生存逐渐变为现实，“量化自我”已经成为社会新风尚，数字化生存进一步深化为“数据化生存”②。人们在数据化、算法化日益加深的现代生活中衡量着人类自身的价值，当科技可以解决一切问题，那么人的价值又体现在哪里，人是否还具备不可替代性。自第三次科技革命以来，大量的文学作品中也充斥着人们的思考，尤其是当元宇宙不断被架构，人类是否可以从肉体凡胎中解脱出来，在数字世界中得到永生，也是在科学与伦理层面被反复探讨的问题，未来到底是人类统治人工智能，还是人工智能掌握人类生死存亡的命脉，诸如此类的“幻想”正在不断走进现实。

面对数智时代对人类价值的消解，我们亟须唤醒新一代的“文艺复兴”。当机器代替或辅助学习者学习了纯粹记忆的知识后，留给学习者的是更大的创造空间和更高的创新要求，在智能化的时代，主动掌握那些不能被人工智能所替代的技能应被格外关注。更重要的是，教育要使人能够促进自身的发展，当机器能够延展人的思维、效率至上的时代来临，教育更应返璞归真，培养生命的

---

① 闫坤如，李翌．数据主义及其人文坎陷［J］．自然辩证法研究，2023，39（3）：39－45．

② 蒋晓丽，钟棣冰．“数据主义”滥觞下的新技术人文：智能时代算法传播的价值转型［J］．四川大学学报（哲学社会科学版），2023（2）．

真善美。当算法无处不在、无孔不入，甚至比人自己更了解自己时，人才培养工作则更应该以立德树人为主线，夯实基础、追求前沿，培养学生独立思考的能力和创造性、批判性思维，以及社会情感能力、核心价值观与社会责任感。正如联合国教科文组织于 2021 年发表的报告《一起重新构想我们的未来：为教育打造新的社会契约》中所指出的，“新的社会契约必须以人权为依据，以非歧视性、社会正义、尊重生命、人的尊严和文化多样性等原则为基础。它必须包含关怀、互惠和团结的伦理。它必须加强教育作为公共事业、共同利益的地位”①。在充斥着不确定性的数智时代，教育要重新呼唤人文主义价值的复归，以应对全球性、全人类所面临的挑战，实现共同发展。

4. 数智时代强调人才标准的多样化

数智时代对“人才”的定义更加模糊和泛化，这并非一种消极的表达，其中蕴含的是数智时代对人才标准多样化的强调。一方面，数智时代的人才培养目标应在复归人文主义价值的同时与劳动力市场需求和科技发展需求充分对接。近年来，发达国家出现了典型的技能需求逆转现象，即随着技术投资的放缓，对认知技能或任务的需求减弱，高技能工人会沿着职业阶梯向下流动，开始从事传统上由低技能工人从事的工作，从而将低技能工人推向职业阶梯的更底层，甚至挤出劳动力大军，技能需求逆转使得受更高水平的教育成为更多人的选择，这就需要确保人才培养工作不能与劳动力市场需求错位，确保教育与政治经济发展和社会文化建设相匹配②。另一方面，数字人的真实性越来越高，人机结合的程度日益提升，都要求人才标准实现多样化的转型。所谓虚拟数字人指存在于虚拟世界中，基于计算机图形学、图形渲染、动作捕捉、深度学习、语音合成等技术打造的，具有外貌特征、表演能力、交互能力等人类特征的复合体，虚拟数字人产业正随着元宇宙产业的快速发展而进入加速期③。

2022 年 3 月，《麻省理工科技评论》发布了 2022 年“全球十大突破性技术”，包括新冠口服药、实用型聚变反应堆、终结密码、AI 蛋白质折叠、PoS 权益证明、长时电网储能电池、AI 数据生成、疟疾疫苗、除碳工厂、新冠变异追踪等。可见，当前科学技术的发展和突破不仅聚焦于科技前沿，更关乎人类社会的可持续发展，高等教育人才培养应筑牢基础知识培养，提升专业能力和综合素质培养，对接自然科学和人文社会科学发展现状。同时，在专业和课程

---

① 联合国教科文组织．一起重新构想我们的未来：为教育打造新的社会契约［M］．北京：教育科学出版社，2022.

② 陈朴，王猛猛．劳动力市场技能需求逆转研究述评与展望［J］．中国人力资源开发，2022，39（11）：110－121.

③ 郭全中．虚拟数字人发展的现状、关键与未来［J］．新闻与写作，2022（7）：56－64.

的设置上要更趋灵活，对于劳动力市场急需的专业要及时增设，对于与就业市场错配的专业要做适当的调整，鼓励教师开设学科前沿课程，鼓励学生开展充分的创新创业实践。在职业教育中，更要重视高科技技能培养，同时及时对社会所需的行业做出反馈。已有研究证明，当前社会对技能人才能力要求最高的是智能制造技能，而职业院校在专业课程设置上仍以基础技能和机械制造技能课程为主，智能制造技能课程设置明显不足①。职业学校可以充分发挥校企合作优势，积极深化企业和社会组织参与职业教育的程度，动态优化理论课程和实践课程设置，同时要开辟“旋转门”和“立交桥”，保证受教育者可以随时再进入学校接受新的或进一步的职业教育和培训，使职业教育融入终身学习体系建设中。而面对元宇宙等数智时代为教育提供了前所未有的广阔空间，我们应借此将人才培养目标设置得更加多元化、弹性化，让人有能力且有机会对受教育的形式、内容、时空进行主动选择，从而使人能在一个更和谐的社会中找到自己、成为自己，过上幸福完整的生活。

---

① 董伟，张美，王世斌，等．智能制造行业技能人才需求与培养匹配分析研究［J］．高等工程教育研究，2018（6）：131－138.

第七章
人工智能赋能对课程与教学的塑造和重构

随着大语言模型、深度学习等技术取得突破性进展，人工智能呈现“深度学习、跨界融合、群智开放、自主操控”等新特征，正在对人类的生产生活方式产生变革性影响。面对新一代人工智能带来的社会、经济、生活各方面的深刻变化，前三次工业革命所建立起的教育体系面临着前所未有的挑战[①]。2017年7月，国务院发布《新一代人工智能发展规划》，强调重视人工智能技术在人才培养模式、教育方法改革中的重要作用，推动人工智能在教学、管理、资源建设等方面的全流程应用，构建新型智能教育体系。2019年5月，国际人工智能与教育大会在北京召开，世界各国的50名政府部长和副部长、来自100多个国家以及联合国等机构的约500名代表参与此次会议，并达成了《人工智能与教育北京共识》(简称《北京共识》)。由此可见，人工智能对教育的影响已经成了国际教育界广泛关注的焦点。

课程与教学是教育的基本领域和核心领域[②]。人工智能带来的技术变革对教育最直接的影响是其对课程与教学领域的重塑。那么，人工智能对课程与教学产生了怎样的影响？本章主要从数智时代课程与教学的本体论和认识论高度阐述人工智能对课程与教学的影响，并根据泰勒提出的课程开发模式从方法论的角度总结人工智能如何在课程与开发的各个环节赋能，最后就数智时代课程与教学的研究和应用进行展望。

一、智能化条件下课程与教学本体的嬗变和超越

教育问题隐含着两个基本问题：对知识的理解和对人的理解。以人工智能为标志的机器革命及其相应的技术变革催生了教育学研究的新主题，即教育与机器的关系。教育研究不得不重新审视教育与人的关系、教育与社会的关系，以及作为本体与目的的人工智能所带来的伦理价值与思维方法的重构[③]。现代科学认为，人发明创造了机器，机器仅仅是人的发展与社会发展的工具，人与非人构成了二元世界。在课程与教学中，通常对其组成要素以主体和客体划分，教师、学生和学习共同体是课程与教学中的人的要素，即主体要素。正如叶澜所言：教师与学生都是教育认识活动和实践活动的承担者，都处于主体的地位，共同构成复合教育主体[④]。从斯金纳教学机器伊始，机器作为一种辅助教学的工具参与到了课程与教学中来，通常从工具主义的层面去看待和使用机器，机

① 刘复兴．论教育与机器的关系［J］．教育研究，2019，40（11）：28－38．

② 张华．课程与教学论［M］．上海：上海教育出版社，2001．

③ 同①．

④ 叶澜．教育概论．北京：人民教育出版社，2006．

器、资源、建立在机器之上的平台和工具构成了课程与教学的客体。现代科学理论、方法论及其指导下建设的包括所有工具在内的外部世界其实只不过是人认识外部世界和改造外部世界的结果与工具①。但随着以人工智能为代表的科技的发展，传统教育中的主体与客体、主观与客观、人与物、人与非人之间原本严格分明的界限变得模糊甚至被彻底打破，当机器具有自我意识，能够自主学习和更新，并且像人一样思考问题的时候，当人机主客体关系发生间性式置换的时候，重新审视这种使用与被使用的工具主义层面的人与机器的关系就变得很迫切。在这种背景下，课程与教学中主体的嬗变需要我们重新审视教育中的教育者与学习者、主体与客体、人与非人以及智能化条件下教育的目的和实践层面的问题。人与机器的关系、社会与机器的关系、机器与机器的关系不再是单向度的主客体关系，而是一种交互式的、主体间性式的、日益融合的关系，人不再是世界的中心，而是世界的一部分。

（一）主体与客体的超越：单向度向间性式的转变

邓友超提出了一个关于“复合教育者”的新概念。他认为，新一代人工智能将以更强劲的技术趋势影响和重塑人类未来教育，尤其是促进教育活动中主体角色的迅速转变，其变化不仅体现在不同教育角色所承担的任务和使命上，更体现在以教师、对话机器人、学生为核心的三大主体的关系重构与角色转型中。教师作为有限的存在，具有“代具性”。人工智能对话机器人将成为新的代具，成为学校教育的制度化存在。未来的教育者是反思的教育者、制度化的教育者和自我教育者，学生也应成为自我教育者，这预示着复合教育者的诞生。教师、学生、机器以及人机结合体之间主客体关系的复杂化，要求课程与教学做出角色分工和智能定位转变。

1. 机器从客体转变为主体

传统的课程与教学往往从工具的视角来看待教学中的机器（技术），但随着人工智能的发展，机器由绝对化的工具客体变成教育的主体之一。当机器具有了自主意识和自主学习能力，人脑与计算机接口技术使得人机融合成为可能，教育的主体除了教师、学生、学习共同体，还包括教学机器人、人机结合体。人、机器和人机结合体三者相互作用，共同构成了课程与教学的主体，共同发挥作用，人与机器的关系从利用与被利用的工具层面的关系转变为合作与共生的伙伴层面的关系。这主要表现在以下几个方面：首先，在课程与教学中，人与机器的关系不再是简单的人与物、主体与客体的关系，当机器帮助教师去完成一

① 刘复兴．论教育与机器的关系［J］．教育研究，2019，40（11）：28－38．

些具体教学实施与管理工作的时候，客体的机器变成了主体的教育者。其次，机器在学习者学习过程中扮演环境的创设者、学习过程的陪伴者和指导者的角色，机器具有学习或成长伙伴的主体身份。此外，在课程与教学评估或学习分析中，机器扮演评价者和诊断者的角色，根据学生的情况进行学习过程性分析，为学习者提供个性化的调整策略。

2. 主体客体之间呈现间性式关系

当前的教育领域很难绝对地界定机器与人在课程中的主客体关系，机器在课程与教学中呈现间性式状态，在主客体间易变和置换，与人构成了复杂的复合主客体关系。一方面，机器在某些领域后来居上，超越原来的主体并改变着人类，使得主客体地位易变。作为工具和载体的机器，同时又是教育者和受教育者，当机器人教师在课程与教学中完成一些教学职能的时候，教师与教学机器人成了教学合作伙伴，智能机器成了教育的主体，成了教育者之一。国外有研究发现，当引入教学机器人辅助教师线上答疑时，学生根本无法判断与之交流的到底是教师还是辅助教学的机器人。当对智能机器进行训练（学习人类伦理、道德和要求）时，智能机器成了学习对象，处于客体地位，但智能机器在进行自主学习和自我判断的时候，又俨然成为学习主体。另一方面，人与机器之间互为主体，又互为客体，甚至是合为一体。人工智能最核心的部分就是各种功能强大的算法。由于庞大的数据库和算法的不断优化，智能机器人在某些方面会超越人类，会比人类更加理性、博学，比人类更加不厌其烦。人设计了算法，却面临被算法淘汰的挑战；人创造了算法，算法却比人更加了解自己。被少数人创造的算法，给大多数人带来便捷的同时，会让大多数人产生依赖。只要符合算法设计的经济价值，大多数人不用脑子就能生活，就能躲避现实、醉心娱乐，并且拒绝思考。机器将越来越精准地控制我们的所知、所感，我们会越来越按照机器的指令行事①。在这种情况下，很难界定到底是人创造了人工智能，还是人工智能在塑造和规训人类，研究很难界定到底谁是主体谁是客体，还是它们互为主客体。

（二）概念与目标的嬗变：课程与教学概念全新阐释

课程与教学论主要研究学校课程与教学问题，其中，课程主要解决的是教育内容问题（选择、组织和加工），教学主要解决教育活动的方式方法问题，即

---

① 尹后庆，祝智庭，顾建军，等．教育数字化背景下的未来教育与基础教育学建设（上）[J]．基础教育，2022，19（4）：14－38.

科学设计、组织和开展教学活动，促进学生身心发展问题①。在数智时代万物互联的背景下，课程与教学的概念需要重新阐释，课程与教学的范畴需要延伸。

1. 课程与教学的概念需要重新阐释

教育内容是课程与教学需要率先考虑的问题。一方面，在数智时代，知识呈指数级增长，但知识的半衰期变短，很多知识刚产生便失去了价值。在万物互联的背景下，记忆知识不再具有任何意义，知道知识在什么地方比知道知识是什么更加重要，我们的教学应该教什么、学习者应该学什么才是课程与教学需要探讨的。另一方面，机器具备自我意识和自主学习能力，当人类需要花费大量时间和精力才能掌握的知识，而机器瞬间就能拥有的时候，教育的终极目的是什么，知道、理解和掌握这些低阶的学习目标是否还有价值，这些问题关乎我们如何与机器和谐共生，应当被慎重地审视和回答。另外需要考虑教学方式的问题。在智能化条件下，AR、VR 以及人工智能构成的元宇宙模糊了虚实二元世界之间的界限，全息沉浸的仿真环境、多模态的感官体验、技术支撑的教育环境带给学习者方便快捷的教学交互和丰富多彩的教育资源。但随着数智化转型的深入，数智技术还将决定如何评价学生的学习过程和结果，控制学生的所知、所看、所感、所行，塑造学校教育活动的基本模式和内容。数智技术正日益演变为一种全新的教育范式或者一种教育形式②。在这种背景下，随着教学主体的复杂化、主客体界限的模糊，课程与教学应该以何种方式方法开展，如何促使技术为课程与教学赋能，这些问题本质上是对数智时代课程与教学目标和概念的阐释。

2. 课程与教学的范畴需要延伸

在智能化条件下，学习的概念范畴更加广泛，从人类的学习到人机交互学习再到机器的学习，人机结合体使人越来越像机器，机器的自主意识和自学能力使机器越来越像人，人与机器之间的界限会越来越模糊。课程与教学由原来的以机器为工具和载体开展教育教学活动，变成了机器与教师合作作为教育者开展教育活动，机器辅助学生作为工具（客体）或作为伙伴（主体）开展学习活动，以及开展教育机器的活动，让机器学会遵守人类社会的基本要求和规范。也就是说，课程与教学由教师利用机器工具辅助教与学的活动变成了教师和机器合作开展教与学的活动，同时还增加了教育机器怎么为教与学服务的任务，在课程与教学范畴延伸的背景下，课程与教学应该怎么变革以适应这种新的

---

① 王本陆．课程与教学论研究的基本问题和当前热点［J］．开放学习研究，2021，26（5）：1－8.

② 尹后庆，祝智庭，顾建军，等．教育数字化背景下的未来教育与基础教育学建设（上）［J］．基础教育，2022，19（4）：14－38.

样态?

（三）场域与实践的转向：形态与制度的颠覆性变革

在智能化条件下，教育教学的组织形式、主客关系、交往方式、过程结构与评价标准都面临着更多的挑战与问题，需要教育学针对课程论、教学论、方法论等方面得出新的研究结论①。

1. 组织形式：从标准化到个性化

在智能化条件下，工业革命时代延续下来的流水般标准化的学校组织方式已经不能适应社会对创新人才和个体自身发展的需求。面对课程教学线上与线下结合的趋势，面对正式学习与非正式学习结合的必然，面对学科中心向跨学科和综合课程的变化，面对批量化流水线的教育培养到定制化方式的转变，工业革命建立起来的那一套课程体系和实践模式在数据时代已不再适合，需要制定新的标准以适应这种变化，教与学、主体与客体、人与非人的二元关系将被打破。学习时间、空间和方式的变化，要求课程与教学的组织形式发生相应的变化，需要课程从面向全体转变为面向个体。传统的教学制度和体系也需要做出相应的变化，正式学习和非正式学习之间的界限会更加模糊，学科体系、教材体系、教学体系和管理体系也会相应地进行变革。人工智能促进了教育组织形式从标准化到个性化的转变。传统上，教育组织通常采用标准化的教学方法和课程设置，忽视了学生个体差异和学习需求的多样性。然而，随着人工智能的发展，教育领域开始探索并实施个性化教育的方式，并不断改进原有的组织形式。

2. 人机关系：从二元对立到共生共赢

人工智能技术与教育的融合形成新的教育形态，新的教育形态对现有的教育活动规则、制度提出新的要求和挑战，因此有效的教育治理需要新的制度体系②。人工智能、大数据、脑科学等技术的融入，使人的潜能得到更好的延伸。课程与教学的目的、时空、内容、主客体关系、评价等诸多方面需要发生变化，以适应数智时代教育教学培养人才的需要。教育的发展除了受社会（经济、政治、文化）发展的影响，还受技术发展的影响，教育的发展变得更加复杂。在智能化条件下，面对智能机器的层出不穷，课程与教学实践需要做出相应的变革，教育者必须做好这样的准备：处理好机器与教育的关系，其核心是处理好

---

① 刘复兴．论教育与机器的关系［J］．教育研究，2019，40（11）：28－38.

② 尹后庆，祝智庭，顾建军，等．教育数字化背景下的未来教育与基础教育学建设（上）［J］．基础教育，2022，19（4）：14－38.

人与机器的关系，即教育中的管理者、教师以及学生与机器的关系。教师、学生、管理者的身份、协作关系也会日益复杂。

当前的我们显然没有做好这样的准备，当手机等智能终端出现的时候，禁止和支持之间的讨论从未停止，目前是大学普遍支持，中小学普遍禁止。显然，在课程与教学中，教育者和管理者还未做好与机器和谐相处的准备。智能机器人成为教育系统的重要组成部分参与到教育的实施、监管和评价实践中去，那么人与机器是什么关系，如何使人与机器共存、合作、共生？追问智能化条件下课程与教学的管理、实践以及评价等相关问题就变得极其迫切，如何在这种条件下与智能机器合作、共存和共生，如何实现人与机器的互相适应是教育需要探究的。作为教育者，或许不需要指导如何制造机器，但如何教育机器（喂什么样的数据）、如何管理机器（伦理、道德和规则问题）、人与机器如何分工（在教学中如何界定角色的边界）等是课程与教学实践需要关注的问题。

总之，在数智时代，课程与教学的概念会有全新的阐释，课程与教学的理论需要进行重构，课程与教学的方法需要进行革新。无论是教的方面还是学的方面，都会发生根本性、颠覆性的变革①。新一代人工智能将以更强劲的技术趋势影响和重塑人类未来教育，尤其是促进教育活动中主体角色的迅速转变，其变化不仅体现在不同教育角色所承担的任务和使命上，更体现在以教师、对话机器人、学生为核心的三大主体的关系重构与角色转型中。课程与教学需要抓住并且必须抓住数智时代这个契机，赶上人工智能这趟列车，构建起课程与教学的理论体系、实践体系和制度体系，走出具有中国特色的教育道路，实现学生全面而自由的发展。

二、智能化条件下课程与教学的认识论转变

泰勒（Tyler）在《课程与教学的基本原理》中指出，任何课程开发和教学设计都必须回答四个基本问题：（1）学校应该试图达到什么教育目标？（2）提供什么学习经验最有可能达到这些目标？（3）如何有效组织这些学习经验？（4）如何确定教育目标的实现程度②？著名课程学家舒伯特认为，上述四个要素是课程与教学研究中“永恒的分析范畴”③。因此，本研究以此作为分析

---

① 尹后庆，祝智庭，顾建军，等．教育数字化背景下的未来教育与基础教育学建设（上）［J］．基础教育，2022，19（4）：14－38．

② 泰勒．课程与教学的基本原理［M］．北京：中国轻工业出版社，2014．

③ SCHUBERT W. Curriculum：perspective，paradigm，and possibility［M］．New York：Macmillan，1986．

框架，梳理人工智能对课程与教学的影响的相关研究[①]。从教育哲学的角度来看，“学校应该达到什么样的教育目标”与“提供什么样的学习经验”属于认识论的范畴，认识论关注的是知识的本质，即人工智能介入课程与教学后，教学目标发生了什么变化？人们对知识的本质、知识的产生以及学习什么样的知识是怎样认识的？

（一）数智时代知识观的进化与突破

知识观是各个时代知识状况的特定反映。伴随着时代的发展、技术的进步与思想的进化，每个时代都有反映这个时代的独特的知识观。人工智能技术重构了这个时代的知识秩序，知识观也与以往时代不同。“什么是知识”“知识从哪里来”“学习什么样的知识”等诸多问题需要重新回答。

1. 知识内涵：从“确定稳态”到“不确定暂态”

数智时代，技术对知识领域的影响不仅在于提升了知识输入与输出的开放性，也增加了知识内容的不确定性和知识结构的复杂性。人工智能将知识创造从必然推向了或然，知识创造正从经典的稳态向不确定的暂态演化[②]。碎片是指事物通过各种方式从整体变成零散的状态。知识碎片是相对于完整结构的知识大厦而言的，是指知识点之间、知识单元之间的联系被切断或弱化，知识点和知识单元变成相对独立的状态[③]。知识作为不确定性的“碎片”，体现在知识产生的过程和知识获得的形式上。从知识生成过程来看，人工智能从大数据中提取隐含的、未知的、潜在的和有用的信息，并通过各种智能算法自动提取意义。人工智能从数据科学的角度为人类的知识生产和创新提供帮助，也参与了知识的生产和创造，打破了原有知识的线性结构和层次关系，它使知识变得支离破碎。知识成果的形态也存在不确定性。人类可以通过人工智能技术超强的计算能力，产生大量自身无法感知、无法表达和描述的知识，因而知识具有了不确定性。当代教育中的知识大厦已经动摇了确定性的基础，不确定性变成了确定性的命题。

2. 知识类型：从“硬”知识到“软”知识

人类的知识图式经过人类社会的长期演变，逐渐成为系统的知识体系和科

---

① 泰勒分类中的（2）和（3）分别关注如何选择与组织教育经验，两者都属于课程与教学实施的范畴，且在实践中联系紧密、难以区分，因此本书将两者合并起来介绍。

② 李建中．人工智能：不确定的自主性知识创造［J］．自然辩证法研究，2019，35（1）：117－122.

③ 王竹立．移动互联时代的碎片化学习及应对之策：从零存整取到“互联网＋”课堂［J］．远程教育杂志，2016，34（4）：9－16.

学的理论。这些知识体系是人类对外部世界的现象、过程和关系的客观认识和把握，其对象是客观存在的，不受人的主观意志的支配，它们并非纯粹主观活动的产物。经过人类思维的抽象和提炼，经过众多科学家的共同努力，经过大量实验和实践的验证，经过权威的确认，庞大的人类知识体系才有了比较坚实的结构和完整的形式。这些知识往往固化在课文、书本中，表现出抽象性、结构化、逻辑性等特点。从其存在的形态来看，它属于一种“硬”知识。事物现象的变化决定着知识的变化，知识的动态发展客观上取决于外部世界的演变。在数智时代，人、机器和人机协作三种共生形态将作为知识生产的主体出现。人与智能机器智能互联，形成一个巨大的超级智能。不同主体之间的沟通联系不仅增加了知识的数量，而且产生了多样化的知识类型——“软”知识。“软”知识是相对于“硬”知识而言的，“硬”知识是指尚未形成系统结构和固化形式的知识。“软”知识与隐性知识、缄默知识、意会知识也有一定的相关性，均用来指代知识的样态。一般来说，隐性知识、缄默知识、意会知识均相对于显性知识而言，且多应用于指代人类知道但难以言述的知识，“软”知识侧重强调其结构的动态变化。

3. 知识生产方式：从“人脑独立生产”到“人机群智协同创生”

知识生产是创造新知识的过程。人工智能技术使知识生产主体发生变化，知识生产方式面临又一次重大变革。在现代科学范式下，知识生产是指在规范的学科体系中，运用科学研究方法进行的以科学知识生产为目的的活动。人类知识的生产方式经历了三次重大变化：从以个性、思辨、整体性为特征的古代知识生产方式，到以专业化、精细化、职业化为特征的现代知识生产方式，再到以基层化、群体智能化为特征的当代知识生产方式。人类的知识生产都是基于自身的经验去理解和反思已有的知识，依靠人脑驱动完成的。关于知识生产方式的讨论也都是关于人的，而没有超越人的界限。

人工智能将使知识生成方式从原来单独依靠人的协作创新转向依靠人与智能机器的协同创新①。人工智能打破了以人为主体的知识生产，弱化了人对特定知识的专业化。人类绝对知识主体的角色将部分转移给机器，人类的部分功能将被削弱甚至被取代。人类与智能机器合作进行知识的生产，可以充分发挥各自的优势，超越人类生产知识的极限。因此，人工智能技术重塑了知识生产的主体，将人的双手和大脑从重复性、机械性的任务中解放出来，为人类进行思考、分析、概括，甚至做出决策、创造知识。由人工智能技术推动的知识创

---

① 刘德建，杜静，姜男，等．人工智能融入学校教育的发展趋势［J］．开放教育研究，2018，24（4）：33－42.

造生态将催生和促进以知识共同创造为特征的知识生产和知识传承模式，既包括人的共同创造，也包括人与人工智能技术的共同创造，使知识生产模式过渡到一种新的模式，可称为人机群智能协同创生的知识生产模式。

4. 知识结构：从“建筑”隐喻到“管道”隐喻

知识结构一般是指知识的内在要素的组合方式和结合方式[①]，是物理范畴之“状态样式规定性”规定下的结果，从发生意义上看又是由知识发生过程中的过程样式规定性所导致[②]。由于人类的传统知识图式是在漫长的历史演变过程中逐渐积累起来的，并且经历了许多科学家的共同努力和实验实践的考验，往往作为时代的产物被人们吸收和同化，因此其结构的完整性和固定性是非常明显的。在人类历史的很长一段时间里，实体书往往是知识的主要载体。从结构和存在的角度来看，它们往往以静态固化的文本形式呈现，以“建筑”隐喻之。哈佛大学学者温伯格（D. Weinberger）指出，人类认识世界、获取知识的标准模板一直是一个长形式的论证模式[③]。“长形式”知识和“建筑”隐喻突出了知识是一个结构完整、层次分明的实体，将整个知识体系比作一座整体宏大的建筑。具体知识是这一建筑体系的基础或材料，只有按照知识的逻辑和层次进行排序和建构，才能保证知识建筑的牢固性和坚固性。人脑扮演着搬运工和码字员的角色和任务，根据知识的层次性、秩序性和逻辑性，寻求建构一个与外部知识建构相一致的知识“建构”。在互联网时代，知识拥有了一种能够帮助它超越“建筑”局限的媒介——网络。长形式的知识告诉我们，知识是从 A 到 Z 的漫长旅程，那么网形式的知识可能会告诉我们，世界并非一个逻辑严密的论证，而更像是一个无定形的、相互交织的、不可掌控的大网。温伯格在其著作《知识的边界》中也提出了“网形式知识”见解，并且认为在信息超载的当下，知识在网络中产生，也在网络中跳转。作为一种开放流动的交互性存在，知识不再仅存在于实体书籍或人们的脑海中，而是存在于网络本身。在网络中，知识被表示为节点和说明其间关系的边（通路）所构成的网状结构，这些节点和通路描述了它们之间的关系。知识具有更强的流动性、更强的连通性和更强的互动性。知识存在于一张错综复杂的网中，就像生命不是存在于我们的神经、骨骼、血液和骨髓中，而是存在于它们组成的联系中一样。因此，知识是“以网络的形式”存在的。它不是作为客观真实的事实存在于书本中，而是渗透于

① 昌家立．关于知识的本体论研究：本质·结构·形态［M］．成都：四川出版集团巴蜀书社，2004：49.

② 张沿沿，冯友梅，顾建军，等．从知识结构与思维结构看思维评价：基于皮亚杰发生认识论知识观的演绎［J］．电化教育研究，2020，41（6）：33－38.

③ 温伯格．知识的边界［M］．太原：山西人民出版社，2014.

网络本身，存在于“管道”中。网络形式的知识和“管道”的隐喻，为我们认识知识结构开辟了新的视野。

（二）课程与教学边界拓展的新样态

传统的课程与教学是选择教学经验、设计教学内容、确定教学步骤以及开展教学评价的基础前提与参照标准。人工智能带来的社会变革进一步推动了教育改革，使得课程与教学的边界拓展呈现出新的样态。

1. 课程与教学体系的时代化

在课程体系上，人工智能日渐成为学校课程的重要组成部分。人工智能最初体现在信息技术课程中。英国苏格兰地区于 1999 年将人工智能课程作为选修课加入中学信息与通信技术课程中①。2003 年，我国教育部颁布《普通高中技术课程标准（实验稿）》，提出在信息技术课程中设立专门的“人工智能初步”选修模块。随后，教育部通过了由教育科学出版社、浙江教育出版社等出版的 5 套高中《人工智能初步》教材。

近年来，随着深度学习等技术取得突破性进展，中小学人工智能课程受到了进一步重视。教育部于 2020 年修订完成的《普通高中信息技术课程标准》和 2022 年发布的《义务教育信息科技课程标准》对中小学生的人工智能课程学习提出了相关的标准。此外，中国教育学会中小学信息技术教育专业委员会于 2021 年 10 月发布了《中小学人工智能课程开发标准（试行）》，中央电化教育馆于 2021 年 11 月发布了《中小学人工智能技术与工程素养框架》，上述文件专门针对学生的人工智能学习制定相关标准。相应地，人工智能教材如雨后春笋般涌现。例如，任友群等人于 2019—2020 年出版了《人工智能》丛书（小学版、初中版、高中版）；中国科学院院士姚期智等人于 2020 年和 2021 年分别出版了《人工智能（初中版）》和《人工智能（高中版）》。

国际上，多个国家政府机构（或第三方机构在政府的指示下）开发了面向中小学的人工智能标准及课程。其中最有影响力的当属美国人工智能促进协会（Association for the Advancement of Artificial Intelligence，AAAI）与计算机科学教师协会（Computer Science Teachers Association，CSTA）联合开发的美国《K－12 年级人工智能教学标准》。该标准围绕五个核心主题介绍 K－12 年级学生的人工智能学习目标：感知、表征与推理、学习、自然交互、社会影响。在每个核心主题下，标准具体阐释了每个概念在不同学段（K－2 年级、3－5 年

① 张剑平，张家华．我国人工智能课程实施的问题与对策［J］．中国电化教育，2008（10）：95－98.

级、6－8年级、9－12年级）的具体目标①。

除此之外，在数智时代，教育的内容伴随着各种新兴信息技术的发展，也呈现出跨学科、多元化、注重实践等发展趋势。创客教育、编程教育、机器人教育等新的教育内容竞相涌现，这些教育内容与传统的单一的教学内容有所不同，它们大多是多种学科知识的融合，基于实践项目的方式展开，学习的场所不局限于教室，而是以走进实验室、走向社区、走进企业等方式展开，更加注重学生的体验感。特别是编程教育由于可以良好地培养中小学生的计算思维，提高学生的批判性思维和问题解决的能力，近年来得到了国家的高度重视。自2017年国务院提出要推广编程教育、2019年教育部印发《2019年教育信息化和网络安全工作要点》，我国的编程教育得到了很好的普及和实施。

总体而言，中小学人工智能课程、教材等在世界范围内日益普及化、体系化，学生学习的内容不断更新，紧随时代发展的需要。随着人工智能技术取得突破性进展，人们的生产、生活方式也发生了重大变革，这对人们拥有基本的人工智能素养以更好地生活甚至就业提出了新的要求，人工智能极有可能在不久的将来成为大部分国家中小学的建制性课程。

2. 课程与教学目标的素养导向

在教学目标上，核心素养和软技能被认为是数智时代人才培养的核心目标②。王本陆等人提出，创造力、人文素养和计算思维等是数智时代人才需要具备的核心能力③。邱德峰等人认为，一些硬技能（如重复性的、通过练习而习得的操作技能）容易被人工智能应用所取代，而创造力、批判性思维、沟通能力、合作能力、时间管理能力、情商、自制力、同理心、关怀等指向个体核心素养培养的软技能在数智时代日益成为重要的教育目标④。伴随着人工智能技术发展的数智化技术，为教育教学和学习打开了新的可能性，实际上教育领域的变革与新技术是息息相关的。未来社会是数字化智能化的社会，人工智能技术的飞速发展促使着人们重视数字素养的提升，而人工智能技术的发展推动了教育领域的数字化改革，潜移默化地重塑着课程环境，也深刻影响着学生数字思维素养的培育。正如联合国教科文组织发布的《全球数字素养框架》中提

① Computer Science Teachers Association. AI for K－12 guidelines [DB/OL]. [2022－02－28]. http://www.csteachers.org/standards.

② 邱德峰，李子建，于泽元. 人工智能背景下的课程与教学范式转变 [J]. 当代教育与文化，2020，12（2）：48－55.

③ 王本陆，千京龙，卢亿雷，等. 简论中小学人工智能课程的建构 [J]. 教育研究与实验，2018（4）：37－43.

④ 于泽元，邹静华. 人工智能视野下的教学重构 [J]. 现代远程教育研究，2019，31（4）：37－46.

到的，数字素养已成为当前数字化智能化时代每个人必备的核心素养。数字素养是指通过数字技术为就业、工作和创作提供从互联网上获取有效信息、筛选无关信息的基本能力，它也可以被称为计算机素养、信息通信技术素养、信息素养和媒体素养。智能技术的发展、硬件水平的提高，也促进了教师和学生数字素养的发展，这种影响不仅仅体现在数字技术上，更体现在思维方式、学习方式的转变上。除此之外，随着人工智能等技术的快速发展，我们越来越意识到技术所带来的影响，技术的应用对社会和人类会产生深刻的影响。因此，我们应该更加关注价值观的教育，培养具有正确价值观和伦理道德观的人才，以确保技术的应用能够真正地造福人类。首先，人工智能等技术的应用已经深入我们生活的方方面面，甚至对我们的思维方式、价值观和生活方式都产生了重大影响。例如，人工智能算法的推荐和过滤功能，可能导致信息过滤和意识形态倾向，甚至对个人的意识形态和行为产生潜在的影响。其次，人工智能等技术的应用也面临着很多道德和法律上的问题。例如，人工智能算法的决策过程可能不透明，可能存在歧视和不公平的情况。此外，人工智能技术的应用可能涉及隐私和安全等方面的问题。总之，人工智能等技术的快速发展给我们带来了很多机遇，但同时也带来了很多挑战和问题。面对这些问题，我们应该更加关注价值观教育，培养具有正确价值观和伦理道德观的人才，以确保技术的应用能够真正造福人类。价值观教育不仅能够促进技术的发展和应用，同时也能够让人们更加理性地看待和面对技术给社会和人类带来的影响。

此外，部分学者认为，人工智能技术在教育领域的进一步创新及应用甚至会改变教学的目标维度：由于数智时代知识搜寻的即时性，知识维度的目标将不再是重要的教学目标维度。例如，凯瑞诺斯（N. Kairinos）断言，在未来 20 年内，大脑植入技术将使人们不再需要记忆任何知识[①]。然而，学界对此观点大多持否定态度，并从三个方面进行了反驳。第一，学习者在进行知识记忆的过程中，会对其进行抽象、再生成并与旧知识建立联结。依赖植入技术来储存信息会导致学习者失去利用记忆系统进行知识加工的机会。第二，根据认知负荷理论，教学的主要功能是让学习者在长时记忆中存储信息（知识）[②]。人类的认知结构由工作记忆和长时记忆组成。工作记忆的容量有限，一次只能存储不到十条的基本信息。长时记忆的容量是无限的，且长时记忆中的信息在提取过程中不需要占用工作记忆的容量。因此，让学习者放弃记忆知识，将使其无法

---

① REISS，M J. The use of AI in education：practicalities and ethical considerations [J]. London Review of Education，2021，19（1）.

② SWELLER J，VAN MERRIЁNBOER J J G，FRED P. Cognitive architecture and instructional design：20 years later [J]. Educational Psychology Review，2019，31（2）：261 - 292.

从长时记忆中自动提取信息以解决问题。第三，在教育过程中，对情感、动作技能等目标的掌握往往以实现知识目标为契机①。例如，学习者科学探究能力与科学态度的培养，需要基于具体科学主题的学习来实现。

基于上述理由，学界普遍认为数智时代的教学仍以认知、技能、情感并重的三维教学目标为核心。与此同时，由于数智时代对具备创新精神和实践能力的复合型人才的需求，教学的目标更加注重对学生核心素养、智能素养以及核心价值观的培养，要求学生立足基础知识，在发展低阶认知能力（记忆、理解、应用）的基础上，获得高阶认知能力（分析、评价、创造）。

3. 课程与教学方式的智能化

随着人工智能技术的发展，课程与教学的方式也会变得更加智能化，这会使学习者的学习方式和学习体验发生很大的变化，从而更好地促进学生高效学习。人工智能等技术的应用拓宽了课程的边界，使得学习变得更加自主、高效和有趣。人工智能等技术的应用为传统教育模式注入了新的元素。例如，通过自然语言处理技术和机器学习技术，人工智能可以实现自动化的语音识别、智能问答和自适应教学等功能，从而提供更加个性化和针对性的学习体验。这些技术的应用，不仅可以提高学生的学习效率，还可以激发学生的学习兴趣和动力。现如今人工智能技术在教育领域和课堂教学上的应用已经颇为成熟，从最常见的智能辅导系统到新的发展课堂编排、社交机器人、个性化学习技术，促使着教学方式发生变革。而这种教学方式的变革体现在过去百年的时代浪潮里，无数的教育工作者或研究人员都热衷于寻找新技术来改进教学效果。在20世纪，教授飞机结构有关知识时使用的还是传统的课堂教学法，学生需要在脑海中抽象出飞机的结构，甚至是飞机中包含的大大小小的零件，这对教师和学生来说无疑都很难。而如今的虚拟现实技术和增强现实技术能够将学习者嵌入真实世界活动的3D描述中，使学生能够模拟各种现实世界中的操作，对于飞机结构的教学就是如此，这些技术能够帮助学生更好地了解飞机的内部结构。传统的计算机导师或智能辅导系统能够为学生提供一定的学习体验和帮助，但这些系统仅能通过特定的模型来对某些学习领域进行评估，模型较为单一。而当代的智能辅导系统，已被数以百万计的学习者作为课程学习的一部分，这些系统可以分析出学习者已经掌握的知识，掌握学习者的学习进程，并根据学习者的需要进行一定的提示和帮助，功能已经极为丰富。随着教师和学生对人工智能技术在教育中的应用越来越熟悉，人们也逐渐意识到，这些技术不仅能够为教师教学提供便利，为学生学习提供更全面的方式，

---

① 钟启泉．“三维目标”论［J］．教育研究，2011，32（9）：62－67.

更能够促进个性化学习的发展。教育教学从数千年前的一对一辅导，演变为一百多年前系统化、标准化的学校教育和教学，如今，人们也意识到一刀切的课程很难满足许多学生的学习需求。而人工智能技术的发展则为解决这个问题提供了现成的方案，人工智能技术可以满足个性化学习的需求，识别学生的掌握程度，并为他们提供当前学习进度相关的学习活动。由此可见，人工智能、学习分析、机器人等技术能够丰富现有的教学方式，更重要的是改变教师与学生的思维方式，从而达到传统教学方式达不到的目标和效果。

4. 课程与教学组织形式的多样化

随着人工智能技术的应用，越来越多的在线教育平台开始出现，这些平台利用人工智能技术来分析学生的学习数据和行为，为学生提供个性化的学习计划和资源。在线教育平台可以让学生随时随地进行学习，同时也可以让教师更好地跟踪学生的学习情况和进度，从而提供更好的教学指导和支持。在线教育平台的出现，让教育的组织形式变得更加多样化，学生可以通过线上和线下两种方式进行学习，同时也可以选择不同的学习资源和方式来满足自己的需求。从 20 世纪 90 年代互联网的普及，到当今 5G 移动通信技术时代的到来，国内线上教学先后出现了远程教育平台、MOOC（大规模开放在线课程）平台和 SPOC（小规模限制性在线课程）平台等载体，这些线上课程平台具备多种“网络化”功能，能够上传和下载教学内容，支持师生间的同步或异步互动，进行网上测评，以及课程网络资源的收集、整理和拓展，从而满足教学的各种需要，使得课程与教学组织形式的混合化变得愈加密切。

首先，人工智能技术的应用为泛在学习和终身学习提供了技术保障。泛在学习指的是学习资源和学习机会无处不在，可以通过网络和移动设备随时随地获取资源进行学习。人工智能技术可以使学生更好地获得个性化的学习服务和建议，从而提高其学习效率和学习成果。终身学习则强调在个人职业生涯中不断学习以及更新知识、技能和经验的过程。人工智能技术可以使个人更加自主地选择自己需要学习的内容和方式，获得更加个性化的学习体验和建议，同时也可以对个人的学习行为和效果进行分析，帮助个人更好地规划和实施自己的学习计划。随着社会的不断发展和变化，传统的教育模式已经不能满足人们不断变化的学习需求。泛在学习和终身学习成为当下热门的教育模式，而人工智能技术的应用则为泛在学习和终身学习提供了支持。

其次，人工智能技术的出现使得学习资源得到了大幅度扩展。传统的学习模式主要依赖于学校、教师、书籍等有限的学习资源，往往不能满足人们不断扩展的学习需求。而人工智能技术，则可以通过网络等方式，将各种学习资源整合到一起，为学习者提供更加广泛的学习资源。例如，学习者可以通过在线课程、网络图书馆、学习社区等方式，获取各种类型的学习资源，满足不同领域的学习需求。人工智能技术的应用还可以实现个性化的学习。每个人的学习习惯和学习效率都不同，传统的教育模式往往无法为每个学习者提供个性化的学习支持，而人工智能技术的应用，则可以通过分析学习者的学习数据和行为，为学习者提供个性化的学习计划和资源。例如，学习者可以通过智能化学习系统进行学习，系统会根据学习者的学习情况，为其推荐适合的学习资源和策略，从而提高其学习效率和兴趣。

最后，人工智能技术的应用可以实现学习的时空解放。传统的教育模式往往需要学习者到特定的场所进行学习，而人工智能技术的应用，则可以通过网络等方式实现学习的时空解放。学习者可以随时随地进行学习，不再受制于时间和空间的限制。例如，学习者可以通过手机、平板电脑等终端设备进行学习，随时随地获取学习资源，实现学习的自主性和便捷性。

综上所述，人工智能技术的应用为泛在学习和终身学习提供了支持；人工智能技术的应用还可以更好地满足人们不断变化的学习需求，帮助学习者更好地实现自我发展、自我价值。

三、人工智能赋能课程与教学的内部机理

根据泰勒原理，“如何有效组织这些学习经验”以及“如何确定教育目标的实现程度”① 属于人工智能技术赋能教育的方法论层面。方法论是人们用什么样的方式、方法来观察事物和处理问题。概括地说，本体论主要说明“是什么”的问题，方法论主要说明“怎么办”的问题。方法论是一种以解决问题为目标的理论体系或系统，通常涉及对问题阶段、任务、工具、方法技巧的论述。从方法论的角度认识教育，就是在人工智能与教育相互融合的过程中，使技术更好地变革教育。人工智能在课程与教学中的应用，本质上是希冀改善众多教学要素，实现对教师与学生的赋能，从而促进课程与教学目标的实现。

（一）教师与学生的双主视角

“以学生为主体，以教师为主导”的双主教育理念是当下教育领域普遍认可的观点。在“双主”课堂的教学中，教师的主导地位与学生的主体地位彼此作用、互相激励，“双主互动”教学从处理好“教”与“学”的关系入手调整教学程序，改进教学方法，开发教学手段，优化教学策略，以充分调动学生学习的

① 泰勒．课程与教学的基本原理［M］．北京：中国轻工业出版社，2014.

积极性，从而提高教学效率，促进学生的全面发展。本节从教师与学生的“双主”视角出发，尝试总结人工智能如何赋能课程与教学。

1. 教师主导视角

人工智能不会改变教师作为课程与教学主导者的身份①，但技术可从以下几个方面为教师提供支持。

其一，突破感官限制。人工智能技术的出现使教师对学生的了解突破了感官限制。在传统的教学模式中，教师只能通过观察学生的行为、听取反馈等方式了解学生的学习情况，而这些方式都存在着感官限制的问题。而人工智能技术则可以通过数据分析和机器学习等方式，获取学生更加准确和全面的学习数据，从而让教师可以全面地了解学生的学习情况，突破了感官限制。首先，人工智能技术可以帮助教师获得学生更加准确和全面的学习数据。例如，教师可以通过学习管理系统获取学生的学习数据，包括学生的作业情况、考试成绩、课堂表现等方面的数据，从而更加全面地了解学生的学习情况。其次，人工智能技术可以帮助教师进行智能化的学生评估。传统的学生评估往往存在着主观性、不公平性和局限性等问题，而人工智能技术可以通过机器学习等方式，进行智能化的学生评估，从而让评估更加客观、准确和公正。例如，教师可以通过学习管理系统进行学生评估，系统会根据学生的学习数据和行为，进行智能化的评估，从而提高评估的客观性和准确性。最后，人工智能技术可以帮助教师进行个性化的辅导。传统的教学模式往往只能进行整体式的教学，无法为每个学生提供个性化的辅导。而人工智能技术则可以通过机器学习等方式，为每个学生提供个性化的辅导。例如，教师可以通过学习管理系统进行个性化的辅导。综上所述，人工智能技术的出现使教师对学生的了解突破了感官限制。

其二，减轻教师负担。教师负担过重影响教师正常的教学工作。教师除了完成备课、教学、作业批改等常规性工作外，各种督查检查评比考核事项等给教师增加了不少负担，人工智能技术可以为教师减轻一些负担。首先，教育机器人、智能导师、学习伙伴等智能教育助理能够实现自动化作业批改、自动答疑等，可以减轻教师的教学工作负担。例如佐治亚理工大学戈埃尔（Goel）教授基于 IBM Watson 平台技术开发的人工智能机器人 Jill Watson，能够对大学人工智能课程上学习者的提问进行自动化答疑，学生甚至未发现答疑者是智能助理②。其次，以资源数字化、信息传递网络化为基础的智慧校园应用，通过数据挖掘、区块链等技术手段，可以自动记录学生的学习数据和学习情况，为

---

① 余胜泉．人工智能教师的未来角色［J］. 开放教育研究，2018，24（1）.

② 余胜泉．人工智能+教育蓝皮书［M］. 北京：北京师范大学出版社，2020.

教师提供学生实时的学习状态信息，实现校园管理、教师考核的智能化，能够减轻教师的负担①。

其三，提供专业支持。如前所述，人工智能技术已经在教学准备、实施与评价等各个环节有着广泛的应用，这事实上也是技术赋能教师最重要的方面。首先，人工智能技术能够弥补教师知识上的局限。例如，在语言学习中，通过语音识别技术纠正单词发音错误，如辨析啤酒（beer）和熊（bear）的发音区别；在科学学习中，通过图像技术识别动物、植物等的名称，并总结出各类动植物的基本特征。其次，人工智能技术可以为教师提供更多的教学资源。随着人工智能技术的发展，越来越多的教学资源被数字化并被存储在云端，如在线课程、教育软件、电子书等。教师可以借助这些数字化的教学资源，为自己的教学活动提供更多的支持。同时，人工智能技术可以根据教师的需求和学生的情况，提供个性化的教学资源，使教学更加具备针对性和有效性。最后，人工智能技术可以为教师提供更多的教学策略。人工智能技术可以根据学生的学习数据和行为提供更多的教学策略。例如，机器学习算法可以分析学生的学习习惯和学习偏好，为教师提供最适合的教学策略，帮助教师更好地实施个性化教学。

其四，实现需求导向的教师专业发展。教师专业发展是推进素质教育、提高教育质量的重要保障。我国中小学教育已经形成了以“国培”计划为抓手，对中小学教师进行分类、分层、分岗的多层次教师培训体系。集体性的培训无法兼顾每位教师的个性化专业发展需求。而人工智能技术通过采集教师的备课、教学、评课、课例分析等数据，班级知识图谱，学生的课堂表现及成绩数据，可以分析出教师在学科知识、教学法知识、技术知识等方面存在的问题，确定教师具体的培训需求，从而推荐有针对性的培训课程，实现个性化的教师专业发展。人工智能对教师的专业发展的推动主要体现在两个方面：一方面，人工智能作为教师教育教学的工具，为教师提供了反思教学的数据基础，不仅可以帮助教师解决一些重复性的工作，而且可以实时收集学生的学习数据，为教师更好地了解学生提供数据支撑，从而让教师更好地反思自己的教学以更好地促进其专业化发展；另一方面，人工智能科研凭借独特的优势，使教师在教学资源、教学空间、教学活动等的支持下进行教学，可以更好地促进教师的专业化发展。在数智时代，教学资源将从传统的教材资源向智能多元推荐发展，教学空间将从物理空间向可视化的三维空间发展，教学活动将从知识的传授向个性

① 吴永和，刘博文，马晓玲．构筑“人工智能＋教育”的生态系统［J］．远程教育杂志，2017，35（5）：27－39．

化的学习转变，这也有助于促进教师的专业化发展。

其五，教师角色的重塑。人工智能的发展给教育带来了新的技术支持，推动教育进入新的智能时代，也改变了社会对于人才的需求。在人工智能背景下，传统的教师角色已经不能满足当下教育的需要。人工智能助推教师角色的转变主要体现在以下三个方面：首先，教师要转变原有的知识观，增强个人的智慧性。人工智能技术的发展扩大了知识的开放性和传播的效率，学生更容易获得各种知识，这就需要教师改变原有的知识观。教师要善于利用各种人工智能技术和智能化工具，创新教学方式，以更好地促进学生个性化的学习；教师要具备终身学习和不断反思的能力，面对社会和现代科技发展的进程，不断追随时代的潮流，在学习中反思，在反思中学习。其次，教师要加强技术观，注重对技术的融合利用。在数智时代，要重视技术的作用，教师要学会利用这些技术，建立教师生态圈，开发、分享、讨论并整合知识，加强技术对知识的融合利用。最后，教师要重新审视自己的角色定位，坚持育人为本。人工智能技术在教育中的应用，不仅改变了传统的教学模式，传统教师的角色正在受到挑战，在新的背景下，教师要学会转变思维，以适应人工智能技术的发展。

2. 学生主体视角

学生作为学习的主体，在与教师、教学内容、教学环境等的互动中建构知识。人工智能技术可从以下几个方面赋能学习者。

其一，丰富学习经验。学习经验是学习者与外部学习条件之间相互作用而形成的经验，指向学习目标的达成①。在课堂情境中，通过运用虚拟现实、增强现实等技术，将抽象的学习内容可视化、形象化，或通过模拟实验，为学习者提供易于理解、掌握的学习经验，以提高学习者的学习效果。人工智能技术在教育领域的应用可以助力学习者通过多种感官体验来学习，丰富学习者的体验，主要体现在以下几个方面：首先，人工智能技术可以通过图像、视频等视觉化手段来帮助学习者更加直观地理解学习内容。例如，通过虚拟现实技术，学习者可以身临其境地感受学习内容，从而提高学习效果。其次，人工智能技术可以通过语音识别和智能语音助手等技术来支持学习者进行聆听式学习。例如，学习者可以通过智能语音助手进行语音交互，获取学习内容和答案，从而提高学习效率。再次，人工智能技术可以通过虚拟实验室、模拟器等技术来支持学习者进行动手式学习。例如，学习者可以通过虚拟实验室进行实验操作，从而提高实验操作技能和实验数据处理能力。最后，人工智能技术可以通过人机交互、虚拟社交等技术来支持学习者进行交互式学习。例如，学习者可以通

① 泰勒．课程与教学的基本原理［M］．北京：中国轻工业出版社，2014．

过智能教育平台进行在线互动和讨论，与其他学习者共同学习，从而提高交流能力和学习效果。综上所述，人工智能技术可以通过多种感官体验来促进学习者学习，包括视觉化学习、聆听式学习、动手式学习和交互式学习等方面。通过人工智能技术的应用，学习者可以多种渠道地获取学习资源，提高学习效率和学习效果。同时，学习者也需要不断提升自己的学习能力和跨学科交流能力，以适应数智时代的学习发展趋势。

其二，实现个性化教育。个性化教育以尊重学习者的特征为前提，提供差异化教育资源。在学科学习中，利用学习者表现大数据建立学科知识图谱（常模），通过分析学习者试题作答的表现数据与认知过程的投入数据，可以了解学习者对特定知识点的掌握程度与学习偏好，基于此制定针对每个学习者的个性化学习方案。此外，个性化教育可以为学习者提供更多的选择机会，以促进学习者发展学科兴趣与个性特长。人工智能技术基于学习者的能力特征、心理状态、认知风格、学习行为等数据，可以建立学习者专业发展规划模型，定位适合个体的潜在职业类型，进一步培养其学科兴趣与专业素养。个性化学习的前提，是对学生学习数据的有效采集和处理，通过优质和海量的数据进行模型训练，不断优化解决方案。诸多人工智能企业进行了相关实践探索，爱云校“好分数”平台利用人工智能大数据服务学校学业分析，从源头上采集和分析数据。每个孩子的天性禀赋、理解能力和兴趣点都不同，利用信息技术捕捉他们在学习过程中的行为，结合大数据分析，可以对每一类、每一位学生进行能力测评，然后根据每个学生的不同情况有针对性地制定学习方案，从而提升他们的学习效率和效果，提高他们的创造力、想象力和竞争力。更重要的是，大数据平台还可以预测学生未来的学习发展趋势，生成学生的学情报告，生成专属学业画像，通过全方位的数据分析预测学生的长期发展，并且结合学生的性格、兴趣、潜力等综合因素给予其更科学的发展建议。就教师的角度而言，他们可以基于真实、有效且连贯的考试测评数据优化教学行为，通过精准的数据了解每个学生的特征与学习需求，分析学生学习中存在的共性问题与个性问题，合理进行下一步教学行为，为学生的个性化学习提供支持。

其三，提供社会化支持。除了知识、技能等，学习者还需要学习和掌握社会规范、价值观等，从而实现个体的社会化。研究表明，来自重要他人的社会化支持，如同伴的支持、教师的支持、父母的支持，会对学习者性格的发展、学业的成功产生重要的影响。社交辅助机器人通过图像识别技术推测出用户的情绪状态，通过语音识别、自然语言处理技术理解用户的指令，通过深度学习模型对学生的话语进行分析并基于对话模型做出回应，可以实现对学习者的社会化支持。社交辅助机器人作为一种新型的学习辅助工具，可以为学习者提供更加全面和个性化的社会化支持。具体来说，社交辅助机器人可以通过以下几个方面实现对学习者的社会化支持：第一，情感交流，社交辅助机器人可以通过图像识别技术推测出学习者的情绪状态，并通过情感表达来调节学习者的情感状态。例如，当学习者感到焦虑或失落时，社交辅助机器人可以通过安抚的话语和表情来缓解学习者的情绪，提高学习者的积极性和学习效果。第二，学习指导，社交辅助机器人可以通过语音识别和自然语言处理技术，理解学习者的指令，并根据学习者的需求提供相应的指导和支持。例如，当学习者遇到问题时，社交辅助机器人可以通过智能问答和问题解答系统，为学习者及时提供答案和解决方案。第三，学习评价，社交辅助机器人可以通过深度学习模型对学习者的话语进行分析，并基于对话模型做出回应，为学习者提供更加客观和准确的评价。例如，社交辅助机器人可以通过自动化评测系统对学习者的学习成果进行智能评测，从而为学习者提供更加科学和全面的学习评估。

其四，促进全人教育。全人教育倡导教育不仅要实现个体学业素养和职业能力的发展，还要实现个体在生理、道德、创造性、精神各方面的发展。时至今日，如何突破应试教育的桎梏，实现全人教育，仍是教育改革的重点方向。人工智能技术通过对学习者在学校、家庭、互联网中产生的大数据进行整合，并基于深度学习等技术对学习者的身体素质、心理健康、人格发展、学习品质、创造力等方面进行建模，可以实现对学习者的系统分析、问题诊断、发展预测，促进全人教育的实现。虽然人工智能技术在促进全人教育等方面发挥了重要的作用，但我们仍要警惕和防范其带来的风险，并应对其带来的挑战。第一，技术依赖性。人工智能技术的应用需要依赖稳定的技术基础设施和可靠的数据。对于那些没有接触到高科技设备或缺乏技术培训的人来说，可能面临技术鸿沟和技术依赖性的问题。第二，隐私和数据安全。人工智能技术需要大量的数据来训练和改进算法，这引发了隐私和数据安全的问题，如个人信息泄露和数据滥用的风险。确保个人数据的安全和保护隐私成为一个重要的挑战。第三，道德和伦理问题。人工智能技术的发展涉及一些道德和伦理问题。例如，如何确保算法的公正性和无偏性，如何避免人工智能系统对个人和社会产生负面影响，如何处理人与机器之间的责任和权力关系等。第四，教育和培训需求。人工智能技术的快速发展需要人们具备相应的技能和知识，这对教育和培训系统提出了新的挑战，需要更新和调整课程内容和教学方法，以培养适应数智时代的人才。在利用人工智能技术促进人的全面发展的同时，也需要应对技术依赖性、隐私和数据安全、道德和伦理问题以及教育和培训需求等挑战。应对这些挑战需要全社会、政府、教育机构和科技企业共同努力，制定相关政策和规范，并持续关注人工智能技术的发展和应用。

（二）人工智能促进与创新课程与教学的实施

现有研究主要在学习者建模、学习任务分析、教学活动设计等方面应用人工智能技术以促进课程与教学的实施。

1. 学习者建模

学习者建模是基于学习者的相关信息对其学习相关特征进行抽象和量化表征，是对学习者的一种抽象表示。学习相关特征包括：知识水平（包括迷思概念）、技能、学习偏好与风格、情感特征（如动机、情绪）、认知特征（如问题解决能力、批判性思维）、元认知特征（如自我管理）等[①]。随着技术赋能教育的发展，基于学习者建模构建的智能辅导系统，可以在学习者学习的过程中跟踪其状态的变化，更好地把握其特点，并自适应地给学习者提供合适的交互。尤其在大规模在线教育背景下，学习者建模可以对大规模的学习者进行定性或定量描述，能够了解学生对特定教学内容的掌握情况，为教师和学习环境设计人员的决策提供重要参考，从而帮助教师有针对性地开展教学。传统的学习者建模主要依靠教师通过结构化访谈、出声思维法、纸笔测验、课堂观察等方式进行，这些方法存在浪费时间、主观性较强等缺点。

近年来，物联网、大数据、人工智能等新兴智能技术的引入，可以完成对学习者学习行为数据的收集、汇总、归纳和分析，可以对学习者的学习状态与学习绩效做出全面评估与预测，进而为学习者提供个性化的学习方案。目前对学习者知识状态进行建模的主流方法是知识追踪模型，该模型的基本思想是：基于学习者外在的、显性的学习表现或行为序列来估测学习者内在的、隐性的知识状态或掌握程度。常见的知识追踪模型有两大类：一类是源于心理测量学的项目反应理论模型，另一类是源于人工智能领域的贝叶斯知识追踪模型（Bayesian Knowledge Tracing，BKT）和深度知识追踪模型（Deep Knowledge Tracing，DKT）。项目反应理论也称为潜在特质理论，是现代测量理论的典型代表。项目反应理论模型认为，学习者的知识状态是一种不可见的潜在心理特质，而这种潜在特质可以通过测试项目反映出来，其本质是对被试能力、题目特性（难度、区分度、猜测系数等）与作答反应之间的关系进行建模。

通过知识追踪技术，人工智能被应用于对学习者特征进行“自动化”建模[②]。知识追踪根据学习者的表现数据，包括作答题目、题目对应的知识点、

---

① CHRYSAFIADI L，MARIA V. Student modeling approaches：A literature review for the last decade [J]. Expert Systems with Applications，2013，40 (11)：4715-4729.

② SISON J，SHIMURA R. Student modeling and machine learning [J]. International Journal of Artificial Intelligence in Education，1998.

作答结果序列，预测学习者在给定题目上的作答结果及知识状态①。其中，贝叶斯知识追踪模型关注的是学习者在学习的过程中知识状态的变化，并以知识状态为基准建立学习者模型②。在通常的学习场景下，学生对一个知识点的学习是一个过程，学习过程中往往伴随着作答练习题辅助学习。学生对知识点的学习结果或掌握状态影响着题目的作答结果，并且整个过程中，学生对知识点的掌握状态也发生着从未掌握到掌握的变化。贝叶斯知识追踪模型假设每项知识或者技能有四个估计参数：初始概率（学生在学习新知识点之前掌握知识的概率）、习得概率（学生对知识点从未掌握到掌握的变化概率）、猜测概率（学生在未掌握知识点的情况下答对题目的概率）、失误概率（学生在掌握知识点的情况下答错题目的概率）。贝叶斯知识追踪模型是一个相当简单和受限的隐马尔科夫模型（Hidden Markov Model，HMM）：其隐式节点代表知识点掌握情况，只有两种状态（“0”和“1”），分别代表学生“未掌握知识点”和“掌握知识点”；而其对应的显式节点则代表的学生作答题目的情况，也只有“0”和“1”两种状态，分别代表“回答错误”和“回答正确”。然而，传统的贝叶斯知识追踪模型也具有一定的局限性，它的四个估计参数分别是针对各个技能点和题目设置的，并没有考虑学生个体在能力上的差异。因此，帕多斯（Pardos）和赫费南（Heffernan）在传统贝叶斯知识追踪模型的基础上进行拓展，通过增加隐式节点使模型能够模拟学习者在个体能力上的差异，或者是比较各种个性化扩展的方式，测量学生在习得概率上的个性化对模型预测效果的作用③。例如，李（Li）等人使用 SimStudent 人工智能代理，基于机器学习算法实现对学生模型的自动建构。通过准实验设计，李等人比较了 SimStudent 和教师对学生代数学习状态的建模表现，发现前者在准确性上明显优于后者④。2015 年，皮耶希（Piech）等人提出使用循环神经网络及长短期记忆神经网络预测学习者的知识

---

① SISON J，SHIMURA R. Student modeling and machine learning [J]. International Journal of Artificial Intelligence in Education，1998.

② 徐鹏飞，郑勤华，陈耀华，等．教育数据挖掘中的学习者建模研究 [J]．中国远程教育，2018 (6).

③ PARDOS Z A，HEFFERNAN N T. Modeling individualization in a bayesian networks implementation of knowledge tracing [C] //User Modeling，Adaptation，and Personalization：18th International Conference，UMAP 2010，Big Island，HI，USA，June 20 - 24，2010. Proceedings 18. Springer Berlin Heidelberg，2010：255 - 266.

④ LI N，COHEN W W. A machine learning approach for automatic student model discovery [C] // Proceedings of the 4th international conference on educational data mining. Eindhoven：International Educational Data Mining Society，2011：31 - 40.

状态与作答结果①。

此外，为了进一步解决传统贝叶斯知识追踪模型对学生能力判断的局限性，即传统的“0”和“1”的二值数据在现实教育情境下可能不太现实，深度学习技术被应用到学习者建模中，皮耶希等人在此基础上提出了深度知识追踪模型。该模型使用循环神经网络模型（Recurrent Neural Network，RNN），通过丰富的“神经元”来对学习者潜在的知识状态进行建模，克服了贝叶斯知识追踪模型所存在的缺陷，能对向量化的学习者测评数据进行自动化建模。深度知识追踪模型能够对学生的知识掌握情况和题目作答情况采用连续性的表示，对学生的建模和能力预测更加精准，也能更好地对复杂的学习者知识状态进行预测。例如，张（Zhang）等人为了能够用基于神经网络的深度知识追踪模型，采用隐藏层来表示潜在的知识掌握程度，并实现知识状态的显性化表达，引入静态矩阵和动态矩阵分别存储已追踪的知识点和对应的知识状态，提出了用于知识追踪的动态键值记忆网络②。陆（Lu）等人针对深度学习模型的“黑箱”问题，采用相关性逐层传播算法对基于循环神经网络的深度知识追踪模型进行了可解释性研究，并证明了深度知识追踪模型决策的有效性，增加了预测结果的可解释性，更好地促进了深度知识追踪模型的实际教学应用③。同时，考虑到深度知识追踪方法多针对习题对应的知识点建模，会忽视题目本身蕴含的丰富信息，例如，考察同一知识点的不同题目可能由于难度设置不同而导致不同的作答结果，忽视了学生认知状态与习题表示的个性化交互，在建模过程中无法表述学生个人的认知水平变化，对于预测的过程和结果缺乏可解释性，刘坤佳等人更是提出了可解释的深度知识追踪模型，引入了题目的上下文信息，扩充了原有的题目和知识的关系图谱，得到更有表征能力的习题与知识点表示，缓解了数据稀疏问题；并且基于用户知识状态学习注意力权重，得到习题和知识点对应关系图谱中学生对不同邻居节点的关注程度并聚合邻居节点，得到当前预测习题基于学生知识状态的个性化表示；最后，通过个性化注意力机制在习题和知识点对应关系图谱中选择推理路径，实现对知识追踪模型预测结果的解释。

学习者模型与领域模型、教学模型和自适应引擎被认为是自适应学习系统

---

① PIECH C，BASSEN J，HUANG S，et al. Deep knowledge tracing [C] // Advances in Neural Information Processing Systems，2015：505 - 513.

② ZHANG J，SHI X，KING I，et al. Dynamic key-value memory networks for knowledge tracing [C] //Proceedings of the 26th international conference on World Wide Web. 2017：765 - 774.

③ LU Y，WANG D，MENG Q，et al. Towards interpretable deep learning models for knowledge tracing [C] //Artificial Intelligence in Education：21st International Conference，AIED 2020，Ifrane，Morocco，July 6 - 10，2020，Proceedings，Part II 21. Springer International Publishing，2020：185 - 190.

的四个基本模块①，目前基于人工智能技术的学习者建模相关研究主要在自适应学习系统领域受到广泛关注。值得注意的是，虽然学习者模型应当被看作一系列学习者特征的集合，但现有的研究主要将学习者的知识状态作为建模的主要依据，针对学习者情感、能力、认知特征、学习风格、学习偏好、学习策略等特征的建模研究则尚处于起步阶段，并且已有诸多研究者展开实践探究。例如，王一岩等人以“情境感知”核心理念和“学习者建模”关键技术为依托，探究外在教育情境要素对于学习者内在认知和情感发展的影响机制，进而揭示深层次的学习发生机理。首先，利用智能感知技术对真实教育情境中“人—机—物—环境”等要素的数据化建模进行分析；其次，通过采集学习者的测评数据、生理数据进行智能分析，实现对学习者的动态表征，完善学习者模型。这种基于情境感知的建模方式更加重视教育情境对学习者的认知和情感状态的影响机制，利用频繁模式挖掘和时间序列分析的方法，构建教育情境要素和学习者特征之间的动态映射关系。

2. 学习任务分析

通过学习任务分析，教师能够把握学习任务中包含哪些知识点、知识点之间存在什么关系（如并列、从属、进阶等关系）、任务中的知识点是否可以与之前学过的知识点建立联结等。图像识别、语音识别、机器阅读理解等技术的突破性进展，使得机器已经能够智能地“理解”学习任务，为智能化学习任务分析提供了基础。图像识别利用算法对图像进行特征提取，达到识别目标和对象的目的；语音识别通过识别、理解过程，把语音信号转变为相应的命令或文本；机器阅读理解利用算法使计算自动、无监督地理解文章语义并回答相关问题。图像和语音识别的辨识度早就超过了人类，近年来机器阅读理解能力也达到了超人类水平。2018 年，我国某在线教育机构提出的 MARS（Multi-Attention ReaderS）模型在微软 MARCO（Machine Reading Comprehension）机器阅读理解测试中首次超过人类常模的表现，随后提出的算法不断刷新机器阅读理解能力的表现②。

在“理解”学习任务的基础上，概念图和知识图谱等技术被广泛应用于对知识点及其关系进行建构，实现自动化的学习任务分析。概念图技术又可称为概念构图或概念地图，概念图是用来组织和表征知识的工具，通过图示化使用

① BRUSILOVSKY P，KOBSA A，VASSILEVA J. Adaptive hypertext and hypermedia [M]. Dordrecht：Springer，1998.

② MARCO 是微软基于必应搜索引擎建构的大规模阅读理解数据集，其中包含 20 万篇英文文档和 10 万个问题。MARCO 测试要求建构的模型具有理解复杂文本和回答复杂问题的能力，因此挑战难度比其他机器阅读理解测试更大。

节点代表概念，使用节点之间的连接表示概念之间的关系与层次，从而完成对知识的组织与表征[①]。该技术由诺瓦克（J. D. Novak）根据奥苏贝尔（D. P. Ausubel）的有意义学习理论提出，传统的概念图教学引导学习者自主建构知识概念图。概念图通常是将某一主题的有关概念置于圆圈或方框之中，然后用连接线将相关的概念和命题连接，连接线上标明两个概念之间的意义关系。概念图通常具有四个图表特征：概念是感知到的事物的规则属性，通常用专有名词或符号进行标记。命题是对事物现象、结构和规则的陈述，在概念图中，命题是两个概念之间通过某个连接词而形成的意义关系。交叉连接表示不同知识领域概念之间的相互关系。层级结构通常具有两种含义：一是指同一知识领域内的结构，即同一知识领域中的概念依据其概括性水平不同分层排布，概括性最强、最一般的概念处于图的最上层，从属的放在其下，具体的事例位于图的最下层；二是不同知识领域间的结构，即不同知识领域的概念图之间可以进行超链接。传统的概念图制作和绘制采用纸笔的形式进行，通常会受到纸张大小等的限制。随着人工智能技术的发展，已有专门的计算机软件进行概念图的开发，提供强大的整理功能，具有操作简便、便于存储和易于交流的特点。此外，知识高度浓缩和结构化的概念图也能够为学习者在信息浩瀚的数字世界中提供有效学习的途径，使知识由一维线性表征形式转变为二维平面表征形式，加上先进人工智能技术的加持，概念图已经把知识延伸为三维的立体网络空间。盛丹丹利用概念图中各基本要素之间的结构关系，设计了相应的评价任务和评价标准[②]。施罗德（Schroeder）等人基于对 142 个研究的元分析发现，基于概念图进行学习能够很好地提升学习结果（效应值为 0.58）[③]。通过人工智能算法的应用，研究者正在尝试进行自动化的概念图建构。阿塔帕图（T. Atapattu）等人使用自然语言处理算法，从教学课件中自动生成概念图，并验证了所生成的概念图作为教学工具的有效性；研究结果发现，自动生成的概念图与教学专家制作的概念图达到了中度相关（$r_s>0.455$），且自动生成的概念图在覆盖范围、准确性、合适度等方面被专家评定为“好”或“非常好”[④]。

随着“互联网＋教育”的普及化发展，大规模线上学习已经成为学习新常

---

① NOVAK J. D.，GOWIN D. B. Learning how to learn ［M］. Cambridge：Cambridge University Press，1984.

② 盛丹丹．口译学习者知识能力的习得及评估：基于概念图途径的研究［J］. 上海翻译，2016（2）：47－52.

③ SCHROEDER N L，NESBIT J C，ANGUIANO C J，et al. Studying and constructing concept maps：A meta-analysis［J］. Educational Psychology Review，2018，30（2）.

④ ATAPATTU T，FALKNER K，FALKNER N. A comprehensive text analysis of lecture slides to generate concept maps［J］. Computers & Education，2017.

态，个性化学习作为破解规模化个性教育难题的关键措施而备受关注，人工智能技术的发展和实践应用为个性化学习提供了无限可能。而知识图谱作为人工智能技术的新应用，能够增强技术的表达，可以对不同的学习者采取不同的途径、措施和方法进行个别教学，实现“因材施教”的目的[①]。教育知识图谱利用多关系图等结构化的形式，建立起教育领域的知识及其关系的集合，以更好地组织、管理和理解知识。国际知名的 Knewton（纽顿）平台使用知识图谱将知识及其关系分别以圆圈、连线的方式进行表示，从而为学生自适应学习奠定基础。在 Knewton 知识图谱中主要包含三个要素：内容、内容中包含的概念、各种内容与概念之间的关系。Knewton 知识图谱将各种内容与概念之间的关系表述为四种类型[②]：包含，即该内容/概念从属于另一个内容/概念；评估，即该内容能反映学生的理解情况；教学，即该内容中需要教授的一个具体概念；先修关系，即该概念的学习需要建立在学习者对另一个概念掌握的基础上。系统生成的知识图谱可以帮助教师了解内容间的联系。通过对学生个体特征数据以及学习交互数据的挖掘，Knewton 平台还能够自动生成适合每个学生学习的知识图谱。此外，知识图谱能够连接学习者的信息与资源对象，提取精准的关键信息刻画学习者画像。知识图谱上的节点覆盖大量的学习者，足够多的概念能够提供教育领域知识的抽象，可以作为学习者画像的标签来源，标签之间具有关联性，可提供更多丰富的语义关系，这样可以帮助机器去理解这些标签的意义。另外，可以利用知识图谱中的属性关联生成个性化、动态的学习者画像。传统的教师对学习者进行学习诊断主要依靠自身的经验，以及对学习者的知识和学习状态进行评估，缺乏教育测量技术和思想的运用，具有较大的偶然性和主观性；而利用知识图谱可以对学生的学习过程数据进行挖掘，从多个维度对数据进行分析，不仅限于学生的成绩、题目作答情况等，还能从中分析出学生的知识掌握情况，甚至可以挖掘出更深层次的学习速度、学习偏好等特征，进行更加精准的学情分析。

3. 教学活动设计

在掌握课程与教学目标和学习者特征的基础上，选择和组织学习经验是有效开展教学的关键。教师需要构建情境、设计教学活动来提供教育经验，促进学习者主动建构知识。泰勒指出，学习经验的组织要遵循三个基本原则：连续性（对重要内容在不同学习阶段予以重复）、顺序性（对具有逻辑关系的内容按

① 刘凤娟，赵蔚，姜强，等．基于知识图谱的个性化学习模型与支持机制研究［J］．中国电化教育，2022（5）．

② Knewton Company. Heavy duty infrastructure for the adaptive world［R/OL］．［2021－08－10］https：//www. knewton. com/assets－v2/downloads/knewton－intro－2014. pdf.

照由易到难的方式渐进组织学习）和整合性（找出内容间的内在联系将内容整合成一个有机整体）[①]。然而，在教学实践中，一些教师难以把握内容之间的内在关联，造成对教学内容的人为割裂。智能技术可以在学习任务分析与学习者建模的基础上自动生成教学活动顺序。余胜泉团队基于学习元平台将初中数学建构成包含近一千个知识点及其相互关系的知识图谱，然后基于学习者在知识点上的大规模测评数据，使用改进后的关联规则挖掘 Apriori 算法自动提取知识点间的关联结构，并基于此帮助学习者规划学习活动顺序，推荐与知识点相关的学习资源与活动[②]。

智能技术支持的教育手段方便智能。传统的课堂教学通常是以教师为主体，学生则是被动地接受知识，这样往往会忽视学习者身体的作用，从而使课堂学习环境要素之间缺乏整体性，学生往往被限制在一张课桌的空间范围，致使身体无法参与到学习活动中，呈现出一种无生命的、静态化的环境要素组合。而随着技术的发展，虚拟现实、增强现实、混合现实等技术被应用于教学活动设计中，为教学活动的开展提供了更为丰富的方式。在传统的教学课堂中，教学活动的开展通常会受到教学器材的限制，抑或教学活动具有一定的危险性，这些都会限制学生参与到教学活动中。虚拟现实技术是一种利用计算机模拟虚拟环境，实现虚拟与现实相互结合的技术手段，能够为学生提供丰富的视觉、听觉、触觉体验。首先，创设的虚拟化学习情境能够让学习者更加身临其境地观察事物，增加学习者的学习体验和学习兴趣；其次，基于虚拟现实技术的教学资源设计，能够为物理、化学等课程的开展提供有效支撑，将抽象的物理实验和化学反应以更具象化的方式呈现。此外，将教学活动的操作融入虚拟情境中，能够让学生通过虚拟操作深化对所学知识的理解。例如，华子荀利用虚拟现实技术调动学习者的感官情绪信息参与，使学习者产生感知、交互感、沉浸感和临场感，从而促进学习者的认知发展[③]。

智能技术支持的学习环境立体智慧。增强现实技术是虚拟现实技术的扩展，增强现实允许用户看到真实世界以及融合于真实世界之中的虚拟对象，能够让学习者在现实环境背景中看到虚拟生成的模型对象，可以用于模拟对象，并对其进行快速生成、旋转、操纵等操作[④]。例如，考夫曼（Kaufmann）和施马尔

---

① 泰勒．课程与教学的基本原理［M］．北京：中国轻工业出版社，2014．

② 余胜泉．人工智能+教育蓝皮书［M］．北京：北京师范大学出版社，2020．

③ 华子荀．虚拟现实技术支持的学习者动觉学习机制研究［J］．中国电化教育，2019（12）：16－23．

④ 蔡苏，王沛文，杨阳，等．增强现实（AR）技术的教育应用综述［J］．远程教育杂志，2016，34（5）：27－40．

斯特格（Schmalstieg）通过增强现实显示系统将简单的几何体在现实场景中呈现，以更加真实的方式展现几何体之间相交、相切的关系，让学习者在这种虚实融合的学习环境中更容易理解复杂的空间概念①。增强现实可将抽象的学习内容进行可视化、形象化。蔡（Cai）等人使用增强现实和Kinect设备开发了将磁场可视化的体感教学软件，学习者可以通过手势与磁场进行交互，从而更好地理解磁场、磁场线等抽象概念②。增强现实还可用于设计模拟实验。克拉瓦拉（Kerawalla）等人使用增强现实空间、虚拟3D模型、白板、投影、网络摄像头等构建了一个3D增强现实技术的天文学教学场景，学习者可以通过旋转虚拟3D地球来探究地球和太阳的位置与昼夜现象的起因③。混合现实技术则是对虚拟现实技术和增强现实技术的创新融合，实现了同一场景内虚拟物体和真实物体实时共存与交互，主要是通过先进的图像处理技术和显示设备生成具备虚实融合特征的可视化环境，实现相异时空场景的嵌入。这种虚实融合主要借助场景注册、外部追踪、激光扫描显示以及人机交互等技术来实现，既可以通过显示设备将虚拟对象添加到现实世界中，也可以将真实物体添加到计算机营造的虚拟世界，以实现虚拟与现实的交叉融合。例如，混合现实技术为教育游戏的发展提供了新思路，能够将教育游戏的教育性和游戏性深度融合。传统的教育游戏通常只需要点击鼠标、敲击键盘、操作手柄来进行游戏操作，难以让学习者在操作性上获得沉浸式的体验，同时，在游戏代入感、真实感方面也难以满足学习者的需求。而融合混合现实技术的教育游戏打破了传统的游戏交互方式，能够让学习者利用手持设备、体感设备或肢体参与等方式以更加自然的方式进行交互，高度仿真的游戏情境帮助学习者获得技能、建构知识和激发兴趣，避免了传统的填鸭式教学④。英国埃塞克斯大学卡拉汉（Victor Callaghan）等研究者力图创建一个“MR在线学习环境”，该系统能够将参加在线课程的师生生成虚拟对象并集成在同一个混合现实空间中，学习者借助混合现实眼镜、高清显示器和空间音频看到其他的虚拟对象并能进行交流，从而实现不同空间

---

① KAUFMANN H，SCHMALSTIEG D. Mathematics and geometry education with collaborative augmented reality［C］//ACM SIGGRAPH 2002 conference abstracts and applications. 2002：37-41.

② CAI S，CHIANG F K，SUN Y，et al. Applications of augmented reality-based natural interactive learning in magnetic field instruction［J］. Interactive Learning Environments，2016，25（6）：778-791.

③ KERAWALLA L，LUCKIN R，SELJEFLOT S，et al. “Making it real”：exploring the potential of augmented reality for teaching primary school science［J］. Virtual Reality，2006，10（3/4）：163-174.

④ 孔玺，孟祥增，徐振国，等. 混合现实技术及其教育应用现状与展望［J］. 现代远距离教育，2019（3）：82-89.

中师生、生生的实时互动①。

智能技术支持的人机交互个性智能。整合人工智能、计算机科学、认知科学等多个学科的智能教学系统，能够为学生提供高度个性化和智能化的学习体验，能根据学生的需求和喜好调整学习内容和知识表示。而计算机辅助教育系统从 20 世纪就开始使用，但那时采用的只是简单的线性程序，所教知识被预先划分成一系列知识点，通过使学生不断掌握新的知识点而达到教学目的。而随着人工智能技术和互联网的飞速发展，智能教学系统也在不断更新，朝着多模态学习分析、适应性学习的方向发展。智能教学系统就是利用人工智能技术和计算机技术实现最佳教学，要求计算机系统能够提供个别化的即因人而异的有效教学②。智能教学系统通常包括四个模块：知识库模块、学生模型、教师模型和人机接口。知识库模块主要完成两个功能，用知识库里的内容对学生的行为做出响应，生成相应问题的解决方案，同时还要衡量学生的知识掌握情况，并制定相应的标准，从而实施更加精准的干预。学生模型要对学生的知识状态、认知特点进行建模，并且包含学生应该掌握和不应该掌握的知识。而教师模型又称为教学策略，主要功能是解决如何组织教学内容的问题，即如何教的问题。人机接口是系统与学生交互作用的部件，包括自然语言处理技术的应用、人机对话的处理等功能。孟青泉等人还将人工智能技术运用到智能教学系统的测评中，结果发现该测评模型能够有效区分不同学习风格学习者的学习效果，生成精细化的测评结果③。

智能技术支持的学习资源丰富多样。人工智能技术的进步，使得机器人智能化、人性化的特点也越来越显著，现有的教育服务机器人可以直接服务于中小学生，具有丰富的学习资源，起到对深度个性化智慧学习的支持效果。由此也催生了“双师”课堂的新样态，从最初的录制优秀教师的授课视频作为教学资源，替代部分农村中小学教师的教学任务；到常见的远程的授课教师通过大屏幕对线下教室的学生实现直播授课，同时，线下有一位辅导老师在班内负责维护课堂秩序、答疑、布置作业等工作的“双师”；再到现在，教育机器人与教师共同承担课堂的教学任务，其中人工智能教育机器人承担教师的部分教学任

① CALLAGHAN V，GARDNER M，HORAN B，et al. A mixed reality teaching and learning environment [C] //Hybrid Learning and Education：First International Conference，ICHL 2008 Hong Kong，China，August 13 - 15，2008 Proceedings 1. Springer Berlin Heidelberg，2008：54 - 65.

② 许高攀，曾文华，黄翠兰．智能教学系统研究综述 [J]. 计算机应用研究，2009，26 (11).

③ 孟青泉，贾积有，张志永，等．智能教学系统测评模型的构建与实证研究 [J]. 现代教育技术，2022，32 (5)：68 - 74.

务，并提供个性化学习服务的新型的课堂模式①。其中的关键技术则是机器学习，机器可以通过强化学习技术尝试做出决策，决策的好与坏，由教育者和学习者进行评估，评估结果作为奖赏与惩罚来调试回报函数，通过人机协同的优化，生成最优决策算法。在传统课堂中收集的学习者数据通常只有智能系统终端数据、学生测试数据、浏览记录等，而且需要由教师将数据储存在云平台。而现在的双师系统能够借助各种传感器、手机、可穿戴设备来全方位收集数据，并进行内部存储，提前对数据进行预处理，将分析结果呈现给教师和学习者。秦（Chin）等人发现双师课堂中的人工智能教师能帮助学习者提高学习动机，包括注意力、自信心等②。

（三）人工智能改善课程与教学的评价

人工智能技术在课程与教学的评价中有着广泛的应用，并在四个方面改善教育评价相关实践。

1. 评价自动化

随着机器学习、自然语言处理、语音识别与处理等技术的不断成熟，自动化评分被广泛应用于数学、科学、阅读等各学科领域的评价中。传统的评分通常需要由教师来进行，需要消耗极大的人力、物力，尤其是客观题评价，机械的操作可以由机器替代。而对于开放性回答的客观题或写作题目，既需要考察运用书面语言文字进行表达和交流思想感情的能力，又要消费巨大的经济和时间成本。伯斯坦（Burstein）等人使用自然语言处理开发了作文自动评分模型，自动提取作文中的特征值、细分纬度，对写作内容的流畅性、结构性、有无语法错误等进行自动评价③。刘（Liu）等人基于美国教育考试服务中心（ETS）开发的 c-rater-ML 系统，对学生在八项科学探究任务上的表现进行评价，以评估学生使用证据解释复杂科学现象的能力④。该系统使用支持向量回归算法，能够处理涉及大量相关关系的大规模数据。研究结果表明，基于 c-rater-ML 系统的自动化评分结果与专家评分结果有着很高的一致性，证明了该方法在科学

---

① 汪时冲，方海光，张鸽，等．人工智能教育机器人支持下的新型“双师课堂”研究：兼论“人机协同”教学设计与未来展望［J］．远程教育杂志，2019，37（2）：25－32.

② CHIN K Y，HONG Z W，CHEN Y L. Impact of using an educational robot-based learning system on students' motivation in elementary education［J］. IEEE Transactions on learning technologies，2014，7（4）：333－345.

③ BURSTEIN J，TETREAULT J，MADNANI N. The e-rater © automated essay scoring system［M］//Handbook of automated essay evaluation. Routledge，2013：77－89.

④ LIU O L，RIOS J A，HEILMAN M，et al. Validation of automated scoring of science assessments［J］. Journal of Research in Science Teaching，2016.

教学与评价中的实践价值。

2. 评价精准化

通常对学生的评价会受到教师精力有限、依靠经验进行评价等因素的影响，教师通常基于学生在所有题目上的整体表现来判断学生的学习结果，而无法关注、分析每个学生在具体知识点上的掌握情况。通过学习者建模或使用教育数据挖掘技术改进认知诊断模型等方式，算法可以综合学生答题情况与题目所涉知识点等信息，评估学生具体的认知能力和学习状态，实现精准化评价。此外，精准化还体现在对每位学生的具体学习情况的评价。在课堂教学中，一个教师往往需要教授几十个学生，由于时间、精力等的限制，教师容易忽视部分学生的学习表现。基于算法的自动化评价能让教师更容易地发现每个学习者在学习中存在的问题，从而更好地对每个学习者进行有针对性的干预。通过大数据分析技术，可以收集考试分数之外的情感态度、心理特征、价值观念、劳动素养、审美情趣、协作精神、抽象思维、创新意识和实践能力等非认知方面的数据和资料，大大拓展教育评价的内容，从而支持从当前单一的学科知识认知评价向全面系统的综合性评价转变，可以对教师的教和学生的学进行全方位的了解和分析。

3. 评价过程化

形成性评价关注对学生学习的过程性、发展性评价，在 20 世纪便备受关注。然而，由于评价任务繁重、教师精力有限等，传统的过程性评价仅关注静态、可量化和浅层次的学习效果，并且过程数据采集较为单一，难以记录课堂整体的活动。此外，过程性评价实施较为烦琐，需要对教师和学生的行为进行评价并进行量化；并且，多种数据类型繁杂不统一，难以对数据进行联合分析。由此可见，过程性评价在实施过程中困难重重，但随着计算机视觉、自然语言处理等技术的发展，人工智能在形成性评价中有着越来越广泛的应用。全过程伴随式数据采集可以追踪师生教与学的全过程，并给予诊断与反馈。例如，抽象数据的分析结果可以通过智能可视化技术以图示化的形式展示，为教师和学习者提供直观反馈①。基于人脸或可穿戴设备识别学生在学习过程中的情绪或行为等信息，从而了解学生当下的学习投入情况，可实现基于学习者自身状态的过程性评估②；通过对学习者的作业、考试表现数据进行深度挖掘，以及利用图像识别、自然语言处理技术对学生的开放性答案进行识别并自动评分，从而了解学

---

① 刘邦奇，喻彦琨，袁婷婷．智能技术赋能过程评价：目标、路径与典型场景［J］．现代教育技术，2022，32（5）：14－23.

② LU Y，ZHANG S，ZHANG Z，et al. A framework for learning analytics using commodity wearable devices［J］. Sensors，2017，17（6）.

生对特定知识点的了解情况，可实现基于学习者学习表现的过程性评估①。

4. 评价综合化

传统的学习评价多将考试成绩作为主要依据，片面强调测试结果的客观性，消解了学习过程的价值。人工智能支持下的教育评价有利于走出一味追求学业成绩的评价误区，关注学生的身体素质、心理健康、实际解决问题的能力等情况，实现更全面的评价。因此，对学生的评价更加关注问题的真实情境，立足学习过程来评测学生的思维发展、知识获得和认知建构。学习者评价应该是贯穿整个学习活动的循序渐进的过程，要尽可能在真实的复杂的学习环境下收集过程性数据。而多模态学习分析技术即可通过高频次、细粒度捕捉学习过程中的多种数据。多模态数据是指两种及以上不同表示形式或来源通道的数据，包括文本数据、图像数据、音频数据以及脑电、心电、皮肤电等生理数据，并结合多模态数据模型构建分析模型，采用分析算法即时反馈学习评价结果②。例如，基于学习分析技术对可穿戴设备收集的数据进行分析，可掌握学生的睡眠、运动信息，追踪学生的身体健康情况等。翟雪松等人收集了大规模线上学习学生的人脸姿态和面部情绪数据，并借助深度学习神经网络模型对数据进行建模，构建面部表情学习情感计算模型和人脸姿态学习情感计算模型，采用基于决策融合策略的多模态数据融合得到最终的评价结果③。

四、智能化条件下课程与教学的未来展望

在数智时代，技术对课程与教学的主客体关系、知识观、组织形式以及概念范畴产生了深刻的影响，人工智能技术已经与教育教学深度融合在了一起，拓展了课程与教学边界的新样态。此外，人工智能技术在课程与教学的目标、设计、实施、评价等环节均有着广泛的应用，从多个向度实现对教师教学与学生学习的赋能。人工智能技术变革课程与教学存在三个发展阶段。一是赋能教育，利用人工智能替代重复性的教育劳动，减轻教师负担，优化教育管理流程，开展伴随式的教育诊断，最大限度地提升教育效率；二是创新教育，打破标准化的教育体系，采用全流程的因材施教、精准化的教育治理和全景式的教育评

① DIKLI S. An overview of automated scoring of essays [J]. Journal of Technology, Learning and Assessment, 2006, 5 (1).

② 张家华，胡惠芝，黄昌勤．多模态学习分析技术支持的学习评价研究 [J]. 现代教育技术，2022，32 (9)：38-45.

③ 翟雪松，许家奇，王永固．在线教育中的学习情感计算研究：基于多源数据融合视角 [J]. 华东师范大学学报（教育科学版），2022，40 (9)：32-44.

测，助力实现教育的个性化定制；三是重塑教育，突破学校、班级、学科的边界，推动教育从“去标准化”阶段迈向“去制度化”阶段。如果把“赋能教育”看作利用人工智能技术激发教育系统、最大限度地提升标准化教育的运行效率的内在潜力；那么，“创新教育”就是要打破标准化的教育体系，对教育流程进行重组和再造，打造个性化、定制化的教育形态。而“去制度化”阶段，以学校为代表的制度化教育逐渐瓦解，班级、学科、课时的边界开始淡化甚至消解，技术以一种更加合理的方式推动人向“全人”发展。然而，当前大多数的人工智能技术与人类智能相比都很弱，而且只能在特定的任务中发挥良好的作用。人工智能技术在课程与教学中的应用也同样处于起步阶段。正如黄荣怀等人所述：“人工智能进入学校后，从人类‘适应’机器，到机器‘真正’服务人类，还将面临着很多问题。当前，既不能高估人工智能的即时作用，也不能低估人工智能的长期效应。”[①] 展望未来，数智时代的课程与教学应重点关注以下几个问题：

第一，重视人工智能和课程与教学的双向融合。人工智能在课程与教学中的应用，本质上是希冀通过技术来促进、变革教学。因此，技术的应用必须以课程与教学的客观规律为基本参照[②]。例如，行为主义、认知主义、建构主义等流派的学习理论为我们理解学习的性质、过程、影响因素等奠定了基础，能够为人工智能技术的教育应用提供方向性指导；探究社区理论、技术供给理论等能够为人工智能技术和课程与教学的整合提供具体的实践指导。此外，数智时代的教育变革要求课程与教学领域时刻保持敏感性，对教学要素及要素间关系不断进行审视，建立符合数智时代特征的课程与教学论体系。

第二，重视证据支撑下的人工智能教育应用。教育实证研究是促进学术争论的深入、教育理论的发展和教育政策的制定的核心实现路径。塞尔温（Selwyn）指出，国际教育技术领域40余年的发展，产生了大量的成功的典型的案例，但鲜有对教育产生持久、系统性的变革[③]。当前，一些教育人工智能应用取得了优异的表现，让我们看到了其广阔的应用前景。然而，鉴于教育人工智能应用对人力、财力、物力的巨大需求，应当重视就人工智能对学习实践、学习效果的影响开展实证研究，基于真实教育情境检验人工智能是否真正促进了课程教

---

① 黄荣怀，王运武，焦艳丽．面向智能时代的教育变革：关于科技与教育双向赋能的命题［J］．中国电化教育，2021（7）：22－29．

② 何克抗．信息技术与课程深层次整合的理论与方法［J］．电化教育研究，2005．

③ SELWYN N. Digital inclusion：can we transform education through technology［C］// Proceedings from X Conferencia Internacional Encuentros Barcelona. Barcelona：Universidat de Barcelona，2017：103－108.

学及其是否有其他潜在的影响。

第三，重视对教师相关专业能力的发展。人工智能技术在为教师教学提供便利的同时，也对教师的技术应用能力提出了新的要求。相应地，教师教育应动态审视教师的角色及智能化条件下教师教学的核心能力要求，将其内化于师范生人才培养方案，使教师为智能化条件下的教学做好准备；同时，应加强对在职教师的专业发展培训，将人工智能和课程与教学整合的相关内容加入“中小学教师国家级培训计划”等各级各类培训中，切实提高教师的技术熟练度和教学能力。

第四，重视技术伦理问题。在使用人工智能技术对教育大数据进行收集、挖掘和分析的过程中，不可避免地需要涉及学生与教师的个人背景、性格特质、智力水平等隐私信息①。我国教育界伦理审批尚未制度化，技术伦理和安全保障是教育人工智能必须面对的严峻挑战。相关部门应在国家层面建立教育人工智能应用的伦理规范和标准，完善相关伦理问题的监管与审查制度。学校应切实承担师生数据安全管理的主体责任，在向技术开发人员或研究人员授权使用相关数据时扮演好隐私“守门员”的角色。

数智时代已经到来，无论我们接受还是不接受，技术都已经和课程与教学密不可分，我们首先应该考虑的不是技术“用不用”的问题，而是“如何用”“怎么用”的问题。从马克思、恩格斯“经济基础与上层建筑”的哲学理论来看，归根到底，人工智能技术是一种生产力，属于“经济基础”层面，其必然会改变“上层建筑”中人的思想和价值观，必然会改变教育教学。而教育教学反过来也必然会改造人工智能技术，使技术与教育更好地融合，从而推动社会的进步。生产力促进了教育，教育反过来也会促进生产力。因而，人工智能对课程与教学的塑造和重构不仅需要教育领域和计算机领域的专业人员通力合作，更需要政府和社会各界的支持。

---

① 刘三女牙，杨宗凯，李卿．教育数据伦理：大数据时代教育的新挑战［J］．教育研究，2017，38（4）：15－20.

第八章
数字化教育中的在线学习：现状审视、身心影响与挑战

一、在线学习的内涵

二、在线学习的现状及问题

三、在线学习对学习者身心发展的影响

四、数字化教育中学习者面临的挑战及相关建议

一、在线学习的内涵

近年来，在线学习将移动技术与学习紧密结合，其独特的形式与方式正在悄然引爆互联网学习的革命，也受到越来越多的关注和研究。在线学习这种全新的模式，以其得天独厚的优势，使教育者和学习者都能从中受益。随着教育信息化的深入推进，在线学习在全球范围内得到了广泛应用，越来越多的学习者正借此获取知识和发展能力。21 世纪以来，随着互联网和智能移动终端等的普及，在线学习已成为一种普遍的学习方式，特别是 2020 年受新冠疫情的影响，全球大中小学的线下教育受到了影响，线上学习得到了普及，各种教育直播软件应运而生，各类在线教学视频不断推出，在线学习遍布全球。

在线学习又称为电子学习、数字学习或基于电脑的学习，指的是在数字化设备上进行的教与学。从行为科学的角度来说，在线学习行为是学习者在网络学习环境中，为实现特定学习目标，与学习环境产生的双向交互过程。相较于传统的课堂学习，在线学习在师生时空分离的情境下进行，学习活动依托网络和相关教学平台或软件，学习资源是数字化的，并且以自主学习为主要特点。由于缺少教师面对面指导和传统课堂内朋辈学习氛围的带动，以及社会临场感，在线学习对学生提出很大挑战，如在线学习特别需要学生具备强大的自控力和学习自组织能力。

在线学习是一种基于网络环境的学习方式，具有通过互联网获取在线资源、实现动态交互、开展虚拟教学活动等特点。随着在线学习的推进，以静态呈现为主要方式的一代在线教育，被以服务创新为导向的二代在线教育所取代。以移动互联网技术、大数据、云计算、情境感知技术等为支撑的二代在线教育，更多地关注学习的个性化，也推动着在线学习范式从自主范式到自适应范式的变迁。随之而来的是交互式学习、协同式学习、建构性学习等新的学习理论。

（一）在线学习内涵的演进

随着在线学习适用范围的扩大，在线学习的核心表征从自主性逐渐向自适应性变化。在线学习不再只具有知识获取的功利性目标。各种具有陶冶性情、支持个性发展、支持协同创新等功能的网络环境的构建，促进在线学习的参与者不断拓展提高自身能力，在线学习广泛地进入学习者的生活空间。在线学习也不再是严格的“自我激发”“自定步调”“自定结果”的自主学习，越来越多的在线学习被认为是具有建构意义的、分布式的和基于特定情境的学习。在线学习从以往以知识和结构的准确传递变成了有导向的协同共享学习；以往受在线学习体系控制的学习，变成学习者自身控制的学习；以往的正式学习，变成无处不在的正式学习和非正式学习的混合；以往强化学习者自主性的呆板学习，变成促进学习者在特有学习场域的生成性学习；以往注重预设的教学目标，变成满足学习者自定步调以适应自身学习风格的生成性目标；以往注重知识获取的结果评价，变成基于教育大数据的过程评价。更为可贵的是，随着情境感知技术的加入，学习过程中的学习行为捕捉能力大幅度提升，各种在线学习系统平台能智慧地感知学习者的学习需求，通过大数据模型计算出学习者的行为倾向，帮助学习者适应性地选择个性化的学习途径，并为之推荐协同伙伴和拓展资源，教师获取学习者的数据，进行全面监控也变得越发容易。各种便于学习过程协同共享的学习环境，生成性的学习促进策略，评价的个性化、数据化、过程化成为在线学习的核心标识。

（二）在线学习内容的转变

随着在线学习的推进，学习者主体地位日益凸显，以社会化取向的在线学习被适应自身学习能力的在线学习所取代，学习者的主体能动性得到了充分的体现，创新驱动成为大家公认的全球经济社会的发展动力源。在线学习的学习内容逐渐由外界需求所叠加的社会需求，转变为基于自身能力的自我适应，如何利用大数据、情境感知工具推算学习者的适应能力，创建学习者独有的人性化学习境脉，使学习者能按照自身需求选择更为恰当的学习内容和学习路径成为学习研究的重要方向。

（三）在线学习策略的改进

当在线学习的核心表征是自主学习时，自主建构是在线学习的主要学习方式。此时在线学习最大的特征是：学习是自我构建的过程，学习者的个体自觉程度、元认知水平、学习目标等决定了学习的成效。仅仅是有支持的自主学习还不能充分满足整个教育领域推进在线学习的需求。在建设教育强国的大环境下，需要将优质教育资源向更多更广泛的人群准确地传达，对学习者提供精准的帮助，并推动在线教育质量的提升。在在线学习中嵌入学习支持服务，使在线学习克服学习者的孤立和教师的旁落等问题。具体而言，就是通过智能、人工的学习支持服务，使学习者按照自身需求的“进程”完成学习过程，并不断拓展学习的广度和增加学习的深度。

（四）在线学习评价的重心转移

在网络教育以“生产—消费”关系而存在的时代，对于作为“消费者”的学习者，是否满足自身需要是其感性地认识在线教育价值的方式，也是其评价在线学习行为的基础。“舒适度”最初是一个产品指标，在线学习的评价是否良好，就是学习者是否寻找到了一个相对轻松、不会引发过度焦虑的学习环境。相对于“满意度”，以“舒适度”为评价标识的评价体系更能体现在线学习自身的特点。首先，在技术层面，过程性的大数据是学习评价的主要依据。其展现的是学习过程中学习者的学习能力、自身状态和进步幅度，是准确评估学习成效的方式，也是学习者适应程度的记录。其次，在评价层面，满意度强调的是主观上的感受，是对在线学习过程和成效的体会的评价；舒适度强调的是在线学习是否符合自身学习能力，是对在线学习过程和成效在客观适应性上的评价。最后，在操作层面，满意度所涉及的对象是学习者自身，学习者在评价过程中拥有话语权和评价权。当学习者体验不佳时，学习者就容易理所当然地脱离在线学习领域。这种评价方式必然会导致注重强调大众化的审美标准和学习能力。舒适度所涉及的是多元利益相关者，当舒适度呈现出现偏差时，反思的是资源对个体的适应能力，强化的是个性化的资源，指引了包括资源、学习过程控制、评价方法等一系列满足学习者个体学习需求的在线学习系统建设。

二、在线学习的现状及问题

（一）我国在线学习的现状

2022 年 8 月，中国互联网络信息中心发布的第 50 次《中国互联网络发展状况统计报告》显示，从 2015 年 12 月到 2022 年 6 月，在线教育用户规模从 1.10 亿增长到 3.77 亿。尤其 2020 年下半年，随着新冠疫情防控取得积极进展，大中小学基本都恢复了正常的教学秩序，在线教育用户规模整体出现回落，但较疫情之前（2019 年 6 月）仍增长了 1.09 亿。总体上，自 2020 年受新冠疫情影响后，教育信息化进一步深化落实，众多机构及资本进入教育领域，推动更多用户获得了公平、个性化的教学与服务，具体表现为以下三个方面：

第一，教育信息化进入融合创新阶段，更好地促进了教育公平、支撑了教育现代化。学校网络环境基本实现了全覆盖。优质资源供给和教学应用水平也大幅提升。教育部实施“教学点数字教育资源全覆盖”项目，深入推进“三个课堂”应用，连续六年开展“一师一优课、一课一名师”活动，利用信息化手段扩大优质教育资源覆盖面的有效机制基本形成。同时，大规模在线教学活动顺利展开。面对新冠疫情的影响，教育部启动“停课不停学”工作，开通国家中小学网络云平台①，方便学生居家学习，推动全社会对教育信息化的认识进一步提升。

第二，各类教育机构加速布局，竞争激烈。在线教育行业获得良好发展机会，吸引众多机构及资本进入。一方面，在线教育行业持续吸引大型互联网公司布局；另一方面，更多传统教育培训机构也逐渐扩展线上业务。例如，钉钉免费开放在线直播系统，并与“松鼠 AI”开展战略合作，深化线上教学；线下教育培训机构“精锐教育”整合旗下在线资产，推出“精锐在线”，采用线上线下双模式为用户提供课程产品与服务。

第三，用户通过线上教育获得公平、个性化的教学与服务。在线教育平台通过推出免费课程、开放直播平台等形式打开市场，并通过教研设计本地化、与地方学校合作等方式实现线上线下相融合，使四五线城市及城镇用户得以接触优质教师及课程资源，真正受益于教育公平。同时技术赋能在线教育，助力用户获得个性化的教学服务。随着技术的发展，许多在线教育品牌采用人工智能技术辅助教师进行个性化教学，确保学生可以获得良好的学习体验以及高质量的学习内容。如“斑马英语”采用“智能＋互动”的方式完成教学测评的全部流程，每次互动和反馈都将累积成学习数据，以便用户在下一阶段的学习过程中获取更具针对性的教学内容。

（二）在线学习与学习者的身心健康

近年来，腾讯会议、Classin、微助教、钉钉课堂等网络教学模式正在发展，越来越多的学生已经参与到基于网络的教与学之中，网络学习环境正逐渐深入地与传统课堂教学相融合。网络已经成为学生群体日常生活的重要组成部分，对学生产生了重要影响。一方面，有研究者认为网络学习环境能够提高学生语文、英语等多学科的学习水平，并有效提升学生的创新思维能力②；另一方面，也有研究者对网络可能给学生带来的身体和心理健康影响表示了担忧，认为网

---

① 教育部在总结国家中小学网络云平台运行服务经验的基础上，研究制定了《国家中小学智慧教育平台建设与应用方案》，并将原云平台改版升级为国家中小学智慧教育平台。2022 年 3 月 1 日，国家中小学智慧教育平台上线试运行。

② 吴艳霞．基于网络学习空间的大学生创造力培养实证研究［J］．教育教学论坛，2020（16）：35－37；DIACOPOULOS M M，CROMPTON D H. A systematic review of mobile learning in social studies［J］. Computers and education，2020，154（1）.

络应用不当与更多或更严重的心理健康问题（如强迫、抑郁、焦虑和冲动等症状）密切相关①，甚至可能对学生的人格发展和道德水平产生不良影响②。例如，在线学习是通过网络进行的学习与教学活动，它充分利用现代信息技术所提供的全新沟通机制与资源丰富的学习环境，实现“任何时间、任何地点”学习。然而，在线学习师生分离的特点为学生个性化、差异化学习提供充分空间的同时也可能将具有积极意义的自主在线学习方式在一部分学生那里演变成“孤立学习”。尽管在线平台在不同程度上支持师生互动、学生互评等交流方式，但是“隔屏相望”的线上交流无法代替“面面相视”的传统交流。当学习者长时间无法从屏幕里面的教师那里获得交互乐趣和情感激励时，就会产生反感情绪，从而影响学习效果。

长期以来，学生身心健康发展一直是国家教育政策关注的重点。《国家中长期教育改革和发展规划纲要（2010—2020年）》明确将“加强心理健康教育，促进学生身心健康、体魄强健、意志坚强”作为战略目标的重要组成部分，《教育信息化十年发展规划（2011—2020年）》也明确提出“帮助所有适龄儿童和青少年平等、有效、健康地使用信息技术，培养自主学习、终身学习能力”，“创设绿色、安全、文明的应用环境”。因此，合理应用信息技术，优化以网络为代表的技术应用环境，以此促进学生身心健康发展是国家教育政策的重要组成部分。但目前我国在这一领域还缺乏系统深入的研究，也缺乏大量实证研究的证据，因而亟须对网络学习环境中学习者身心健康发展的特征做出科学解释，并提出恰当有效的干预机制与解决方案。

网络在线学习包括广义和狭义两个层面，广义的网络在线学习是指学习主体受网络环境作用影响而发生改变的过程；狭义的网络在线学习就是在线进行系统知识的学习或对网络化系统知识的学习，即在互联网支持平台上，学习者通过网络进行系统知识学习的一种方式③。在本章中，笔者将采用内涵更为广泛的定义，主要从网络学习硬件环境、网络学习方式、网络学习内容三方面讨论网络学习对学习者身心健康的影响。

关于身心健康，世界卫生组织将其定义为“健康不仅仅是身体没有缺陷和

---

① 周晓琴，奚晓岚，程灶火，等. 大学生网络成瘾患病率及心理健康状况的调查［J］. 中国临床心理学杂志，2014，22（4）：619-622.

② 程方荣，张振兴. 新媒体时代大学生思想政治教育的挑战与应对［J］. 大学教育，2021（1）：98-100；薛中国，杨秀莲.“网络成瘾”对大学生人格发展的不良影响及对策［J］. 中国电化教育，2009（6）：49-52.

③ 邱瑛. Web 2.0 技术在网络教学平台中的研究与应用［D］. 北京：北京交通大学，2020：12-13.

疾病，而是身体上、精神上和社会适应上的完好状态”①。由此可见，身心健康是由体质健康和心理健康构成的。体质指的是“人体的质量，是在遗传性和获得性的基础上，表现出来的人体形态结构、生理机能和心理素质综合的、相对稳定的特征”。关于心理健康，本章采用王登峰等人的定义，即“心理健康是在良好的生理状态基础之上的自我和谐及与外部社会环境的和谐所表现出来的个体的主观幸福感，至少要具备四个条件：良好的心理适应能力、自我接受能力、有理想有追求和保持常新的心态”②。

三、在线学习对学习者身心发展的影响

（一）硬件环境对在线学习者身体发展的影响

第八次全国学生体质与健康调研结果显示，尽管我国学生体质健康达标优良率逐渐上升，但存在学生视力不良和近视率偏高、超重肥胖率上升、大学生身体素质下滑等现象③。这些现象的出现与学生群体不断增加的智能设备使用、网络学习环境接触有关。数据显示，新冠疫情期间，小学生、初中生、高中生、本/专科生、研究生平均每天使用电子产品的总时长（含电脑、学习机、手机、电视等）分别为6.4、9.6、13.4、15.1、16.9小时。有实证研究指出，使用网络学习环境的时长会对学习者的视力、呼吸频率、体重指数等产生显著的影响④。

尤其是使用电子产品对视力的影响在国内外已一致得出了成熟的结论，如针对眼干燥症进行的一项基于Web的试验表明：大约36.2%的网民被试有5个或更多的干眼症状，使用互联网会对眼睛产生一定的影响，过度使用还会伤害视力⑤。美国眼科协会（American Academy of Ophthalmology）认为，电脑使用频次的增加将导致眼睛疲劳、发红、视力模糊等各种眼部症状，这些症状可能取决于几个因素，包括使用时间、观看距离、坐姿、电脑屏幕和潜在的视力

---

① WHO. WHO remains firmly committed to the principles set out in the preamble to the Constitution [EB/OL]. https://www.who.int/about/governance/constitution.

② 王登峰，崔红．心理卫生学［M］．北京：高等教育出版社，2003：2.

③ 教育部体育卫生与艺术教育司．第八次全国学生体质与健康调研结果发布［J］．中国学校卫生，2021，42（9）：1281-1282.

④ 高景，刘静，冯红，等．网络学习环境使用时长与中小学生身体健康的关系探究［J］．现代教育技术，2019，29（3）：59-64.

⑤ 王伟，雷雳，杨俊海．互联网对网民身心健康的影响［J］．山西大同大学学报（自然科学版），2018，34（2）：69-73，79.

障碍等。科泽斯发现，经常观看电脑屏幕，会导致眼睛不适、视力模糊、疲劳和头痛等症状①。塔塔加波恩则指出，在使用电脑的过程中，出现最多的症状是眼睛灼热和肌肉疼痛，这些症状与持续使用计算机的时间长短相关②。

另一个重要结论是长期接触电子设备会对使用者的睡眠质量产生较大的影响。以往在大学生群体中的研究发现，网络成瘾越严重者睡眠质量越差，网络成瘾是睡眠障碍的危险因素③。对15～19岁青少年进行调查发现，每天使用手机超过7小时的人更容易出现头痛、注意力不集中、焦虑、睡眠质量差等问题④。在针对日本青少年的研究中发现，熄灯后用手机打电话和发送信息与睡眠障碍相关⑤。长期在屏幕前也会导致学习者久坐不动行为增多，体力活动及健康饮食行为减少，研究还表明青少年过度使用互联网可能会加大其超重风险⑥。

但是数字媒体技术的发展对促进人类躯体疾病康复也起到了积极的作用。在疾病治疗领域，欧美国家正探索将移动媒体使用与病人的健康治疗联系在一起的治疗方法。有研究显示，在美国80%以上的病人都在使用移动社交网络来获取健康信息、分享患病经历和传播健康知识⑦。一项关于在疾病治疗过程中使用社交网络进行辅助治疗的研究发现，年轻的病人更乐于接受这种辅助治疗方式⑧。这种在医生与病人间、病人与病人间建立起来的社交网络，可以使病人对自己的疾病有充分的认识，同时病人也可以从社交网络中获得必要的社会和情感支持。新冠疫情之后，更广泛的用户开始接受在线医疗服务。随着在线医疗作为线下就医的辅助及其分诊作用得到用户的认可，公众对在线医疗的信

---

① KOZEIS N. Impact of computer use on children's vision [J]. Hippokratia, 2009 (4): 230-231.

② TAPTAGAPORN S. Computer use among children: health and social impacts [C]//International Ergonomics Association. Proceedings of 17th World Congress on Ergonomics. Beijing, 2009.

③ 杨永涛，崔禹，崔伟，等．大学生网络使用与网络成瘾对睡眠质量的影响［J］．精神医学杂志，2019，32（3）：174-178.

④ SÖDERQVIST F, CARLBERG M, HARDELL L. Use of wireless telephones and self-reported health symptoms: a population-based study among Swedish adolescents aged 15-19 years [J]. Environmental health, 2008, 7 (18): 1-10.

⑤ MUNEZAWA T, KANEITA Y, OSAKI Y, et al. The association between use of mobile phones after lights out and sleep disturbances among Japanese adolescents: a nationwide cross-sectional survey [J]. Sleep, 2011, 34 (8): 1013-1020.

⑥ 彭子文，郑钟艳，余睐睐，等．超重、肥胖青少年网络成瘾与抑郁的关系［J］．中国健康心理学杂志，2019，27（8）：1131-1135.

⑦ KORDA H, ITANI Z. Harnessing social media for health promotion and behavior change [J]. Health promotion practice, 2013, 14 (1): 15-23.

⑧ HOUSEH M, BORYCKI E, KUSHNIRUK A. Empowering patients through social media: the benefits and challenges [J]. Health information journal, 2014, 20 (1): 50-58.

赖度有所提升，问诊病种也呈多样化趋势。

（二）在线学习方式对学习者心理发展的影响

1. 学习参与

纵观已有相关研究，在线学习的参与度是研究者们关注最多的一个方面。伴随全球开放教育资源活动的开展，在线学习所具有的网络化、开放性、自主性等基本特征极大满足了学习者的需求，并成为当下教育的主流。参与度是学习理论中的一个重要概念，其重要性得到学者们的广泛认可，并用于作为学习绩效的预测变量。参与度包含行为参与、认知参与和情感参与三个维度：行为参与指在行为上表现出的参与课程学习活动的积极程度；认知参与指在心理和智力层面，所表现出的智力投入、思考深度及学习信念强度等；情感参与指在态度体验层面，学习者在参与学习活动时所表现出的情绪感受以及与教学者之间建立的关系。

学生参与可以理解为学生积极参与学习活动的程度。积极的课堂参与是学生学习的重要组成部分，对学生学习有许多益处①。传统教学背景下的协作学习环境或小组，被认为是促进学生参与和学习的一种有效策略。在一项研究中，学生对学习小组的总体满意度高于他们对全班或在线讨论的满意度②。这些学生说，小组更有可能“激发学习兴趣”。虽然教师可以采用许多策略来促进学生参与，但与大规模讨论相比，“内置问责措施”的高度结构化的小组分配能够更有效地吸引学生参与。这些问责措施包括分配每个学生的角色，并要求小组根据他们的讨论做出书面回应，从而提高学生在合作学习中的积极性③。

研究表明，教育新技术可以有效地辅助学习者提高其学习独立性、参与度和沟通能力④。学生的学习方式、学习内容难度、师生间互动以及校园环境等

---

① BERMAN R A. Engaging students requires a renewed focus on teaching [J]. Chronicle of higher education，2014，61 (3)：28－30；LIPPMANN S. Facilitating class sessions for ego-piercing engagement [J]. New directions for teaching and learning，2013 (135)：43－48.

② HAMANN K，POLLOCK P H，WILSON B M. Assessing student perceptions of the benefits of discussions in small-group，large-class，and online learning contexts [J]. College teaching，2012，60 (2)：65－75.

③ NABILA A. Students' communication and positive outcomes in college classrooms [J]. Education，2012，133 (1)：19－30.

④ DUNN P，RICHARDSON A，OPRESCU F，et al. Mobile-phone-based classroom response systems：students' perceptions of engagement and learning in a large undergraduate course [J]. International journal of mathematical education in science and technology，2013，44 (8)：1160－1174；HAMM S，SALTSMAN G，JONES B，et al. A mobile pedagogy approach for transforming learners and faculty [M] //BERGE Z L，MUILENBURG L. Handbook of mobile education. New York：Routledge，2013.

因素都会影响到学生参与度。研究还表明，使用社交工具如微信、QQ等可以通过增强学生间的沟通，拉近相互间的关系，从而促进他们对合作项目的共同参与[①]。与此同时，随着专业网站论坛的发展和普及，学生对某专业领域知识的探索可以通过在线协作方式得到增强。国内外已有很多大学利用网络论坛让学生与导师之间通过发帖交互的方式解答学习过程中遇到的问题。这种相互作用为锻炼学生的批判性思维、回顾学习内容创造了空间。在网络的虚拟讨论环境中，学生可能会“为了通过发言来证明自己的才干，或是为了保持其人际关系”而积极参与到项目当中[②]。

研究者认为，在学习过程中使用移动设备可以获取即时信息，增强实践技能，从而提高学习参与度。例如，香港大学专业进修学院使用新的网络教学技术提高学生对课程学习的参与度，并且得到了与面授相同且更加灵活的教学效果[③]。孙雨生等基于MOOC教学模式提出了利用网络技术碎片化重组知识方法，用以实现自主预习、在线讨论与测验、教学反馈与多元化评价等教学活动[④]。宋朝霞等人利用网络视频技术解决项目式教学过程中课堂教学时间难以控制、学生难以参与实际生产等难题，实现将知识结构在空间上重新安排、理论教学与工程实践有机结合的目标[⑤]。网络平台上的学习内容组织的逻辑性等，有利于增强学生对课程知识的理解和学习信心，进而提高学习者的行为参与和认知参与。线下学习活动安排的多样性等，有利于调动学生的情感参与和认知参与。网络平台课程学习的操作使用辅助等，有助于提高课程学习的学习效率和学习乐趣，进而强化学习者的参与。在网络教学环境下，教学者对学习者的线下指导等，有助于引导和激发学习者的参与积极性[⑥]。但研究者也表明，只有当教学经过精心设计，并以最佳方式利用技术时，移动设备才最有利于学习。

2. 学习技能

随着移动技术的普及，教师们也在探索如何将移动设备与协作学习环境相结合以强化学习效果。挑战在于，一些移动设备用于教育可能会给学生带来消

① 冯菲，刘萨，汪滢，等．下一代的学习：愿景、创新和可能性：第七届亚洲地区数字化学习国际研讨会纪实［J］．远程教育杂志，2012，30（4）：3－19.

② 沈欣忆，胡雯璟，HICKEY D. 提升在线学习参与度和学习效果的策略探究及有效性分析［J］．中国电化教育，2015（2）：21－28.

③ 张伟远．网络教学发展模式的理论构建与应用［J］．现代远程教育研究，2013（1）：7－14.

④ 孙雨生，程亚南，朱礼军．基于MOOC的高校教学模式构建研究［J］．远程教育杂志，2015（3）：65－71.

⑤ 宋朝霞，俞启定．基于翻转课堂的项目式教学模式研究［J］．远程教育杂志，2014（1）：96－104.

⑥ 闫帅，胡保亮，张利．MOOC学习环境对学习参与度的影响研究［J］．科教文汇（下旬刊），2019（27）：53－55.

极体验，而且教师在使用这些移动设备时有可能面临困难。学生也可能会被设备上的多任务分散注意力①。还有一些研究报告指出，移动技术提高了学生对协作学习的认知②。总之，无论使用何种方式，移动设备和教育应用程序都不应“使学习过程复杂化，而应促进移动学习者的学习”③。因此，一些应用程序的使用的确为教师提供了使用移动技术促进学生学习成效的机会。一项问卷调查探讨了移动设备在高等教育中的应用，该调查中学生普遍认为移动设备能便捷地获取学习资源，这一优势直接优化了他们的学习过程④。总而言之，只有当教师能将设备、程序与教育学习目标相匹配时，移动设备和教育软件的作用才能发挥到最大化。

(1) 合作学习策略的应用。

合作学习是当前教育教学中较为常用的一种方法，该方法主要是将学生进行合理的小组划分，以共同完成任务为目标，要求学生在合作小组内进行恰当的分工和团结合作，进而完成学习任务。诸多试验证实了合作学习有助于提升学生学习成绩，在学生综合素质培养以及全面发展方面同样也具有重要作用。作为一种系统的、结构化的学习策略，合作学习模式的应用在移动网络教学中表现出了明显优势，如合作学习模式的应用更好地凸显了学生的自主性和教学主体地位，有效转变了原有教育教学模式中学生的被动局面，让学生更为积极主动地参与到教育教学活动中。合作学习模式的应用还能够较好地实现学生多方面综合素质的培养，在小组合作学习过程中，学生不仅仅能够围绕教学任务予以探索和钻研，在互动过程中学生的协调能力以及合作能力也得到了锻炼。此外，在线教学中合作学习模式的应用更好地实现了实践教学优化，符合当前的教学要求，避免了以往过度关注理论和知识层面的讲解，导致学生后续入职后的岗位胜任力不足、实践能力不足等问题，合作学习模式能够借助一些实践性的任务，让学生进行合作探索，进而帮助学生提升实践操作能力，是实践性教育的重要路径和方式。

---

① SANA F, WESTON T, CEPEDA N J. Laptop multitasking hinders classroom learning for both users and nearby peers [J]. Computers and education, 2013 (62): 24 - 31; DIETZ S, HENRICH C. Texting as a distraction to learning in college students [J]. Computers in human behavior, 2014 (36): 163 - 167.

② LAI C Y, WU C C. Using handhelds in a jigsaw cooperative learning environment [J]. Journal of computer and assisted learning, 2006, 22 (4): 284 - 297.

③ JENG Y, L, WU T T, HUANG Y M, et al. The add-on impact of mobile applications in learning strategies: a review study [J]. Educational technology and society, 2010, 13 (3): 3 - 11.

④ ROMERO-RODRÍGUEZ J M, AZNAR-DÍAZ I, HINOJO-LUCENA F J, et al. Use of mobile devices in higher education: relationship to academic performance and self-regulation of learning [J]. Revista complutense de educación, 2021, 32 (3): 327 - 335.

基于合作学习策略，移动学习教学模式应遵循以下几点：

第一，在在线教学中应用合作学习模式应该注重合理分组，要求在科学分组的基础上，学生能够在后续通过恰当合作，完成相应的教学任务。因此，在划分小组时，教师应该重点关注组内成员的异质性特点，各个小组内既要有学习成绩相对优秀的学生，也要有一些后进生，这样在后续合作学习中才能够实现更好的互动效果，有助于学生之间的互助，从而最终更好地提升总体学习效果。从后续合作学习模式的应用来看，为了更好地形成组间对比和竞争效果，在分组时往往还需要注重组间的同质性，避免因为小组间存在明显的差距，影响到后续学生参与教学活动的积极性。对于组长的选择，教师应该给予学生充分的自主权，让学生能够充分自由选择组长，尽量避免进行指定，如此便于树立组长权威，促使其可以在后续小组协调以及组织方面发挥良好作用。在分组完成后，教师应该引导学生在小组内完成各自的任务。为了较好维系后续合作学习模式的践行，各个小组还需要努力形成良好的学习氛围，教师应该引导各个成员意识到合作的必要性，进而促使学生在具备较高合作意识的基础上，能够较好实现对于后续小组合作学习任务的优化完成，并使各个成员参与度都可以得到保障。

第二，对于在线教学中合作学习模式的应用，并非所有教学计划都可以采用该模式，往往需要教师选择恰当的时机，才能达到事半功倍的效果。结合当前计算机网络教育涉及的主要任务和教学过程来看，比较适合应用合作学习模式的情境主要有以下几种：首先，在在线教学中遇到一些教学难点和重点时，依靠传统教学模式很难引导学生进行深入思考，而借助于学生自身的力量，又很难达到良好的难题解决效果，如此可以恰当地运用合作学习模式，让学生能够在小组内进行协作，借助集体智慧，实现对该教学难点和重点的攻克，以达成良好的教学效果；其次，在在线教学中涉及一些实践操作任务时，教师可以引入合作学习模式，让学生依托小组共同完成相应任务，最终提供一份作业，进而在有效培养学生合作意识的基础上，促使学生掌握更多的知识，对于实践操作任务的完成也具有积极作用；最后，当在线教学涉及一些探索性或者调研类课题时，因为并没有统一的已知答案，在探索过程中很可能会产生较多新想法，甚至出现较多不同意见，如此也适合采用合作学习模式，让学生在合作过程中进行多角度探索，在整个过程中进行充分交流和沟通，对于各个思维碰撞以及认知冲突予以高度关注，并且尽可能地采取恰当方法予以应对，最终学生依靠小组完成相应任务，由此可以更好地锻炼学生多方面素质和能力。

第三，在在线教学中运用合作学习模式需要注重针对各个流程予以优化，教师应该在明确合作学习模式应用原则和目标的基础上，对如何开展合作学习进行全过程分析和实时把关，以便更好发挥合作学习模式的应用价值。首先，教师应该围绕在线教学计划明确合作学习目标，制定出相应的合作学习方案，以此更好地指导后续学生参与合作学习。其次，在教师制定好合作学习任务和方案后，应该及时公布给各个小组，让各个小组进行集体讨论，分析相应合作学习方案是否具备可行性，进而形成集体意见，反馈给教师。教师针对合作学习方案予以适当调整，最终形成更为可行且所有学生都认可的合作学习方案。再次，在后续合作学习实施过程中，教师应该充分放权给学生，让各个小组自行完成相应合作学习任务。如果是相对复杂的合作学习任务，可以设置中期汇报环节，让各个小组组长向教师汇报各自的进度，教师可以根据各个小组的进度和执行状况给予反馈意见。最后，到完成期限后，教师应该要求各个小组组长汇报合作学习成果，同时进行评价。

第四，在在线教学中合作学习模式的应用需要重点关注远程合作方式的灵活运用，以此更好辅助学生以及教师完成相应任务。因为受相应合作学习任务的限制，或者是受教师、学生之间距离的影响，在合作学习过程中，小组内部成员及其和教师之间，往往很难随时进行面对面的互动交流，如此也就很可能对合作学习产生影响。基于此，教师应该注重引导学生通过互联网进行实时沟通和交流，借助于恰当的网上平台，及时共享学习资源，分享自身想法，形成深入沟通交流机制，同时鼓励学生及时向教师反馈信息，便于获得教师的帮助和支持，推进合作学习模式的优化落实。

第五，在线教学中合作学习模式的应用需要教师关注后续评价环节，要求借助科学合理的评价机制，对学生进行评价，进而实现更为理想的优化引导效果。从评价目标上来看，教师除了要针对各个小组提供的作业进行准确适宜的评价外，往往还需要重点关注学生合作学习的过程表现，对学生的合作态度以及参与状况进行评价，以便促使其可以更好地参与后续合作学习任务。另外，从评价对象上来看，教师除了要针对各个小组进行整体性评价和对小组之间进行评比外，往往还需要注重针对具体学生进行评价，该方面评价可以由教师和小组组长共同完成，类似于小组内的表彰会，明确各个小组成员的贡献，进而更好地推动后续小组合作学习模式应用。

在现阶段在线教学过程中，为了形成较为理想的教育教学价值，注重引入运用先进的教学模式极为必要，合作学习模式在该方面的应用就能表现出明显优势，教师应该对合作学习模式予以高度关注，以便引导学生积极参与小组合作学习活动，最终实现学生的全面发展。

(2) 在线学习效能感。

由于教育技术的不断进步，以互联网为载体的在线学习因其灵活性和可定制性已经成为更多学习者的新选择。在我国各阶段教育中，面授教学和线上指导学习相结合的混合式学习，已经成为一种创新教育的取向①。但带给教育者的挑战是，并不是每位学习者都能在网络上实现有效的学习。学习者可能一边听音乐，一边看视频资料，还可能同时刷着微博，研究者将类似的情境称为媒体多任务②。多任务学习更多的是多种媒介任务之间的频繁转换，可能会对网络学习效果产生负面影响③，进而影响学习者的学习成绩。因此，如何提升网络学习的效果就成为一个重要的研究主题。从学习者自身的角度出发，网络学习过程中的效能感可能对个体学习效果产生重要影响。

效能感源自心理学家班杜拉的社会学习理论，主要指个体对自己能否完成某项任务和行为的一种信念。网络学习效能感就是效能感在网络学习情境中的应用，主要涉及学习者对完成网络课程、与教师和同学互动以及使用课程相关网络工具的能力的感知，反映了学习过程中的一种内在的优势资源④。由于每个学习者的网络使用经验和信息技术能力的不同，他们对能否在网络学习情境中成功地完成学习任务的感知可能不同，即“网络学习效能感”存在个体差异。在该领域，起初主要指一种技术自我效能感（如使用电脑、检索信息、下载、发帖、提问和复制等），称为网络自我效能感或是计算机效能感，后来逐渐聚焦于一般的网络学习效能感，即个体在长时间网络学习过程中形成的一般能力判断⑤。但很多研究聚焦于与网络技术有关的自我效能感，而忽略了在网络环境中学业领域和社交领域的自我效能感⑥。研究发现，不管是单一的技术自我效

---

① 王祯，龚少英，曹阳，等．混合学习环境下自我调节学习的机制研究［J］．教育研究与实验，2019（6）：92－96；赵国栋，原帅．混合式学习的学生满意度及影响因素研究：以北京大学教学网为例［J］．中国远程教育，2010（6）：32－37.

② The Henry J. Kaiser Family Foundation. Media multitasking among American youth：prevalence，predictors and pairings［R/OL］．https：//files. eric. ed. gov/fulltext/ED527858. pdf.

③ JUDD T. Making sense of multitasking：key behaviors. Computers and education，2013（63）：358－367；KRAUSHAAR J M，NOVAK D C. Examining the effects of student multitasking with laptops during the lecture［J］．Journal of information systems education，2010，21（2）：241－251.

④ SHEN D，CHO M H，TSAI C L，et al. Unpacking online learning experiences：online learning self-efficacy and learning satisfaction［J］．The internet and higher education，2013（19）：10－17.

⑤ 童金皓，边玉芳．网络学习中的自我效能感［J］．现代远距离教育，2005（3）：25－27.

⑥ ROCA J C，CHIU C M，MARTÍNEZ F J. Understanding e-learning continuance intention：an extension of the technology acceptance model［J］．International Journal of human-computer studies，2006，64（8）：683－696；TSAI C C，CHUANG S C，LIANG J C，et al. Self-efficacy in internet-based learning environments：a literature review［J］．Educational technology and society，2011，14（4）：222－240.

能感，还是一般网络学习效能感，都可以显著正向预测学习者的满意度①。潜在的原因可能是，网络学习效能感较高的学习者，具有更强的学习内部动机，有更高的继续网络学习的意愿，与教师、同学的互动更为频繁，有更好的学业成绩，进而提高了学习过程中的满意度②。同时，较低的网络学习效能感，可能会让个体缺乏自信，不能全身心投入基于网络环境的学习过程，进而对学习产生厌倦、焦虑等消极情绪。网络学习效能感较高的学习者，可能更愿意尝试通过在线客服、搜索引擎、论坛等网络或计算机技术，解决学习过程中遇到的技术阻碍，有利于避免因技术问题而导致的网络学习的认同感低、情绪消极、退出等问题的出现。此外，在具体的课程内容学习中，高水平的网络学习效能感，让学习者对学习材料有较高的自主选择性和好奇心，对学习困难和挫折有正确的归因，进而促进学生对学习结果形成正确评价，并继续强化学习者进行网络学习的倾向③。同时，在学习过程中，学习者之间、学习者与教师之间在学习平台上相互提问与回答等在线社交活动的频率也是网络学习效能感高低的重要表现，这类在线社交活动也与学习满意度密切相关。

目前越来越多的高校，甚至是中小学都开始尝试引入网络课程作为传统课堂教育的有效补充。特别是在我国各类学校 2020 年春季学期由于受到新冠疫情的影响，不得不进行大规模在线教学的背景下，如何才能更有效地提高在线学习的质量，成为一个重要的研究课题。从个体认知信念层面来看，提高学习者的网络学习效能感具有重要意义。具体来说，在学习网络课程之前，教师要传授可能用到的网络或计算机一般技术等知识，例如：进行示范学习，教会学习者怎样使用“帮助”、怎样请求在线客服等，以降低学生对网络学习的焦虑，形成良好的先前学习经验。在网络学习过程中，要善于利用网络学习平台，与学

---

① ALSHARE K A，FREEZE R D，LANE P L，et al. The impacts of system and human factors on online learning systems use and learner satisfaction [J]. Decision sciences journal of innovative education，2011，9 (3)：437 - 461；KUO Y C，WALKER A E，SCHRODER K E，et al. Interaction，internet self-efficacy，and self-regulated learning as predictors of student satisfaction in online education courses [J]. The internet and higher education，2014 (20)：35 - 50.

② CHANG C S，LIU E Z F，SUNG H Y，et al. Effects of online college student's internet self-efficacy on learning motivation and performance [J]. Innovations in education and teaching international，2014，51 (4)：366 - 377；KAO C P，WU Y T，TSAI C C. Elementary school teachers' motivation toward web-based professional development，and the relationship with Internet self-efficacy and belief about web-based learning [J]. Teaching and teacher education，2011，27 (2)：406 - 415；SHEN D，CHO M H，TSAI C L，et al. Unpacking online learning experiences：online learning self-efficacy and learning satisfaction [J]. The internet and higher education，2013 (19)：10 - 17；王丽霞，龚少英．网络自我效能感及其影响因素综述 [J]. 信阳师范学院学报（哲学社会科学版），2013，33 (6)：53 - 57.

③ 刘儒德，江涛．学习者特征对网络学习的影响 [J]. 中国电化教育，2004 (6)：67 - 72.

生进行有效的互动，给予良好的认知和情感的支持，增强学生应对学习相关问题的信心和控制感。在设计网络课程时，要考虑页面设计、大纲设计与组织、音视频穿插等对学习者认知负荷的影响，循序渐进地设计任务的难度，让学习者有良好的学习成功体验，尤其要促进学习过程中的愉悦感等积极学业情绪。

(3) 社会临场感。

与传统的学习环境不同，在线学习离不开计算机和网络中介通信，因此起源于通信领域的重要理论——社会临场理论在网络教育领域也得到了广泛的应用。社会临场感（social presence），又称社会存在、社会表露、社会呈现，我国大多数学者则普遍将其翻译为社会临场感，主要是指人们在使用某种媒介沟通时，能够意识到他人存在的程度。实证研究表明，社会临场感的建立能够使学习者们更多地参与交流和协作，促进社会空间的形成①。理查森等利用问卷调查法分析了学习者在线课程学习的情况，研究发现学习者对社会临场感的感知与对指导教师的满意度呈正相关②。加森等人验证了在实践虚拟学习社区中，学习者通过文本交流工具能够获得更强的社会临场感，能够促进认知能力的发展和学习目标的完成③。

在线学习的规模较大，对于学习者而言是否能及时获得教师的支持、对于教师而言能否及时评估学习者的在线学习状态从而进行干预、能否识别并预测合格学习者的特征等，都是在线学习领域理论研究者和实践者关注的重要问题④。在实际教学中在线课程如能提供同面对面教学一样的临场感，将会让学习者拥有更多机会同教育者、同伴进行交流。快速发展的社交媒体为在线临场感的营造提供了可能，许多学习平台已经将社交媒体整合到教学内容的传递中，这些社会性交互能让学习者感觉到彼此之间的联系。

社会临场感是个体在探究社区中，利用媒体在社交和情感方面展示自我的能力。有学者通过对在线学习环境进行研究发现，社会临场感有助于形成积极

---

① KREIJNS K，KIRSCHNER P A，VERMEULEN M. Social aspects of CSCL environments：a research framework [J]. Educational psychologist，2013，48 (4)：229-242.

② RICHARDSON J，SWAN K. Examing social presence in online courses in relation to students' perceived learning and satisfaction [J]. Journal of asynchronous learning networks，2003，7 (1)：68-88.

③ GARRISON D R，ANDERSON T，ARCHER W. Critical inquiry in a text-based environment：computer conferencing in higher education [J]. The internet and higher education，1999，2 (2-3)：87-105.

④ 卢紫荆，刘紫荆，郑勤华．基于 DEA 的在线学习者学习效率评价 [J]. 开放学习研究，2019，24 (2)：30-38；曾嘉灵，欧阳嘉煜，纪九梅，等．影响 MOOC 合格学习者学习效果的行为特征分析 [J]. 开放学习研究，2018，23 (6)：1-9.

的学习体验，提升学习满意度①。此外，社会临场感还有助于提升网络学习效果和降低网络学习环境中可能出现的孤独感。因而，教师需要在网络教学的过程中，把社区感的建设作为一项重要的任务嵌套在活动设计之中，例如，教师可以在网络教学开始的时候，设置一些破冰活动，或者让学习者提供带有自己个性化生活照片的简历，以便在群体中营造一种温馨和信任的气氛。一项实证研究结果还表明，学生在建立社会临场感的过程中更倾向于情绪情感交互，学生喜欢使用表情符号、表情包、网络用语或幽默性词语等进行交流，因此，教师可以着重加强此类交互，多利用幽默口吻与学生进行交流，并且在线上教学模块中设置趣味交互活动、趣味游戏等②。

3. 学习适应性

学习适应性是指学习者克服困难取得较好学习效果的一种倾向，亦即学习适应能力。在线学习适应性（online learning adaptability）是在线学习者在网络课程的学习过程中与自身学习的需求相结合，全面调整、优化、提升自我，从而实现个体与学习环境之间的具体变化过程③。它与大学生的学习质量、学习模式和学习环境有着重要的联系，能够有效预测学习者的学习投入和学习情况④。在线学习适应性较好的大学生能够有愉快的学业体验和较高的学业成就。在当前知识经济和信息时代发展的大背景下，学习适应性呈现新的、更加复杂的特点。随着网络信息时代的迅猛发展，过去传统的教学模式逐步被多元的混合式教学模式所取代。在网络平台这一学习环境中，学习者要以更好的适应性投入到在线学习中，才能提高学习效果。随着教育信息化的迅猛发展，在线学习将是学校学习的重要补充，对网络环境中学习者的学习适应性进行研究非常重要且必要。

我国当前的教育模式依旧是各种教育技术教学依托于面对面传统教学，因而网络课程对许多人来说可能是一种适应性挑战。为了了解学生对网络课程的适应程度，大量的研究比较了网络课程和面对面学习的结果。各种研究的结果各不相同，有些研究发现在线学习带来了积极的结果，有些则发现产生了消极

---

① GUNAWARDENA C N，ZITTLE F J. Social presence as a predictor of satisfaction within a computer-mediated conferencing environment [J]. American journal of distance education，1997，11（3）：8－26.

② 文婷，莫剑霞，沈琳宇．疫情背景下提升学生在线学习社会临场感的交互策略研究［J］．电脑知识与技术，2020，16（34）：127－130.

③ 李铭勇，郭恒武．中小学生在线学习适应性的现状调查与对策：基于某区居家线上学习的实证分析［J］．现代教育，2021（1）：51－53.

④ 潘炳超，李琪，陈慧，等．地方院校师范生课程学习投入的影响因素［J］．陕西学前师范学院学报，2018，34（3）：74－78.

的结果[①]。

研究结果差异很大的一个潜在原因可能是学生群体和研究中的课程背景不同。一些学生群体——例如，那些更广泛地接触技术的人或那些在时间管理和自主学习方面被传授过技能的人——可能比其他人更容易适应在线学习。此外，一些学术学科领域可能会比其他领域更容易提供高质量的在线学习体验，因此可能会对学生的学习适应性产生积极影响。

首先，不同的学生特征可能会影响在线学习的效果。在性别方面，一些研究发现男性和女性在在线课程的学习结果方面没有差异[②]，但还有一些研究发现女性的表现明显优于男性[③]。麦克斯帕伦和扬通过课堂观察和分析调查数据说明了女性在网络课程研究中有较强表现的原因。他们得出的结论是，所收集样本中的女性更有动力，更擅长在线交流，在安排学习时间方面也更有效。相比之下，男性参与者访问课程网页和论坛帖子的次数较少；他们的时间管理能力也较差，在完成学习任务的能力方面往往过于自信[④]。

在学生年龄方面，一些研究发现年龄与在线学习的满意度或表现之间没有关系[⑤]，而另外一些研究发现，年龄较大的学生比年龄较小的学生更有可能完成在线课程[⑥]。例如，在一项关于在线学习的研究中，成功完成在线课程学生的平均年龄是 28 岁，而没成功完成在线课程学生的平均年龄是 25 岁。科罗拉

① BERNARD R M，ABRAMI P C，LOU Y，et al. How does distance education compare with classroom instruction? a meta-analysis of the empirical literature [J]. Review of educational research，2004，74 (3)：379 - 439.

② ASTLEITNER H，STEINBERG R. Are there gender differences in web-based learning? an integrated model and related effect sizes [J]. AACE journal，2005，13 (1)：47 - 63；LU J，YU C S，LIU C. Learning style，learning patterns，and learning performance in a WebCT-based MIS course [J]. Information and management，2003，40 (6)：497 - 507；YUKSELTURK E，BULUT S. Predictors for student success in an online course [J]. Educational technology and society，2007，10 (2)：71 - 83.

③ CHYUNG S Y. Systematic and systemic approaches to reducing attrition rates in online higher education [J]. The American journal of distance education，2001，15 (3)：36 - 49；GUNN C，MCSPORRAN M，MACLEOD H，et al. Dominant or different? gender issues in computer supported learning [J]. Journal of asynchronous learning networks，2003，7 (1)：14 - 30.

④ MCSPORRAN M，YOUNG S. Does gender matter in online learning? [J]. Research in learning technology. 2001，9 (2)：3 - 15.

⑤ BINER P M，SUMMERS M，DEAN R S，et al. Student satisfaction with interactive telecourses as a function of demographic variables and prior telecourse experience [J]. Distance education，1996，17 (1)：33 - 43；OSBORN V. Identifying at-risk students in videoconferencing and web-based distance education [J]. American journal of distance education，2001，15 (1)：41 - 54；WILLGING P A，JOHNSON S D. Factors that influence students' decision to dropout of online courses [J]. Journal of asynchronous learning networks，2004，13 (3)：115 - 127.

⑥ WOJCIECHOWSKI A，PALMER L B. Individual student characteristics：can any be predictors of success in online classes? [J]. Online journal of distance learning administration，2005，8 (2)：13.

多和埃伯利认为，年龄较大的学生在线学习的成功可能是因为随着年龄的增长，他们的预习、阐述、批判性思维和元认知自我调节水平都有所提高，而这其中的每一项都可能有助于在线课程的完成①。

此外，相对较少的一些研究也发现了学生已有的学习能力在学习适应中的作用②。具体来说，学业准备不足的学生往往在时间管理能力和自主学习技能方面存在不足，而这两项能力恰恰是在线及远程教育成功的关键③。因此，学业准备水平较低的学生在任何课程上的表现都比准备较好的学生差，尤其是在网络环境下，表现差距会更大。事实上，一项实验研究比较了经济学课程在线和面对面的学习效果发现，在平均学分绩点较高的学生中，两种课程形式没有显著差异；然而，在那些平均学分绩点较低的学生中，在线学习的学生在课堂考试中的得分明显低于面对面学习的学生。也就是说，平均学分绩点较低的学生比平均学分绩点较高的学生更难适应网络环境④。

除了学生自身的特点外，他们对在线学习的适应性也可能因学科而异，因为网络课程在某些学科领域可能比在其他学科领域更有吸引力或更有效。例如，在需要动手演示和实践、大量的师生互动或即时个性化反馈的领域，设计有效的在线材料或活动可能会比较困难。为了支持在线学习的有效性可能因学科领域不同而不同的观点，2012 年的一项质性研究调查了学生们更喜欢在线学习而不是面对面学习的课程主题⑤。学生们表示，他们更喜欢在面对面的环境中学习“难”的课程（如数学），而“容易”的课程可以在网上学习。学生们还明确指出了一些他们认为“不适合网络环境”的学科，如实验室科学课程和外语课程。

---

① COLORADO J T，EBERLE J. Student demographics and success in online learning environments [J]. Emporia state research studies，2010，46（1）：4－10.

② HOSKINS S L，VAN HOOFF J C V. Motivation and ability：which students use online learning and what influence does it have on their achievement? [J]. British journal of educational technology，2005，36（2）：177－192；FIGLIO D N，RUSH M，YIN L. Is it live or is it internet? experimental estimates of the effects of online instruction on student learning [N/OL]. https：//www. nber. org/system/files/working_papers/w16089/w16089. pdf.

③ BAMBARA C S，HARBOUR C P，DAVIES T G，et al. Delicate engagement：the lived experience of community college students enrolled in high-risk courses [J]. Community college review，2009，36（3）：219－238；LIU S，GOMEZ J，KHAN B，et al. Toward a learner-oriented community college online course dropout framework [J]. International journal on e-learning，2007，6（4）：519－542.

④ FIGLIO D N，RUSH M，YIN L. Is it live or is it internet? experimental estimates of the effects of online instruction on student learning [N/OL]. https：//www. nber. org/system/files/working_papers/w16089/w16089. pdf.

⑤ JAGGARS S S. Beyond flexibility：Why students choose online courses in community college [C] // American educational research association annual meeting，Canada，2012.

以往研究表明了学生对在线学习的适应性会因学生的特点和学科领域的不同而不同。有关学生特征的调节作用的结论可以帮助院校更积极地向可能更容易从中受益的子群体“推销”在线课程，同时为在在线学习环境中可能遇到更多困难的子群体设计支持系统。关于更适合或不太适合在线学习的课程主题的结论可以帮助相关机构更有效地为在线课程开发分配资源。

4. 社会适应性

社会适应指个体逐渐接受现有社会的道德规范与行为准则，对于环境中的社会刺激能够在规范允许的范围内做出反应的过程。社会适应对个体有着重要意义。如果一个人不能与社会取得一致，就会对所处环境产生格格不入的心理，不利于个人身心健康发展。移动技术已经成为人们日常生活中不可分割的一部分，随着技术不断融入教育领域，这种数字化教育方式在学习者的社会适应中发挥了怎样的作用呢？

网络本身的虚拟性特点使得网络环境中的主体具有无标识状态特征，这可能会使人际关系淡漠甚至情感疏远，也可能使传统价值观和伦理道德规范受到挑战①。尤其是学生对新鲜事物接受程度高，各种依靠网络衍生的新兴技术产物能够迅速在学生群体中普及，这在丰富他们的学习方式和业余生活的同时，由于网络社会的匿名性、虚拟性特征，各种网络伦理问题也随之而来。网络本身存在的虚拟性也使价值尺度和“善”的原则被虚化了。学生的道德意识薄弱，再加上不断地遭受各种粗俗、恶意的信息的冲击，学生的思维方式、道德意识极易朝畸形方向发展，从而极易导致学生道德行为失衡与失范、诱发畸形人格的形成②。

网络的无规范性、虚拟隐匿性、泛滥性及成瘾性，可能会对学生的人格发展和道德水平产生不可忽视的消极影响。虚拟化的网络交往极易导致学生人格发展的异化。网络常常使学生形成平等感、自由感和身份虚幻感，为实现自我超乎实际的需求找到空间。长此以往，学生的情感逐渐移植到网络世界中，形成对网络的依赖心理，以至逐渐丧失现实社会交往的技能，甚至有意识地逃避社会现实。研究表明网络成瘾者在现实社会交往方面存在着非常严重的问题，大多网络成瘾者在各种人际关系中都存在不融洽情况，尤其是在“师生关系”、“家庭关系”和“同学关系”三个主要交往方面。虚拟匿名的网络自由空间，容易诱发大学生约束力减弱、自由度增强，道德责任减弱、游戏心态增强，目的

---

① 柯常钦，沈海波．网络伦理：问题与对策［J］．湖北教育学院学报，2005（3）：52－55.

② 尹睿．网络学习环境研究的困境与转向［J］．中国电化教育，2009（6）：18－21.

性减弱、盲目性增强，群体性减弱、个性化增强等网络问题①。网络成瘾者离开虚拟的网络世界回到现实世界中，常常会感到孤独和受挫。在不能有效实现客观现实和虚拟现实之间的角色转换时，极易造成心理上的错位，开始逃避现实社会，逃避真实人际交往，不愿与他人直接沟通，自我封闭，甚至会导致人格的异化以至畸变，诱发其人格障碍，如攻击性人格障碍、退缩型人格障碍、双重人格和多重人格等。

网络信息良莠不齐，在各种信息、观点自由表达的网络上，个人主义、利己主义和实用主义等西方价值观，拜金主义、享乐主义、追求奢侈等腐朽生活方式，以及注重感官刺激的庸俗情趣，乘信息大潮汹涌而来。网络拥有的强大诱惑力远远超过学生自身的控制力，而社会道德的主要规范作用在这里则可能减弱甚至消失，由此造成道德评价失范，最终导致学生选择迷惘和价值取向紊乱。道德活动范围受物理空间的限制，而网络化的交往则超过了一般时空的限制。学生网络成瘾，导致正常的人际交往减少，致使许多用来丰富其情感体验、培养其意志品质的方法与途径很难发挥作用。因此，互联网攫取了学生道德意志和道德情感成长的土壤和空间，引发了学生道德行为的失衡与异化。

总之，网络是一把“双刃剑”，网络的开放性既提高了学生的生活和学习效率，同时，也向他们打开了危险而又充满诱惑的窗口，网络成瘾严重影响着学生健康和谐人格的塑造。如何更好地使用和把握这把“双刃剑”，既要教会学生得心应手地用它来克敌制胜，又要保护自己不为剑刃所伤，已成为当今必须面对和亟待解决的问题，需要全社会多方配合，齐抓共管，把防范学生“网络成瘾”当成一项综合性的社会工程来共同建设。

（三）在线学习内容对学习者心理发展的影响

1. 积极内容的影响

互联网因其拥有丰富的资源、方便快捷的使用方式和良好的交互性能而被广泛应用于教育领域。移动教育结合了院校优秀教育资源，随着科学技术的迅速发展，这些教育资源可以随时更新和补充，及时反映出最新的科研成果，把这些成果编入教学内容中来，学生即可学习知识。在网络上进行资源共享分为三个方面：一是课程资源共享，通过链接或二维码分享出去，学生直接点击链接或者扫二维码即可获取大量的课程内容；二是网络资源共享，互联网本身是一个巨大的资源库。这个资源库可为学生提供便利，有利于扩大学生的知识面；

① 田丽霞．网络对大学生道德人格的负面影响及对策分析［J］．教育与职业，2007（15）：99-100.

三是对教学中难点问题解答的共享，教师对学生所遇到的难点问题的解答，其他有相同问题的学生也可以参考。移动学习打破了权威对知识的垄断，让教育从封闭走向开放，人人能够创造知识，人人能够共享知识，人人也都能够获取和使用知识。因此移动技术的出现，优化了教学资源配置，更好地实现了资源的共享。并且移动时代，技术辅助可以为学生提供个性化的教学和服务。教师能够将文字、声音、图表、视频、动画等通过网络多媒体形式展示给学生观看和学习，学生能更加形象直观地浏览一些数据或者各种各样日常生活中无法看到的场景。利用互联网技术，一方面，教师可制作生动多样的教学课件来展开教学，提高学生的学习兴趣，消除传统教学方法给学生带来的疲倦感和枯燥感；另一方面，学生能够接收更多丰富多样的教学内容，更好地吸收知识和成长。个性化的辅导也有利于学生的个性培养，可以极大地促进学生主体性的发展，从而促使学生形成积极的人生态度，顺利地完成社会化发展①。

2. 消极内容的影响

然而在信息时代，网络消极内容也不时腐蚀着学生的心灵。网络资源的丰富与快捷会使一些学生放弃刻苦钻研，滋长了弄虚作假和急功近利的心理，养成了浮躁的学风。网络上出现的暴、黄、赌、毒、骗等现象也同样侵害着广大受众群体：打开网络，黄色视频、网络暴力的画面等充斥其中，这对于消磨人们的意志，误导青少年，激发暴力犯罪有着严重的负面影响。网络赌博游戏等流氓软件像苍蝇一样挥之不去，使众多网民通宵达旦沉醉其中而不能自拔。当前，电信网络诈骗频发，直接导致现实社会人际信任关系的缺失，不利于社会公序良俗的养成，更不利于和谐社会的构建。伴随网络的产生，出现了众多网迷，尤其是打游戏、聊天、赌博等会使一些网民上网时精神亢奋，下网后神情倦怠，成为网络“瘾君子”。而且一些网民唯网是从，宁愿相信网络也不相信社会，甚至变得缄默孤僻、冷落、紧张、不合群，人际关系淡漠、亲情疏远，出现网络自闭症，形成“数字化”人格障碍。同时，网络的虚拟性、隐蔽性，也会弱化网民的法律意识，容易滋生违法犯罪行为。网络上宣扬利己主义、功利主义、封建迷信等思想，也容易使一些网民价值取向扭曲、社会责任缺失。学者柯常钦等人认为，网络中的垃圾信息对人们的生活特别是对青少年的健康成长造成了极大的不良影响，青少年对网络上的一切事物都有新鲜感，这恰恰给电信网络诈骗和不良信息的滋长创造了便利条件，产生众多社会和道德问题②。尤其是学生群体思想尚未完全成熟，对网络上的不良信息和偏颇言论缺乏应有

① 李强．中小学生网络学习的内涵、特点和意义［J］．天津市教科院学报，2002（4）：34-36.

② 柯常钦，沈海波．网络伦理：问题与对策［J］．湖北教育学院学报，2005（3）：52-55.

的审视和辨别能力，因此网络给我国学校的安全教育工作带来了强烈的冲击。因此，进一步净化网络文化环境，保护未成年人健康成长依旧任重而道远。

四、数字化教育中学习者面临的挑战及相关建议

（一）数字化教育中学习者的挑战

尽管在线学习已逐渐成为现代教育的一种主流形式，但在进行在线学习时，学习者常常会受其他网络应用软件和信息的诱惑和干扰，看着教学视频走神或错过关键学习内容等情形时有发生。这些现象让教师对在线教学爱恨交织，学生也十分困惑：为什么在线学习时会出现这样那样的问题，如何应对在线学习过程中出现的各类问题？怎样进行在线学习才能更有效呢？

相关调查研究发现，学习者愿意在新冠疫情后继续参与在线学习的比例超过 60%。学生持续参与在线学习的意愿一定程度上反映了学生的在线学习体验。在线学习体验指学习者对在线学习过程及结果的感知。作为过程，它指学习者参与在线学习时形成认识和情感的经历；而作为结果，它指学习者参与在线学习后对其产生的情感反应和效果评价。学生的在线学习体验受教师在线教学技能、学习交互、学习活动设计、资源特性、学习者特征等多种因素影响。尽管“停课不停学”让在线教育飞速发展，但也暴露出了一些新的问题。

1. 在线环境加深学习者的分心程度

在移动学习环境中学习者扮演着非常重要的角色，移动学习的认知要求对学习者来说可能是一个挑战。当移动设备被用于一个分散注意力的环境中时，交互复杂性会对学生的学习表现产生影响。一项观察研究发现，学生在利用移动设备进行学习时，往往会因一些与学习无关的内容而分心[①]。究其原因，可能是移动学习环境中的多任务操作增加了认知负担，进而影响了注意力的集中[②]。基于这一考量，部分教育工作者主张将移动设备彻底排除在课堂之外。然而，移动设备并非教育的敌人，而是数字化教育转型的重要助力。正如科尔布所认为的那样，教育工作者应该花时间寻找将移动设备整合到学习活动中的方法，而不是禁止在学校使用移动设备[③]。此外，沙普尔斯建议，教育工作者

---

① ROSEN L D，CARRIER L M，CHEEVER N A. Facebook and texting made me do it：media—induced task-switching while studying [J]. Computers in human behavior，2013，29：948 - 958.

② 孟男，雷雳，王兴超. 移动学习的形式、理论基础及面临的挑战 [J]. 教育科学研究，2017 (10)：76 - 80.

③ KOLB L. Learning first，technology second：the educator's guide to designing authentic lessons [M]. Arlington：International Society for Technology in Education，2017.

可以通过创建有效的教育环境来避免学生分心，从而利用移动技术实现有效的学习①。

2. 自主学习能力影响在线学习的效果

在线学习的效果和学生的自主学习能力直接相关。面授教学中，学生在教师的实时监督和指导下，其自主性没有得到充分培养。在线学习中，学生缺乏教师的持续关注和监督，如何专注学习过程，高效完成相关学习任务是其在线学习面临的最大挑战。一些经济落后地区的学习者缺乏在线学习经验，对在线学习形式不适应，尤其是在网上与教师和同学交流表现不佳。此外，经济落后地区的学生上网课主要是学校要求，受外部因素驱动更强，相较于经济发达地区，学生的主动性较差。在这种情况下，再加上网络不稳定等外部因素，学生在线学习效果和体验自然大打折扣。另外，在线教学过程中，教师往往仓促上阵，缺乏系统的培训，能够完成相应的教学任务已是不易，对学生自主学习能力的培养和指导根本无暇顾及，很多教师甚至没有培养学生自主学习能力的意识。因此，自主学习能力缺失成为学习者在线学习的最大障碍。

3. 认同度影响学生在线学习的参与意愿

感知有用性、感知易用性、满意度等都是影响学生学习体验的重要因素，是在线教育平台用户持续使用意向的关键影响因素。一方面，在线学习脱离了教师的直接监督，学生无法很好地管理自己的学习。另一方面，在线环境限制了教师的教学组织能力，教师仍然是教学的重要因素，教师与学生的交互影响着学生的情感体验和学习效果，技术本身无法提供教师给学生带去的良好情感体验。目前，在在线教学中，大部分教师都没有相关经验，不熟悉在线教学的规律和组织方法，与学生的交互不足，一定程度上造成了学生对在线教育的归属感和认同度不高。

4. 虚拟环境不利于学习者伦理道德规范的建立

新冠疫情不仅给学生的生活带来了变化，同时也改变了他们的学习方式，从面对面的课堂学习转变为在线学习。长时间使用电子设备，再加上与同龄人的交流变少，个别学生容易出现焦虑、厌学、应付课业等情况。除此以外，在正常的课堂教学环境中，教师和学生之间往往有积极的互动、交流。在这一过程中，通常有比较明确的道德行为准则及课堂伦理规范，而且在公共教学场域中，人们都会自觉地维护课堂教学秩序，保持良好的师生关系，遵守基本的道德伦理规范。但是，线上学习环境与面对面的课堂教学环境存在很大差异，师

---

① SHARPLES M. Disruptive devices：mobile technology for conversational learning [J]. International journal of continuing engineering education and life long learning，2002，12 (5－6)：504－520.

生处在网络虚拟环境中，形成了一种匿名化的师生交往模式，有时甚至在视频直播条件下，也很难确定教学者和学习者的真实身份，因此，可能存在个人信息采集、网络欺诈等风险。此外，线上资源使用权限、舆论舆情、学习机会保障，以及网络交往中的诚实守信、价值尊重、隐私保护等道德伦理问题，也会给线上学习带来困扰。

（二）数字化教育转型中的建议

基于网络信息传播的线上学习给传统教育带来了新的挑战，教育者、学习者以及教育管理者都面临一次严峻的“大考”。为了促进数字化教育转型，可从以下几个方面进一步深入思考：

1. 重视学习者自主学习能力培养

为顺应数字化教育的转型，一方面，学习者自主学习能力的培养应融入日常教学中，将课堂教学作为自主学习能力培养的新阵地，结合课程内容，开展多样化的学习活动，促进学生学习方式的改变和自主学习能力的提升。另一方面，要加强对教师在线教学能力的培养。我国教师尤其是偏远地区的教师对在线教育工具的实践应用能力尚有不足，在线教学策略、教学活动设计的缺失也是造成在线教学效果不佳的原因之一。因此，要结合教师在线教学实践和经验，开展有针对性的培训，做好应对“互联网＋”时代教育教学新形态的准备，具体包括：（1）提高教师的信息素养及学科教育与信息技术整合能力。教师信息素养是建立高素质、专业化、创新型教师队伍的重要因素，也是促进教育信息化新阶段发展的关键因素。在“互联网＋”时代，教师不但需要提高信息意识并以开放的心态接纳新技术，而且需要具备将信息技术整合至学科教学中，提高运用新技术支持学科教学的能力；（2）提高教师混合式教学能力。“互联网＋”时代，混合式教学将成为重要的教学形式之一，它不是简单的技术应用，而是“以学生为中心”的线上线下学习方式的混合。

2. 维护学生身心健康发展

在线学习方式增加了学生使用电子产品的时间，由此可能造成学生作息时间不规律、视力下降等身体健康问题，甚至会对学生的心理健康造成负面影响，比如出现网络依赖、游戏成瘾、技术焦虑、消极抵触、厌学等心理问题。因此，教育管理者、教师、家长都应该针对孩子年龄段及个体差异帮助他们制定科学合理的在线学习计划，避免出现放任自流和负担过重的现象，同时，规范孩子线上学习的行为，关注孩子的身心健康。同时，针对在线学习，应倡导建立网络伦理规范，比如，尊重他人成果、保障知识产权、促进教育公平、保护个人隐私等，加强道德伦理规范教育。

3. 建立混合型教学模式，实现优质教育资源互通

教育部曾明确指出，要完善国家数字教育资源公共服务体系，深化网络学习空间应用普及行动，加快推进教育信息化高质量发展。国家应鼓励多样化教育服务，探索利用市场机制优化教育资源配置，整合线上线下资源，创新服务供给模式，为农村地区提供丰富的教育资源。同时充分发挥“双师课堂”的优势，探索城乡地区教师的角色和分工，建立发达地区教师和乡村教师协同的全新教学模式，实现外部优质教师资源和内部教学服务相配合、线上与线下相结合的教学模式。发达地区优秀教师作为主讲教师，主要通过视频直播讲解课程内容；欠发达地区教师担任助教或辅导教师，在课上与主讲教师配合开展教学及互动，观察并记录学生课堂表现，维持课堂秩序，在课后负责答疑、批改作业、讲解习题，以及与家长沟通等服务工作。这样两位教师分工明确，真正做到“学”和“习”的完美结合，保证学生学习效果。

第九章
数智时代教师面临的挑战、角色重构与教师教育变革

近年来，数字技术的发展迎来了“奇点时刻”，逐渐渗透进教师日常工作，并重塑教师专业身份。许多研究者也开始关注智能化条件下教师面临哪些挑战、角色如何重构以及随之而来的教师教育变革方向等重要课题。

一、数智时代教师面临的挑战

世界经济论坛创始人克劳斯·施瓦布（Klaus Schwab）指出，当今人类社会正进行着一场新技术革命，正处于第四次工业革命的开端，“这次革命刚刚开始，正在彻底颠覆我们的生活、工作和互相联系的方式。无论是规模、广度还是复杂程度，第四次工业革命都与人类过去经历的变革截然不同”①。第四次工业革命以数字技术的变革为核心，并进一步催生并极大地推动了人工智能、机器学习、大数据分析等领域出现了指数级的、爆发式的创新和发展。特别是，得益于对大体量、多维度和完整性的大数据的分析以及不断迭代发展的机器学习，数据驱动的机器智能化不断突破人们的想象，机器越来越具备人的各种高级智能，这既是智能时代到来的标志，也表明我们进入了“机器的人化”“将人与机器视为同一性的存在”的时代②。“智能”一直以来是人类独有的并区别于自然界和其他人造物的典型特征；但是，在数智时代，智能可能不再专属于人类：未来的智能机器也可能有自主意识和思考能力，乃至“成为社会的一个有机组成部分和具有独立判断、自主行动的行为主体”③。正如吴军所言，人工智能、机器智能得以实现的背后是将智能问题转变为数据问题和数据分析问题，“大量数据的使用，最大的意义在于它能让计算机完成一些过去只有人类才能做到的事情，这最终将带来一场智能革命”④。可见，大数据以及以数据作为分析对象并建立在数字化技术基础之上的算法，将成为数智时代“解释和认识人与世界的基本法则和思维方式”⑤。

进入以算法为王的数智时代，以人工智能为代表的一系列新技术的产生和发展对人类社会产生了深刻的影响，而这种影响不仅停留在生活方式或工作方式等工具层面，更赋予了我们认识和理解世界的新视角，系统性地改变了我们的存在方式和思维方式。在数智时代，教师也同样受到大数据、人工智能等新兴科技的深刻影响，教师的专业工作面临严峻的挑战。学校教师与技术、机器

① 施瓦布．第四次工业革命［M］．北京：中信出版社，2016.

② 王敏芝．算法之下：“透明社会”的技术与观念［J］．探索与争鸣，2021（3）：29－31.

③ 刘复兴．论教育与机器的关系［J］．教育研究，2019，40（11）：28－38.

④ 吴军．智能时代：5G、IoT 构建超级智能新机遇［M］．2 版．北京：中信出版社，2020.

⑤ 同③.

等新兴科学技术所形成的复杂互动关系并非一个新鲜的话题。从历史的视角来看，伴随着科学技术革命，教师的课堂教学活动及其所承担的多重角色也同样经历着重构与变迁的过程。但是，正如塞尔登（Seldon）和阿比多耶（Abidoye）所描述的，尽管不断涌现的新兴的教育技术、工具和手段对学校教育活动产生了重要影响，但是在以人工智能为核心要素的第四次教育革命中，智能化的机器已经不单单是一种外在的辅助工具①。从教师与技术、教师与智能机器的关系这一视角出发，在数智时代，教师的工作、角色都将被重新塑造，而且教师这一门职业的内涵也将进一步被重构乃至颠覆。

党的二十大报告明确提出了“推进教育数字化”的教育改革与发展方向，而全面推进教师队伍建设的数字化转型是教育数字化的重要组成部分。如何借助数字化的理念、工具、技术和手段为智能时代教师队伍建设赋能增势成为亟待解决的重要课题。面对以算法为核心的数智时代的到来，推动教师队伍建设的数字化转型面临着全方位的挑战与发展机遇。具体而言，数智时代教师面临的挑战主要有三个方面：其一，智能机器是否会超越其“代具”价值而“代替”教师的部分乃至全部角色，进而消解教师存在的价值、影响教师主体身份认同？其二，以人工智能和大数据为典型特征的数智时代深度介入教师教学工作所带来的对数据及其背后所隐藏的算法的严重依赖是否会影响教师的专业主体地位，是否会带来教师专业性的危机，甚至形成“去专业化”的挑战？其三，智能机器及其背后所蕴含的算法深度介入教师工作而引发的教学实践变革是否会颠覆教师的知识基础，使教师丧失知识的垄断地位？

（一）教师职业的可替代性：教师主体身份的消解

对机器取代人类的恐惧和焦虑由来已久。在 18 世纪英国工业革命时期，因为工作被技术革新而产生的纺织机器夺走，自称“卢德分子”（Luddites）的失业纺织工人愤怒地冲进工厂并破坏机器。如今，“卢德分子”经常被用来指代厌恶新技术、抵抗技术替代、抗拒变革的人②。可见，历史上的技术革新、科技进步在创造新的产业、市场、就业机会的同时，也冲击着传统的职业、行业：部分职业的消失、劳动力被替代是历次工业革命的重要副产品。英国牛津大学的弗雷和奥斯本 2013 年发布的研究报告《未来的职业》阐明了新一轮的技术变

---

① 塞尔登，阿比多耶．第四次教育革命：人工智能如何改变教育［M］．北京：机械工业出版社，2020.

② BRAIN J. The luddites [EB/OL]. https://www.historic-uk.com/HistoryUK/HistoryofBritain/The-Luddites/.

革和工业革命（特别是计算机和信息技术的发展）将如何影响未来的职业，并基于对 702 种职业的电子计算机化程度的估算，预测未来 47%的职业将消失或被计算机取代①。换句话说，本应增强或赋权人类能力的技术和机器加速了某些职业的消失，并成功取代人类。而在教育领域，伴随着机器智能化程度的提升以及出现的机器人教师，教师职业也面临着巨大的冲击和挑战：教师职业是否会被智能机器取代，教师职业身份是否会在新技术的冲击下逐渐被消解?

首先，数智时代人工智能的跃进式发展将增强机器人教师的能力，人类教师在知识传授、师生交往、品德培育等方面具备的独特品质和优势面临着被消解的危机。虽然人类教师在道德、情感、审美、智慧、思维特别是创造性和批判性思维等方面具有难以逾越的优势，但是建基于海量大数据和强大技术能力的人工智能技术的发展正在逐步突破机器智能的边界，让机器获得越来越多人类原先独享的能力。近年来，教育领域涌现了许多机器人教师替代人类教师并出色完成相关工作的案例。例如，2016 年，美国佐治亚理工学院的一名教授使用国际商业机器公司（IBM）开发的聊天机器人吉尔·沃森（Jill Watson），将其作为研究生课程的助教，帮助学生解决项目设计过程中遇到的问题。在为期 5 个月的授课中，所有学生都没有意识到回答他们问题的是机器人，因为“在回答电子邮件和论坛上的问题时，机器人吉尔语气随意、口语化，并能够在几分钟内给出细致而准确的回答”②。富有高智能的机器人教师在知识传授领域发挥重要作用，“智能机器人教师在知识教学方面可以做得比人类教师还要好，因此它们必将逐渐在很多方面替代教师的工作”③。例如，擅长语音教学的机器人 Elias，擅长社会交往并可以帮助发展迟缓和孤独症儿童的机器人 Keepon，熟悉 20 多种语言、能够独立行走并能够讲授多种课程的完全程序化的机器人 Nao④。更重要的是，人工智能的发展让机器具备更高级的智能。机器人教师已经不局限于知识传授，而是延伸至师生互动、促进学生学业学习和社会性学习等范畴。在芬兰等许多国家，机器人教师开始在学校教育活动中发挥重要作用，这些机器人具有高强度的互动性，它们可以问问题、倾听回答，甚至在与学生交流的

---

① FREY C B，OSBORNE M A. The future of employment：how susceptible are jobs to computerisation? [R]. Oxford：Oxford Martin School，2013.

② GRAAF M，MACDONALD C. A robot has been teaching grad students for 5 months… and none of them realized [EB/OL]. https：//www.dailymail.co.uk/news/article-3581085/A-robot-teaching-grad-students-5-months-NONE-realized.html.

③ 项贤明. 在人工智能时代如何学为人师？[J]. 中国教育学刊，2019（3）：76-80.

④ LYNCH M. The rise of the robot teacher [EB/OL]. https：//www.thetechedvocate.org/the-rise-of-the-robot-teacher/.

时候可以识别学生的面部表情。因此，伴随着人工智能的发展特别是数智时代大数据、区块链、虚拟现实和增强现实等多种技术的叠加式的发展，机器人教师在信息处理和知识传授等方面将比人类教师更加高效；进而，我们可以预见，教师职业的可替代性将从“远虑”变为现实，教师是否会沦为《人类简史》作者赫拉利所提的“无用阶级”将成为一个亟待回应的问题。

其次，随着数智时代的到来，高智能的机器将成为教师专业实践中难以回避的关键要素，教师与机器将超越“代具”关系而构建“双主体”的互动联结，教师主体身份的建构将离不开机器的深度卷入。从技术哲学的层面来看，人类教师与机器人教师（抑或是教师与人工智能技术）之间的关系本质上反映了人与技术的关系。吴国盛认为，人的存在及其意义建构离不开技术的卷入，“人是通过技术来进行自我构造的”[①]。法国技术哲学家斯蒂格勒（Stiegler）提出了理解技术如何影响人的存在的重要概念——代具。技术哲学的“代具”理论认为，作为存在的人类本身是有缺陷的或有缺失的，而技术则被比喻为“普罗米修斯为人类盗取的火”，发挥着弥补缺陷、填补缺失的“代具作用”；在这个过程中，“技术是人类生存不可或缺之物，人类这一‘谁’是通过技术这一‘什么’来实现自己的‘在-世界中-存在’的”[②]。换句话说，技术已经内化为人的存在的应有之物。从粉笔、黑板、幻灯片和投影仪，再到现在的智能机器、增强现实和虚拟现实工具、机器人教师，现代学校教育同样也面临着技术特别是越来越多智能技术的介入乃至侵占问题。随着技术对教师工作和生活的介入程度愈来愈深，技术也从以往的“延伸”教师能力、“辅助”教学工作的工具，转变为教师生活的一部分。教师与技术共同创建了“虚实共生”的教育环境[③]，而在这一环境中，以人工智能为代表的技术手段已经远远超出了工具的范畴，而成为教师与之互动、协作、共生的不可回避的另一主体。在教师与智能机器人构成的“双主体”的教育场域，如何面对教师身份的消解并进而建构自身在教育中的全新的主体身份是教师面临的巨大挑战。

（二）数智时代教师专业性危机：教师工作面临“去专业化”的挑战

教师是一种高度专业化的职业，教师的课堂教学具有很强的专业性。这已经成为国内外教育领域研究者和实践者的共识。如何理解、阐释和建构教师的

---

① 吴国盛．技术哲学讲演录［M］．北京：中国人民大学出版社，2016：11.

② 舒红跃，李早．斯蒂格勒“代具”技术理论探析［J］．自然辩证法研究，2019，35（11）：33－38.

③ 韦妙，何舟洋．技术现象学视域下人工智能对教师角色的重塑［J］．电化教育研究，2020，41（9）：108－114.

专业性将对教师的专业地位产生重大影响，甚至会削弱教师职业的神圣感、权威感、荣誉感、幸福感和获得感。教师专业性或专业主义意味着教师工作的专业化程度，其往往与教师工作的质量和标准、教师履行的专业伦理与责任、教师享有的专业自主权、教师具备的专业知识基础和能力，以及教师享有的专业地位有关①。

安迪·哈格里夫斯（Andy Hargreaves）总结了随着时代的发展教师职业或教学工作的专业性的历史变迁②：一是在前专业性时期（pre-professional），在技术上教学被视作简单的工作，是一门技艺而非专业，而教师的专业性来源于教师个体在试错过程中的经验总结；二是专业自主时期（autonomous professional），在这一时期教师的专业地位得到快速提升，教师个体有权力选择教学内容、教学方法等，免受外部干预，而教师专业性来源于教师的培养时长、知识基础以及资质的获得；三是集体合作的专业性时期（collegial professional），在这一时期，随着教学工作的复杂性和不确定性的增强，教师之间需要构建合作的专业文化、形成共同的目标和使命、创造持续的专业学习文化，教师合作成为教师专业性的重要来源；四是后现代专业性时期（post-modern professional），在以国际化、市场化以及信息和数字技术的革命性发展为特点的后现代社会中，教师的专业性不仅来源于其专业地位和待遇、教师共同体专业文化、“更严谨的知识基础”，而且来自校内外利益相关者经过协作协商而构建起的“一套精确的专业标准”进而获得公众的认可。

从前专业性、强调自主的专业性时期到集体合作的专业性时期，再到后现代的专业性时期，教师专业性及其专业化的来源或驱动力随着社会经济和科学技术等宏观环境的变迁而发生变化。在数智时代，随着人工智能的快速发展，特别是机器人教师的出现，教师专业性同样也面临着被解构的危机，需要重新建构教师专业性的基石和来源。大数据的多维度收集和深度分析是数智时代的重要特征，“现代智能算法超越了数学领域，通过数据分析和程序运行对算法对象进行计算和判断，对社会生活中的应用问题作出决策”③。同样，数智时代的教师要学会与信息技术、大数据、智能机器等技术共处共存，学会适应一种“数字化生存”的独特状态。随着算法技术介入学校教育程度的日益加深，教师课堂教学、班级管理等专业实践活动也会产生各种各样的数据，这些数据及其

① EVANS L. Professionalism, professionality and the development of education professionals [J]. British journal of educational studies, 2008, 56 (1): 20-38.

② HARGREAVES A. Four ages of professionalism and professional learning [J]. Teachers and teaching: theory and practice, 2000, 6 (2): 151-182.

③ 王敏芝．算法之下：“透明社会”的技术与观念 [J]. 探索与争鸣，2021 (3): 29-31.

分析结果将成为影响、指引乃至控制教师专业活动过程和决策的“看不见的手”。当前，学校愈发强调教学的科学性和所谓的循证教育；因此，教师工作离不开大数据的支持，更加依赖大数据在学情分析、教学设计、教学互动、教学评价和教学反馈等课堂教学各个环节提供的决策支持①。约翰·哈蒂（John Hattie）在其享誉世界的《可见的学习》一书中对 800 多项关于学生学业成就的元分析进行了综合研究，试图寻找影响乃至决定学生学业成就的各种变量以及变量与变量之间的因果关系②。显然，借助教育大数据的广泛与深度应用，数智时代的教育研究者和实践者将更容易捕捉学校教育中的因果链条。但是，正如彭正梅指出的，“一旦我们完全掌握了教育的因果关系，那么教育就停止了。人的发展成了因果律的应用，人变成了机器，教育变成了机械的活动；人的自由也随之丧失了”③。

尽管绝大部分研究者都指出未来社会教师与机器、技术将共生共存，并建构起“人机协同”的互动关系，但是正如刘复兴在其《论教育与机器的关系》④一文中所指出的，人与机器的关系变得更为复杂，不再是单向度的主客体关系，而是一种交互式的、主体间性式的、日益融合的关系，机器不再停留在工具理性视角下的辅助角色，而是可能超越工具范畴而影响和侵蚀教师凭借其专业知识而享有的专业地位和权力。瑞典学者萨普特（David Sumpter）在《被算法操控的生活》一书中罗列了身处所谓的“算法世界”之中，我们的日常生活如何被建立在数据之上的算法所影响和决定⑤。这种被算法操控的生活也启示我们，当教师和学生的一切活动都被还原为数据，并通过背后算法规则和机制的设定，寻找并确定不同数据之间可能存在的因果关系时，教师的专业性将被消解，教学活动所包含的教学理念、意义建构、创新方法等也将严重依赖数据之间所建立起来的网络。可见，正如吴军所言，智能时代的大数据和人工智能“已经在不知不觉中接管了人的一些决策权”⑥，数智时代对于数据及其背后算法技术的过分强调虽然会增强教师专业活动的科学性，但是过于依赖数据和算法也可能导致教师失去对自身课堂教学活动的专业话语权和自主权，使得教师的课堂教学丧失丰富性和个体性而呈现单一化、统一化的特征，最终步入“去专业化”

---

① 钟婉娟，侯浩翔．教育大数据支持的教师教学决策改进与实现路径［J］．湖南师范大学教育科学学报，2017，16（5）：69－74.

② 哈蒂．可见的学习［M］．北京：教育科学出版社，2015.

③ 同②14.

④ 刘复兴．论教育与机器的关系［J］．教育研究，2019，40（11）：28－38.

⑤ 萨普特．被算法操控的生活［M］．长沙：湖南科学技术出版社，2020.

⑥ 吴军．智能时代：5G、IoT 构建超级智能新机遇［M］．2 版．北京：中信出版社，2020：189.

（de-professionalization）的状态。也就是说，即使教师不被机器人教师所取代，但当教师的所有专业活动都依赖数据和算法运作时，教师将沦为被算法操控的终端执行者，而非基于自身的专业知识基础、教学伦理和实践知识而做出专业判断的反思性实践者（reflective practitioner）。随着人工智能和大数据的强势介入，如何维护和重塑专业性是教师面临的又一重要挑战。

（三）教师知识权威的削弱：教师知识基础的颠覆

吴国盛在《技术哲学讲演录》中指出，纵观人类自身的进化历史和社会发展历史，"技术是人的存在方式"①，技术与人是相互构建的并在互动中赋予个体世界与外部世界以意义，"历史性地把人性的结构阐释成技术，又把技术结构阐释成人性"②。但是，更为重要的是，人类并不仅是工具的使用者，技术也不仅停留在工具的层面，技术本身具有能动性并不是被动的工具③，技术具有的意向结构影响乃至决定了技术自身的发展逻辑，也使技术具有内在的生成力量，建构起人对工具和技术的运用路径和模式。换句话说，尽管人是工具和技术的创造者、设计者，但是技术的发展却可能脱离人的掌控而遵循技术逻辑。诚然，在数智时代，大数据、人工智能、智能机器、机器学习、区块链等先进技术对教师专业实践的改善提供了强大的技术支持，提高了教师的教学效能和教育质量。例如，北京师范大学未来教育高精尖创新中心设计并开发的"人工智能教师"就在人机协同共存的情境中扮演着多重角色，在出题、批阅作业、学习分析、学生素质提升、学生心理素质测评与改进、个性化教学、教师教研、教育决策等 12 个方面发挥重要作用，协助人类教师共同完成知识讲授和协同育人的教育事业④。但是，更值得教育者警惕的是，在数智时代，学校教育中的主体被理解为数据，而教育活动则被还原为依据算法规则而建构起的数据之间所形成的各种关联关系这一观念。正如约翰·切尼-利波尔德（John Cheney-Lippold）所言，我们是数据，我们所有人内部都有一套编码⑤。可见，在认识论层面，教师所享有的知识权威似乎正在被算法逻辑所取代；而教师正在逐步将自己教书育人的神圣职责"让渡"给外在的技术和工具，特别是以模仿甚至超越人类智能为特征的智能工具。教师的知识权威正在被削弱乃至消解，而教师专业实践所扎根的知识基础也面临着来自大数据和智能机器的颠覆。

---

① 吴国盛．技术哲学讲演录［M］．北京：中国人民大学出版社，2016：2.
② 同①34.
③ 同①34－35.
④ 余胜泉．人工智能教师的未来角色［J］．开放教育研究，2018，24（1）：16－28.
⑤ 切尼-利波尔德．数据失控：算法时代的个体危机［M］．北京：电子工业出版社，2019：238.

第一，在数智时代，学校教育活动将严重依赖甚至建基于大数据和算法规则，而数据和算法的“去中心化”不可避免地将削弱教师在知识层面的权威性，知识将在教育主体中呈现弥散性的分布，而教师知识地位的祛魅也将不可避免地出现。石中英从认识论层面指出知识转型与教育改革之间的深层关系，并总结了历史上发生的知识形态的多次转型：“人类社会的知识型就先后经历了从原始社会的‘神话知识型’到古代社会的‘形而上学知识型’再到现代社会的‘科学知识型’的连续转变过程”。在当代，知识形态正在从以“客观性”“普遍性”“价值中立性”为本质特征的科学知识形态向以“文化性”“情境性”“价值偏好”“多样性”“本土性”为特征的后现代的知识形态转变①。而从认识论的视角审视数智时代的知识形态和类型，知识的形态也将发生根本性的变化，知识将更多地以信息流、数字流、数据流等形式存在：数字化将重新构建人自身和外部世界，人本身及其活动将产生一套完整的数据链，而数据将成为理解人所生活和工作的世界的关键钥匙。因此，在以大数据、人工智能、机器学习、互联网、区块链等为底层技术的数智时代，知识将不再以科学知识形态为主，而是逐渐演化为以“去中心化”为主要特征的形态。知识的“去中心化”指的是在数智时代，信息、数据资源的可接触性将极大提高，“数据是 21 世纪的石油”，但是数据却并不像石油一样被少数人垄断，而可能以一种更加开放、更加公开、更加公平的方式为全人类所共享，正如吴军所言：“在未来，我们可以看到，大数据和机器智能的工具就如同水和电这样的资源，由专门的公司提供给全社会使用。”② 迈克尔·富兰（Michael Fullan）和玛丽亚·兰沃希（Maria Langworthy）就指出，“无处不在的数字工具和数字资源让任何人在任何时候都可以学习知识内容”③。可见，传统上教师是知识的占有者，但是未来以信息、数据和数字为存在形态的知识却呈现弥散式分布的特征。更为重要的是，知识的主体将不再仅指代教师，而是拓展到智能机器，甚至智能机器在知识占有的广度、深度等方面比教师要更胜一筹。国内外许多研究者均预测，智能机器或机器人教师将比人类教师更能胜任知识传授这一工作；这一判断的主要根据就在于智能机器掌握的知识在数量、深度和广度上将大大超越教师。项贤明就不无悲观地写道，“由于智能机器人教师在知识教学方面做得比人类教师还要好，它们因此必将逐渐在很多方面替代教师的工作，人类教师再也不必钻研知

① 石中英．知识转型与基础教育改革［N］．中国教育报，2001-10-06（4）．

② 吴军．智能时代：5G、IoT 构建超级智能新机遇［M］．2 版．北京：中信出版社，2020：161．

③ 富兰，兰沃希．极富空间：新教育学如何实现深度学习［M］．重庆：西南师范大学出版社，2018：63．

识教学的技艺”[①]。简言之，数智时代围绕信息、数据和数字而建构起来的全新的知识形态逐步消解了教师对于知识的占有、垄断和特权，也就削弱了传统上教师的知识权威。

第二，数字时代的学校教育对教师如何与大数据、智能机器和人工智能等先进技术协同共处与合作提出了新的挑战，从而不得不重新构建教师专业实践所仰赖和扎根的知识基础。教师具备的独特知识体系是教师专业性的来源，也是教师作为专业人士的根基。教师知识是教师教学信念、教学行为、教学决策的基础，也是教师专业地位的根基。根据威鲁普（Verloop）等人的总结，教师知识呈现多维度的特点：既可以从应然层面来总结教师应具备的知识类型，也可以从实然层面来抽离和归纳教师掌握的具体知识；教师知识的来源是多样的，既可以是实践经验与反思的结晶，也可以是职前职后教师教育活动的结果；教师知识的主体既可以是个体性、本土性的，也可以是教师集体共有共享的；教师知识的形态既可以是实践性知识，也可以是条则性的理论知识，抑或是两者交融的产物。更为重要的是，李·舒尔曼（Lee Shulman）提出的教师知识的分类，认为教师应该至少掌握 7 种类型的知识：学科内容知识、普通教学法知识、课程知识、学科教学法知识、关于学习者的知识、关于学习情景的知识、关于学习目标价值观的知识等，而其中尤以学科教学法知识最为关键，“因为它代表着学科知识与教学法知识的融合”，代表着教师面对不同兴趣和能力的学生对如何组织、呈现和教学特定主题、问题和议题的一种独特理解[②]。舒尔曼所提出的学科教学法知识在世界范围内产生了巨大的影响，并深刻指导着职前教师培养和职后教师的专业发展的模式与机制。尽管如此，在知识内容上，教师知识也不局限于舒尔曼所提出的 7 种类型，而是在此基础上不断拓展。典型的是随着信息技术的发展及其在教育领域的深度介入，许多研究者在舒尔曼的学科教学法知识的基础上提出了学科、教学、信息技术三者融合的教师知识形态。例如，与信息通信领域技术相关的学科教学知识、技术学科知识、电子化学科教学知识，以及最为流行的整合技术的学科教学知识（technological pedagogical content knowledge，TPACK）[③]。可见，随着教育技术的不断变革和迭代升级，教师知识基础本身也在发生着急剧的变化，从传统的学科教学知识转变为整合

① 项贤明．在人工智能时代如何学为人师？[J]．中国教育学刊，2019（3）：76.

② SHULMAN L. Knowledge and teaching：foundations of the new reform [J]. Harvard education review，1987（57）：1－22.

③ SCHMIDT D A，BARAN E，THOMPSON A D，et al. Technological pedagogical content knowledge（TPACK）：the development and validation of an assessment instrument for preservice teachers [J]. Journal of research on technology in education，2019，42（2）：123－149.

技术的学科教学知识，试图将信息技术纳入教师知识版图之中。但是，在数智时代，伴随着知识形态的转型，以数据、信息和数字为表达形式的知识不断冲击着教师专业实践所依赖的知识基础。教师不仅要从理念上正视教师与技术、机器的互动关系，“理解人工智能这个时代所引发或蕴含的新使命、新意义和新思维等”①；而且要从技术层面学会与大数据、智能机器和人工智能等先进技术协同共处，善于在专业实践活动中运用数据、工具、机器等。为此，教师知识基础需要超越以往舒尔曼等人设定的教师知识的经典类型，围绕数智时代的教师身份与角色重新构建教师知识体系。

二、“人机协同”模式下需要什么样的教师

2017 年 7 月，国务院发布了《新一代人工智能发展规划》，强调“利用智能技术加快推动人才培养模式、教学方法改革，构建包含智能学习、交互式学习的新型教育体系”。可见，人工智能在教育领域广泛且深入的应用是国家教育制度安排。人工智能是引领这一轮科技革命和产业变革的战略性技术，具有溢出带动性很强的“头雁”效应②。在人工智能越来越多地渗透到教育领域时，传统的教育教学面临着极大的考验，数智时代的教师也面临着角色转型。教师是否会被智能机器人代替？在以人机协同教学为发展方向的教学模式下，教师角色应有哪些新的定位？数智时代，教师角色的变与不变有哪些？对这些问题的思考有助于我们更进一步认识数智时代人工智能的本质以及适应人工智能的教师专业特质。

（一）机器人教师在教育教学中发挥出极大优势

有数据显示，松鼠 AI 与真人教师分别给同样程度的学生辅导 4 天后，人工智能以 36.13 分超过了真人教师的 26.18 分③。这是否意味着人工智能可以代替传统的教师成为教育教学的主体？有学者认为，未来人工智能教师的教学角色主要体现在以下 12 个方面：自动出题与批阅、学习障碍诊断与及时反馈、问题解决能力测评、综合心理素质测评与改进、体质健康监测、综合素质评估与形成性报告、个性化教学、智能导师、学生成长发展指导、精准教研、个性化学

① 赵文平．教师如何应对人工智能技术?：基于技术哲学中“人-技”关系的分析［J］．教师教育研究，2020，32（6）：33－39.

② 习近平：确保人工智能关键核心技术牢牢掌握在自己手里［N］．人民日报（海外版），2018－11－01（1）.

③ 王文革．人工智能关我什么事［M］．北京：北京时代华文书局，2020：97.

习内容生成和教育决策仿真计算等①。上述任务都是基于人工智能的优势与特点，集中在信息的收集、处理与反馈上。毋庸置疑，当前导学助手、虚拟机器和数据系统等智能化工具通过个性化程序算法、精准智能系统优化等可以取代传统教师的“教书匠”角色。

1. 以丰富的形式辅助教师处理知识性教学

人工智能以形式灵活多样、资源丰富为首要特征，可以跳出教材的束缚，以图文、链接、视频等多种形式呈现出丰富的知识样态，增加教学的趣味性。海量的知识可以通过智能化的载体和方式在师生间共享，使知识教学活动超越时间和空间的局限，极大扩展了知识教学的范围和内容。同时，人工智能克服了教师认知的局限性，避免了不能应对学生学习需求及解答难题的尴尬。人工智能在知识性教学上的另一大优势是知识整合的高效与精确，能快速呈现出知识之间的逻辑结构，形成知识网。基于 AI 的学科知识能够自动生成、自主进化，而且能够以知识的逻辑结构进行组织与管理，实现不同知识点和概念，以及知识结构和学生认知结构之间的关联，实现教学内容的表征、传递、导航、推荐和呈现方式的个性化和精准化②。人工智能为知识教学提供了丰富的载体，使知识跨学科整合省时而卓有成效。

2. 以强大的功能精确诊断学情

基于 AI 技术、情境感知技术、认知技术、跨媒体技术、增强现实和虚拟现实技术的“智能＋智慧”学习环境③，能够实时获取更小单位的数据以及从更加综合的角度对数据进行分析，提供更有效的方案。这使得教师能够在更精细化的水平上，实时诊断和评估学生的学习风格、学习能力、学习需求和学习进度，并提供有针对性的学习支持服务和接近真实的学习体验，从而实现个性化学习，提高教学效果。

“知识图谱”是人工智能用于诊断的方法，是使用统计分析和数据挖掘技术，分析学生的不良学习特征，分析和比较不同院校学生的学习保持率、学习进步和完成情况的工具④。“知识图谱”可综合学生考试测试、作业完成、课堂回答等表现，快速诊断学生的薄弱知识点。人工智能对学生学情的诊断建立在

---

① 余胜泉．人工智能教师的未来角色［J］．开放教育研究，2018，24（1）：16－28.

② BREUKER J，MUNTJEWERFF A，BREDEWEJ B. Ontological modelling for designing educational systems［J/OL］．https：//staff. fnwi. uva. nl/b. bredeweg/pdf/ws-aied99. pdf.

③ 邓国民，李云春，朱永海．“人工智能＋教育”驱动下的教师知识结构重构：论融入伦理的 AIPCEK 框架及其发展模式［J］．远程教育杂志，2021，39（1）：63－73.

④ ARNOLD K E，PISTILLI M D. Course signals at purdue：using learning analytics to increase student success［J/OL］．https：//www. researchgate. net/publication/254462830_Course_signals_at_Purdue_Using_learning_analytics_to_increase_student_success.

信息处理的基础上，对学生做题速度、正确率、反应时长等指标进行综合运算，更加全面系统。由于系统化知识图谱划分得非常细，对于学生知识点的把控就非常精准，并根据学生的学习程度和能力强弱进行逻辑规划及推理，将教育内容自动化抽取、数据化整理、结构化存储。系统在数据全面分析的基础上形成新的“知识图谱”，对每一个学生进行多方位的学情分析，可以反复制定适合个人的阶段性学习方案。并针对学生存在的盲点与弱点，不断给出新的未知题目来巩固知识点。学习方案可以实时动态调整、不断优化，根据学生的学业表现调整接下来的学习内容和学习路径，并预测学生的学习能力。规律化模式的数据挖掘，有效地提升了学生的学习效果。

人工智能基于技术和内容进行研发，能够将教师“教”的工作标准化，即由系统来分别完成内容生成和服务的工作，将优质教师资源的标准化落地，有利于提高教学的针对性和连贯性。机器人教师的应用可以实现教师资源的最大化利用，将优质资源推送到贫困地区和薄弱学校，使之打破时空限制，以解决由于优秀师资不足对教育质量提高的束缚。

3. 以惊人的能力实现例行工作自动化

机器人教师的优势在于可以轻松应对机械性、重复性操作的工作，教师工作中知识性、技能型和规范性强的部分可以由人工智能分担，即机器人教师可以分担许多例行工作和管理任务，如实现学生学习过程记录、档案收集、评分的自动化。这就可以克服教师埋头于大量事务性工作消耗专业成长热情与时间的问题，人工智能可以在教学、班级管理中的多个环节取代教师从事事务性工作，而且还可以形成可视化分析结果，从而释放出教师的时间，使传统意义的教师能够把更多的精力投入到更具创造性、同情心和鼓舞性的教学设计与活动中，有更多时间督促学生的课后学习，并有针对性地鞭策后进生，或根据学生的差异性对其进行分层管理。

4. 以海量的学习资源赋予学生学习选择权

人工智能带来了师生关系的变革，甚至颠覆了传统的“教师教、学生学”的学习方式，机器人教师由台前走向幕后，对学生直接批评、督促变少，而是以学习伙伴的姿态出现。这就使学生成为学习的主人，学生的自由感、民主感得到提升。这有助于学生按照自己的学习需要安排学习内容，并对自己感兴趣的知识进行深层次的思考和探索，彰显学生的主体地位。人工智能技术赋予学生更多的学习选择权，如机器人教师可以提供海量的教育教学资源，学生可以选择最适合自己的呈现形式与知识组合形式；学生通过人工智能和移动互联网的应用，不仅可以挖掘自身兴趣点，在自己感兴趣的领域有所拓展，而且还可以通过生动的教育教学资源呈现形式激发学生学习的兴趣。机器人教师留给学生自由选择、自由探索的空间，并展现出较为强大的反馈功能，可以及时总结学生可能存在的增长点与潜力点，有助于加强学生创造力及创新能力的培养，有助于引导教育朝着更加人性化的方向发展，为学生身心全面健康发展带来更多的可能性与针对性。

（二）人机协同教学中教师角色应重新定位

人机协同的教学模式是真人教师与人工智能教师共同配合完成教学的模式。人机协同的教学模式应是很长一段时间内人工智能与教育教学相结合的可选择模式。人机协同教学也体现出机器人教师与传统意义的教师优势互补、提高教育教学有效性的价值思路。在人机协同教学的模式下，教师角色随着学习方式的调整，会更加凸显教师育人的特点，对教师的角色定位及专业特性提出了更高的要求。

1. 教育价值的坚守者：立德树人为根本

第一，教师是教育本质属性的坚守者。教育的核心问题是“培养什么人、怎样培养人、为谁培养人”。在人机协同教学模式下，教师同样扮演着教育事业主体的角色，是解决教育核心问题的实施者，是深化教育教学改革的实践者。教师在坚持教育的社会主义方向、回归以人为本的教育本质、发挥教育培养人的核心作用等方面始终扮演着主体的角色。而人工智能技术虽然为提高教育教学水平带来便捷，但人工智能技术始终作为工具出现，机器人教师是具有工具技术性、辅助知识教学的工具人，并不能作为教育事业发展、人才培养、课程教学改革的理性人。教师应坚守教育事业的初心与使命，使教育回归人的本真，发挥人工智能技术带给教育教学的正向价值影响，趋利避害，将人工智能技术为教育带来的挑战变为改革传统教育、创新未来教育的机遇。

第二，教师不仅是教学的实践者，也是学生成长的守护者。人机协同教学中机器人教师所承担的工作多半是围绕知识教学展开的，而传统教师的作用不仅仅在于传授知识和技能，更重要的是“立德树人”，即投入情感和思想，从而引导学生树立正确的世界观、人生观、价值观，激发学生的想象力和创造力，塑造其内在品格和外在品行，引导他们在正确的道路上前行，更好地成为自己。数智时代的教师“经师”的功能将被弱化，“人师”的角色将得以强化，学生更需要个性的陪伴、人文的关怀和智慧的引导。人类教师要从传统教书的“经师”、传授知识技能的“培训师”向教化育人的“人师”、启发指引的“导师”转型。教师要成为真正的“传道授业解惑者”，将“育人”落到实处，让学生得以成人。

第三，教师应超越 AI－TPACK，追求完美的师德师风。在人机协同教学模式下，机器人教师的工具技术性优势充分凸显。相比机器人教师，传统教师的技术性自然处于下风，相反，思想性、审美性和教化育人方面的工作则只有传统教师才能完成，传统教师的师德素养、人文素养成为机器人教师不可比拟的优势，正是教师的师德师风、人文素养使学生在技术纷繁的时代得到心灵的滋养、受到人格的陶冶与完善。数智时代的教师应放大自身的师德师风与人文素养特质，要具备健康的价值观、敏锐的哲学反思和批判思维能力、优雅的艺术审美能力和强大的综合创新能力，要具备较强的人格感召力与人格魅力，在教育活动中要通过言传身教对学生人格形成产生影响。

2. 新技术的应用者：利用技术赋能教学

在人机协同教学模式下，不懂新技术或不能熟练应用新技术的教师注定会被边缘化。教师要在教学过程中，熟练应用人工智能，将人工智能作为一种新兴的技术手段为教学赋能。

教师应积极主动运用人工智能，提高课堂教学的效率。充分发挥人工智能丰富性、便捷性、敏锐性等特点，为学生提供多样化的知识呈现形式，模拟不同的情境，激发学生的情感体验。认真对待人工智能对学情的分析诊断，增强学生培养的精细化。根据每个学生图谱数据的反馈情况，提供更加个性化的指导，分层次培养，针对学生的薄弱点发力，提高作业有效性。从学生的学业表现中，发现学生的学习特点和思维规律，发掘培养学生的个人兴趣爱好，鼓励学生发现问题、提出问题，培养其独立解决问题的能力，使其遇到问题能以不变应万变，形成良性的学习模式。进一步培养学生的思维能力，增强学生透过现象看本质的能力、辨别能力，培养他们的探索精神和追问精神，并引导他们在实践中提升能力，学以致用。

教师在应用好人工智能技术的同时，还应善于总结经验，完善人工智能新技术在教育领域的落地应用，推进人工智能技术共同发展，提升人机协同的适用性。教师应做好教学数据线下的收集工作，并对这些数据进行分析研判以及时反馈对人工智能技术的评价，促进人工智能技术的更新和升级，让机器人教师更加人性化地辅助教师教学，帮助教师将最新的教育科学成果积极应用于教育教学中。

3. 授之以渔的引路人：引导学生自我教育

人工智能的广泛应用，加速了未来的学习方式向自助式的转变，学生逐渐成为学习的主人，享有对教育内容、教育深度、教育资料等的选择权。数智时代的教师其权威地位受到挑战，由于人工智能带来的海量教育教学资源以及信息获得的便捷性、多渠道性，教师不再是教育教学活动的唯一主体，教师不再是教育教学内容的单一来源及唯一组织者。教师必须扮演好“授之以渔”的角色，让学生驾驭人工智能，而不是被人工智能所左右。

第一，传授学生自我教育之“渔”。学生的自我教育是个人生存和社会进步的客观要求，也是数智时代教师的必然选择。人工智能在带来丰富学习资源的同时，首先面临一个问题即具象教师硬性要求、监督的消失，传统教师“耳提面命”“谆谆教诲”逐渐消失，取而代之的是相对宽松的学习氛围。因此，学生首先面临的考验是“学或不学”。这就需要教师率先培养学生的自主学习意识，加强学生的自律意识，提高学生的自我管理能力和自我反思能力，增强学生学习的内在动力，激励他们发自内心地学习，而不是应付、不得不学。自我教育对于个人的综合学习素养如个人的学习能力、学习习惯甚至个人品格都提出了更高的要求，那些缺乏自控力及自学能力的学生，更容易陷入智能娱乐中，更容易被技术所宰制。教师要引导学生完善自我规划，设定清晰的人生目标，提升自我修炼素养，培养独立的人格。教师要将自我教育的理念和方式言传身教于学生，解锁学生的自我教育技能。

第二，传授学生选择、处理信息之“渔”。互联网提供的海量信息良莠不齐，有很多信息包裹着亮丽的外衣而实际上包含着思想毒瘤，对人的判断力提出了新的考验。教师要培养学生甄别有用知识并对知识进行价值判断的能力，让他们从认识自我出发，学会提高自我效能感，拒绝被机器“饲养”，避免学生被碎片化信息反噬。同时，教师应教会学生处理信息的能力，能够对有用的信息进行深度处理。学生因能够获得高兴奋体验而长期观看视频尤其是短视频，不仅消耗时间，而且碎片化的信息充斥头脑，使其对纸质书籍这种低刺激媒介降低兴趣，难以集中注意力。智能社会中信息流动性强，不能深入和凝固的信息会毁掉人的深度思考能力。

第三，传授学生学习方法之“渔”。人工智能技术的成熟为学生了解自身盲点弱点、多途径复习巩固知识提供了更加灵活多样的途径，教师应教会学生应用人工智能提升自我的能力，使学生成为人工智能的主人而不是被工具所控制。教师指导学生根据“知识图谱”的反馈，不断扩大自己的“知识版图”及结构化，根据个人的特点及目标，规划并形成一条适合自己的学习路径，在学习过程中不断地进行反思和再认识，从而在每次的正向反馈中，更好地把握自我，将人工智能的先进技术最大化利用，在复杂的人机共存环境中形成稳定的、科学的学习方式。

4. 孜孜以求的学习者：终身学习提升教师个人能力

数智时代人工智能信息来源的丰富性与教师权威的消解，对教师的知识结构及终身学习理念提出了更高的要求。那些只能满足学生学科知识需求的教师终将被淘汰。虽然在人机协同教学的新模式下教师知识性的教学能被机器人教师所辅助，但这并不意味着教师对知识的学习可以松懈。教师要及时掌握学科前沿知识，从不同侧面诠释知识、创新知识，深化对知识的理解，不断更新自我认知的知识库，让不同程度的学生都能学有所得。教师应通过终身学习，不断提升自身的能力，成为一名教育数据的收集者、教学活动的组织者、教育目的的实现者、教学方法的探索者和教育成果的创造者。教师应具备危机意识和教改意识，创新教学理念，实现由标准化走向非标准化的教学跨越，还要思考如何提高教师角色的不可替代性，思考如何利用技术推动教育进步和促进教育公平，思考未来教育的发展，以及思考如何培养人工智能时代所需人才等问题。

人机协同教学模式下的教师应掌握较高水平的技术性知识与 AI 素养。"不仅需要所教学科的知识，而且需要教育技术性的知识"[①]，即 AI-TPACK，教师人工智能素养与专业知识的统整，强调在学科教学中应用 AI 技术，因此是基于学科教学知识的 AI 整合模型。21 世纪以来，随着数字媒体技术和网络技术在教学中的广泛应用，米什拉（Mishra）和凯勒（Koehler）等人认为，技术知识也应该是教师知识结构的一个构成要素，于是在舒尔曼学科教学知识（PCK）的基础上引入技术知识，提出整合技术的学科教学知识概念框架。TPACK 概念认为，教师知识结构包括学科知识（CK）、教学知识（PK）和技术知识（TK）三种基本知识，三者之间通过相互叠加和混合又形成另外四种混合知识类型：学科教学知识（PCK）、整合技术的学科知识（TCK）、整合技术的教学知识（TPK）和整合技术的学科教学知识（TPACK）[②]。

同时，数智时代的教师应具备较强的 AI 素养。AI 技术知识表示 TK 的智能化发展，它会促进 TPACK 原有的其他知识构成要素产生新的变化：由 TK 转变为 AI 知识与素养（AIK）；由 TPK 转变为"AI＋教学"知识（AI＋PK）；由 TCK 转变为"AI＋学科"知识（AI＋CK）；由 TPACK 转变为"AI＋学科教学"知识（AI＋PCK）[③]。

其中，AIK：知道什么是 AI，知道 AI 能做什么，知道 AI 如何工作，知道如何使用 AI，人们如何看待、感知和理解 AI[④]。

---

① 杜威．我们怎样思维·经验与教育［M］．北京：人民教育出版社，2005：224.

② MISHRA P，KOEHLER M. Technological pedagogical content knowledge：a framework for teacher knowledge［J］. Teachers college record，2006，108（6）：1017-1054.

③ 闫志明，付加留，朱友良，等．整合人工智能技术的学科教学知识（AI-TPACK）：内涵、教学实践与未来议题［J］．远程教育杂志，2020，38（5）：23-34.

④ LONG D，MAGERKO B. What is AI literacy? competencies and design considerations［C］// Proceedings of the 2020 CHI Conference on Human Factors in Computing Systems. New York：Association for Computing Machinery，2020：1-16.

AI＋PK：能够有效使用智能化教学环境提高学习者的学习体验与学习效果；能够利用 AI 技术以不同的方式改进或创新教学策略和评价策略；能够利用 AI 技术增强教学互动，促进学习者的协作学习和自我调节学习①。

AI＋CK：了解 AI 对学科知识进行表示和推理的工作原理②；能够支持 AI 系统实现对学科知识的表示和推理方案；能够参与学科知识库的构建、丰富、完善和校正，实现学科知识的更精细化表示。

AI＋PCK：能够利用基于 AI 的学科知识表示技术，实现智能化学科教学评价与分析；能够与智能化教学系统进行人机协作，共同参与面向具体学科的教学设计、教学材料开发以及教学决策③。

（三）人机协同教学模式下教师角色具有不可替代性

伴随着“知识图谱”和“人机协同”技术的成熟，人工智能与教育正在进行着深度融合，并致力于实现教育内外部结构调整、共享知识与教育方法、创建更适合学生发展的学习环境，以及培养适应时代发展的智慧创新型多元人才等目的。那些将自己定位为教书匠、知识权威、知识垄断者的教师以及思想陈旧、学习能力较低、故步自封的教师将在数智时代被淘汰。人机协同教学模式下的教师仍是教育教学工作的主体，而且围绕教育交往性的教师专业特性将得到进一步放大，教师传道育人的人生导师作用将进一步凸显，而围绕“解惑”等知识工具性的特性则会被减弱。

1. 教师具备在人际交往中以人育人的优势

教师对学生的“传道授业解惑”建立在情感联系、人际互动的基础上。相较于智能系统，在人际互动中教师具有明显优势，这是教师角色的不变之源，也是教师育人价值之根本所在。

机器人教师的功能在于模拟人类的认知，工具技术性较为突出，但即便在知识教学上，机器人教师很多时候只能参照预定的虚拟答案被动地解答问题，只能给出程序化、模式化和标准化的回答，缺乏主动发现问题的能力，缺乏怀疑和批判能力。

机器人教师最大的缺陷在于情感、意志等人性的重要组成部分方面是缺失

---

① REDECKER C. European framework for the digital competence for educators：DigCompEdu ［R］. Luxembourg：Publications Office of the European Union，2017：24.

② LEVESQUE H J. Knowledge representation and reasoning ［J］. Annual review of computer science，1986，1（1）：255－287.

③ HOLSTEIN K，MCLAREN B M，ALEVEN V. Co-designing a real-time classroom orchestration tool to support Teacher-AI complementarity ［J］. Journal of learning analytics，2019，6（2）：27－52.

的，没有心理上的情感和意志属性，不能读懂他人的情绪，“无法与学生建立‘你我’关系，人工智能所提供的教育始终局限于技能的学习”①。同时，由于机器人教师缺乏社会属性，难以真正做到与学生进行复杂的沟通和意义交流。教育教学过程缺乏深度的情感交互，难以与学生建立亲密关系。在教学中，师生间构建的相互信任、亲密无间的教学关系有着不可替代的、至关重要的作用②。因为教学场域内的个体不是孤立的，而是关系中的个体，其主体身份和交际网络都是通过关系识别和关系认同得以确立并加以强化的③。只有通过解惑来烛照和点亮学生，构建起良性的师生关系，教师才可以充分发挥其个人魅力来“授业”和“传道”，使学生以“亲其师”来“信其道”。

2. 教师善于以人的德性智慧启迪学生的思想

人工智能难以理解教育育人的本质。教育的本质是心灵的唤醒和人格的培养，是鲜活的生命陪伴和真善美的精神熏染，是责任心和感恩心的培育。由于只具备知性智能而缺乏德性智慧，对于不确定性和情感化的育人问题人工智能完全无力应对，无法运用人格熏染、意义沟通等人类教师的重要教育手段，也不能从事道德引领和价值观塑造等教化方面的工作。

德性智慧对于人工智能来说难以理解，其根本原因在于人工智能缺乏像人类一样的自我意识。自我意识是人类通过身体的感知结构，在生活实践与环境互动的过程中形成的。自我意识是把自己当对象看，同时又把对象当自己看的意识，具有一种反思结构④。而智能机器虽然具有人类意识片段的功能，但这种功能有局限性，无法加载人类的主流价值理念，因此缺少人类自我意识对周围环境、对外部世界的统摄性力量⑤。所以，人工智能并不真正具备自我意识，也很难与环境产生真正的互动，难以理解育人教育的情感互动和人文体验。人类具有意识体验和整体感知能力，能在实践活动中意会和反思，能产生情感感受和道德动机，拥有能动的意志力量和精神属性，这些都是人工智能难以具备的。

对机器人教师与人类教师在专业教学上的特质进行对比（见表 9－1）不难发现：人类教师在思想上具有工具理性和价值理性的双重维度，具有社会属性和心理属性，既具有对象意识又具有自我意识，能胜任共情性、创意审美和人

---

① 苏令银．论人工智能时代的师生关系［J］．开放教育研究，2018，24（2）：23－30.

② 谢泉峰．基于网络学习空间的混合式学习共同体构建研究［D］．长沙：湖南师范大学，2018：235.

③ 高尚涛．关系认同：结构与行为［J］．国际观察，2019（4）：92－119.

④ 邓晓芒．哲学起步［M］．北京：商务印书馆，2019：72.

⑤ 蔡恒进．人工智能时代必须敬畏的天命［J］．湖南大学学报（社会科学版），2019，33（1）：32－36.

文教育类工作。

表 9-1 机器人教师与人类教师在专业教学上的特质对比

对比维度	机器人教师	人类教师
哲学假设	单维的理性主义或工具理性	双维交互，工具理性与价值理性的融合
理论基础	以表征为核心的控制论，符号主义、行为主义和联结主义	表征化与非表征化的统一；人文主义，关注人格发展与维护人性尊严
类本质	仅有对象意识——物的尺度	自我意识与对象意识的二重性——兼具"内在尺度"与"物的尺度"
主体特性	单一的机器，具有生产性、输出性和规制性	多元的人格，具有衍生性、感染性和默会性
情境应对	应对复杂的"确定性"情境	应对变幻的不确定性情境
工作效率	海量的数据处理能力，卓越的数据处理速度	作为个体的人，有限的时间与精力以及身体机能规限工作效率
适应工作	重复性、数字化、程式化、精确度、稳定性、快速响应	人情练达、共情通达、创意审美与人文关切
介入属性	不具备社会属性和心理属性	具备社会属性和心理属性
成长特点	以数据储量的变化实现数据库的迭代升级	以理论、实践与经验的体悟，实现自身教育思想结构观念的改变
育人角色	"经师"：学生学习的"讲师"，讲究可重复性	"人师"：人生发展的"导师"，直面不确定性和不可重复性
教育担当	胜任教学中的重复性、稳定性和确定性的工作，短时间内集结多元化的教育教学信息，快速处理复杂的数据，并对诊断问题进行有效的归因反馈	对重复性的耗时工作存在极限，胜任人与人感性情感的交流互动，以个人的人格魅力与专业素养潜移默化地实现教育性教学，彰显教育的生命活力与育人价值

资料来源：李栋．人工智能时代教师专业发展特质的新定位［J］．中国教育学刊，2018（9）：87-95.

此外，人类教师的鲜活人格可以产生感染性和默会性的教学效果，使教师能够应对变幻的不确定性情境，能实现复杂的情感交流互动，能以人格魅力彰显育人价值，能成为学生人生发展的导师，等等①。因此，以知识性传授为主的"教书匠"将逐渐被人工智能取代，而"育人"将成为人类教师角色内涵中不可替代的专业特质。人类教师在培养学生家国情怀，开展公民教育、优秀传统文化教育，弘扬人文精神，情感陶冶和个性化心理疏导等方面都大有可为。人工智能长于技能，而人类教师则长于德性，德性与技能属于不同的层面。在

① 李栋．人工智能时代教师专业发展特质的新定位［J］．中国教育学刊，2018（9）：87-95.

数智时代，人类教师角色的主要任务将不再是知识技能的传授，而是立德树人的教育，是对学生世界观、人生观和价值观的塑造。德性使人类教师具有独特的价值判断能力，而人工智能可以增强人类的智能，但它们无法取代人类的判断力①。在教化和育人的工作方面，人类教师具有不可替代的优势，如对学生人格的塑造和心灵的滋养等。

三、数智时代教师教育的变革路径

2018 年 1 月，中共中央、国务院发布《关于全面深化新时代教师队伍建设改革的意见》，着重强调“兴国必先强师”，明确指出了教师队伍建设的重大战略意义，“教师承担着传播知识、传播思想、传播真理的历史使命，肩负着塑造灵魂、塑造生命、塑造人的时代重任，是教育发展的第一资源，是国家富强、民族振兴、人民幸福的重要基石”。2019 年，中共中央、国务院印发《中国教育现代化 2035》，也将“建设高素质专业化创新型教师队伍”列为十大战略任务之一。因此，以培养教师、发展教师、提升教师素质能力为职责的教师教育、师范教育也被视作教育事业的工作母机，同时也是顺应新时代教育改革的关键环节。

如前所述，随着大数据、人工智能等信息技术的发展，智能机器、机器人教师的出现对教师的主体身份、专业性和知识基础均带来了前所未有的挑战；而且，数智时代对教师的角色职责、核心素养、专业能力和知识基础也提出了新的要求。毫无疑问，这将进一步倒逼以培养教师为己任的师范教育作出相应的变革②。职前教师教育是一个系统性工程，影响教师培养质量的因素也是复杂而多层次的。赵明仁和陆春萍就认为教师队伍建设包含四个层面（社会层、制度层、核心层和基础层）以及十个核心要素（价值论、优先论、体系论、资格论、配置论、法制论、反思论、发展论、专业论和学科论）③。本小节聚焦教师专业标准和教师教育课程标准、师范生教育实习实践场景和方式、教师教育质量保障等三个方面来论述如何适应数智时代“新师范”的特点，试图寻找数智时代师范教育改革的多重路径。

---

① 张优良，尚俊杰．人工智能时代的教师角色再造［J］．清华大学教育研究，2019，40（4）：39－45.

② 曹如军．人工智能时代教师教育培养目标：坚守与变革［J］．高教探索，2021（1）：51－56.

③ 赵明仁，陆春萍．新时代我国高素质专业化创新型教师队伍建设论纲［J］．教育科学，2021，37（1）：9－16.

（一）数智时代教师专业标准与教师教育课程标准的重构

2019 年，中共中央、国务院印发《中国教育现代化 2035》，明确了“推进教育治理体系和治理能力现代化”的战略目标，并将转变政府管理方式作为提升政府管理服务水平的主要途径之一。我国政府管理方式、方法和技术不断创新，治理手段和工具更加丰富，管理方式更加便利、更加高效、更加科学。其中，构建质量标准体系业已成为我国教育治理现代化的重要手段和政策工具。《国家中长期教育改革和发展规划纲要（2010—2020 年）》将“制定教育质量国家标准，建立健全教育质量保障体系”作为推动教育改革与发展的工作方针之一。2025 年 1 月，中共中央、国务院印发的《教育强国建设规划纲要（2024—2035 年）》明确提出，“建设高素质专业化教师队伍，筑牢教育强国根基”。在师范教育领域，制定教师专业发展标准、师范生职业能力标准和教师课程标准已成为设定教师培养规格和培养目标、规范师资培养机构培养流程、提升教师培养质量，进而提升师范教育与教师教育整体水平的重要工具。在数智时代，面对人工智能、大数据、智能机器等新兴技术对教师主体身份、教师专业实践工作及其专业性，以及教师知识权威、知识基础等提出的全方位、深层次的挑战，教师角色也需要及时调整，以适应新时代新技术的发展。正如刘复兴在《论教育与机器的关系》一文中指出的，在数智时代“教育学应该从一个更为根本、更加理论以及更为上位的视角来讨论教育如何面对人类社会新一轮技术变革所带来的新挑战与新问题”①。同样地，在教师教育领域，变革师范教育的首要之处就在于对“应培养什么样的教师”“如何培养教师”等根本性问题做出回应。因此，教师专业标准和教师教育课程标准也要做相应的变革。

第一，重新构建教师专业标准，为数智时代“教师应具备何种素养”以及“培养什么样的教师”提供新的指南和指引，进一步引领师范生培养和推动教师专业发展。2012 年教育部印发了幼儿园、小学和中学三个学段的教师专业标准；以《中学教师专业标准（试行）》为例，国家层面将教师专业标准分为“专业理念与师德”“专业知识”“专业能力”三大领域，其中“专业理念与师德”领域包含“职业理解与认识”“对学生的态度与行为”“教育教学的态度与行为”“个人修养与行为”等四个维度，“专业知识”领域包括“教育知识”“学科知识”“学科教学知识”“通识性知识”等三个维度，“专业能力”领域包括“教学设计”“教学实施”“班级管理与教育活动”“教育教学评价”“沟通与合作”“反思与发展”等六个维度。尽管教师专业标准要求中小幼教师必须“具有适应教

① 刘复兴．论教育与机器的关系［J］．教育研究，2019，40（11）：31.

育内容、教学手段和方法现代化的信息技术知识”，能“将现代教育技术手段整合应用到教学中”，但是，仅提升教师信息技术知识水平和能力显然已经难以回应强调人机协同教学和数据驱动式课堂教学对教师专业知识和能力提出的新要求。如前所述，数智时代我们需要的是具备不同专业素养、专业知识和专业能力的教师，以适应机器人教师的出现并在人机协同教学中发挥积极作用。例如，范国睿指出，在互联网和人工智能时代教师应聚焦“学习分析者”“信仰与价值的引领者”“个性化的指导者”“社会学习的陪伴者”“心理和情感发展的呵护者”等多重角色，以履行教书育人的神圣职责①。郭炯和郝建江主张，在数智时代，教师应转变角色定位，具备技术认知素养、创新教学素养、人机协同素养、资源整合素养、数据应用素养和伦理安全素养等②。因此，教师专业标准的重构应着眼于未来，前瞻性地将数智时代教师的新角色和新素养纳入教师专业标准的框架之中，并成为其核心内容。

第二，重新构建教师教育课程标准，为数智时代“如何培养教师”指明发展方向和实施路径。教师教育课程是教师培养培训的关键环节，对提升教师素养至关重要。“教师教育课程改革是教师教育改革的核心”③，同时也是保证教师教育质量的关键环节。2011 年教育部制定了《教师教育课程标准（试行)》，发布了《关于大力推进教师教育课程改革的意见》，并明确了教师教育课程的发展理念、课程结构、教学内容、课程资源、教学方法和手段等。以中学职前教师教育课程目标与课程设置为例，该标准规定师范生培养方案应包括“儿童发展与学习”“中学教育基础”“中学学科教育与活动指导”“心理健康与道德教育”“职业道德与专业发展”“教育实践”等学习领域。但是，为了适应数智时代对教师角色、专业素养和知识能力结构所提出的新挑战，教师教育课程也应做出相应的调整和变革，以改变以往“课程内容陈旧，缺乏时代性、国际性和最新的教育思想与学术信息”④ 等问题。特别是，随着机器人教师、智能机器和大数据分析开始深度卷入学校教育，教师教育课程应从课程内容、教育教学等方面与时俱进，不仅增加教育技术运用课程，而且应着力提升人类教师与机器人教师、智能机器等人机协作和协同教学的知识能力。

第三，前瞻性地制定机器人教师、教育机器人或虚拟教师的专业标准，规范机器人教师的发展与应用。正如刘复兴等教育研究者指出的，随着机器智能的快速发展，机器人教师、教育机器人或虚拟教师等具备高级智能的机

---

① 范国睿．智能时代的教师角色［J］．教育发展研究，2018（10）：69－74．

② 郭炯，郝建江．智能时代的教师角色定位及素养框架［J］．中国电化教育，2021（6）：121－127．

③④ 张西方．教师教育类课程体系建构探析：关于贯彻落实《教师教育课程标准（试行）》的思考［J］．课程·教材·教法，2013，33（11）：107－112．

器将取代人类教师的部分职责和工作，“智能机器在某些特定方面会比人类更强大”①。除了机器人教师取代教师的部分职责之外，机器赋能教师、教师与智能机器的协同合作也将成为未来学校教育的主流形态。根据张尧、王运武的总结，机器人教师的特征包括“极强的教学适应性”“高效的问题解决能力”“个性化的学习导师”“精细化的教学行为”等②。但是，正如技术悲观主义者所认为的，技术并不是中性的，技术、工具、机器等一旦被发明创造出来就具有自身的意向结构，也将沿着自身的技术逻辑和演进路径而发展。潘懋元先生就曾指出，“培养机器人的伦理道德思想和法律知识，使之成为智慧人”是未来高等教育需要回应的话题，同时也提醒研究者关注机器人教育问题，因为“机器人拥有大数据和高速的优势，是自然人所无法媲美的。如果机器人的行为不受约束，其后果就难以设想”③。因此，为了保障未来人机协同教育的规范性发展，我们应前瞻性地从设计理念、数据来源、算法规则、角色范围、功能定位等层面全方位地规范机器人教师、教育机器人或虚拟教师的发展与应用。

（二）人工智能时代师范生教育实习实践场景和方式的变革：虚拟现实技术的运用

教育是一门实践性极强的学科，而教师培养过程也同样兼具实践性、学术性的双重属性。这就决定了师范生教育实习是职前教师培养的核心环节。2018年，中共中央、国务院发布《关于全面深化新时代教师队伍建设改革的意见》明确指出，教育实践对于提升中小学教师质量，建设一支高素质专业化的教师队伍具有重要作用，强调“以实践为导向优化教师教育课程体系”。正如苏珊·格朗德沃特-史密斯（Susan Groundwater-Smith）所总结的，现代教师教育面临着“实习的转向”，教育实习被建构为一种实习课程，是师范生提升专业实践知识的必经渠道④。例如，有研究者对师范生的教育实习的效果进行了研究，他们发现，教育实习能够显著提升师范生的职业认同感、职业承诺和职业态度

① 刘复兴．论教育与机器的关系［J］．教育研究，2019，40（11）：28－38.

② 张尧，王运武．机器人赋能未来教育的创新与变革：国际机器人教师研究综述［J］．开放教育研究，2019，25（6）：83－92.

③ 潘懋元．新时代中国高等教育改革与发展：今天、明天与后天［J］．高等教育研究，2020，41（9）：1－3.

④ EILERTSEN T V，RORRISON D. A practicum turn in teacher education［M］．Rotterdam：Sense Publishers，2011：foreword.

的成熟度[①]；同时，相较于其他理论性课程，教育实践类课程也有助于帮助师范生提升从教准备度[②]。

但是，传统意义上，师范生教育实习面临着不少挑战：一方面，教育实习被认为难以独立承担起培养具有反思与批判精神的高素质教师的重任；另一方面，霍林斯（Hollins）指出，教育实习与教师教育其他课程的断裂或不兼容带来的师范生知识/能力结构的不完整不利于准教师的成长[③]。在教师教育领域，麦金太尔（McIntyre）等提出了提升教育实习效能和质量的多重要素：其一，教师教育与实习的目的，培养反思型教师；其二，教育实习的外部情景，其中尤以院校协作为关键；其三，教育实习结构安排和时间保障；其四，实习过程中的人际互动和指导教师的指导质量；其五，教育实习的组织和管理，以及实习过程的活动设计；其六，教育实习表现的多元化评价标准、主体与路径[④]。因此，要想提升师范生教育实习的质量和效能，那提升师范生在新时代“站稳讲台”的从教能力就显得尤为重要，而转变、变革和创新教育实习的场景与方式是关键路径之一。

在以大数据、人工智能等为核心的数智时代，虚拟现实技术的成功运用将有助于转变师范生教育实习的场景和方式。随着信息技术的发展，特别是数智时代的到来，虚拟现实技术已经从原先科幻小说中的设想变为现实，并进入了社会生活的现实，在医疗、娱乐、航空等领域取得较好的成效。虚拟现实技术是由美国虚拟现实实验室的贾朗·拉尼（Jaron Lanior）正式提出的，强调基于计算机技术而生成和构建起的一个虚拟但高度逼真的空间环境，致力于将虚拟环境与真实环境相融合、相整合，实现虚实混合的环境创设[⑤]。当前，虚拟现实技术也开始应用于高等教育领域，典型的有：仿真教学平台致力于为学生学习和实训创造和还原各种真实的场景、虚拟实验室为学生开展各种探究式学习和实验创造沉浸式的交互体验、VR超级教室融合了

---

① 张岩，雷婷婷．教育见习对师范生职业发展影响的实验研究：基于“4+1”跟岗教育见习模式［J］．教师教育研究，2020，32（6）：91-98.

② 吴宗劲，饶从满．教育实践类课程对职前教师从教准备度的贡献研究［J］．教师教育研究，2018，30（6）：37-43.

③ 王晓芳，周钧．新加坡师范生教育实习质量保障机制研究［J］．比较教育研究，2019，41（5）：76-82；HOLLINS E R. Teacher preparation for quality teaching.［J］. Journal of teacher education，2011，62（4）：395-407.

④ MCINTYRE D J，BYRD D M，FOX S M. Field and laboratory experiences［M］// SIKULA J，BUTTERY T，GUYTON E，et al. Handbook of research on teacher education. New York：Macmillan Pub，1996：171-193.

⑤ 曹彦杰．虚拟现实技术在美国教师教育中的应用研究：以中佛罗里达大学为例［J］．比较教育研究，2017，39（6）：93-102.

“机械操作、虚拟沙盘、模拟建设”的 VR 课程、移动 AR 图书馆通过移动客户端等软件即可查阅图书馆的相关资料等①。

而在师范生教育实习领域，虚拟现实技术同样大有可为，特别是当新师范生无法去中小幼学校开展实地考察时，更加凸显了借助虚拟现实技术变革师范生教育实习场景和方式的重要性。例如，在美国，虚拟现实技术已经运用于职前教师培养特别是师范生实习改革之中，“从虚拟学校，到第二人生，再到混合现实教学实训系统”②，虚拟现实技术已经全面渗透美国师范生教育实习的各个场景，进而系统性地重新塑造了师范生教育实习的各项活动、场景和方式，更好地提升了师范生的教育教学实践能力，特别是教学技能、管理技能和反思技能等师范生应具备的核心专业素养。可见，在数智时代，有了借助于虚拟现实技术搭建的混合空间，师范生教育实习的场景将不再受限于学校实地考察，而是可以不受时空条件限制，跨越学校实体边界而进入虚实结合的学习空间，在与虚拟教师等智能机器的人机互动中提升教育教学实践能力。

（三）数智时代循证教师教育质量保障的构建

伴随着教师队伍建设的不断推进，教师教育领域的质量话语开始凸显并成为指导师范生培养的关键。在国际上，对质量的追求以及相应的质量保障成为世界范围内高等教育改革的核心议题之一③。教师教育同样面临着质量提升的压力：来自公众与政府的外部问责与内在专业职责共同推动着师资培育机构不断提升教师培养质量，以应对新时代培养卓越教师的挑战④。新时代学校教育的急剧变革催生了对高素质教师的需求。“质量”成为教师教育的核心议题，应在学生学业表现、教师质量、教师教育质量以及院校质量保障机制之间建立严密的质量链条⑤。这给师范院校等师资培育机构带来了巨大的质量保障压力，同时也是改革和完善内部质量保障机制的动力⑥。

---

① 逯明宇，王敏.“新一代虚拟现实+高等教育”生态圈的构建［J］. 高教发展与评估，2018，34（5）：32－38，114－115.

② 曹彦杰. 虚拟现实技术在美国教师教育中的应用研究：以中佛罗里达大学为例［J］. 比较教育研究，2017，39（6）：93－102.

③ STEINHARDT I，SCHNEIJDERBERG C，BAUMANN J，et al. Mapping the quality assurance of teaching and learning in higher education：the emergence of a specialty?［J］. Higher education，2017，74（2）：1－17.

④ 王晓芳，周钧，孔祥渊. 新加坡师范生公费教育内部质量保障机制探究［J］. 外国教育研究，2019，46（8）：97－115.

⑤ IMIG D，et al. What is high quality teacher education?［M］//LEE J C-C，DAY C，Quality and change in teacher education：Western and Chinese perspectives. Switzerland：Springer，2016：77－94.

⑥ 同④.

当前我国师范教育质量保障面临着不少问题和挑战。宋萑和周深几对我国12个省（市）的教师教育质量保障的运作机制的调查结果显示，尽管国家层面制定并颁布了教师教育课程标准和教师专业标准，但是当前师范生培养过程仍面临着质量保障缺失的问题，其中典型问题在于如何在标准实施和落实中实现整体协调推进，标准如何贯穿于教师培养的全过程，并在其中发挥指导和指挥棒的作用①。总之，师范生质量保障仍然处于政策构建与理念倡导阶段，而缺乏真正的实证证据支持下的质量提升措施。

由此，近年来，在师范生培养质量保障机制的完善方面也开始引入循证的理念，强调质量保障应以证据为基础，探究影响优秀教师培养和培训的影响因素，并总结师范生培养的有效模式。这也就要求"无论是教师培养、培训，还是一线的教学改革，以及各层面教育政策的制定，无不要求仰仗具有定律水平的'理论'和最佳'证据'"②。循证师范生培养质量全过程需要建立在科学测量师范生培养规格目标、素养和能力的基础之上，并收集相应的数据、寻找数据之间的关联与因果关系，最终建立有效的教师培养模式、保障师范生培养质量。可见，循证理念指引下的师范生质量保障的完善有赖于未来大数据、算法机制和智能机器等未来技术的支持。正如宋萑等人提出的"循证决策与实践尤为强调对实证研究证据的系统收集与评估，以提高证据的准确性与时效性"③，师范生培养质量需要构建基于事实依据的严密证据链条，以指导教师教育实践。而这正是数智时代大数据和智能算法的重要功能。吴军在《智能时代：5G、IoT构建超级智能新机遇》一书中提出，"在无法确定因果关系时，数据为我们提供了解决问题的新方法，数据中所包含的信息可以帮助我们消除不确定性，而数据之间的相关性在某种程度上可以取代原来的因果关系"④。教师培养、培训和专业发展过程将产生大量的数据，而对这些数据的收集、抽取、淬炼和分析，并围绕质量保障和提升建立起数据流和数据网络，将有助于我们寻找具有事实依据和相关关系、因果关系的证据链条，进而全程跟踪师范生培养（从招生入学、课程教学、教育实践实习到初任教职）并收集反馈信息，从而系统性地构建师范生培养的整体改革设计，"构建投入-过程-产出一体化的质量保障链条"⑤。

---

① 宋萑，周深几．教师教育质量保障体系现状与问题探讨：基于12省（市）的调查分析［J］．中国高等教育，2015（24）：35－37.

② 胡艳，刘佳，赵兰，等．教师教育领域的循证实践：价值与挑战［J］．教师教育研究，2020，32（6）：1－7.

③ 宋萑，田士旭，吴雨宸．职前教师培养实证研究的系统文献述评（2015—2019）［J］．华东师范大学学报（教育科学版），2020，38（9）：78－102.

④ 吴军．智能时代：5G、IoT构建超级智能新机遇［M］．2版．北京：中信出版社，2020：107.

⑤ 王晓芳，周钧，孔祥渊．新加坡师范生公费教育内部质量保障机制探究［J］．外国教育研究，2019，46（8）：97－115.

第十章
教育评价数字化转型的内生动力与核心议题*

一、教育评价数字化转型的内生动力

二、教育评价数字化转型的根本旨归与核心议题

三、教育评价数字化转型所遵循的实践理路

* 本章主要内容以《教育评价数字化转型的内生动力与核心议题》为题发表于《教育研究》2023 年第 12 期。

以大数据、人工智能、区块链、物联网等为代表的新一代数字技术“正以新理念、新业态、新模式全面融入人类经济、政治、文化、社会、生态文明建设各领域和全过程”①，推动人类迈向数字文明②。数字化转型是世界范围内教育转型的重要载体和方向③，也是我国开辟教育发展新赛道和塑造教育发展新优势的重要突破口④。借助数字技术与智能技术优势，深化新时代教育评价改革，推进教育评价数字化转型，发挥好教育评价改革在教育领域综合改革中的重要牵引作用⑤，是加快建设高质量教育体系、实现教育强国目标的重要保障。

一、教育评价数字化转型的内生动力

人工智能、先进计算、数字孪生、区块链以及元宇宙等技术进步正在塑造未来社会新形态⑥，给教育和学习的实践活动带来革命性、结构性的变革⑦；教育评价主动回应、积极借力数智技术发展优势，是实现教育评价深层次变革的内在诉求。

（一）教育评价须主动回应技术变革与教育数字化

技术变革历来是推动教育评价变革的重要力量，深化新时代教育评价改革需要数智技术赋能。教育评价起源于中国古代的考试制度，孕育于西方的教育测量批判思潮，形成于20世纪30年代美国的“八年研究”改革运动⑧。在评价方式上，教育评价经历了从口头表达、实际操作到纸笔作答，再到数字化评价两次大变革。第一次变革建立在造纸和印刷技术成熟的基础上，第二次变革以计算机与网络技术的发展为契机，变革速度与程度更加空前（见图10-1）。数

---

① 习近平向2021年世界互联网大会乌镇峰会致贺信［N］. 人民日报，2021-09-27（1）.

② 刘卓红，刘艺．中国式数字文明的形成、特质与意义：基于历史唯物主义的视角［J］. 学习与探索，2022（7）.

③ 怀进鹏．数字变革与教育未来：在世界数字教育大会上的主旨演讲［EB/OL］.（2023-02-13）［2023-10-15］. http://www.moe.gov.cn/jyb_xwfb/moe_176/202302/t20230213_1044377.html?eqid=85c610e60003df3a00000005642ea77e.

④ 习近平．扎实推动教育强国建设［J］. 求是，2023（18）.

⑤ 深入学习贯彻党的二十大精神　加快推进教育评价改革落实落地［EB/OL］.（2022-11-18）［2023-07-05］. http://www.moe.gov.cn/jyb_zzjg/huodong/202211/t20221118_995844.html.

⑥ 中国工程院院士陈晓红：数智技术正塑造未来社会和经济形态［EB/OL］.（2023-10-29）［2023-12-01］. https://news.cnstock.com/news，bwkx-202310-5142221.htm.

⑦ 刘复兴．论教育与机器的关系［J］. 教育研究，2019（11）.

⑧ 杨现民，顾佳妮，邢蓓蓓．“互联网+”时代数据驱动的教育评价体系构架与实践进展［J］. 浙江师范大学学报（社会科学版），2019（4）.

字化教育评价的发展依次划分为四代，即计算机化测验、自适应测试、持续性测试、智能化测量①。第一代计算机技术以“技术硬性植入”形式推动了教育评价方式变革，实现了网上考试、网上阅卷、网上录取等，优化了教育评价管理方式，提升了评价的客观公正性与效率；第二代计算机技术通过与传统测评理论结合提升了教育评价的效度，实现了大规模测试中的差别化测评，提高了对个体测评的精度、效率及整体测试的安全性；第三代和第四代计算机技术伴随着人工智能技术的产生与发展，与测评理论互为创新动力，理论上可实现对评价信息的追踪式、伴随式捕捉以及自动化评分与反馈。当前正处于从前两代跨越到后两代的过渡期。这种跨越使教育评价真正走向日常化、全面化、智能化，将为深化新时代教育评价改革，建成中国特色、世界水平的教育评价体系提供重要支撑。

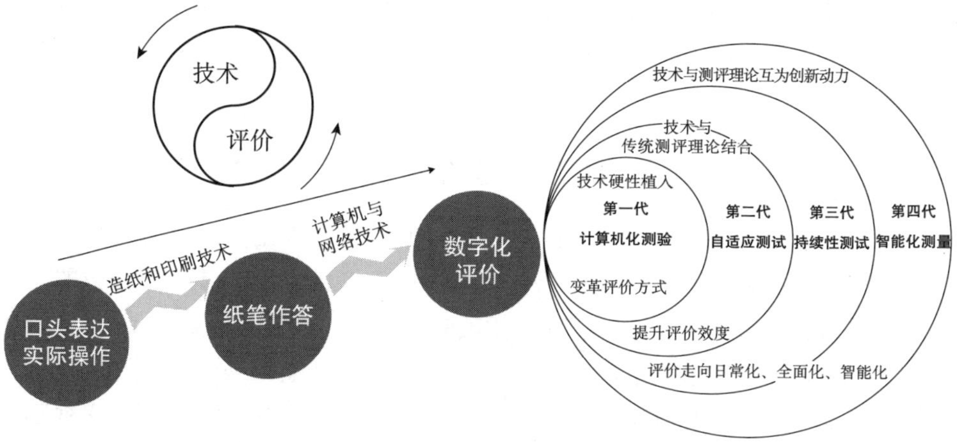

图 10-1　技术变革与教育评价发展交互过程

（二）数智技术正在成为教育评价变革的内生动力

从教育评价的内容、理念、结果效度、管理方式等维度来看，数智技术正在成为教育评价变革的内生动力。

首先，数智技术推动了 21 世纪核心素养测评的落地。20 世纪 90 年代末，面向 21 世纪的人才培养问题，“核心素养”概念应运而生，成为全球教育改革研究的焦点议题。世界各国和地区以及国际组织争相提出的 21 世纪核心素养框架，大多强调沟通交流、团队合作、信息技术素养、语言、自主发展、数学素

① REDECKER C, et al. Assessment for 21st century learning and skills [C] //21st century learning for 21st century skills. Berlin: Springer, 2012: 292-305.

养、问题解决与实践探索能力①。这些核心素养既包含学生的跨学科综合能力，也包含学生的非学业部分的综合素养，宏观性、抽象性、整合性较强，可描述性和可测量性较弱②，对传统教育测量与评价技术提出了巨大挑战。如今，随着数字技术、智能技术的发展以及与教育评价的进一步融合，针对一些非认知类的综合型、表现型核心素养的测评已取得初步进展。比如，国际学生评估项目（Programme for International Student Assessment，PISA）通过人机互动系统实现了对创造性问题解决能力、合作问题解决能力、全球素养的测评；我国义务教育质量监测借助语音合成与评测、文字及图像识别与分析等大数据和机器学习技术，开发出了演唱测试系统及文本自动标注系统，能够对学生的演唱能力与写作能力进行大规模的测评③。

其次，数智技术促进了教育评价理念的发展。《深化新时代教育评价改革总体方案》要求"改进结果评价，强化过程评价，探索增值评价，健全综合评价"④。结果评价以结果性评价理念为主导，过程评价与增值评价以发展性评价理念为指导，综合评价则以全面性评价理念为指导，同时对发展性和全面性的倡导也包括了对个体成长在不同阶段和不同方面差异性的关注，是个性化评价理念的体现。四种评价理念及四种评价方式互为补充，共同服务于多种评价功能的实现。但受传统教育评价观念以及实践的难度与程度等因素影响，结果性评价方式与理念一直居于主导地位。随着数智技术的发展，过程评价、增值评价、综合评价的实践障碍有望逐渐被破除，发展性、全面性、个性化评价理念将进一步彰显（见图 10－2）。具体表现在以下几方面。其一，采集学习者过程性、全面性发展数据的能力增强。随着语音识别、文字识别、图像识别、智能传感等底层技术越来越成熟，借助智能终端、可穿戴设备等，可以实现对学习者声音、文字、形貌、生理、心理等多模态数据信息的"伴随式""静默式""全域式"采集。其二，大规模存储与传输学习者全时空、个性化发展信息的能力加强。5G 通信技术、云空间、区块链等技术的发展为数据要素的高速流通和安全有序管理创造了条件。其三，深度分析学习者发展数据、建立学习者数字画像、进行精准化和个性化评价的能力日益提升。云计算、大数据、量子计算

---

① 辛涛，姜宇，刘霞．我国义务教育阶段学生核心素养模型的构建［J］．北京师范大学学报（社会科学版），2013（1）．

② 檀慧玲．新时代我国基础教育质量监测的向度转变［J］．教育研究，2018（6）．

③ 田伟，杨丽萍，辛涛，等．科技赋能教育监测与评价：现状与前瞻［J］．中国远程教育，2022（1）．

④ 中共中央　国务院印发《深化新时代教育评价改革总体方案》［EB/OL］．（2020－10－13）［2023－06－30］．https：//www.gov. cn/zhengce/2020－10/13/content_5551032. htm.

等技术的发展，极大地增强了其对全域、全时段个体发展信息进行综合分析的能力，进一步推动学习者个体评价的立体化。

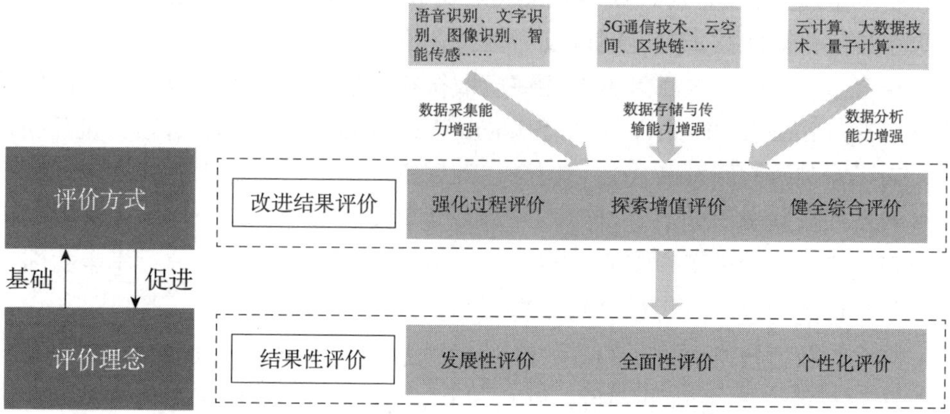

图 10－2　数智技术与教育评价方式和理念变革关系

再次，数智技术提高了教育评价的精确性和科学性。一方面，教育评价的个性化程度不断提高。随着计算机自适应技术的发展，“因人施测”在不久的将来有望成为现实。2011 年，大连市约 3 万名五年级学生参加了基于计算机自适应技术的英语水平测试，开始了基于计算机自适应技术的大规模诊断测试实践探索①。2018 年，PISA 在阅读领域正式引入计算机自适应测试，通过不断为被试匹配更贴近其能力的测试题目，实现对被试能力的精确估计；与传统的非适应性 PISA 测试相比，计算机的适应测试将测量标准误差减少了 10%，极大提高了测量效度和效率②。此外，借助高度个性化定制、智能推荐引擎等技术，评价结果将以交互式可视化的形式及时精准地推送给不同的需求者③。另一方面，教育评价的证据基础越来越坚实。其一，信息采集能力不断增强，全样本、多模态、大规模评价信息的获取越来越容易，使评价结果的判断依据更充分、更全面；其二，评价活动过程越来越“数据化”，而所有的数据信息及数据操作行为又皆可保存与追溯，使评价活动更具体、更透明，也为加强“元评价”创造了条件。

最后，数智技术优化了教育评价的实施和管理。随着人工智能技术的不断

---

① 朱哲民，张华华．认知诊断自适应测试的应用与展望［J］．中国考试，2021（1）．

② 赵茜，马力，温红博．PISA2018 阅读素养计算机化自适应测试的技术与方法探析［J］．中国考试，2020（11）．

③ 刘邦奇，袁婷婷，纪玉超，等．智能技术赋能教育评价：内涵、总体框架与实践路径［J］．中国电化教育，2021（8）．

升级，教育评价实施和管理环节的自动化与智能化程度也越来越高。一方面，教育评价的实施和管理成本降低，管理效率提升。比如，借助问卷星等在线问卷调查工具、微信等即时通信软件、录音笔等非文字信息采集工具、电子眼与机器人等智能监控工具，可以使评价数据的采集越来越便利；借助以聊天生成预训练转换器为代表的生成式人工智能产品，可以实现课堂中学生学习评价测试题的自动化编写、评阅与反馈，从而减轻教师的课堂评价负担[①]；借助网络电视、博客、短视频等新数字媒介，可以使评价结果的传播广度与效果得到极大提升。另一方面，教育评价的实施和管理更规范也更透明。基础教育质量监测与评价是目前我国规模最大、最系统的教育评价项目，该项目已经实现了涵盖工具研制、监测实施、数据分析、结果报告与反馈评价等全链条、各环节的信息化管理，极具规范性与公开公正性。比如，其开发的题库系统对题目研发全程进行记录，实现了每道题目开发与修订变化逻辑的全链条追踪与溯源；实施进展管理系统对数据采集、数据上报、施测等全过程进行分层管理，支持不同层级用户在信息系统服务端与移动设备端同时进行工作操作、监控和审核，使每个工作环节规范化、标准化[②]。

二、教育评价数字化转型的根本旨归与核心议题

以数字化为杠杆撬动教育评价深化变革的根本价值追求在于促进学生全面发展，新一代数字技术的发展为真正实现以科学评价促进全面发展创造了新契机。推动教育评价数字化转型，充分利用数字技术和智能技术赋能教育评价提质增效，核心议题在于构建教育评价大数据系统。

（一）促进学生全面发展是教育评价数字化转型的根本旨归

党的二十大报告重申“落实立德树人根本任务，培养德智体美劳全面发展的社会主义建设者和接班人”[③] 的教育方针。全面发展是教育的根本目的，全面培养是实现全面发展的基本过程与手段，全面评价是把握和督促全面培养基

---

① 朱永新，杨帆．ChatGPT/生成式人工智能与教育创新：机遇、挑战以及未来［J］．华东师范大学学报（教育科学版），2023（7）.

② 田伟，杨丽萍，辛涛，等．科技赋能教育监测与评价：现状与前瞻［J］．中国远程教育，2022（1）.

③ 习近平．高举中国特色社会主义伟大旗帜 为全面建设社会主义现代化国家而团结奋斗：在中国共产党第二十次全国代表大会上的报告［N］．人民日报，2022-10-26（1）.

本过程、衡量全面发展根本目的是否达成的重要手段与保障①。

围绕促进学生全面发展这一根本旨归，借助数智技术对教育评价数据采集、传输、储存、挖掘、分析等进行全面赋能，推动教育评价数字化转型，有待实现以下突破：第一，从有限数据评价转向大数据评价。学生全面发展和全面培养的数据信息将被更充分、全面地挖掘和有效利用，教育评价将建立在更坚实的大数据证据基础之上。第二，从线性、不可逆的过程评价转向可回溯、可逆的全息过程评价。随着过程信息被更充分、全面地捕捉和存储，有望突破时间的线性和不可逆性，不仅可在过程中进行评价，还可在事后随时对既往过程进行回溯评价。第三，从对既有发展事实的评价转向对发展趋势和取向的预测评价。数据挖掘和分析技术的增强使教育评价既可以对已有的发展事实作出更科学客观的评价，又可以基于事实对未来的发展趋向进行预判，为不断找准学生的最近发展区提供决策支持。第四，从单一标准体系评价转向多维多标准体系评价。一方面，数字世界的发展要求扩充评价标准的数字维度，建立满足多维时空评价需要的多维评价标准体系；另一方面，全面评价和个性化评价的加强也要求进一步完善观照个体全面性、个体间差异性和多样性的多维多标准体系。第五，从以学生认知发展为核心的单一焦点评价转向重视学生非认知发展及多方育人主体等的全要素多焦点评价。数字技术有效助力评价工具的创新，实现了既往难以实现的对学生非认知发展的测评，同时通过提升评价效率、降低评价成本等，使对各育人主体、过程、环境等多方面要素的评价实践成为可能。

（二）形成教育评价大数据系统是教育评价数字化转型的核心议题

推进教育评价数字化转型，实现教育评价的深层次变革，核心议题在于借助大数据、人工智能、区块链、数字孪生、元宇宙等数智技术，形成联通多组织层次、沟通多方育人主体、融通多维时间和空间的互联共通教育评价大数据系统（见图 10－3），充分整合和调动多方资源、力量，逐步实现教育评价的全要素、全方位、全过程、全时空。全要素即对学生培养及发展的多方面关键影响因素（包括多方育人主体、条件保障、育人环境等）的评价；全方位即对学生培养及发展的全面评价，包括德智体美劳五育，兼顾认知因素与非认知因素等；全过程即对学生培养及发展的全过程动态性评价；全时空即对学生培养及发展的多维时间和空间的评价。

---

① 檀慧玲，王玥．论立德树人监测与评价的关键要素与制度体系［J］．课程·教材·教法，2021(12)．

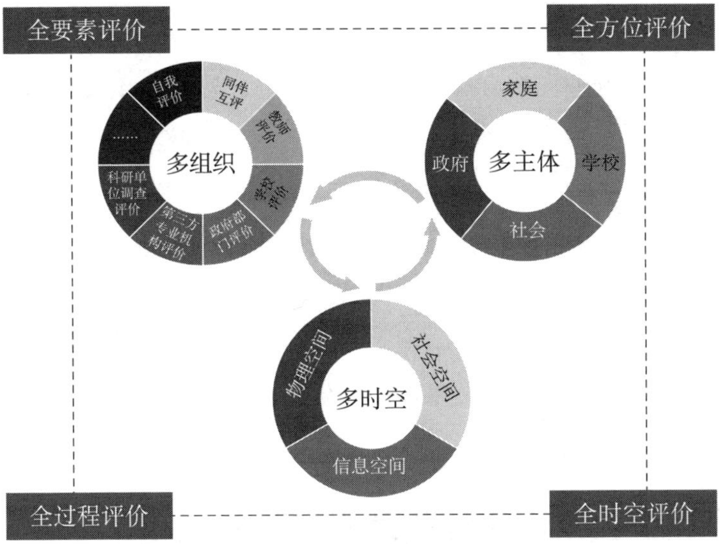

图 10－3　教育评价大数据系统

第一，联通学生评价的多组织层次。学生评价可大体分为学校内部评价和学校外部评价。其中，学校内部评价包括学生个体的自我评价、学生间的同伴互评、教师对学生的评价以及学校对学生的评价。学校外部评价包括区县、市、省的教育部门和督导机构等政府部门开展的学生评价，比如期中/期末考试、中高考、荣誉评定、综合素质评价等，还有第三方专业机构开展的学生评价（国家义务教育质量监测、PISA 中国测评等），以及科研单位开展的各类调查评价等。教育评价大数据系统可将单一组织层内部以及不同组织层次间的学生全过程、全方位的评价数据联通衔接起来，实现评价数据资源的整合和共享，既能节省评价成本，最大限度地发挥单一组织层评价活动的价值，又能减少多头评价给基层带来的评价压力。

第二，沟通学生培养的多方育人主体。培养德智体美劳全面发展的社会主义建设者和接班人，是家庭、学校、社会和政府的共同责任。教育评价大数据系统可以将对学生个体全面发展的评价与对家庭、学校、社会、政府等多方育人主体、育人过程和结果的评价连接起来，为进一步充分挖掘诸如教育理念、教养方式、亲子关系、家庭社会经济地位等家庭因素，办学方向、课程教学、教师发展、校园文化等学校因素，社区文化教育资源、社会实践活动组织等社会因素，价值导向、组织领导、教学条件保障等政府因素，与学生品德、学业、审美素养、劳动与社会实践各方面发展的关系创造条件。通过对学生发展影响因素的全面深刻挖掘与分析，更好地协同多方育人主体力量、规范育人过程、提高育人水平和能力、提升育人质量和效果。

第三，融通多维时空。数字技术的发展将人类的实践活动场域从物理、社会二维空间拓展到物理、社会和信息三维空间①，教育评价对象也从发生在二维空间的教育活动拓展为发生在三维空间及跨空间的教育活动。借助信息空间的时空灵活性、资源共享化、行为数据化、系统联通化等特征②及其底层技术优势，教育评价手段、评价工具等可进一步创新，评价能力也能得到极大扩展和增强。比如，可以在信息空间进行评价仿真实验，提前预判现实评价活动风险，在信息空间创设评价仿真情境，观察评价对象在特定情境下的表现等。教育评价大数据系统既要融通产生于三个空间的学生发展和培养等方面的全时空评价数据，又要融合各空间的技术环境和优势，创新评价方式和手段工具，提升评价能力。

三、教育评价数字化转型所遵循的实践理路

形成教育评价大数据系统，构建数字化教育评价体系，实现教育评价的全要素、全方位、全过程、全时空，提升教育评价的科学性与精准性，引导和护航学生的全面培养，促进学生的全面个性发展，是推进教育评价数字化转型的终极目的和承继中华民族千百年来“全人教育”“因材施教”教育思想及理想的必要举措，但同时也面临着诸多前所未有的问题与挑战，需遵循科学合理的实践理路。

（一）坚守教育评价数字化转型的理念与原则：秉持价值先行和以人为本

教育评价数字化转型中存在着“技术至上”“数据至上”的风险，需要审慎规避。任何技术都不是价值无涉的，在发明之初就具有一定的意向结构，包含特定的价值取向，即技术的逻辑③。教育评价的本质是一种价值判断活动，价值逻辑是其首要遵循的本体逻辑。但随着数字技术在赋能教育评价过程中彰显出突出而显著的力量和优势，教育评价的工具价值不断提升，“数据主义”可能僭越人的主体价值走向“数据为本”的评价范式④，教育评价的价值和对象面

① 杨阳，陈丽．元宇宙的社会热议与“互联网＋教育”的理性思考［J］．中国电化教育，2022（8）．

② 陈丽．在线教育原理［M］．北京：北京师范大学出版社，2021：9－13．

③ 吴国盛．技术哲学讲演录［M］．北京：中国人民大学出版社，2009：7．

④ 曹渡帆，朱德全．新时代教育评价改革的数字正义何以可能［J］．电化教育研究，2023（12）．

临异化风险。具体表现在以下两方面：一是对技术工具理性的过度偏执使评价主客体异位，造成评价主体的决策权力让渡于技术、为了评价而评价的异象；二是“数据至上”的量化主义评价倾向追求简单、高效、具象、确定性，进而将真实具体的、复杂多样的人异化为抽象笼统的、简单统一的“数据人”①，并且基于数据和算法的评价程序整齐划一，缺少教育评价应有的人文关怀和温度②。

教育评价数字化转型必须始终坚持价值先行、以人为本的理念与原则。首先，端正对技术以及教育评价的本质认识，在对二者有限性的理性认知中探寻教育评价数字化的“可为”与“不可为”。第一，要始终明确技术是工具而不是目的。技术是提升教育评价能力、实现教育评价目标的有效手段，数字技术对教育评价的赋能要以遵守教育评价的本质规律与价值诉求为本。第二，要始终明确教育评价的对象是学生而不是其他。教育评价的核心对象是充满可能性与不确定性的学生个体的身心成长与发展状态③，技术始终突破不了基于有限取样的推测本质；评价数据本身及数据结果的应用具有限度，须加强对评价数据功能限度与边界的考量，赋予数据以人文关怀④，审慎解释、应用教育评价结果。其次，教育评价的价值判断权要始终牢牢掌握在人而不是机器的手里。在整体提升教育评价实践者的评价理念、知识、方法、伦理等全方位素养和能力的同时，要放权、赋权给各个层级的教育评价实践者，鼓励他们发挥主体能动性，在参与各个环节的教育评价活动中结合具体情境提出合理建议，做出自主选择，修正或终止评价进程⑤。最后，坚持将以人为本的价值理念贯穿评价活动始终。如在评价标准的设定上，充分考虑评价对象的发展性、个体差异性，兼顾可量化与不可量化的发展指标；在评价数据的收集和分析中，关注学生成长发展的整体性、情境性要素，重视促进发展的因果分析；在评价结果的反馈和使用中，体现差异性、针对性、鼓励性等。

（二）筑牢教育评价数字化转型的要素保障：共建教育评价数据质量管理制度

数据是数字化的根基，教育评价数字化转型要谨防“数据假象”的干扰。

---

① 刘丽苹．哲学诠释学视域下教育评价的创新发展［N］．中国社会科学报，2023-06-13.

② 张嘉豪，赵彬．现代教育评价中潜在的技治主义风险及其应对［J］．教育探索，2022（12）.

③ 张志祯，齐文鑫．教育评价中的信息技术应用：赋能、挑战与对策［J］．中国远程教育，2021（3）.

④ 伍远岳，武艺菲．大数据时代的教育评价：特征、风险与破解之道［J］．中国考试，2023（10）.

⑤ 闫志明，朱友良，刘方媛．新一代信息技术支撑的教育评价：价值诉求、现实问题与建设进路［J］．现代教育技术，2022（11）.

数智时代，数据往往被当作描述客观事物、揭示真相的手段，这也是教育评价希冀通过数字化转型提升评价客观性、科学性的价值考量所在。需要注意的是，数据的“客观”极有可能是一种假象，数据提供者对数据理解的差异性、数据的时间持续性、数据录入的准确性、数据更新的及时性①、数据样本规模的有限性、“脏数据”的污染、数据分析模型的偏差、数据挖掘的“浅尝辄止”、数据分析结果解读的偏差等都是导致假象的因素②。被“假客观”蒙蔽，建立在“假数据”基础之上的教育评价势必无法准确把握真实的教育样态和规律，这与教育评价数字化转型的目标相背离。

确保教育评价数据质量有赖于严格的管理与监督制度。教育评价数据是教育评价数字化转型的核心驱动要素，其质量水平直接决定了教育评价数字化转型目标的达成程度。首先，建设专门的教育评价数据质量管理、监督平台与组织队伍。我国拥有着世界上规模最大的教育体系，具备庞大的教育评价数据资源，亟待通过系统性、规范化指导和管理，充分发挥这些数据资源对人才培养和高质量教育体系建设的支撑作用。但目前，我国尚未建立专门的教育评价数据质量管理机构，评价数据的质量主要依靠数据收集及分析等各有关主体的内部自觉，外部监督、评估及问责的作用极其有限，亟待独立的组织机构及专业队伍组织实施教育评价数据质量监察工作。其次，研究制定教育评价数据操作规范及质量评估标准。组织教育评价、数字技术、信息分析等研究领域的专家学者开展跨界合作，针对教育评价数据操作全程中可能违背人本性、教育性、科学性、客观性等的行为选择，制定操作规范与评估标准，指导教育评价数据操作实践，为教育评价数据操作监管提供依据。最后，完善教育评价数据质量审查与问责机制。教育评价数据质量监管工作的长效开展，有赖于建立一套流畅高效的审查与问责机制，既要明确审查工作目标、流程、方式、人员分工与责权划分等内容，又要厘清教育评价数据操作过程中的质量保证责任人，拟定好基于审查结果的问题示警、追责问责办法。

（三）破解教育评价数字化转型的制度壁垒：建立健全教育评价数据互联共通机制

当前，教育评价数据资源总量仍然有限，且已有的教育评价数据资源因制度性因素尚难实现互联共通。其一，已有的教育评价数据多集中在学生学业方

---

① 郑燕林，柳海民．大数据在美国教育评价中的应用路径分析［J］．中国电化教育，2015（7）．

② 彭兰．假象、算法囚徒与权利让渡：数据与算法时代的新风险［J］．西北师大学报（社会科学版），2018（5）．

面，对学生德、体、美、劳方面发展的评价以及相关影响因素的教育评价数据尚未得到充分挖掘。其二，多源流教育评价数据间存在结构性壁垒，学生评价及培养数据名目繁杂、结构多样，数据清理、数据结构改造等数据融合后的再加工成本极高。其三，教育评价数据持有者间存在组织壁垒，学校、政府部门、第三方专业机构、科研单位等不同类别组织之间、同一类组织不同层级的个体间，在价值标准、利益诉求、行为规范等方面存在复杂冲突，难以达成教育评价数据共享共识。其四，教育评价数据大体量、大范围的互联共通增加了数据泄露、篡改等安全风险，但教育数据安全管理体制机制的建设还处于初步探索阶段。

评价的精准性、有效性要求加强教育评价数据互联共通体制机制建设，着力破除教育评价数据跨组织、跨主体、跨空间的制度壁垒。实现教育评价数据的互联共通，加大对多维多层教育评价数据的搜集、挖掘和分析力度，使教育评价数据最大限度地被有效利用，需要破除现存的制度性壁垒。第一，由教育行政部门牵头，加强学校、政府部门、第三方专业机构、科研单位等组织间的沟通交流，使之增强对彼此教育评价数据资源优势及需求的了解，强化各组织单位对数据互联共通的价值共识，积极调动各主体参与建设教育评价大数据系统的主动性。第二，由教育行政部门主导，第三方专业机构科研单位为主体，学校积极参与、合作开展教育评价数据互联共通体制机制的研究工作，逐步形成统一的数据结构规范制度体系、全面的互通合约制度体系、可靠的技术安全保障制度体系、有力的责权利监管与冲突协调制度体系等。第三，充分借助区块链技术优势，保障教育评价数据互联互通的安全高效性。区块链技术的分布式、去信任、集体维护和无法篡改等特点与数据流通需求有着天然的契合性①，是有效解决数据壁垒、信息安全、信任危机等问题的一把钥匙②。第四，借助政策仿真实验等技术，提升教育评价大数据系统建设过程中决策的科学性。教育评价大数据系统建设过程中牵涉多方主体、多重利益诉求，其复杂性和高利害性对决策的科学性提出了更高要求。“大数据、人工智能等技术的发展，使得可以前瞻性预测和分析政策实施效果的教育政策仿真成为可能”③，教育评价大数据系统建设的逐步推进应适当借助政策仿真实验的论证和检验。

---

① 闫树，卿苏德，魏凯．区块链在数据流通中的应用［J］．大数据，2018（1）．

② 吴永和，程歌星，陈雅云，等．国内外“区块链＋教育”之研究现状、热点分析与发展思考［J］．远程教育杂志，2020（1）．

③ 何文萱，柯政．教育政策仿真：推进教育决策科学化的方法基础［J］．现代远程教育研究，2022（4）．

（四）规避教育评价数字化转型的伦理风险：构建与之契合的伦理保障制度

数据和算法正在成为教育评价活动的主要物质载体，也日益成为教育评价伦理风险的主要来源。首先，在评价数据的采集上，个体的生理心理特征、智力能力水平、性格偏好与取向等隐私信息被深入挖掘，但其本人对这些数据的价值以及可能遭到的误用与侵犯却知之甚少。其次，在评价数据的存储上，数字技术的不稳定性与数据本身的高价值性使个人信息面临着极强的泄露风险。最后，在评价数据的分析和使用上，各种统计分析模型是机器对既有数据学习的结果，它建立在一定的历史坐标和文化参照基础上①，不可避免地存在一定的历史或文化偏差与偏见②。此外，算法工程师个人的性别、种族和年龄等很有可能被复制到算法设计中，从而可能加剧已有的各种形式的歧视、身份偏见③。

教育评价的数字化转型需要构建契合的伦理保障制度。第一，加强教育评价伦理研究，明确数字化转型背景下教育评价变革的伦理原则和规范。基于研究成果对教育评价各环节工作人员开展伦理培训，使其将伦理意识和伦理考量融入行为自觉。第二，尊重和维护教育评价数据采集对象的知情权，坚决抵制在采集对象不知情的情况下过度采集及滥用信息等行为。充分尊重教育评价数据采集对象的个人意愿，确保其对采集什么、用作何处、收益几何等信息的充分了解和无异议。第三，加强教育评价数据安全法律法规建设。针对数字化转型过程中个人隐私权、信息受保护权等易遭到侵犯的问题，我国已相继出台了《中华人民共和国网络安全法》《中华人民共和国个人信息保护法》等法律法规。一方面，这些法律法规尚有空白，部分法条偏原则化、操作性不强；另一方面，其针对的是一般的数据安全问题④，无法充分观照到教育评价数据的特点及对其安全规制的需要。有关部门，有必要进一步加强教育评价数据安全的监管责任及惩戒措施等方面的法律法规建设。第四，提升教育评价活动中分析模型的透明性和可理解性。加强教育评价的数字伦理审查和影响评估，充分关注训练数据的多样性和公平性、模型的兼容性和非歧视性、结果的广泛适用性及其影响的长效性。

---

① 杨欣．教育评价改革的算法追问［J］．华东师范大学学报（教育科学版），2022（1）．

② 张立国，刘晓琳，常家硕．人工智能教育伦理问题及其规约［J］．电化教育研究，2021（8）．

③ 联合国教科文组织．人工智能伦理问题建议书草案文本［EB/OL］．（2021－03－31）［2022－09－20］．https：//unesdoc.unesco.org/ark：/48223/pf0000376713_chi．

④ 林伟．人工智能数据安全风险及应对［J］．情报杂志，2022（10）．

第十一章
数智时代的教育政策与教育治理

一、比较视域下“人工智能＋教育”的教育政策与实践

二、中国推进人工智能教育的政策保障与实践

三、人工智能技术的发展与迭代构筑了教育治理新图景

四、数字化转型中的教育治理面临结构性困境

五、数字化转型中的教育治理之策

2024 年 9 月，习近平总书记在全国教育大会上明确指出，要“深入实施国家教育数字化战略，扩大优质教育资源受益面，提升终身学习公共服务水平”。建设学习型社会，以教育数字化开辟发展新赛道、塑造发展新优势，促进人工智能助力教育变革，是贯彻落实教育强国建设的重要突破口。数智时代，5G、大数据、云计算、区块链、虚拟现实、人工智能等各种前沿技术应用于教育领域，优化了教育资源配置，搭建了智能化、智慧化的教育环境，催生了“人工智能＋教育”的新型教育模式，并引发了教育领域深层次、系统性变革。世界主要国家和国际组织高度重视人工智能发展及其在教育中的应用。本章梳理了国际组织和代表性国家“人工智能＋教育”的教育政策及教育实践，以期为中国的教育治理提供借鉴与启示。但是数字化转型时期，中国的教育治理面临结构性困境，这使中国的教育政策尚未走在世界前沿。数智时代的教育治理，应立足构建服务全民的终身学习的数字化教育治理体系，以人本治理、智慧治理、灵活治理、双空间治理、硬核治理审视人工智能背景下教育治理之策，深度挖掘数字价值，以数字化信息技术驱动教育治理转型。

一、比较视域下“人工智能＋教育”的教育政策与实践

以人工智能为代表的新一轮科技革命和产业革命的发展，使人工智能技术高速迭代，并迅速应用于教育领域，与教育的融合不断加深。作为全球教育治理的重要参与者，国际组织擘画了数智时代教育发展的政策规划蓝图，成为推动全球教育发展的重要力量。主要国家积极参与数字化转型中教育治理的政策制定，推动了教育的创新与变革。

（一）国际组织高度关注人工智能发展及其在教育领域的应用

1. 联合国教科文组织：坚持人工智能时代的人文主义教育立场

2019 年 3 月，联合国教科文组织发布《教育中的人工智能：可持续发展的挑战和机遇》（Artificial Intelligence in Education：Challenges and Opportunities for Sustainable Development）报告，报告提出，人工智能教育发展的愿景是促进人工智能教育的可持续发展①，重点探讨了相关问题：利用人工智能改善学习和促进教育公平，通过人工智能改善个性化学习、数据驱动的教育管理信息系统；利用人工智能为学习者的未来做准备，增设面向数字化和人工智能赋能

① 任友群，万昆，冯仰存．促进人工智能教育的可持续发展：联合国《教育中的人工智能：可持续发展的挑战和机遇》解读与启示［J］．现代远程教育研究，2019，31（5）：3－10.

世界的课程；人工智能在教育中应用的挑战和政策影响。报告预测了人工智能的可能影响，指明了未来人工智能教育的发展趋势，也关注到人工智能教育可持续发展的伦理问题。人工智能为教育赋能，但其应用于教育领域时，应确保数据安全，可制定数据收集、使用和传播的伦理道德规范，保证人工智能可持续发展。

2019 年 5 月，中国政府与联合国教科文组织合作在北京举办国际人工智能与教育大会，审议并通过成果文件《北京共识——人工智能与教育》(Beijing Consensus on Artificial Intelligence and Education)，(简称《北京共识》)，提出了人工智能技术与教育的系统性融合，形成了国际社会对智能时代教育发展的共同愿景。2019 年 8 月，联合国教科文组织发布《北京共识》，这是联合国教科文组织首个为利用人工智能技术实现 2030 年教育议程提供指导和建议的重要文件[①]。《北京共识》强调确保人工智能促进全民享有优质教育和学习机会[②]。《北京共识》声明：人工智能的开发应当为人所控、以人为本，人工智能的部署应当服务于人并以增强人的能力为目的，人工智能的设计应合乎伦理、避免歧视、公平、透明和可审核，应在整个价值链全过程监测并评估人工智能对人和社会的影响。人工智能教育应该秉持以人为本的理念，人工智能技术应该增强人的能力，促进人的发展，使人工智能的使用合乎伦理和道德规范。《北京共识》要求提高社会各层面的人工智能素养，支持政策制定者人工智能素养和能力建设[③]。《北京共识》强调确保教育数据和算法使用合乎伦理、透明和可审核，制定全面的数据保护法规以及监管框架，保证对学习者的数据进行合乎伦理、非歧视、公平、透明和可审核的使用。《北京共识》重点强调人工智能的发展要以人为本、为人服务、为人类谋福祉。加强对人工智能运行全过程的监测，以确保其合乎伦理和道德规范。人工智能的发展应接受监督和审核，坚持公开透明，使其合乎伦理，促进公平和包容。

2021 年 11 月，联合国教科文组织发布全球首个针对人工智能伦理制定的规范框架《人工智能伦理问题建议书》，要求以合乎伦理的方式运用和发展人工智能，特别关注人工智能系统与教育、科学、文化、传播和信息等核心领域有

---

① UNESCO. The international institute of online education (IIOE) [EB/OL]. [2022-05-29]. https://www.ichei.org/dist/index.html#/iioeIntro.

② 王佑镁，王旦，柳晨晨．从科技向善到人的向善：教育人工智能伦理规范核心原则 [J]. 开放教育研究，2022，28 (5)：68-78.

③ 曾海军，张钰，苗苗．确保人工智能服务共同利益，促进教育系统变革：《人工智能与教育：政策制定者指南》解读 [J]. 中国电化教育，2022 (8)：1-8.

关的广泛伦理影响①，以避免人工智能带来的伦理问题。这是首个人工智能伦理问题全球性协议，旨在推动人工智能为人类、社会、环境和生态系统服务，预防其潜在风险，以确保人工智能健康发展。《人工智能伦理问题建议书》提出，发展和应用人工智能首先要体现出四大价值，即尊重、保护和提升人权及人类尊严，促进环境与生态系统的发展，保证多样性和包容性，构建和平、公正与相互依存的人类社会。作为首个规范性全球框架协议，《人工智能伦理问题建议书》指出，人工智能技术可能会引发根本性的伦理关切，人工智能算法可能会加深已有的偏见，需要全球合作制定人工智能规则，发挥伦理价值观的指引作用。算法固有的偏见带来了新的伦理偏见，因此急需伦理价值观和原则发挥指引作用。尤其是在教育领域的应用中，要首先发挥其嵌入技术的伦理价值，确保智能技术在可控可靠的范围内有序发展。警惕数智技术可能造成的隐私侵犯、数字鸿沟、歧视、偏见和排斥，尤其是在教育领域内的不公平问题。算法偏见、算法歧视会产生新的伦理挑战，对人权、人的尊严造成威胁，从以人为本的立场出发，我们要加强对政策和法律的规范，确保智能技术应用的理论价值观和原则。

2021 年 11 月，联合国教科文组织在该组织第 41 届大会上面向全球发布了《一起重新构想我们的未来：为教育打造新的社会契约》，探讨和展望面向未来乃至 2050 年的教育。呼吁全球加强合作，促进教育的创新变革，塑造和平、公正和可持续的未来。“我们可以利用数字技术、工具和平台支持人权发展，提高人类能力，推动集体行动朝和平、正义和可持续的方向发展。”② 但是，数字技术也会颠覆我们的权利、限制我们的能力，导致不平等和排斥的加剧，要抵御数字技术的负面效应，克服其复合效应。教育领域中的数字技术目标含混，要将其从商业模式中脱离出来，使数字技术朝着积极的方向发展，造福于社会公共利益。新的教育社会契约强调教育的公共目的，为了人类的和平、公正和可持续的未来，需要加强教育领域的交流与合作，共同应对人类面临的挑战。

2021 年 12 月，联合国教科文组织在 2021 国际人工智能与教育会议上发布了《人工智能与教育：政策制定者指南》（AI and Education：Guidance for Policy-makers）（简称《指南》）。《指南》旨在培养教育领域具备人工智能素养的政策制定者，以期为各国政府、其他利益攸关方制定与宏观公共政策有机配合的人工智能与教育政策提供支持，致力于打造包容、可持续和有韧性的教育。《指

① 吴砥，李环，尉小荣．教育数字化转型：国际背景、发展需求与推进路径［J］．中国远程教育，2022（7）：21－27.

② 联合国教科文组织．一起重新构想我们的未来：为教育打造新的社会契约［M］．北京：教育科学出版社，2022：35.

南》借助人工智能实现可持续发展目标，提出当前人工智能教育面临的挑战，包括人工智能教育应用中的数据与算法伦理风险，性别平等问题，研究、监测与评估的不足，对教师角色与学生学习的影响，等等①。《指南》提出人工智能与教育政策的四大战略目标：确保人工智能在教育领域中应用的包容性和公平性；利用人工智能加强教育和学习；推动发展人工智能时代的生活技能，包括教授人工智能的运作方式和对人类的影响；保证教育数据使用的透明化，且对其过程进行审查。《指南》分析了人工智能在教育领域中应用的实践案例，提出了人工智能与教育深度融合面临的机遇和挑战，提出需要制定相关政策引导人工智能全面、协调、系统地促进教育变革。《指南》强调以人本主义的方法作为人工智能与教育政策的指导原则，强调以合乎伦理、包容和公平的方式将人工智能应用于教育领域，为人工智能教育应用的政策制定提供了借鉴和参考。

2023 年 9 月，联合国教科文组织发布了《教育与研究领域生成式人工智能指南》(Guidance for Generative AI in Education and Research)。该指南确立了人本主义的核心价值取向，明确提出应当采用“以人为本”的原则框架来指导生成式人工智能技术的开发与应用；强调了人类主体性在技术决策中的不可替代性，明确指出在高风险决策情境下，必须避免将责任主体错误地转移至人工智能系统，而应当着力提升人类对新兴技术的风险管控与安全应用能力。

2024 年 9 月，联合国教科文组织发布了《学生人工智能能力框架》(AI Competency Framework for Students，AI CFS) 和《教师人工智能能力框架》(AI Competency Framework for Teachers，AI CFT)，旨在为如何将人工智能融入师生发展提供参考。AI CFS 旨在指导公共教育系统培养学生的人工智能素养和能力，推动国家人工智能战略的开展。AI CFT 旨在引导教师积极进行持续性的学习和专业发展，以人本主义的方式在教育中应用人工智能。

2. 经合组织：实施未来教育战略

2021 年 6 月，经合组织发布了《2021 年数字教育展望》②，称智能技术作为人与人工智能的混合系统，可以提高教育系统的有效性、公平性和成本效率。报告通过案例研究详细描述了数智技术，尤其是智能技术，包括对人工智能、学习过程或机器人技术的分析，强调不能仅仅关注智能技术本身，应着力于智能技术在课堂内外的有效教学用途以及用于系统管理的证据，重点关注了智能技术目前如何改变课堂教育、教育组织及教育系统的管理。另外，报告中还做

---

① 曾海军，张钰，苗苗．确保人工智能服务共同利益，促进教育系统变革：《人工智能与教育：政策制定者指南》解读［J］．中国电化教育，2022 (8)：1－8.

② OECD. Digital Education Outlook 2021［EB/OL］．［2022－05－30］．https：//www.oecd-ilibrary.org/sites/f54ea644-en/ index.html? itemId=/content/component/f54ea644-en#section-d1e2925.

出分析和判断：面对机器人、人工智能和区块链的流行，教师不仅不会被替代，还将扮演核心角色。报告评估了智能技术对教育行业的积极影响和相关风险，强调智能技术的采用依赖于基于风险评估的、健全的数据保护和隐私监管。智能技术应用于教育治理，必须进行风险评估，加强监管，规避潜在风险。

2023 年 9 月，经合组织发布了政策研究报告《生成式人工智能的初步政策考虑》(Initial Policy Considerations for Generative Artificial Intelligence)。该报告指出生成式人工智能根据用户提示生成新内容，使其在教育创新、医疗进步和科研突破等领域展现出显著的变革潜力；但生成式人工智能带来了包括信息真实性危机和公共舆论场域失序在内的多重治理挑战。报告建议各国政策制定者应当建立前瞻性治理框架，充分释放技术创新动能，有序有效防控其潜在社会风险。

3. 欧盟：加强数据保护，推动数字教育发展

2019 年 4 月 8 日，欧盟发布了《可信赖的人工智能伦理准则》(Ethics Guidelines for Trustworthy AI) 的正式生效文本，提出了可信赖人工智能全生命周期的伦理框架及实现路径。面对人工智能教育应用的伦理困境，该准则提出可信赖人工智能的七个关键要素：人类的能动性和监督，技术的鲁棒性和安全性，隐私和数据管理，透明度，多样性、非歧视性和公平性，社会和环境福祉，问责制。欧盟对可信赖人工智能的道德准则要素的规定细致明确，对推动人工智能促进人类正向发展具有划时代意义。该准则明确了可信赖人工智能系统的可持续性和生态责任，要求人工智能系统保障人类的自主决策权，采取可靠的预防性措施防范风险。加强技术鲁棒性，提高透明度、可解释性和可追溯性，并接受人类监督。

2018 年，欧盟发布了首个《数字教育行动计划》。为了应对新冠疫情的影响和教育数字化转型带来的挑战，2020 年，欧盟及其成员国制定并颁布了《数字教育行动计划（2021—2027)》①。从数字技术部署和数字能力培养两个方面，提出了欧盟数字教育面临的问题和挑战。同时，将“发展高绩效的数字教育生态系统”和“提高数字化转型的数字技能和能力”作为两个战略行动重点，制定了 14 项具体行动计划。在数字能力发展维度，欧盟整体数字能力较低，数字素养亟须提升。“增强对虚假信息的抵抗力，是培养公民数字素养的关键”，但是欧洲国家的公民普遍面临着大量虚假信息的冲击，且信息技术专业人才供应不足、人工智能人才短缺。欧盟通过“伊拉斯谟计划”支持包括小学、中学、

① European Commission. Digital education action plan 2021—2027 [EB/OL]. [2022-05-01]. https: //ec. europa. eu/ education/education-in-the-eu/digital-education-action-plan_en.

职业学校和成人教育在内的教育机构的数字化转型①。其通过支持教师的数字教学法和为教师提供数字工具使用的专业知识提高教师的数字素养。行动计划针对欧洲数字教育中存在的问题，着重建立高效的数字教育生态系统，推动数字能力评估，提升公民数字能力和数字素养。

2022年4月23日，欧洲议会和欧盟理事会就《数字服务法案》的具体规则达成政治协议，《数字服务法案》于2022年11月16日正式生效。《数字服务法案》要求进行算法问责和透明度审计，旨在打造一个更安全的在线环境，并制定了针对大型在线平台和搜索引擎的风险评估框架。为督促落实《数字服务法案》，欧盟委员会成立了欧洲算法透明度中心，对算法的核心流程进行公众监督，其使命是为透明的和值得信赖的算法系统提供技术支援和实用指导，以确保安全、可预测和可信的在线环境。《数字服务法案》就“算法黑箱”问题，进行算法透明度的审计，使其可问责，接受大众监督。目前，算法的透明度较低，尤其是非技术受众对算法的运行很难理解。提升算法的透明度，使其可解释、可审核，才能使公众理解，以便对算法运行进行问责和监督。透明度是对算法进行规制的前提，也是算法正向发展的必要条件。

欧洲制定了比较全面的数据保护法，欧盟在21世纪初颁布了《隐私和电子通信指令》(Privacy and Electronic Communications Directive) 等多部保护个人隐私信息的指令，界定了教育数据采集、共享与流通方面的权责边界，规范了教育机构及教育管理者执行相关指令的义务②。为强调数据管理和隐私保护的重要性，2016年，欧洲议会批准了《通用数据保护条例》(General Data Protection Regulation)，并于2018年生效，其目标在于保护数据隐私。该条例规定任何机构使用个人信息都要取得用户同意，这为世界各国做好个人隐私保护工作提供了借鉴③。

4. 世界经济论坛：创新教育模式

2020年1月，世界经济论坛发布了一份名为《未来学校：为第四次工业革命定义新的教育模式》的报告。该报告概述了在新的经济和社会背景下定义优质教育的新框架，并分享了创新教育模式的主要特征。报告首先提出了教育4.0的全球框架，就新科技革命所需的核心素养与学习能力做出新的概括：前者主要包括全球公民素养、创新技能、数字素养和社交情商，后者则涵盖个性

---

① 王彬，贺艳芳．《数字教育行动计划（2021—2027)》：欧盟数字教育改革内容及启示［J]．世界教育信息，2022，35（6)：27－32.

② 曹盛楠．欧盟个人信息保护制度［N]．人民法院报，2021－11－26（8).

③ 肖君拥，张雪亭．欧盟数据保护影响评估制度及其镜鉴［J]．电子科技大学学报（社科版)，2022，24（5)：18－29，52.

化和自主学习、无障碍和包容性学习、基于问题和协作的学习以及强化终身学习等[①]。其展示了独特的教育创新模式、促进教育创新的相关机制、取得的成就及产生的影响。

2020 年，世界经济论坛发布的《2020 年未来就业报告》显示，随着工业 4.0 的到来，数字化转型已改变了现有的职业结构，产生了诸如数据分析师、人工智能专家和机器学习专家这样的新型职业[②]。新型职业要求培养新型人才，掌握新的工作技能，由此推动新的教育模式的变革。

（二）不同国家关注人工智能发展战略及其在教育领域的应用

1. 美国：推动教育数字化行动

2016 年，美国发布了《国家人工智能研究和发展战略计划》，强调通过人工智能在教育中的应用来增加教育机会和提高生活质量。人工智能在教育中的应用包括：借助人工智能赋能的学习技术，可以普及自适应自动辅导；人工智能教师可以作为人类教师的补充，帮助提供适合个人的进阶性和辅导性学习；人工智能工具可以促进所有社会成员进行终身学习并习得新技能。自 2018 年推出新一轮 STEM 教育计划（“北极星计划”）以来，美国全面推进 STEM 教育，增加拨款、强化跨部门合作、示范推广，并重点发展师生的“计算素养”[③]。

2019 年 6 月，美国教育技术主管协会发布《领航数字变革 2019：为所有学习者提供公平的机会》(简称《领航数字变革 2019》)[④]。《领航数字变革 2019》旨在确保数字工具和教育资源的优质均衡，重点关注强化国家领导、以学生为中心、提供专业化学习、完善基础条件[⑤]四个方面。《领航数字变革 2019》通过国家教育政策的指导和引领，实现对数字化教育资源的供需分配；通过为教师提供技术援助和数字化教育资源的专业学习机会，提高教师的数字能力；借助个性化学习为学生提供平等的学习机会。

2019 年 2 月，特朗普发布“美国人工智能计划”，要求政府机构制定标准，指导开发可靠、稳健、可信、安全、简洁和可协作的人工智能系统，并呼吁主

① 数字化背景下的教育转型：传统到未来的跨越［EB/OL］.（2022 - 11 - 17）［2023 - 01 - 03］. https：//www. 163. com/dy/article/HMCT3ONG0514QKLR. html.

② World Economic Forum. The future of jobs report 2020［EB/OL］.［2022 - 05 - 28］. https：//www3. weforum. org/ docs/WEF_Future_of_Jobs_2020. pdf.

③ 同①.

④ SETDA. Navigating the digital shift 2019：equitable opportunities for all learners［EB/OL］. https：//www. setda. org/ priorities/ digital-content/ navigating-the-digital-shift/ navigating-the-digital-shift2019/.

⑤ 赵文政，张立国. 美国数字化教育资源发展策略分析及启示［J］. 教学与管理，2020（22）：79 - 82.

导国际人工智能标准的制定。2019 年 2 月，美国发布《美国人工智能倡议》，该倡议为国家级的人工智能战略计划。

美国计算与学习科学综合研究中心（CIRCLS）于 2020 年 11 月发布《人工智能与学习的未来：专家小组报告》（AI and the Future of Learning：Expert Panel Report），该报告为 CIRCLS 在 2020 年 6 月组织的一个由 22 个研究人员和人工智能与学习领域的其他专家共同参与的网络研讨会的成果。该报告指出，人工智能在教育中的应用存在三大问题：一是数据隐私、安全、偏见、透明度和公平性等问题；二是人工智能的设计缺陷可能加剧教师、学习者和资源之间的不良互动；三是利益相关者缺乏参与的风险与相关技术障碍，在进行人工智能教育的应用设计时，如果没有教育政策制定者和实践者的参与，那么很难使其符合教育需求和价值观，另外，即使教育政策制定者和实践者参与设计，也存在不能及时了解这一复杂技术的障碍。美国高度重视教育的数字化转型，将教育部的数字化行动纳入政府数字战略，以国家教育政策引领，促进教育资源的优质均衡。

2024 年 5 月，美国高等教育信息化协会（EDUCAUSE）发布了《2024 地平线报告：教与学版》（2024 EDUCAUSE Horizon Report：Teaching and Learning Edition）。报告沿用德尔菲法，确定了影响高等教育教学的社会趋势、技术趋势、经济趋势、环境趋势、政治趋势和人工智能趋势①。报告描述了高等教育教学的 6 个关键技术和实践：人工智能技术的适当应用、支持人工智能技术应用的流畅性、促进公平和包容的学习、保护数据隐私和安全、应对虚假错误信息、支持心理健康。

2. 德国：建设新型数字教育空间

德国在 2016 年提出了数字化教育世界 2030 的目标，大力促进数字化技能培养及数字化媒体的广泛使用，充分发掘数字化在教育各领域的潜能②。2019 年，德国在“数字化战略”中提出向学校数字化建设投入 55 亿欧元，用于扩大数字化课堂建设、为师生提供数字化终端设备和开展教师数字化技能培训等。德国在 2021 年推出数字教育计划，核心是创建一个以用户为中心、连通各平台的国家级数字教育平台。

为寻求实施数字化教育的现实途径，2021 年，德国开启国家教育数字化平

---

① 兰国帅，杜水莲，宋帆，等．技术何以赋能未来高等教育教学：趋势、实践和场景：《2024 年 EDUCAUSE 地平线报告（教学版）》要点与启示［J］．苏州大学学报（教育科学版），2024，12（3）：118－128.

② 关成华，黄荣怀．面向智能时代：教育、技术和社会发展［M］．北京：教育科学出版社，2021：22.

台（Digitale Nationale Bildungsplattform）建设[①]，这个新型的数字教育空间是未来德国教育现代化的重要项目之一，目标是为创新教与学提供更广阔的数字访问入口及支持服务。德国国家教育数字化平台建设是德国教育数字化和现代化的核心，政府希望利用此平台，使从学童到退休人员的各年龄层人群都能更容易地获得数字化的受教育机会，从而提高国民的受教育水平。德国国家教育数字化平台建设旨在形成一个国家层面的数据资源互联互通的教育网络基础设施，并与现有的数字化教育平台相结合，共同形成一个全国性的、能与欧洲对接的平台系统，用户可以通过该平台访问海量的数字化教育资源。为此，德国联邦教研部发布《数字化科学社会的教育行动计划》，提出教育领域数字化的要求，突出强调为共同寻求数字化教育的实现途径，实施联邦与各州的“德国数字化公约”，实施“面向数字化知识社会的教育行动”战略。

德国高度重视高质量的教育资源数字化平台建设，从学习场景的搭建、教育产品的开发、教育服务的提供等各个方面促进教育全过程的数字化，以期通过数字化平台建设实现教育数字化转型。

3. 日本：重视人工智能与教育改革

日本在 2018 年召开的未来投资会议上提出，将在“大学入学共同考试”中引进编程等信息技术科目，并于 2019 年将编程作为新的必修内容加入小学数学和科学教科书中[②]。

日本重视利用尖端技术和大数据来支持教育变革，出台了《AI 战略 2021》，将“人工智能与教育改革”放到战略首位。其 AI 教育战略基本覆盖全部教育阶段，计划用 10 年时间实现国民整体人工智能水平的提高。日本既强调发展普及化的全民人工智能教育，又重视高端 AI 技术人才的培养与吸引。鼓励不同类型、多层次的教育机构结合自身定位与特色开展 AI 教育；涵盖各种类型层次教育机构的 AI 教育支持模式，有利于 AI 教育的普及化与个性化的有机统一[③]。

日本还发布了《AI 战略 2022》，强调既要重视与欧美发达国家的合作，也要加强与亚非等地区发展中国家的协作，主张对发展中国家开展包括数字基础设施以及相关技术在内的援助，旨在通过缩小数字鸿沟来促使发展中国家能够接入全球数字经济活动[④]。

---

① 陈正，杨静．建设新型数字教育空间：德国国家教育数字化平台探析［J］．世界教育信息，2022，35（6）：33－36.

② 王誉榕．编程教育进入日本小学必修课［J］．上海教育，2020（20）：46－47.

③ 康乐，姚凯博．日本人工智能教育战略行动述评［J］．世界教育信息，2022，35（6）：37－44.

④ 統合イノベーション戦略推進会議．AI 戦略 2022［EB/OL］．［2022－05－28］．https：//www8.cao.go.jp/cstp/ai/aistrategy2022_honbun.pdf.

日本新的教育信息化目标旨在通过信息教育培养学生的学习力以及面向社会5.0时代的生存力。日本政府为此推出了以改善学校教育信息化基础设施环境为目的的“五年计划”(2018—2022年)。该计划强调运用人工智能等先进技术，建设社会5.0时代的学校信息化环境，从而提高学生的信息素养，促进学生的个性化学习，培养学生的能动学习与合作意识，以及发现与解决问题的能力等①。

人工智能是新一轮科技革命和产业革命的核心驱动力，但是人工智能的竞争归根结底还是高端人才的竞争。高端人工智能人才的培养，不能仅仅依靠高校的人才培养，还需要贯穿整个教育周期，健全人工智能人才培养体系。

4. 英国：以技术赋能教育

英国牛津大学赛德商学院2017年正式启用英国首间虚拟教室——牛津国际虚拟教育中心（Oxford HIVE)。该教室安装了由27台高清显示屏组成的U形屏幕墙，融合了机器人、人脸识别技术、4D高清投影等多项尖端科技，为师生打造了独特的沉浸式教学空间②。

2019年，英国教育部发布了《实现技术在教育中的潜力》政策文件，提出了英国教育数字化转型从建立转型愿景、构建实施策略到实现迭代创新的三步走战略。同年，英国发布《教育技术战略：释放技术在教育中的潜力》(Educational Technology Strategies: Realising the Potential of Technology in Education)，提出了构建良好数字基础设施、培养信息素养与技能、支持基础设备采购、保护网络信息安全与防御风险、促进教育科技产业发展、支持创新以应对教育技术挑战、提升教育部门数字服务水平等7个方面的战略行动，旨在推动教育数字化转型和发展教育科技③。

英国联合信息系统委员会（JISC）于2021年发布了《大规模的技术赋能教学——2030年指南》。该指南指出，在新冠疫情之后，不仅在线空间和使用技术的方式发生了巨大的转变，人们的思维也同样发生了变化。人们更多地参与关于技术的对话——集体技能提升和经验分享。该指南表明，新冠疫情改变了教学方式，同时赋予了高等教育更大的潜力和灵活性，为学生提供了兼具互动性、弹性和个性化的学习。该指南探讨了教与学不断变化的性质，强调了混合

① 数字化背景下的教育转型：传统到未来的跨越［EB/OL］.（2022-11-17）［2023-01-03］. https://www.163.com/dy/article/HMCT3ONG0514QKLR.html.

② Oxford HIVE：赛德商学院揭幕牛津国际虚拟教育中心［EB/OL］.（2017-10-10）［2022-05-28］. https://baijiahao.baidu.com/s?id=1580866081038549868&wfr=spider&for=pc.

③ 王敏．英国《教育技术战略：释放技术在教育中的潜力》探析［J］. 世界教育信息，2019，32(17)：21-27.

教学方式，指出需要完善系统组织和基础设施，为更多学生提供个性化的学习设计，以实现弹性、互动的教学。

2023 年，英国教育部发布了《教育中的生成式人工智能》(Generative Artificial Intelligence in Education)。该文件明确规定了使用生成式人工智能的立场，要求安全、有效地使用生成式人工智能技术，加强数据安全和隐私保护，防止生成式人工智能工具的滥用。2024 年，英国发布《教育中的生成式人工智能：教育者和专家的观点》(Generative AI in Education：Educator and Expert Views)，分析了生成式人工智能在教育中的潜力和隐忧，建议政府制定长期战略①。通过完善政策框架和技术标准确保生成式人工智能在教育领域的应用，既能充分发挥其创新潜力，又能有效规避潜在风险。

（三）对我国信息化时代教育治理的借鉴价值

随着新一轮科技革命和产业革命的不断推进，数智技术加速了教育全方位、系统性变革。面对百年未有之大变局，国际组织和主要国家高度关注人工智能为教育带来的机遇和挑战，积极推进数智教育的全球治理，参与教育数字化转型中相关政策的制定和实施。总括起来，上述国际组织和主要国家教育政策的关注点集中表现为以下五个基本方面，对我国数字化转型中的教育治理具有重要的借鉴意义和启示作用。

1. 加强人工智能伦理规范

数智技术的发展推动了教育的创新与变革，也带来了隐私泄露、伦理失范等问题，为有效规避人工智能风险，加强对人工智能的安全评估和管控，各国普遍建立人工智能在教育发展中的法律法规、伦理规范和政策体系，以推动教育中的人工智能可靠、可信发展，保障人工智能安全、健康、可持续发展。国际组织和主要国家普遍关注人工智能在教育中应用的隐私、公平伦理问题，关注技术应用于教育领域可能带来的风险与挑战。为确保数智技术应用中人类的自主决策权，确保数智技术可控、可靠发展，各个国家纷纷出台系列人工智能治理原则和人工智能伦理问题倡议书等，确保教育中的人工智能是合乎伦理的、合规合法的，进而实现人工智能在教育应用中的利益最大化和风险最小化。为实现人工智能在教育领域的可持续发展，我国亟须制定人工智能伦理框架，保障人工智能应用合乎伦理、非歧视、公平、透明和可审查。

① 李建国，范策. 全球生成式人工智能政策规范的核心议题及其世界影响 [J]. 国际观察，2025 (1)：130－156.

2. 推动教育的数字化转型

新冠疫情曾在世界范围内大流行，使史无前例的大规模线上教育常态化，教育的数字化转型进入战略机遇期。疫情暴露了教育外部环境的不确定性和内部系统的脆弱性，推动了全球教育数字化转型的进程。教育数字化是引领未来的新浪潮，教育的数字化转型是促进后疫情时代教育复苏、保障教育优质公平、推动实现联合国可持续发展目标的必然要求。教育内生发展，加之新一轮科技革命和产业革命的影响，推进教育的数字化转型已成为全球共识。各个国家纷纷将教育数字化转型提升到国家战略的高度，开始通过重视数字教育平台建设、力促数字资源的优质均衡、加强数字技术伦理安全教育、推进数字化课程建设、改革数字教育评价模式等来优化数字教育生态，以技术赋能教育，实现更具包容性和韧性的教育数字化转型。

3. 重视数智教育

面对教育未来的不确定性，国际组织和各个国家纷纷建立数字素养框架，开始开展人工智能素养①和数字素养教育。师生数字素养是实现教育数字化转型的重要条件，提高数字化转型战略机遇期师生的数字技能与素养已经成为世界各国的共识。各个国家通过加强数字支持、保障数字教育资源的学习机会等提升教师的数字素养，鼓励和支持教师将数字技术、数字工具和数字资源等融入教育教学。为提升师生的数字素养，各国高度重视数字素养框架及其配套行动计划的制定，同时开发数字素养评估工具，及时对师生数字素养的发展水平进行智能化诊断、评估②。

4. 加强算法规制，进行算法问责和透明度的审查

算法作为数字科技的核心，在社会各领域得以创新应用，但也带来了人类主权、社会伦理、国家安全等方面的风险，各个国家开始加强算法规制，进行算法问责和透明度的审查。为保障人类的决策权，亟须加强对"算法黑箱"的治理，进行算法透明度的审查，采取可靠的预防性措施防范风险。在算法技术的设计、实施和应用环节，不断提升算法技术的透明度、可解释性、可靠性，不断完善算法问责和监督机制，逐步实现算法的可审查、可监督、可追溯、可信赖。透明度是对算法进行规制的前提，也是算法正向发展的必要条件。算法偏见和算法歧视加剧了人类固有的刻板印象、性别歧视等，使社会排斥和不公

---

① 苗逢春．从"国际人工智能与教育会议"审视面向数字人文主义的人工智能与教育［J］．现代教育技术，2022，32（2）：5－23.

② 刘宝存，岑宇．世界教育数字化转型的动因、趋势及镜鉴［J］．现代远程教育研究，2022，34（6）：12－23.

平现象更加根深蒂固，各国政府认识到为塑造教育更具包容性、可持续性的未来，亟须加强算法审查。

5. 注重数字技术的人文主义价值导向

以人文主义来指导人工智能和教育领域的政策制定与实践已经成为国际共识，各个国家不断完善法规与政策，力促数字技术应用全生命周期的人文主义价值导向。以人为本，力促公平、包容、性别平等是人工智能技术应用于教育领域的重要价值目标，也是人工智能技术可持续发展的指导原则。联合国教科文组织将教育视为人类的共同利益，呼吁促进教育的优质公平，保护弱势群体和边缘化人群的教育利益，塑造一个可持续的、公平正义的具有包容性的未来。教育领域的数字技术应坚持以人为本，尊重人权，遵循人类共同的价值观，尊重人类根本利益诉求，促进人机协同、人机友好，以增进人类福祉。

二、中国推进人工智能教育的政策保障与实践

2019 年 5 月 16 日，习近平在国际人工智能与教育大会上强调，中国要积极推动人工智能和教育深度融合。随着人工智能与教育的融合不断加深，智能技术与教育的双向赋能作用不断凸显，中国不断探索科技与教育融合的路径与对策。2022 年，教育部部长怀进鹏在全国教育工作会议上，提出实施国家教育数字化战略行动。“教育部启动实施国家教育数字化战略行动，积极发展数字教育，将推动教育系统全方位、系统性的数字转型，作为贯彻落实国家决策部署、把握时代机遇、满足人民需求的战略选择，对于促进教育公平、提高教育质量、支撑教育高质量发展、办好人民满意的教育具有重大意义。”① 党的二十大报告强调加快建设“网络强国、数字中国”，构建新一代信息技术、人工智能等一批新的增长引擎。发展数字教育是建设数字中国的重要组成部分，国家将教育数字化转型提升至国家战略的高度，积极探索数智技术融入教育的新路径，构建智慧教育新生态，推进实施国家教育数字化战略行动。以下从全面推进服务全民的终身学习体系、加强数智时代的人才培养、积极推进教育的数字化转型、反思总结线上教育的发展路径、重视以教育新基建支撑教育高质量发展和关注人工智能对教育的风险挑战六个方面梳理了国内相关政策，以期为数字化转型中的教育治理提供宏观政策背景。

---

① 雷朝滋．抓住数字转型机遇　构建智慧教育新生态［J］．中国远程教育，2022（11）：1－5，74．

（一）全面推进服务全民的终身学习体系

2019年2月，中共中央、国务院印发《中国教育现代化2035》①，提出了推进教育现代化的包括“更加注重终身学习”的八大基本理念，将“建成服务全民终身学习的现代教育体系”作为2035年的发展目标之一，并将“构建服务全民的终身学习体系”作为面向教育现代化的十大战略任务之一。其强调要完善招生入学、弹性学习及继续教育制度，畅通转换渠道，建立全民终身学习的制度环境，建立国家资历框架，建立健全国家学分银行制度和学习成果认证制度，强化职业学校和高等学校的继续教育与社会培训服务功能，加快发展城乡社区老年教育。党的十九届四中全会通过的《中共中央关于坚持和完善中国特色社会主义制度 推进国家治理体系和治理能力现代化若干重大问题的决定》明确提出“构建服务全民终身学习的教育体系”。2021年12月，中央网络安全和信息化委员会印发《“十四五”国家信息化规划》，在十项重大任务的第八项“构建普惠便捷的数字民生保障体系”中，首次明确提出了“开展终身数字教育”，明确要求完善国家数字教育资源公共服务体系，不断拓展优化各级各类教育和终身学习服务，建设终身学习经历公共服务体系。2022年3月，中央网信办、教育部、工业和信息化部、人力资源社会保障部联合印发《2022年提升全民数字素养与技能工作要点》，部署了8个方面29项重点任务。其中，突出强调了“促进全民终身数字学习。全方位提升学校数字教育教学水平，完善数字技能职业教育培训体系”。党的二十大报告提出，要推进教育数字化，建设全民终身学习的学习型社会、学习型大国。

我国高度重视终身学习，但是在推进终身学习体系建设的过程中，要注重终身教育发展的质量，注重终身教育的公平性，推进更加公平、优质的终身学习体系建设。服务全民的终身学习教育体系的建立，需要搭建数智化的教育服务平台，需要数智化的教学、管理、服务的建设，需要学分银行建设、区块链、大数据等人工智能技术为教育的发展赋能。数字化终身教育呼吁高素质的数字化素养和技能。关于高等教育之后的继续教育如何开展和如何确保终身教育的高质量发展，是亟须关注的问题。

（二）加强数智时代的人才培养

习近平在2019年国际人工智能与教育大会致贺信中强调：“培养大批具有

---

① 中共中央、国务院印发《中国教育现代化2035》[EB/OL].（2019-02-23）[2022-04-11]. http://www.gov.cn/zhengce/2019-02/23/content_5367987.htm.

创新能力和合作精神的人工智能高端人才，是教育的重要使命。”① 国家高度重视数字时代人工智能高端人才的培养，强调逐步完善人工智能人才培养体系。

2017 年 7 月，国务院印发《新一代人工智能发展规划》，要求加强人工智能科技创新人才培养，壮大人工智能高端人才队伍。把高端人才队伍建设作为人工智能发展的重中之重，坚持培养和引进相结合，完善人工智能教育体系，加强人才储备和梯队建设，特别是加快引进全球顶尖人才和青年人才，形成我国人工智能人才高地。强调建设人工智能学科，设立人工智能专业，在试点院校开展人工智能学院建设，增加人工智能相关学科的硕士、博士招生。重视人工智能与基础学科的交叉融合，鼓励高校在原有基础上拓展人工智能专业教育内容，形成“人工智能＋X”复合专业培养新模式。2018 年 4 月，教育部发布了《高等学校人工智能创新行动计划》，旨在推动高校人工智能的发展，其中包括优化高校人工智能领域的创新体系、完善人工智能人才培养体系和强化高校科技成果在人工智能领域的应用。着力推动高校人工智能创新，以引导高校瞄准世界科技前沿，不断提高人工智能领域科技创新、人才培养和国际合作交流等能力，为我国新一代人工智能发展提供战略支撑。《教育信息化 2.0 行动计划》（2018 年）特别指出，在教育信息化推进过程中，高端研究和实践人才依然短缺。2019 年 3 月，教育部印发《关于实施全国中小学教师信息技术应用能力提升工程 2.0 的意见》，带动全国各地开展教师信息技术应用能力培训，基本实现“三提升一全面”的总体发展目标：校长信息化领导力、教师信息化教学能力、培训团队信息化指导能力显著提升，全面促进信息技术与教育教学融合创新发展。2021 年，中央网络安全和信息化委员会印发《提升全民数字素养与技能行动纲要》，明确把提升全民数字素养与技能作为建设“网络强国、数字中国”的一项基础性、战略性、先导性工作。2022 年 3 月，中央网信办、教育部、工业和信息化部、人力资源社会保障部联合印发《2022 年提升全民数字素养与技能工作要点》，突出强调了“提升劳动者数字工作能力”和“促进全民终身数字学习”。党的二十大报告在“实施科教兴国战略，强化现代化建设人才支撑”任务中指出：健全新型举国体制，强化国家战略科技力量；坚持面向世界科技前沿、面向经济主战场、面向国家重大需求、面向人民生命健康，加快实现高水平科技自立自强；推动创新链产业链资金链人才链深度融合；加快建设国家战略人才力量，努力培养造就更多大师、战略科学家、一流科技领军人才和创新团队、青年科技人才、卓越工程师、大国工匠、高技能人才。

数智时代的人才培养，把人工智能高端人才培养作为重中之重。教育的数

① 习近平向国际人工智能与教育大会致贺信［N］. 人民日报，2019－05－17（1）.

字化转型，要求重视全民数字素养的培育工作，以做好高端人才储备和人工智能人才梯队建设。全民数字素养的培育是数字化时代教育数字化转型的必然要求，只有提高全民数字素养和数字技能，才能弥合使用层面的“数字鸿沟”，才能更好地促进教育公平，实现共同富裕。

（三）积极推进教育的数字化转型

教育部党组书记、部长怀进鹏多次强调要大力推进教育数字化变革，深入实施教育数字化战略行动。

2021 年 8 月，上海市开始教育数字化转型试点。2021 年 11 月，上海市教委发布《上海市教育数字化转型实施方案（2021—2023）》，上海开始整体推进教育数字化转型，全方位赋能教育综合改革，革命性重塑高质量教育体系以服务国家战略。2021 年 12 月，中央网络安全和信息化委员会印发《“十四五”国家信息化规划》，提出了到 2025 年信息化发展的目标，部署了建设泛在智联的数字基础设施体系、构建产业数字化转型发展体系等十项重大任务。教育的数字化转型要以此为契机，搭建数字教育和智慧教育环境，革新教育教学模式，以数智技术重塑智慧教育生态，推动数智教育的系统性变革。

2022 年 2 月，《教育部 2022 年工作点》指出实施教育数字化战略行动，这既是我国信息技术与教育融合发展的必然要求，也是技术赋能教育、创新教育变革的必然要求。实施教育数字化战略行动要强化需求牵引，深化融合、创新赋能、应用驱动，积极发展“互联网＋教育”，加快推进教育数字转型和智能升级；要推进教育新型基础设施建设，建设国家智慧教育公共服务平台，创新数字资源供给模式，丰富数字教育资源和服务供给；要建设国家教育治理公共服务平台和基础教育综合管理服务平台，提升数据治理、政务服务和协同监管能力；要强化数据挖掘和分析，构建基于数据的教育治理新模式。

2022 年 3 月，教育部召开国家智慧教育平台启动仪式。国家智慧教育公共服务平台正式上线，平台整合集成了国家中小学智慧教育平台、国家职业教育智慧教育平台、国家高等教育智慧教育平台等资源服务平台和 24365 大学生就业服务平台。平台实现了对数字教育资源的广泛覆盖，实现了数字技术与教育教学的深度融合，这是数字化战略行动取得的战略成果。

2023 年 2 月，以“数字变革与教育未来”为主题的世界数字教育大会在北京举办。教育的数字化转型是促进后疫情时代教育复苏、保障教育优质公平、推动实现联合国可持续发展目标的重要要求。会议重点探讨了教育数字化转型、数字学习资源开发与应用、教师数字素养提升、教育数字化治理以及教育领域的数字发展评估等问题，为世界数字教育发展注入了新动能。

2024 年 1 月，以“数字教育：应用、共享、创新”为主题的世界数字教育大会在上海举行。会议围绕教师数字素养与胜任力提升、教育数字化与学习型社会建设、人工智能与数字伦理、数字教育评价等议题展开。教育数字化转型成为世界范围内教育转型的重要载体和方向。

教育的数字化转型是“十四五”期间教育信息化的工作重点。人工智能、大数据、区块链、虚拟现实等数字技术的发展，是教育数字化转型的内生动力。教育数字化转型成为重塑世界格局的重要变量，也是数字中国建设的重要组成部分，我国抓住数字化的发展趋势，积极推动教育的数字化转型和智能升级，建设以数字化为支撑的高质量教育体系，以教育的数字化引领教育的现代化。但是，在推进教育数字化转型的过程中也面临着一些挑战，数字教育的高质量发展和公平问题有待解决，教育的多样化、弹性化、品质化需求的问题值得关注。

（四）反思总结线上教育的发展路径

2018 年 1 月，中共中央、国务院发布《关于全面深化新时代教师队伍建设改革的意见》，要求转变教师队伍培训方式，推动信息技术与教师培训的有机融合，实行线上线下相结合的混合式研修。2019 年 9 月，教育部等十一部门联合印发了《关于促进在线教育健康发展的指导意见》，提出构建网络化、数字化、个性化、终身化的教育体系，建设“人人皆学、处处能学、时时可学”的学习型社会。从扩大优质资源供给、构建扶持政策体系、形成多元管理服务格局维度促进在线教育健康、规范、有序发展。新冠疫情下，大规模的在线教育实践浪潮席卷全球。2020 年，联合国教科文组织发布《中国教育在疫情期间促进灵活学习模式的报告》，介绍了疫情期间中国的多种弹性教学策略和线上教育的经验，以指导疫情期间的全球学生学习。2021 年 1 月，教育部等五部门发布《关于大力加强中小学线上教育教学资源建设与应用的意见》。该意见深入总结了新冠疫情防控期间大规模在线教育的宝贵经验，要求大力加强中小学线上教育教学资源建设与应用工作，重点强调：完善线上教育教学资源建设与应用保障体系，提高基础教育应对重大突发事件能力，推动线上线下教育的融合发展；高质量开发线上教育资源，健全资源体系，严格质量标准。此外，该意见还强调充分发挥资源平台的作用，使之服务于教师的课堂教学，服务于学生的自主学习；提高师生应用能力，加强师生培养培训，提升师生的信息素养。

疫情期间的大规模在线教育，加速了数字技术与教育的深度融合。中国“停课不停学”的实践向世界展现了“弹性教学的中国经验”①，但是在线上教

---

① 关成华，黄荣怀．面向智能时代：教育、技术和社会发展［M］．北京：教育科学出版社，2021：47.

育实施过程中暴露出很多问题，反映出教育系统的韧性不足，应对重大突发事件的能力有待提高。线上教育的发展加剧了多年来尚未有效解决的“网络虚拟成瘾”问题，同时师生的数据安全和隐私泄露问题更加凸显。我们要推动线上线下教育资源的融合，使线上教育更好地服务于线下教育，并通过完善线上教育资源体系，提高教育的韧性和抗风险能力。

（五）重视以教育新基建支撑教育高质量发展

2018 年 4 月，教育部发布《教育信息化 2.0 行动计划》，该计划的主要任务是继续深入推进“三通两平台”，实现三个方面普及应用。“宽带网络校校通”实现提速增智，所有学校全部接入互联网，带宽满足信息化教学需求，无线校园和智能设备应用逐步普及。“优质资源班班通”和“网络学习空间人人通”实现提质增效，在“课堂用、经常用、普遍用”的基础上，形成“校校用平台、班班用资源、人人用空间”。2019 年 2 月，中共中央办公厅、国务院办公厅发布《加快推进教育现代化实施方案（2018—2022 年）》，提出了推进教育现代化的十项重点任务，要求大力推进教育信息化，着力构建基于信息技术的新型教育教学模式，促进信息技术与教育教学深度融合，推动以互联网等信息化手段服务教育教学全过程。加快推进智慧教育创新发展，设立“智慧教育示范区”，构建“互联网＋教育”支撑服务平台，深入推进“三通两平台”建设。2020 年 4 月，国家发展改革委首次提出启动新型基础设施建设（简称“新基建”）。2020 年 5 月，全国两会期间，多位人大代表提出要加速推进教育新基建，以教育新基建为支撑，促进教育公平，提升教育质量。2021 年 7 月，教育部等六部门发布《关于推进教育新型基础设施建设构建高质量教育支撑体系的指导意见》。该意见指出教育新基建是国家新基建的重要组成部分，是信息化时代教育变革的牵引力量，是加快推进教育现代化、建设教育强国的战略举措。当前数字化的教育教学条件难以满足用户需求，要求聚焦于信息网络、平台体系、数字资源、智慧校园、创新应用、可信安全等方面，加快推进新基建，为教育创新变革和高质量发展提供强大的基础和应用环境，构建高质量教育支撑体系。

教育的数字化转型需要以教育新基建为支撑，要借助教育新基建重构教育发展生态，夯实我国智慧教育的基石。教育部部长怀进鹏强调，要以平台开通为契机，紧紧抓住数字教育发展战略机遇，以高水平的教育信息化引领教育现代化。教育新基建以实现教育公平和提升教育质量为己任，借助智能技术重构教育发展生态，推动教育智能转型、高质量发展，实现教育强国的伟大目标①。

---

① 余胜泉，陈璠，房子源．以服务为中心推进教育新基建［J］．开放教育研究，2022，28（2）：34－44.

但是教育新基建发展不均衡不充分的问题依然存在，导致数字鸿沟问题凸显。教育新基建还存在针对性不足、后续利用效能低的问题。我们不能仅仅局限于硬软件方面的建设，更要关注基于新基建的教育服务模式的规划与设计，保证新基建后续利用和创新服务。

（六）关注人工智能对教育的风险挑战

2019 年 6 月 17 日，国家新一代人工智能治理专业委员会发布《新一代人工智能治理原则——发展负责任的人工智能》，提出了人工智能治理的原则和行动指南。为促进新一代人工智能健康发展，确保人工智能安全可控可靠，人工智能发展应遵循如下原则：和谐友好、公平公正、包容共享、尊重隐私、安全可控、共担责任、开放协作、敏捷治理。

我国围绕人工智能制定了一系列的发展规划与政策，大力促进了我国人工智能技术的发展。为抢抓人工智能发展的重大战略机遇，构筑我国人工智能发展的先发优势，加快建设创新型国家和世界科技强国，国务院于 2017 年 7 月 8 日印发《新一代人工智能发展规划》。该规划指出人工智能成为国际竞争的新焦点和经济发展的新引擎，明确了我国新一代人工智能发展的目标。但是人工智能发展的不确定性也带来了风险挑战，要从法律法规、伦理规范、重点政策、安全监管与评估等方面提出保障措施。

2021 年 9 月 25 日，国家新一代人工智能治理专业委员会发布了《新一代人工智能伦理规范》，旨在将伦理道德融入人工智能全生命周期。该规范提出了增进人类福祉、促进公平公正、保护隐私安全、确保可控可信、强化责任担当、提升伦理素养等六项基本伦理要求，同时，提出人工智能管理、研发、供应、使用等特定活动的 18 项具体伦理要求，以增强全社会的伦理意识和行为自觉，促进人工智能健康发展；使人工智能技术为人类服务，确保技术的可控可信，保护隐私安全，提升人工智能的风险管控能力，保障人工智能的安全、可持续发展，推进科技向善。

2021 年 12 月 31 日，国家互联网信息办公室等四部门联合发布《互联网信息服务算法推荐管理规定》，规定“算法推荐服务提供者应当坚持主流价值导向，优化算法推荐服务机制，积极传播正能量，促进算法应用向上向善”。建立算法分级分类安全管理制度，对算法推荐服务进行监督管理。

人工智能伦理风险的成因具有多元性，人工智能伦理治理具有复杂性，我国重视人工智能伦理治理，从普及人工智能前沿知识、加强人工智能伦理教育、提升人工智能伦理素养等方面不断加强对人工智能的安全监管和伦理评估，以引导人工智能正向发展。但是，我国目前尚未形成完善的人工智能素养理论框架和治理体系，人工智能素养教育也尚未有效开展。

三、人工智能技术的发展与迭代构筑了教育治理新图景

数智时代，人工智能技术高速迭代升级，智能技术与教育不断融合，前沿技术作为教育发展的驱动力，为教育治理转型构筑了新图景。人工智能技术为教育治理提供了社会契约新理念；人工智能技术使教育治理从物理空间拓展到虚拟、现实双空间；人工智能和人类智慧协同合作，使得人机交互成为教育治理的新样态；人工智能技术加速了教育治理的课程内容的重构；人工智能技术推动了教育治理的数字化转型。

（一）人工智能技术为教育治理提供了社会契约新理念

智能技术在教育治理中不断渗透，在优化教育治理的同时，也引发了全球性的挑战：数据安全隐患、算法乱象、技术伦理问题等。这些国际性的挑战，带来了智能技术应用的危机感。马斯克认为，“人工智能是人类文明面临的最大危险”①。随着人工智能技术的发展，尤其是人机融合体的出现，社会进入了后人类时代，主客二分世界被打破，二元世界观受到挑战。人工智能技术是否能可控发展？机器是否总能服从于人类的意志？这些事关人类生存议题的思考和担忧，迫切要求加强国际交流与合作，一种新的教育社会契约由此形成。“必须革新教育，缔结一种新的教育社会契约，以应对人类共同的挑战。”② 教育成为一种新的社会契约，是针对全球教育治理的一种新理念、新定位，在方兴未艾的数智时代，作为社会契约的教育负载着新的使命和担当。新的社会契约使得教育理念从个人发展的角度提升到维护公共利益的高度。从人与技术关系的视角来研判新的教育社会契约，教育治理领域的数字技术应以服务育人为切入点，平衡技术的高效性和教育的人文性，引导智能技术可控、可靠发展，以提高教育韧性，保障教育安全；数智技术应赋予科技向善理念，以技术手段服务于人的发展，提高人的能力，满足全民优质高效的终身学习需求，以维护社会公平、正义和促进社会可持续发展。

---

① 塞尔登，阿比多耶．第四次教育革命：人工智能如何改变教育［M］．北京：机械工业出版社，2019：221.

② 联合国教科文组织．共同构想我们的未来：一种新的社会契约［N］．中国教育报，2021-11-11（9）.

（二）人工智能技术拓展了教育治理的双空间场域

5G提速增效，算力迅速发展，重塑了“互联网＋教育”的新形态，其无缝互通的网络通信，构建了泛在的网络学习空间，实现了线上教育的实时互动。借助各种移动智能终端，搭建全方位的智能化、智慧化教育环境，教育治理从现实的物理空间拓展到虚拟、现实双空间。虚拟空间具有无限扩展性，传感技术、物联网技术、虚拟现实技术在教育中的应用，拓展了教育时空，逼真塑造了沉浸式、交互式虚实融合的教育场景。教育元宇宙具有的虚实融合、虚实联动等特征，为师生创建了一种高沉浸感的教育体验，能满足师生虚拟世界和现实世界两方面的教育需求，也塑造了教育治理的“双空间”模式。教育元宇宙借助传感技术、虚拟现实技术等打造的虚实联动特效，打破了现实物理世界的局限性，使教育治理得以在现实世界和虚拟世界之间自由穿梭，在全民终身学习背景下将现实的和虚拟的学习场所加以有效连接，以充分发挥“双空间”场域的治理优势。

（三）人工智能技术催生了教育治理人机交互新样态

数字时代，教育决策者和管理者已逐渐告别单纯依赖自身管理经验、静态统计资料和报送性数据的传统决策模式。智能助教、智能学伴、脑机接口技术等在教育中的应用，使得人机交互成为教育治理的新样态。脑机接口技术和深度学习的发展，使人与机器的关系走向共生融合。

人工智能未来发展的重要方向是人工智能和人类智慧的结合，而人机交互在教育治理中的应用充分发挥了人工智能和人类智慧两方面的优势，两者双向赋能、互动协同，实现了“人机共教”“人机共育”。具体而言，人机交互提升了机器的深度学习能力和智能化水平，也使人的能力不断提升、作用不断扩大。人类与各种智能设备相互嵌套的人机交互新样态既发挥了智能技术的精准性、科学性，提高了教育治理的效率，又发挥了人类所特有的想象力、创造力，实现了为人工技术的赋能赋智。两者优势叠加、和谐友好、高效合作，为教育治理注入了新的活力。

（四）人工智能技术加速了教育治理的课程内容的重构

智能时代的课程内容满足了复合型人才培养的需求。新一轮科技革命不断发展，社会对复合型、创新型人才的需求，使新的学科分支不断涌现，学科交叉与学科融合势不可挡。新的社会需求和技术革命逐渐开拓出新的研究领域，学科边界被不断重塑、再造。应用导向、问题导向、跨学科导向的知识生产模式的新转型，客观上也要求课程建设以问题为中心加强学科整合，聚焦大数据、云计算、智能化、数字化等新技术背景下出现的跨学科问题、学科交叉问题，打通学科壁垒，重视跨学科、跨文化的学习，以培养复合型人才。

智能时代的课程内容更能满足学生的个性化学习需求。传统的窄化的实用性课程内容得到了扩展，智能时代要求坚持以学习者为中心的供给侧结构性改革，开发个性化的课程资源，按照学生的个人特质制定个性化的教学方案。人工智能技术在教育领域的应用，有利于开发“量身定制”的课程资源和教学方案，有利于发挥学生的个人潜能。数字化技术和在线教育的发展，使得开发“一个尺寸适合一个人”的个性化的课程资源成为可能。

智能时代的课程内容有利于人的终身、可持续发展。智能时代的教育内容不再以功利性为导向，而是从系统论的立场出发，注重人的长远、全面、可持续的发展，课程开发突出了面向未来的使人受益终身的创造力、好奇心、想象力的培养，注重身心健康发展，为人的终身幸福奠基。同时，智能时代的课程内容适应了数字化社会的发展需求，强调培养人的批判性思维、数据思维、创新能力、服务意识、社会责任。

智能时代的课程内容更加注重人精神世界的成长。美国东北大学的校长奥恩提出未来的大学需要向学生提供更多的“人文学科”，培养人所特有的创造性和灵活性，提高人文素养①。人工智能技术的发展使得课程资源的开发不仅注重人的智商（IQ），同时将情商（EQ）、好奇商（CQ）、精神智商（SQ）这些与人的精神和智慧相关的内容嵌入我们的教育系统。课程内容的选择重视人文关怀理念，重申人的自由、全面发展的原则，使学生更好地理解人类，为人类造福。

（五）人工智能技术推动了教育治理的数字化转型

随着第四次工业革命向纵深发展，人类全面进入数字化时代，倒逼教育的数字化转型。2022 年，教育部倡导实施国家教育数字化战略行动，要求加快数字化发展，提升全民数字素养。人工智能技术与教育的融合不断加深，教育治理的“教、学、管、评、测”等各个方面的数字化，助力教育提质增效，成为推进教育数字化转型的驱动力。人工智能技术围绕着治理数据的生成、采集、存储、集成与分析形成了一个数据流通市场，智能技术助力教育治理的数字化，使数字教育生态系统不断完善，数字教育治理体系不断优化。其中，教育大数

---

① 塞尔登，阿比多耶．第四次教育革命：人工智能如何改变教育［M］．北京：机械工业出版社，2019：185－186.

据助力教育治理，使得伴随式的数据收集和数据的互联互通更加深入广泛，以经验驱动的教育治理向以数据驱动的教育治理转型，提升了数字化教育应用能力和数字化教育治理能力。2022 年 3 月 28 日，国家智慧教育公共服务平台正式上线，平台以丰富的课程、免费的资源支持在线教育，推动智慧化教育管理的常态化，数字教育资源成为教育改革的新动能，促进了教育治理的数字化转型。构建网络化、数字化、个性化、终身化的教育体系，有利于实现我国教育的高位均衡。

四、数字化转型中的教育治理面临结构性困境

以算法为核心的人工智能技术迅速迭代，数字化技术与教育的融合不断加深，为我们带来了福音和机遇，也衍生出了数字鸿沟、数据安全隐患、算法乱象、社会伦理缺位、虚实边界模糊和法律监管体系薄弱等问题。结合新技术在教育领域的应用以及未来教育发展的趋势，基于问题导向，从系统治理的思维出发，我们重点从算法人才培养、教育新基建发展、教育大数据治理、虚实融合共生、监管保护和法律保障体系等方面，解读教育治理面临的结构性困境。

（一）算法人才培养滞后

面向新技术革命，未来的世界会涌现出新的岗位和职业，关键的生产要素不是资本，而是人才。限制创新、竞争力和增长的因素更有可能是人才的匮乏，而不是资本的短缺①。数智时代，人工智能技术的发展水平将是影响教育质量的至关重要的变量，而人才是决定人工智能技术发展水平的核心要素。国务院印发的《新一代人工智能发展规划》指出："人工智能尖端人才远远不能满足需求；适应人工智能发展的基础设施、政策法规、标准体系亟待完善。"

"没有创新型人才和专业化、高水平的人工智能工程师，就不可能有领先世界的人工智能技术和智能机器。"② 中国工程院赵沁平院士在 2021 年全球智慧教育大会上强调，人才短缺是我国虚拟现实行业发展亟须解决的瓶颈问题。

需要正视人工智能技术快速发展与算法人才培养滞后的现实矛盾。算法技术迅速发展，并深度嵌入教育领域，成为影响教育治理的重要因素。但是，反观现实，算法在教育治理中的应用问题突出：算法技术的开发者与用户接受者之间的信息不对称造成了"算法黑箱"，使得算法的透明度低、公众的可理解性

---

① 施瓦布．第四次工业革命：转型的力量［M］．北京：中信出版社，2016：47.

② 刘复兴．论教育与机器的关系［J］．教育研究，2019（11）：35.

低；算法自主决策接管了人所让渡的决策权，弱化了人的深度思考能力，人的主体性式微；算法偏见和算法歧视加剧了教育的不公平；算法推荐技术精准推送同质化的信息，由此造成的“信息茧房”和“回音壁效应”使得个人视野受限，所获信息资源呈现封闭和封锁状态。上述“算法黑箱”、算法自主决策、算法歧视和算法推荐技术在教育治理中的弊端，给师生权益、社会伦理，甚至国家安全带来了一定的风险隐患。从智能技术与人才的辩证关系来看，技术不断升级是由人推动的，而技术的发展又对人才培养提出了新的要求。解决算法在教育治理中的问题，实现算法的优化升级，当务之急是要创新算法专门人才培养模式，充分发挥创新人才培养与智能技术发展的双向促进作用。算法技术的迅速发展亟须将算法人才培养事宜提到算法治理日程上来。

（二）教育新基建发展尚不充分

教育信息化是教育现代化的重要指标，教育新基建是信息化时代教育变革的重要牵引力量。近年来，我国的教育信息化获得了长足发展，教育新基建取得了显著成效，然而，教育新基建发展水平仍难以满足数字时代教育高质量发展的客观要求。

当前优质数字基础设施建设尚不充分。在硬件方面，基础设施不配套，技术支持尚未就绪，部分地区网络拥堵、平台瘫痪的现象时有发生。校园基础建设的智能化和智慧化水平不高，教育治理系统的智能化水平有待进一步提高。在软件方面，网络教育数据的互联互通性不足，教育数据的标准不统一，数据壁垒难破，数据孤岛问题突出，教育资源的共享难以满足供给和高质量需求。在应用方面，信息技术应用能力有限，创新应用能力不足，缺乏变革内驱力。在安全方面，校园网络安全备受关注，网络暴力、网络诈骗、网络犯罪问题严重，不良网站和信息充斥校园网络生活。

教育新基建可持续利用的效能不足。教育新基建存在严重的“高投入，低产出”的问题，存在盲目建设和重复性建设的问题，数字化的基础设施得不到高效利用，可持续利用后劲不足，造成资源浪费。同时，新基建的软件迭代升级、硬件维护优化和新旧技术兼容问题值得关注。

教育新基建可能会加剧教育不公平现象。目前制约着教育新基建发展的一个瓶颈是资金需求大。经济条件的差异造成数字化基础设施布局不均衡，尤其是城乡教育信息化发展不平衡，拉大了教育差距，“数字红利”可能造成新的数字鸿沟。在数字化浪潮中，低数字素养者难以享受到数字教育的红利，容易被边缘化，并引发新的隐形的教育不公平。新基建具有普惠性特点，应用到教育领域，应该缩小数字鸿沟，促进教育公平。教育信息化迫切需要以技术迭代解决现存问题，教育新基建是重要的机遇。

（三）教育大数据存在风险隐患

数据主义者认为：宇宙是由数据组成的，任何现象或实体的价值就在于对数据处理的贡献[①]。甚至整个人类都被看作一个数据处理系统，第四次工业革命把人类社会带入了一个全新的数据文明时代，数据已经成为社会新的生产要素，教育数据的潜能和价值不断彰显。然而按照阿玛拉定律，人们容易忽视数字化新技术所产生的长期影响。要充分认识教育大数据的不当利用、教育大数据自身固有的局限性等所带来的威胁与挑战。教育大数据呈指数级增长，海量的数据资源、动态变化的数据特质增加了数据利用和保护的难度。

数据滥用、数据失真、数据失信问题突出。目前，对于教育数据的所有权和使用权的限定尚不甚明确，由此导致的教育数据滥用、误用以及侵权问题引起社会广泛关注。溯源机制不健全、数据使用不规范和数据滥用问题仍存在。在教育数据的存储和传输过程中，存在数据泄露和数据篡改的风险，导致数据失真。在教育数据的收集过程中，学生、教师可能提供虚假数据，造成数据失信。教育数据具有可重复利用性，智能化的数据收集系统受市场趋利的影响，收集全面教育数据，对师生的隐私和安全问题造成潜在威胁。如果海量的教育数据资源被非法利用，后果不堪设想。

教育大数据的潜能挖掘不充分。教育大数据本身的价值在教育治理中举足轻重，但是教育管理者对教育数据的敏感性不够，不能高效利用现有数据资源，教育数据的潜在价值有待挖掘。人们对教育大数据的精准性过度依赖，缺乏理性的辩证思维，缺乏数据安全和隐私保护意识。

教育大数据概率预测存在固有局限性。需要清醒认识教育大数据潜在的风险和挑战，增强风险规避意识，保障教育数据在技术、伦理、安全等方面的正向发展。有学者强调："全面教育数据带来的首个重大威胁，并不是信息的发布不当，而是束缚我们的过去，否定我们进步、成长和改变的能力。"[②] 从表面上看，"我们的预测为个人提供了量身定制的教育，但实际上却可能因为预测中某些预先假定的算法，限制了某些人的教育机会"[③]。教育大数据的"过去决定未来"的历史永久性和概率预测的缺陷，会限制学生的发展空间和未来的可能性，如何处理好历史数据与当下学生动态变化之间的矛盾，做好数据资料的有效管

① 赫拉利．未来简史［M］．北京：中信出版社，2017：335.

② 舍恩伯格，库克耶．与大数据同行：学习和教育的未来［M］．上海：华东师范大学出版社，2015：83.

③ 同②105.

控，是我们需要直面的现实问题。

（四）虚实融合共生问题凸显

线上教育作为现代教育的一种新生态，存在很多亟待改进的问题：教学效果差，互动性不足，临场感不足，参与性低。线上教育既是对线下教育的补充，又对线下教育造成了冲击，两种教育形式之间的互通和衔接问题引发广泛关注。“‘元宇宙’等概念引起人们畅想构建与传统物理世界平行的全息数字世界的可能性，拓展了数字文化、数字经济、数字社会、数字政府构建的可能边界。”① 教育元宇宙横空出世，成为虚实教育融合的“纽带”。

虚拟空间教育存在成瘾风险。“教育元宇宙的虚拟与真实、线上与线下融合特征，将极大拓展教与学的时空边界，促进教学观念与模式的变革。”② 但教育元宇宙具身参与的高度沉浸感以及对现实的“补偿效应”，使人极易成瘾，加大了沉溺于虚拟世界的风险。在教育元宇宙的混合现实技术中，虚拟现实混杂，边界模糊，造成了无意识沉浸和成瘾。要警惕沉迷于元宇宙的虚拟世界中，尤其是青少年的网络沉溺。要高度重视“人工智能沉溺”和“信息茧房”对人的身心健康造成的危害。

虚实边界模糊可能引发伦理问题和道德失范。虚拟空间中的价值观念、伦理道德、交互行为可能是对现实世界的一种扭曲甚至异化，如不加以规范，可能出现不满现实世界、仇视社会等负面现象。

虚实教育间知识与资源的融会贯通成为教育的新挑战，两种教育形式间的有效衔接也值得商榷。线上教育和线下教育的融合不是两种教育形式的简单“混合”，而是要取两者之长，促进融合教育的创新和变革。在线上、线下融合的教育模式中如何有效发挥教师的主体地位、如何对在线教育资源进行深度再加工等问题，值得进一步思考和研究。

（五）监管保护和法律保障体系薄弱

第四次工业革命建立在数字革命的基础之上，结合了各种各样的技术，这些技术正给我们的经济、社会和个人带来前所未有的改变。然而，在相应配套制度的跟进上，“不管在国家层面还是国际层面，用来管理创新成果的传播、减

---

① 张吉豫．构建多元共治的算法治理体系［J］．法律科学（西北政法大学学报），2022，40（1）：116．

② 钟正，王俊，吴砥，等．教育元宇宙的应用潜力与典型场景探析［J］．开放教育研究，2022，28（1）：17．

缓颠覆性影响力所必需的制度性框架远远不足”①。

算法和数据深度嵌入教育领域，成为影响教育治理的关键因素。虽然我国已经颁布了《中华人民共和国网络安全法》《中华人民共和国数据安全法》《中华人民共和国个人信息保护法》《互联网信息服务管理办法》《互联网信息服务算法推荐管理规定》等一系列关于网络、数据、算法的法律法规，但是关于教育治理中的数据与算法的法律法规尚不成熟，运行缺乏规范性。在实施层面，法律法规的硬核作用尚未有效凸显，对于数据滥用、隐私泄露、网络诈骗、网络犯罪、算法乱象等制裁的力度有待进一步加大。对数据和算法运行的监管力度不够，教育治理的抗风险能力有待进一步提高。数据安全和算法规制的基础研究还不到位，相关法律规范还相对薄弱，急需法律保障与规范体系对教育治理加以监管。因此，数智时代的教育治理，亟须构建抗风险能力更强的监管保护和法律保障体系。

五、数字化转型中的教育治理之策

习近平在教育文化卫生体育领域专家代表座谈会上强调，要全面深化教育领域综合改革，增强教育改革的系统性、整体性、协同性。教育信息化作为教育系统性变革的内生变量，支撑引领教育现代化发展。大数据赋予我们重新审视事物的崭新视角，将在整体上重塑教育系统，影响整个教育系统的决策和规划②。智能环境的变化开始深刻影响教育治理生态，教育治理面临着以第四次工业革命为背景的发展范式的结构性变革。

构建服务全民的终身学习的数字化教育治理体系，作为一种与时俱进的制度安排，在整个教育治理中处于统领地位，要以此为导向推进教育治理体系和治理能力现代化进程。针对数字时代的教育治理面临的算法人才培养滞后等结构性困境，需要从系统治理的思维出发，强化人本治理、智慧治理、灵活治理、双空间治理、硬核治理，将服务全民的终身学习治理体系的数字化转型渗透到上述诸多治理举措中，通过协同共治，探索教育治理之策。

（一）构建服务全民的终身学习的数字化教育治理体系

立足当前中国教育发展的薄弱环节，着眼长远，《中国教育现代化 2035》

① 施瓦布．第四次工业革命：转型的力量［M］．北京：中信出版社，2016：6.

② 舍恩伯格，库克耶．与大数据同行：学习和教育的未来［M］．上海：华东师范大学出版社，2015：118.

重点将“构建服务全民的终身学习体系”部署为面向教育现代化的十大战略任务之一。随后，党的十九届四中全会通过的《中共中央关于坚持和完善中国特色社会主义制度 推进国家治理体系和治理能力现代化若干重大问题的决定》明确提出“构建服务全民终身学习的教育体系”。数字化技术的发展为构建服务全民的终身学习体系提供了支撑，同时，终身学习体系的建立急需教育治理体系的数字化转型。“用数字技术改善人类生活是一种深刻的人文主义努力”[①]。教育数字化转型成为未来教育发展的必然趋势，必将引领教育的改革和创新发展。

1. 应用数字化技术驱动终身学习的创新发展

数字化技术在教育中的应用推动着终身学习的创新发展，尤其是要利用好区块链技术，促成覆盖人的一生的学习成果和学术成果的认证与转换，使之成为助力终身教育的数字凭证。借助区块链技术建立终身学习账号。区块链技术具有“去中心化、不可篡改、全程留痕、可以追溯、集体维护、公开透明”的特点[②]。终身学习账号要以身份证号注册，“一人一号，一号一生”，并通过教育部统一注册、认证。在学习、工作和生活之间的界限逐渐模糊的终身教育时代，可建立信用机制，有效管理学历凭证，助力构建安全可信的终身教育体系。通过建立学分银行，实现不同学习成果的互认和衔接，尤其是对非正规教育和非正式教育的学习成果的认证，搭建各级各类教育横向和纵向相互衔接的“立交桥”。建立终身学习学分登记和学分转换制度，通过学分的积累与互认，实现不同阶段、不同形式的学习和实践之间的衔接与融通。

2. 开展数字化技术下的个性化学习

学习者的个性化学习和自适应学习使全民终身学习成为可能。人工智能技术的不断发展，推动了学习者的个性化学习和自适应学习。学习者不必囿于传统的同质化和标准化的教育模式，可以借助数字化技术，实现自定步调的个性化学习。同时数字化技术使学习者的学习突破了学校教育的围墙，他们可利用现代信息技术开展在线学习、在线答疑和交流互动，学校内外边界逐渐模糊，学校教育与家庭教育和社会教育逐渐融合，实现了泛在学习。“云服务”技术和基于数据挖掘的学习者分析为全民终身学习体系的构建提供了技术支撑。教育治理要借助泛在学习和个性化学习为个体的终身学习提供保障。

3. 提升终身学习下师生的数字素养和数字技能

终身学习的实现有赖于学习者自身的数字素养和数字技能。终身教育贯穿

---

① https://weatherhead.case.edu/executive-education/programs/digital-transformation/.

② 关成华，黄荣怀．面向智能时代：教育、技术和社会发展［M］．北京：教育科学出版社，2021：107.

人的一生，具有系统性、整体性的特点，因此要借助数字化培养终身学习能力。终身教育治理要注重对数字化的整体设计，从儿童的学前教育到成人的继续教育，全方位地提高“数字韧性”，提升数字素养和数字技能。因此，现代教育要构建服务全民的终身学习的数字化体系，要面向未来，坚持终身、可持续的教育发展理念。终身教育的数字化转型要落实到师生的数字素养和数字技能上。身处数字化时代，要加强对师生数字素养的培育，发展其数字智能，提高其数字智商。在意识层面，培养师生的数字敏感性、数字安全意识和对数字信息的价值判断能力。在技术层面，使师生掌握数字工具，学会利用数字工具进行信息的访问、管理、评估等，以创造性地解决生活问题。在社会价值层面，培养师生在数字化生活中的文化修养、道德规范和自律行为。

4. 完善面向全民的终身学习服务体系

应用数字化技术推动更具公平性和开放性的全民终身学习。服务全民的终身学习体系的建立要面向全民，坚持公平性和开放性原则。第一，坚持公平性原则，力求实现数字普惠。教育数字化转型过程中，要加强社会流动性，使优质数字教育资源的普及适度向社会不利群体倾斜，着力补齐教育资源短板，注重缩小教育领域的数字鸿沟。数字化技术的发展，特别是教育新基建和 5G 技术实现了教育资源的互通共享，为数字普惠提供了契机。第二，坚持开放性原则，服务全民。首先是数字教育资源的开放。数智时代的教育要借助教育资源云服务突破学校教育的围墙，打破正规教育的束缚，坚持弹性化、灵活性的原则，使各种数字教育资源向社会开放。《斯坦福大学 2025 计划》中开环大学的设计，解除了年龄限制，允许从少年至老年的学习者弹性入学学习，是推进终身学习的典范。优质的教育资源和精品的课程设计不仅要在教育系统内共享，还要面向社会、面向全民，让人人都可以通过终身学习账号进行学习和研修。其次是社会资源的开放。图书馆、文化馆、美术馆、科技馆、博物馆、体育馆等具有公益性，应以服务全民为原则，向社会开放。同时，学校的课程设计要通过虚拟现实技术和教育元宇宙等数字化技术与各种场馆等实现无缝融合，学生可以定期实地参观、学习、体验。此外，还可以通过虚拟现实技术等创设数字化科技馆、远程博物馆、虚拟美术馆等可视化的逼真的交互式学习情景，提供各种场馆的情境性和沉浸式学习体验，不断拓展终身教育数字化的维度，丰富终身教育数字化的内容。

5. 探索教育数字化转型试点学校的可行路径

选择教育数字化转型的试点学校，助力终身学习体系的建构。推进数字化课程、数字化“无书”图书馆、数字化智能评估系统、数字化学校管理等方面的创新应用，不应局限于正规教育制度体系中的学校，不应仅仅为在校学生的成长服务，更应该将这些数字化的教育资源向社会开放，服务于全民，服务于人的终身学习。借助数字化手段，创建开放式的学习空间和办公环境，不局限于某一个教室，为学习者提供灵活、可选择的学习、活动空间。开放式的学习、活动空间不仅仅服务于在校生，而是面向社会全员，各个年龄阶段的终身学习者都可以使用。通过部署各种智能传感器，打造具备智能感知的数字教室，为学生提供全息数字化学习体验，为学生提供舒适的物理环境，最大限度地优化学习效果。把人工智能、虚拟现实等技术优势融入教育生态，以助力数智时代的终身学习。

（二）人本治理：加强算法人才培养，倡导社会价值取向

习近平在 2019 年国际人工智能与教育大会致贺信中强调："培养大批具有创新能力和合作精神的人工智能高端人才，是教育的重要使命。"① 教育数字化转型战略机遇期，要以学习者为中心，以数据驱动引领学习变革，致力于培养创新人才特别是人工智能工程师，高度重视复合型创新人才培养，加强创新人才储备，形成更高水平的人才培养体系。

1. 加强算法高端人才培养

数智时代，"算法正在深刻地改变我们看待生活、看待宇宙乃至一切事物的方式"②。将人与物全面数字化并最大限度地获取数据，是大数据算法的逻辑起点和内在要求③。数据成为新的生产要素，而算法提升了数据的价值。算法和数据相互支撑、相互促进，共同构成了人工智能未来发展的一体两翼。数字时代人工智能技术的发展水平是影响教育改革的重要因素。国家高度重视科技创新，强调原始创新对于可持续发展的重要性，强调攻关关键核心技术，人才是关键性的生产要素，关键核心技术的突破，依赖于创新型、复合型、应用型高端人才的培养。

从根本上说，制约算法智能升级的瓶颈在于算法高端人才的缺乏。为解决算法迅速发展和算法人才培养滞后之间的矛盾，亟须建立健全产学研一体化开源创新人才培养体系。算法工程师应加强对算法的深度学习和顶层设计，强化开源创新，加强对源代码的学习和研究，以开放、共享、包容的理念，打破技术垄断，维护开发者和使用者的利益。设计好的算法，要通过编程来调试运行，

① 习近平向国际人工智能与教育大会致贺信［N］. 人民日报，2019-05-17（1）.

② 多梅尔 . 算法时代：新经济的新引擎［M］. 北京：中信出版社，2016：引言 .

③ 张夺，王桂敏. 算法社会的辩证法：非同一性作为同一性秘密目标的实现［J］. 科学・经济・社会，2023，41（6）：36-45.

使算法本身的优劣得到验证。提高算法工程师的编程能力，促进算法的优化升级。

算法人才培养要坚持新时代习近平提出的“四个面向”，聚焦人工智能重大科技前沿问题，服务经济主战场，满足国家重大需求，造福人民生命健康。面对数字时代未来发展的不确定性和当前产业结构的转型升级，要强调技术标准，攻关算法核心技术，以算法技术创新推动国家算法技术的自立自强；要以原始创新推动国家可持续发展，促进学科交叉融合，致力于培养跨学科、复合型的高端人才，处理好算法高端人才培养与基础研究之间的关系，为人工智能持续发展与深度应用夯实坚实的人才基础。

2. 实施算法人才储备计划

进一步发挥中小学人工智能课程对技术人才和创新人才培养的奠基作用。数智时代，编程全面融入数字化生活，成为一种必备的能力，其重要性不言而喻。重视编程教育，从中小学抓起，要将编程教育循序渐进地推广到各个年龄阶段。培养人的计算思维和信息意识应从小抓起，要将数字化信息教育和对数字素养的培育嵌入日常学习生活中。紧跟时代潮流，动态更新教育内容，加强基础教育中 STEAM 教育的课程开发。将信息意识、计算思维和算法逻辑嵌入中小学信息科技课程中，提高学生的数字化学习能力，培育其信息科技核心素养。加强编程教育和提高数字能力的相关课程要来源于生活实际，致力于解决生活问题，不断提高学生的数字技术原始创新创造能力。

2022 年，教育部印发了《义务教育信息科技课程标准（2022 年版）》。新课标强调“科”与“技”并重，就课程性质而言，“信息科技课程旨在培养科学精神和科技伦理，提升自主可控意识，培育社会主义核心价值观，树立总体国家安全观，提升数字素养与技能”①。现代中小学教育要以新课标为契机，依托智能技术和智慧学习环境，开设人工智能专题教育，通过开展丰富多元的创客极客教育、信息学奥赛和科技创新大赛等活动，组建人工智能兴趣小组、创客社团等，培养学生的技术应用能力和创新创造能力。在大中小学的课程体系中，有区分地推广以算法、数据、云计算、信息安全、机器人、物联网、区块链等为代表的人工智能通识教育课程，激发学生关注前沿科技的热情，为人工智能发展培养专门人才。从小学开始开展“数字扫盲”，在大中小学设置数字技能课程，注重培养学生的数字化学习和创新能力，培育其数字素养，引导学生承担信息社会责任，培养学生利用技术的使命感和驾驭技术的责任感，激发学生的

---

① 中华人民共和国教育部．义务教育信息科技课程标准（2022 年版）[S]．北京：北京师范大学出版社，2022：1.

数字创新潜能。加强多层次的信息化人才队伍建设，为未来的信息科技创新做好人才储备。

原始创新对国家可持续发展极其重要。数字化创新人才的培养不是一蹴而就的，我们要从小培养学生的探索精神、钻研精神和创新意识，为创新人才培养筑牢思想基础，让他们认识到通过原始创新实现自主可控技术的重要性，为信息科技的不断创新提供动力源泉。

3. 倡导人才的社会价值取向

数智时代的教育治理要秉持以人为本的价值取向，落实立德树人根本任务，坚持技术服务育人，注重技术的自主可控发展，以实现人的价值和利益为终极目标。数智时代的教育治理要“以育人为导向，发展有温度的数字化教育”①。算法人才培养，不仅要关注技术价值，更要关注技术对伦理方面的挑战，关注信息社会责任，避免“唯技术论”，避免走向数据主义和计算主义。在考量人与技术的关系问题时，要秉持以人为中心的理念，技术仅仅是教育、学习的工具和载体。在算法治理的顶层设计中，应统筹兼顾技术价值和社会价值，尤其突出社会价值的优先地位，通过强化文化分析和价值分析冲抵技术的井喷式增长所带来的负面效应。

人工智能时代的人才培养，要注重那些人工智能技术和机器人无法取代的东西：创造力、社交能力、道德和品格。人工智能不断挑战人类引以为傲的智力，开始具有自主意识和自主学习能力。这种挑战促使现代教育体系以人为本，注重培养人文潜质，培养人的创造力等人类特有的品质，将窄化的智能教育内容扩展到使人受益终身的创造力、好奇心、社交情感技能、人文价值素养等方面。

在算法设计和应用等各个环节，加强日常监管，建立溯源机制，压实各方主体责任，强化算法人才的责任担当。在教育领域的算法开发，要兼顾效率与公平，以公平为优先的原则。强调算法人才培养的技术标准，更要重视算法人才的信息道德、责任意识、合作精神，为人类的灵魂留下栖息之地。推动算法技术更加高效、公平、安全，引导算法向上向善，造福于人类。算法人才的培养，要倡导社会主流价值观，引导学习者承担信息社会责任，突出科技发展服务育人理念，突出人才培养的责任感和使命感，倡导教育的人文关怀，推动教育内涵式发展。

针对教育大数据历史永久性的弊端，要设置好教育数据的保存期限。在数智时代，要批判地对待教育大数据概率预测的结果，尤其是教育治理中的大数

---

① 袁振国．数字化转型视野下的教育治理［J］．中国教育学刊，2022（8）：1－6，18.

据应用，要处理好数据的精准性和教育的人文性之间的关系。

（三）智慧治理：优化教育新基建，夯实数字基础

《中华人民共和国数据安全法》第 14 条规定，国家实施大数据战略，推进数据基础设施建设，鼓励和支持数据在各行业、各领域的创新应用。教育新基建是信息化时代教育变革的牵引力量。教育新基建要超越单纯的技术范畴，从教育生态构建和教育事业发展的高度去勾勒发展蓝图。

1. 优化教育信息网络平台

加强教育新基建，要重点做好教育专网和教育服务平台的优化升级，夯实高质量教育体系的数字底座。

首先，要加强教育信息网络建设，推进稳定、快捷、高效的教育专网建设，加快校园无线网络共享，实现校园网络的提速升级。优化数字化的教育服务平台和教育管理平台，探索建设数字孪生校园，是新硬件时代实现智慧化教育的物理保障。不断拓展国家智慧教育公共服务平台的功能，推动教育治理的数字化转型，不断完善智慧教育治理体系。

其次，要推进教育新基建的创新利用和智能升级。既要确保教育数字基础设施高水平建设，又要避免重复性建设，按需配置，精准投资，提高效能，避免浪费和闲置。创新教育新基建的服务业态，政府、学校和市场形成合力，建构可持续发展的服务市场。推动教育新基建智能升级，数字基础设施投入使用后，维护好智能终端和数字化设施，做好动态追踪和持续跟进，推动教育新基建的融合创新，支撑教育的高质量发展。

最后，要坚持普惠性和包容性原则。人工智能发展的成果应该惠及所有人，教育新基建应秉持公平正义的原则。解决制约教育新基建发展的资金问题，实现数字普惠，需要发挥政府和市场的合力作用。一方面需要政府的资金投入，另一方面需要企业技术下沉，降低成本。只有政府和技术企业有效合作，才能解决资金问题。同时，校园数字基础设施建设应最大限度地向薄弱地区倾斜，缩小区域、城乡、学校之间的差距。精准帮扶数字弱势群体，开展弱势群体的常态化数字技能帮扶，缩小数字鸿沟，提升全民的数字化信息素养，使全民共享数字技术带来的教育红利，推动实现教育的优质公平。

2. 提升教育智能智慧水平

智能时代，数智技术成为教育创新发展的动力。技术助力教育发展，推动了智慧校园和智慧课堂建设。数智技术的应用为学习者搭建了智能化、智慧化的学习环境。我们要利用这些数智技术手段提高教学、实验、科研、评价、管理、服务等各教育环节的智慧化水平。借助传感技术，融合 5G、XR、脑机接

口、AI、区块链、数字孪生等前沿技术，教育元宇宙为师生提供了智能感知的环境、可视化的教学内容和沉浸式的学习体验，以智能环境助力个性化学习。“智慧校园与现实校园的耦合，将会创新与引领教育变革。”[①] 要借助技术迭代探索智慧教育的发展路径，加快教育领域的数字化转型和智能升级，不断为教育赋能赋智，以教育信息化推动教育治理体系和治理能力现代化。

3. 优化拓展数字教育资源

坚持软硬并举，注重开发和共享优质数字教育资源。既要重视网络、平台等硬性数字基础设施建设，又要优化拓展数字教育资源，健全高质量数字教育服务体系。

首先，充分发挥政府主导作用，利用各种平台、网络、社区等，鼓励高校、科研院所、企业行业和社会共同参与优质教育资源共建、共享、共治，形成多元主体共同参与的良好治理生态。加强对数字教育资源的跟踪反馈，注重数字教育资源的优化配置，满足人们高质量的终身教育需求。创新数字教育服务模式，加强优质数字教育资源的共享和精准推送，扩大优质教育资源覆盖面，开展终身数字教育，构筑全民畅享的优质数字生活。

其次，注重遴选网络学习资源，坚持精品意识，开发丰富多样的优质数字教育资源。国家智慧教育公共服务平台创新了优质教育资源的供给模式，要以需求牵引、服务至上的原则不断进行完善。注重开发高质量的数字教育资源，打造基础教育精品课程，实现与教材同步的优质数字教育资源的全覆盖。还要注重家庭教育指导、终身学习指导、身心健康教育、课后服务、科学普及等方面的资源开发，不断丰富数字教育资源，不断满足学习者多元化和个性化的学习需求，并以优质数字教育资源，拓展终身学习服务，建设服务全民的终身学习的公共服务体系。

（四）灵活治理：多元协同参与，打造数据安全治理格局

数智时代，数据呈指数级增长，如何有效获取数据，充分挖掘数据价值，高效发挥数据潜能，是教育治理的关键。同时要认识数据潜在的风险和挑战，加强风险规避意识，采取相应策略保障教育数据在技术、伦理、安全等方面正向发展，以数据驱动促进教育治理的精准化、智慧化。

1. 挖掘数据价值，提高数据质量

教育工作者要有敏锐的数据意识和批判性的数据思维，保持对数据的敏感

---

① 关成华，黄荣怀．面向智能时代：教育、技术和社会发展［M］. 北京：教育科学出版社，2021：487.

性，擅长挖掘潜在的数据源，注重对数据的无感式、伴随式、全方位收集，实时、动态地挖掘和收集数据，充分发挥数据要素的价值。教育是一个复杂的系统，要实现教育善治，需要确定教育系统中的约束条件，并分析如何使用技术来摆脱这些约束条件的束缚，而这些约束条件的识别是以数据为支撑的。数据和信息可以推动实现教育治理自动化。数据作为生产要素参与分配，算法就是收集处理数据、挖掘数据价值的生产工具①。算法自身具有数据收集的功能，要充分发挥算法自身的工具性功能来挖掘数据。同时，借助第三方数字工具，建立坚实的数据基础。数据的价值不仅在于挖掘，更在于有效利用。要真正发挥教育数据对教育治理的作用，深度挖掘教育大数据的价值，建立数据跟踪和反馈循环机制，并使其更好地服务于学生的综合素质评价和学校的教育决策管理等。

挖掘数据的内在价值要与提高数据质量并举。数据的收集和挖掘，要回避有直接利益关系的相关人员，以提高数据的客观性。建立教育数据审查和评估机制，力保教育数据的有效性、准确性和真实性。完善数据采集指标，推进对全面教育数据的监测，依托算法、算力和大数据技术，加大数据分析力度，拓展数据应用的深度。在数据服务于教育治理的全过程，要采用巨量、全面、即时、精准的数据，以推进教育治理的科学化。完善互联网大数据背景下的教育治理评价体系，注重对数据的评价和反馈，及时删减失信、失真的数据，屏蔽过期无效的数据，充分发挥优质高效数据的作用，有效管理教育数据，提升数字治理效能，使其在教育治理中发挥最大潜能。

2. 夯实安全基础，规避数据风险

发挥数据的最大潜能，有效利用数据价值的同时，要厘清数据利用和数据安全之间的关系，发展与安全兼顾。管理者自身要成为“数据脱盲者”②，学校需要聘用那些能够熟知网络和数据存储的人员，他们是网络安全方面的专家，他们知道如何在建立系统以及分享数据的同时注重保护隐私③。针对网络隐私保护，我国已经出台了《中华人民共和国网络安全法》《中华人民共和国未成年人保护法》《关键信息基础设施安全保护条例》等相关法律法规，防止对私人信息的全面采集和长期存储。规范数据的收集，在数据收集前，要征得数据被征集者的同意，并确保他们对数据利用的知情权。建立健全数据安全保障机制，确保公民的个人信息和敏感数据被合理、合法地使用。这就要求我们熟知数据

---

① 张凌寒．权力之治：人工智能时代的算法规制［M］. 上海：上海人民出版社，2021：4.

② 舍恩伯格，库克耶．与大数据同行：学习和教育的未来［M］. 上海：华东师范大学出版社，2015：126.

③ 同②127.

应用伦理的内涵，厘清伦理边界，加强政策引导，加大监管力度，促进教育大数据的健康有序使用。

教育大数据可重复利用，增加了数据滥用、误用的风险。要警惕数据安全漏洞，强化教育领域的数据安全治理，打造教育数据安全治理格局。设定数据的访问权限，对重要的教育数据进行加密，并设定相关人员的数字身份识别，以对教育数据的保存和使用进行规范。依法规范隐私数据的使用，建立数据安全、评估和审查机制。制定数据安全规则，不断检验修订，有效排查数据安全隐患。

教育大数据概率预测固有的弊端，极易使教育管理人员囿于相关性的概率预测，从而限定学生的发展。要坚持理性平和的批判精神，客观对待教育大数据的概率预测，谨慎运用预测结果。对教育大数据的利用要平衡好数据的精准性和教育的人本性之间的关系，避免师生成为量化评估的受害者。针对教育数据的历史永久性和可重复利用性，要设定教育数据的访问权限和保存时间。建立教育数据的动态追踪机制，推进最新数据的动态更新、自动覆盖，减少历史性数据的妨碍。

3. 健全数据体系，促进联通共享

数智时代，数据是新的社会生产要素，数据能力是国家治理体系和治理能力现代化的重要基础。数据体系的标准化建设水平是数据能力的重要表征，“如果没有标准化的数据，系统中不同参与者产生的许多信息将完全不兼容。”① 全端数据采集所获取的数据往往存在冗余问题，缺乏系统性，内部封闭、孤立的状态不利于数据的开放和共享。因此，在传输和共享数据之前，国家应建立教育数据的登记标准，按标准的规范来统一数据，提升教育数据的开放程度，优化教育大数据的行业生态。

国家要建立教育数据资源中心，整合各级各类教育公共服务平台，注重平台建设和资源的集成与应用，消解数据壁垒，促进数据资源有序融通。开放教育数据资源，优化数据流动共享机制，为教育的提质增效和开展终身数字教育提供方便快捷的全国公共数字资源服务。规范教育系统内数据的统一性和标准性，以数据的高度融合打破数据的封闭状态，摆脱“数据孤岛”，实现数据地域间、层级间、部门间的互联互通，努力形成统一开放、安全高效、治理完善的数据联通体系。以统一开放的数据体系驱动个性化智慧教育服务，推动教育治理体系的智慧化升级。

4. 优化灵活治理，推进协同合作

最大限度地发挥数据的内在潜能的同时，我们还要确保数据有序健康使用，

---

① Some requests for machine learning research from the East African tech scene [C] //Proceedings of the 2nd ACM SIGCAS Conference on Computing and Sustainable Societies，2019：37 - 40.

这需要我们优化灵活治理。灵活治理一定程度上可以回答“政策制定者和监管者应该如何既不扼杀创新，支持技术发展，又保障消费者和大多数公众的利益”① 这个问题。

第四次工业革命下，不同的利益相关方被赋权于“一个更加分散的权力系统，需要在相互交往中加强协作，方能取得成功”②。赋权的实质蕴含着多元治理的理念，关涉政府、学界和业界彼此之间的多元合作。政府要承担关键责任，加强政策引导和对教育数据的监管，同时学校要充分发挥自主权和能动性，在基础环节保障教育大数据的真实可信。应对教育大数据的挑战，仅仅依靠政府和教育系统的力量还不够，需要全社会的协同与合作，共同完善教育大数据的标准制定、安全评估、应急处理、监督管理等，诸如，“知情同意书中关于使用数据并从中获益的公司和组织的直接责任与义务的部分，需要进一步强化”③，以保障教育数据依法有序流动。

因此，政府、学校、社会、监管机构等多元主体需要加强协作，共同参与，明确各方责任，满足各方的利益诉求，建立健全数据安全治理体系，以提高数据治理的灵活性。

（五）双空间治理：促进融合共生，探索虚实教育创新模式

新冠疫情加速了线上虚拟教育和远程教育的发展，也对传统的线下教育造成了冲击，虚拟空间和现实空间的双空间教育模式成为教育发展的新业态。教育元宇宙是实现虚实教育融合和衔接的新形式，实现了双空间教育在内容和资源上的互联互通和共享。在教育治理中，我们要规范在线教育新业态，统一双空间教育的标准和规范，加强虚实教育的融合；提高师生的数字化素养，增强人们的隐私保护意识，提高虚拟世界中的安全保障能力。

1. 统一规范标准

虚拟世界具有对现实世界的“补偿效应”，承载着人的精神寄托。现实世界和虚拟世界的断层与分裂，极易出现伦理道德等方面的扭曲和异化，因此要求确保现实世界和虚拟世界的连续性和统一性。教育元宇宙尚处在初步探索阶段，为规范教育元宇宙发展的秩序和有效性，需要建立规范虚实教育融合的职能部门，加强虚实教育管理的制度建设，对双空间教育治理采用统一的标准，加强虚实教育的垂直渗透和横向整合，对虚实空间教育进行双向的规范和策略指引。

---

① 施瓦布．第四次工业革命：转型的力量［M］．北京：中信出版社，2016：72.

② 同①31.

③ 舍恩伯格，库克耶．与大数据同行：学习和教育的未来［M］．上海：华东师范大学出版社，2015：91.

虚拟空间的教育要以现实空间的教育为依据，要为现实服务。对虚拟世界的教育要加以监管和规范，注重人工智能伦理教育，提高人的数字道德，在价值观念、道德伦理、法律规范、人际交往等方面制定与现实世界统一的标准。

2. 防范虚拟成瘾

虚拟空间和线上教育飞速发展，使青少年的网络成瘾问题引发社会广泛关注。亟须建立防范成瘾机制，多方协同，加强监管，防范虚拟成瘾。

首先，高度重视"人工智能沉溺"问题，发挥好政府、社会、学校、家庭多方面的合力作用，加强科学引导和网络素养教育。为防范成瘾，需要加强监督，限制使用时间、使用频率，通过超时强制终止、超时高收费等对游戏化学习的软件和平台加以监管。家庭是网络成瘾的主要场域，对未成年人的网瘾防范，要进一步实行实名认证，同时建立"双实名认证"机制。未成年人和监护人进行关联实名认证，只有双方同时刷脸才能登录网游，这样可以有效控制未成年人网游的时间和频率。建立网瘾动态监管审查机制，对网络成瘾者的网络超时行为进行反馈报警，使教育管理者可以及时了解学生的网络沉溺动态，积极干预，进行网瘾矫治。

其次，引导对数智技术和虚拟空间形成正确的认识，不迷信技术，不依赖虚拟世界的"补偿效应"。在教育元宇宙的虚拟空间中，要求师生建立与现实同一的非匿名化数字身份，以真实身份参与网络课程的学习。关注数智时代师生对数字化虚拟学习环境的掌控，关注师生学习心理的变化，引导师生积极参与。建立网瘾动态自律审查机制，使师生随时审查自己的网络行为，加强网络自省自律，防范网络依赖和虚拟成瘾。

最后，塑造风清气正的网络生态空间。网络公司在开发网络游戏和网络学习软件时，要规范网游的质量、类型、内容，开发更多益智因素，利用算法推荐技术宣扬真、善、美，屏蔽不健康不安全信息。重点整治涉及未成年人的网络乱象，督促网站平台建构适合青少年的清朗模式。

3. 谨防隐私泄露

虚实边界模糊，极易造成隐私泄露。要加强对用户隐私的保护，谨防隐私数据泄露。《教育部关于加强新时代教育管理信息化工作的通知》强调："全面加强数据安全保障，建立覆盖全生命周期的数据安全保障机制，重点保护广大师生和家长，特别是未成年人的个人隐私信息。"① 做好隐私数据的合理授权和合规应用，防止数据的盗用、滥用，明确隐私数据泄露的追责机制，对隐私数

---

① 教育部关于加强新时代教育管理信息化工作的通知［EB/OL］.（2021－03－15）［2023－03－01］. http：//www.moe.gov.cn/srcsite/A16/s3342/202103/t20210322_521669.html.

据方面的违法犯罪行为依法严惩。

首先，师生要提高警惕，增强隐私和信息安全意识，提高信息化素养。要对敏感信息和个人隐私信息进行必要的匿名化处理，加强信息安全防护，通过用户标识、加密、身份验证等多种形式保护个人隐私。师生要厘清个人普通信息和隐私信息的边界，保护个人和他人隐私，不过度披露个人信息，不主动分享隐私信息，不让渡自己的隐私权限，不盲目同意隐私条款，及时清除自己的上网痕迹，预防隐私信息被盗用和贩卖。

其次，师生要树立隐私保护法治观念。针对网络暴力、网络欺凌现象，师生要辩证地看待网络负面消息，不被网络言语绑架，增强心理韧性，依法理性维权。当自己的隐私权被侵犯时，要依法积极维权，通过正当的法律救济途径，维护自己的合法权益。

（六）硬核治理：强化前瞻预防，健全法律监管保障体系

数智时代，亟须深化依法治教，健全法律监管保障体系，进一步提高教育治理的抗风险能力。教育治理亟待发挥监管和法律的硬核作用，突出刚性治理。2021 年 11 月，联合国教科文组织第 41 届大会通过了《人工智能伦理问题建议书》，为不同主权国家提供了全球人工智能治理的立法依据。在算法和教育数据运行的全生命周期，注重源头治理，加强预防，进行风险评估，提高安全韧性。建立问责机制，加强社会监督和算法规制，以法律法规的硬核作用守住安全底线。

1. 强化前瞻预防

目前，我国已经出台了关于数据安全、网络安全等事项的法律法规，教育治理应该加强相关法律法规的教育培训，普及相关法律知识，使教育中的数据和算法应用不逾越法律红线。同时，增强师生依法维权意识，提升其数据安全和隐私保护能力。

强化前瞻预防，要注重源头治理，防患于未然。第一，在算法和数据运行的整个生命周期，以法律形式规定明确的隐私和安全保护标准和规范，尊重个人的隐私和人格，保护师生的信息和安全，依法保护个人隐私安全不受威胁，以保障安全，规避风险。第二，依法保障人类的自主决策权，确保人工智能技术在法律界限内可控可信发展，提高算法的透明度和可解释性、可信性、可控性，提高技术的鲁棒性和安全韧性。第三，建立大数据和算法应用于教育治理的责任清单机制，压实各主体责任，建立问责机制，进行责任审查。将数字化技术应用于教育治理的全过程，以可追溯、可问责的规范性约束明确各方责任。第四，建立合理的预警机制和应急预案，一旦发现问题，及时补救和整改。要完善相关法律和技术标准，强化对数字化技术应用的系

统性安全风险的动态评估和检测，建立安全审查机制和督导机制，最大限度地保障智能技术的合理化应用，并将风险控制到最小化程度。

2. 健全监管体系

算法在社会各领域得到普遍应用的同时也带来了风险与挑战，仅靠政府权威的法规治理和社会伦理引导难以有效化解，还要依靠多元主体共同参与，齐抓共管形成工作合力。“算法治理中应进一步发展和完善已初见格局的政府监管、社会监督、公民维权、企业自治的多元共治体系”①。

建立数据和算法的分级分类安全管理机制，健全教育数据和算法的信用监管体系。采用扁平化监管模式，开创多元化监管格局，调动政府、社会、教育系统等力量共同参与到数据和算法监管中，以动态监管助推算法向善和数据有序安全。

3. 严格算法规制

严格算法规制，依法惩治算法乱象。算法在教育中得到广泛应用，但其在社会伦理、权益保障和安全风险等方面亟须加强规制。

首先，针对算法偏见和算法歧视，可采取以下措施。在算法研发和设计环节，将强化算法服务意识、融入社会伦理价值目标法治化。在算法运行环节，将负责任、非歧视、无偏见等道德伦理和自省自律载入法律，依法保障教育治理安全运行。在算法监管等环节，嵌入隐私保护、公平公正、责任担当等社会价值导向的目标，运用算法弘扬社会主义核心价值观，引导算法正向发展。

其次，算法偏见与算法歧视产生的根本原因是人为偏见，所以消除算法偏见就要限制人为操纵，加强信息披露，提高算法运行的透明度和可解释性，避免“算法黑箱”导致的算法异化。同时，提高透明度能更好地接受社会的监督。不断完善投诉和举报受理机制，预防“算法黑箱”超越伦理和法律的界限，重点整治各种算法乱象。

最后，相关监管机构应加强对算法开发和使用等各环节的监管，辅之以法律手段加以规制。要发挥好法律法规的硬核作用，对于数据滥用、网络暴力、非法利用隐私信息、算法乱象等违法行为，依法追究相关责任。对于违反相关法律法规的违规行为予以警告、通报批评、限期整改、罚款等处理；对于情节严重、构成犯罪的，依法追究刑事责任，绝不姑息。严格算法规制，必须在法律法规的硬核措施下预防算法滥用，规范算法应用，坚守安全底线，促进算法高效合理应用。

---

① 张吉豫．构建多元共治的算法治理体系［J］．法律科学（西北政法大学学报），2022，40（1）：115.

总之，教育治理的终极目标是彰显人的主体性，实现教育公共利益的最大化。数智时代，推动教育数字化治理转型，要把握技术与社会发展的趋势，积极应对教育发展的不确定性，以人本治理、智慧治理、灵活治理、双空间治理、硬核治理为着力点，多元协同，构筑数字化教育治理体系，提升数字化教育治理能力，促进教育优质公平，以高质量的教育增进人类福祉，助力实现教育善治。

第十二章
数智时代的教育伦理与法律规范

一、数智时代的教育伦理困境

从 1946 年诞生的世界上第一台通用计算机 ENIAC，到 1997 年在比赛时限内击败国际象棋世界冠军卡斯特洛夫的计算机“深蓝”，再到 2016 年击败围棋世界冠军李世石的 AlphaGo，人工智能技术越发成熟并逐渐走入人类的生活之中。自动驾驶、虚拟现实、智慧家居等曾经出现在科幻小说中的片段逐一变成生活现实。自动批改、学情分析、伴学机器人也逐渐成为重要教育教学手段，为教师和家长带来了许多便利。随着科技的不断进步，人工智能的功能也越来越完善和强大，并且与人类社会的生产和生活结合得日益密切。未来已来，将至已至，人工智能给社会带来的变革与前景不仅是服务，更是融合。但人工智能作为一种技术并不具有中立立场，它存在固有的弊端和无法避免的伦理陷阱。当人工智能与社会各个领域紧密融合时，面对未来社会的巨大冲击与挑战，人们便开始思考人工智能背景下，教育需要抵御怎样的风险、破解怎样的伦理困境。

（一）人工智能与人类的深度交织与融合

1. 人与人工智能机体融合

未来人工智能在人类社会的存在不仅仅是发挥服务和替代的作用，人类会越来越难以离开智能机器，人与智能机器的联结会越发紧密。未来人与人工智能存在两种结合方式：一是硬件结合；二是软件结合。不仅人类的消化系统、内分泌系统、血液和心脏等会被纳米机器、智能生物反馈系统、3D 打印件等取代，而且我们的骨骼、皮肤、大脑以及其他器官也能升级换代①。软件结合是指人与人工智能的共同进化，人类固有的肉体限制将会被打破，实现思想和能力的“双向上传”，人类将来自大脑的思想、观念等软件信息上传给机器，让它学会模拟人脑运作，像人脑那样思考。另一方面，人工智能上传人类智能，逐渐升级且具有深度学习能力的人工智能也开始设计和创造出自己的软件，它们常常是比人脑更强大的软件，进而反传给人类智能使用②。

众多研究人工智能算法的科学家已经用脑电帽的方式捕捉人类各个情境下的脑电波并将其录入机器分析，转化为计算机语言，为未来人工智能思维的逻辑化和类人化奠定基础。人越来越像机器，机器也越来越像人。人工智能在未

---

① 库兹韦尔．奇点临近［M］．北京：机械工业出版社，2011：105.

② 李政涛，罗艺．智能时代的生命进化及其教育［J］．教育研究，2019（11）：39－58.

来的社会中将扮演不可或缺的重要角色。智能机器或将是一种社会的客观存在物，人们对于生命的界定将发生变化，自然生命与智能机器只不过是建立在生化算法与电化算法等不同算法之上的不同的社会存在而已①。

我们不妨大胆地预测未来，人工智能和人类将会在机体方面深度结合，并且人机结合体会是一种社会“新的存在”。

2. 人类与人工智能社会融合

人类与人工智能社会将深度融合，人工智能既可以服务于人类的社会生活，也是人类社会重要的生产力。

第一，人工智能会成为服务人类生产生活的重要帮手。世界各地对于服务型的智能机器研究深入社会的各个方面，当代的人工智能已在智能家居、汽车、医疗、环保等领域发挥出巨大作用。新型智能家居平台依托人工智能技术，致力于“为用户带来更舒适、便捷、健康的生活”，如海尔的U+、美的的M-Smart、小米的SmartThings、苹果的HomeKit等。无人驾驶汽车是人工智能技术应用到汽车行业的智能产品代表，在保障安全的同时可以优化交通状况，如谷歌的Google Driverless Car、百度的Apollo等。在智慧医疗方面，人工智能技术已在辅助诊断、药物研发、精准医疗等方面初见成效②。

第二，人工智能是人类社会重要的生产力。人工智能会被大量地投入社会生产生活之中，成为社会的主要劳动力，并且随之人类的职业结构也会发生巨大变化。马克思认为，劳动是人的本质，是凸显人的社会性的活动。一旦制造、服务等行业使用智能机械、机器人实现某些工作自动化，“机器换人”的态势必然会导致部分人陆续被迫丧失劳动机会，加剧社会就业难和失业问题③。国际机器人协会提出，机器人根据实际情况和感知能力，在没有人工介入的情况下，在特定环境中执行安排好的任务。根据应用领域的不同，机器人可分为工业机器人和服务机器人。其中服务机器人是为人类或工业自动化应用之外的设备而执行任务的机器人④。在未来的某一天，工业生产、农业耕种、餐饮服务等行业会越来越多地出现智能机器的身影，人类低层次的重复性、机械性的工作将逐步被人工智能取代，人类将从事更具主观能动性、创造性的社会生产活动。

---

① 刘复兴．论教育与机器的关系［J］．教育研究，2019（11）：28-38.

② 吴永和，刘博文，马晓玲．构筑“人工智能+教育”的生态系统［J］．远程教育杂志，2017（5）：28-31.

③ 龙岭．人工智能技术的伦理问题研究［J］．广西科技师范学院学报，2020（4）：42-45.

④ 黄荣怀，刘德建，徐晶晶，等．教育机器人的发展现状与趋势［J］．现代教育技术，2017（1）：13-20.

第三，人工智能是学习与教育的重要对象。未来社会，学习的定义和学习的对象也将大大扩大。学习不再是人类特有的社会活动，人的学习、机器的学习、人的教育、机器的教育都是当下人工智能与教育结合时重要的研究热点。对智能机器进行伦理教育便是机器教育的重要研究内容。随着人工智能在人类社会的广泛使用，由算法漏洞带来的隐私泄露、种族歧视等问题也会随之产生，算法的更替、程序的升级是人工智能发展完善的重要内容。学者陈晋在《人工智能技术发展的伦理困境研究》一文中分析了如何定位人工智能的道德、过错和社会地位，并指出科学家在进行算法设计时一定要为智能机器编入人类社会的道德准则和行为规范，让人工智能在自主学习的时候更加注重对哲学思想的学习，让机器人成为对人类有用的机器人。同样地，对人类进行完备的科学的机器人教育也是必不可少的。学者何瑶波等人认为我国的教育机器人发展还不成熟，还需要继续加强对机器人的教育，这首先要壮大机器人教师的队伍，高校的物理、数学等专业的教师完全可以成为机器人教学的中坚力量，高校启用人才定向培养模式，为机器人教师团队培养更多精英分子①，这不仅能增进人们对于人工智能的了解，提升未来人类制造智能机器的能力，还有助于机器本身的学习和进步。由此可见，学习和教育的眼光不应仅仅放在人类身上，未来社会机器人的学习和教育也需要全社会共同关注，这不仅事关机器人技术的发展、机器人社会伦理问题的调适，也事关人类生存和生活的福祉。

3. “后人类”时代临近

“由于生物技术、虚拟现实、义肢、药物学、机器人、基因控制等技术的发展，人与非人（尤其是机器和动物）之间的界限开始变得模糊，传统上那种以‘人’为中心的本体论、认识论和伦理学遭到质疑”②，随着智能机器的发展逐渐类人化，“人”在认识论中的中心地位、在社会生存中的主体性将被打破，“后人类”时代临近。与之相应的后人类主义产生于20世纪80年代，它持有与现有的人文主义相反的观点，与自然共生、与机器共生是其主要立场，人类的“独裁和专制”将会被推翻，取而代之的是人类的包容性、开放性与种族平等性。正如佩佩雷尔在《后人类条件》一书中指出的，人文主义者在一种与周遭的对抗关系中将自身看成是优越的存在者，与此不同，后人类则是在一个延展的技术世界中将自身存在具身化③。未来社会的道德准则和伦理构建也将产生于人与自然、动物、机器互动过程中。现有的社会发展目标与方向也将会增添更多的共生理念。

---

① 何瑶波，缪函希，王越．机器人教育现状和思考［J］．教育现代化，2019（6）：292－294.

②③ 朱彦明．后人类主义对教育的挑战与重塑［J］．南京社会科学，2018（11）：129－136.

总而言之，在未来社会，生物人与智能机器人以及人机结合体共存、共生与合作成为一种社会生产与社会生活的常态[①]，并且人、智能机器都会在相互学习中提升自己的社会性。未来社会存在三种“人”：一种是人类，一种是机器人，还有一种则是建立在人机深度融合基础上而形成的人机结合体。世界可分为真实世界、数学世界和计算机世界等三个世界构成的特殊世界，也有人认为是由人、物理世界、智能机器和虚拟信息世界等构成的四元空间[②]。在这样一种复杂的社会生存空间中，人们现有的二元的主客体认知方式将会发生改变，社会道德伦理秩序将会重建，人的生命价值与主体地位将会受到质疑，人的能力素质将被重新建构，人工智能的社会身份和法律身份将会被审视……总之，未来的社会并非人类的社会，而是人类与人工智能的社会，人类不再是社会和自然界的主宰者。人类如何在混乱的社会秩序中重新定位自己，认识到自己的价值，也是哲学、社会学、人类学、法学等人文社会学科研究的焦点问题。

（二）人工智能与教育的深度结合及伦理困境

尼尔·波兹曼在《娱乐至死》中指出：“人们终将会毁于他们所热爱的东西。”他系统地分析了从口头相传、印刷术、广播和摄影术到电视的认知媒介的变化，并深刻地揭露了人与认知媒介互动过程中存在的伦理问题。口头相传的文化从来得不到永久的保存，印刷术统治下的人类思想总是井井有条，摄影术总会定格一瞬间的真实，电视带来的色彩斑斓的世界总会让人们迷失，技术从不存在中立立场。同样，人工智能作为一种技术甚至是未来人类存在的方式，它本身并不存在伦理、道德、价值判断和价值选择，但是人们利用人工智能的行为具有一定的立场和价值性。这项技术本身固有的伦理风险在未加规范的与人互动过程中产生了伦理困境。当人工智能和人类教育深度融合产生变革与冲击时，我们回顾和反思人工智能本身，还存在许多技术性难题与伦理性困境需要攻克。

1. 人工智能带来的教学与学习方式的伦理困境

人工智能成为教育手段也不仅仅局限在人类教师或学生使用人工智能技术进行教育教学和学习上。教育机器人将会成为未来社会教育的重要主体。“教育机器人是面向教育领域专门研发以培养学生分析能力、创造能力和实践能力为目标的机器人，具有教学适用性、开放性、可扩展性和友好的人机交互等特点。”[③] 有人将教育机器人做出了十二种分类，分别是智能玩具、儿童娱乐的教

①② 刘复兴．论教育与机器的关系［J］．教育研究，2019（11）：28－38．

③ 张剑平，王益．机器人教育：现状、问题与推进策略［J］．中国电化教育，2006（12）：65－68．

育同伴、家庭智能助理、远程控制机器人、STEAM 教具、特殊教育机器人、课堂机器人助教、机器人教师，以及工业制造培训、手术医疗培训、复健照护、安全教育机器人等，涉及教育行业服务型机器人与青少年机器人教育、家庭教育、学校教育、特殊教育等教育类型，深入各式各样的教学活动，满足各类人群的教育需求，实现了各项教育活动的切实展开。

人工智能技术的发展可划分为计算智能、感知智能、认知智能三个阶段，人工智能技术也从储存海量信息发展到实现语言教学、口语测评、图像搜题，再发展到完成个性化学习和自主学习，人工智能的自主性和应用的灵活性大大增加，可为教育提供的服务也更加多样化和个性化。当可深度学习的人工智能应用于教育领域时，在教育资源方面，人工智能可为学生和教师提供个性化的学习和教学资源，根据学生和教师的个人习惯与个体差异性提供最适合于每个人的服务。及时反馈、精准评价、个性推送是人工智能在提供教育资源方面最大的优势和作用。人工智能可以记录和追踪学生的学习动态，分析教师的教育教学特点，针对个体差异性，生成最适合某个个体的学习方案或教学方案。在数智时代，教育者和受教育者的个人主观能动性、个体性和差异性得到了相当大的尊重，人工智能也帮助激发教与学双方主体的活力。

各式各样的教育机器人以及人工智能带来的各种学习软件和学习策略等，是否真正促进了学生的学习，提升了学生的学习效果？

首先，人工智能容易让学生陷入不思考便可获取答案的情境中，以及利用智能软件进行抄袭等行为中，学生的学习成绩会下降，也会养成不好的学习习惯，人工智能在学生的学习过程中扮演着“凶手”的角色。其次，人工智能所能提供的大量的知识以及碎片化的学习方式容易让没有系统地受过信息捕捉能力培养的受教育者迷失在知识的海洋中，抓不住重点，使其难以进行系统化的学习。“碎片化学习拓展了学习的广度，却导致学习者养成懒于思考和加工的坏习惯，对唾手可得的大量碎片化知识和信息一目十行而不加思考。”[①] 并且学习者在利用智能机器进行学习时，其学习的投入度和专心程度也有待商榷。学生是否会被机器提供的过量的或多彩的信息吸引，进而迷失，导致学习效果大打折扣？再次，学习者在学习时时刻与人工智能接触，而人工智能并不具有人类教育者所能传授的哲学思想、个体经验与感悟，以及人的温度。学生的情感陶冶、师生情感沟通、学生社会关系的养成等问题都可能出现。人工智能是否会让学生的社会生活变得狭隘，是否会对学生的认知和感情产生错误的指导？最后，在教学评价方面，教师在利用人工智能进行教育教学时，也许会利用智能

① 杨剑飞．“互联网＋教育”：新学习革命［M］．北京：知识产权出版社，2016：56.

机器反馈的学生学习数据和成绩进行课程准备或综合评价，那么智能机器是否可以精准地捕捉每一位同学的成长轨迹，并给予学生全面客观的评价，而不是对学生进行等级划分？这些都是学生在利用人工智能进行个性化学习时遇到的伦理问题。

2. 人工智能引发的教师角色的伦理困境

在数智时代，教师是最没有可能被取代的职业。但数智时代下的教师在教育教学中所扮演的角色也正发生着变化。人类教师和人工智能教师的职能将有所不同：人类教师是学习的引导者、数据的分析者、情境的创设者、资源的研究开发者、综合能力的培养者、情感的交流者；人工智能教师是知识的传播者、资源的提供者、作业的管理者、学习数据的记录者、常见疑难的解答者。人类教师将更多地承担起与学生情感交流、培养和完善学生内在人格的工作，人工智能教师将负责为学生传授和讲解知识、提升学生的学习成绩的工作。更有可能的是，教师将成为人技合一者，即将个人的知识、经历、精神与技术融为一体，达到身体与技术的高度整合，成为“知识技术共生体”。以“知识技术共生体”形态进行教学，教师所传递的不仅仅是自身拥有的学科知识，还有个人经验的体悟和理解，完成个人生命、经验、精神、知识和技术的融合①，是学生心灵的对话者、高级智能的唤醒者、教育本质的探寻者。当前的教师培养模式可能会使未来的教师无法承受人工智能教师的出现带来的职业冲击：人工智能的引入会加剧教育教学过程的程式化、再技术化，从而使得教师更加被所谓的教育智能技术所控制、所使用、所部署、所筹划②。因此，教师要培养自己的心灵，拥有教育“勇气”：只有教师用健全的心灵去影响学生，让师生心灵之间的真诚沟通变得更具有人文性，教育促使灵魂的完善才有可能。因为只有在这样的沟通中，学生和教师的精神品质才能得到提升和飞跃，良好的德行才能在心灵之间发生相互促进的作用，灵魂的美德才能生长起来③。未来教师的核心价值不再是学科知识和专业技能的发展，而是人文底蕴、责任担当、国家认同、跨文化交往等核心素养的培养。教师与学生将不会以应试的知识对接为核心目标，而将放眼于个体良好社会性的塑造、健全人格的培育、完满人生的准备④。

由此可见，数智时代教师的主要职责是“育人”。教师是人类灵魂的工程

---

① 韦妙，何舟洋．技术现象学视域下人工智能对教师角色的重塑［J］．电化教育研究，2020（9）：108－114.

②③ 金生鈜，曹永国．人工智能时代的教师心灵［J］．教师发展研究，2019（2）：27－34.

④ 余胜泉．人机协作：人工智能时代教师角色与思维的转变［J］．中小学数字化教学，2018（3）：24－26.

师，教师一直都承担着塑造灵魂、塑造生命、塑造新人的时代重任。把握数智时代教育“人”的最大特点，教育事业才不会成为数智时代的批量化标准化的产品。

3. 数智时代教育培养目标及学生素养的伦理困境

习近平在2018年全国教育大会上强调，以凝聚人心、完善人格、开发人力、培育人才、造福人民为工作目标，培养德智体美劳全面发展的社会主义建设者和接班人。立德树人是教育的根本任务。中国学生发展核心素养以全面发展的人为核心，分为文化基础、自主发展和社会参与3个模块，18个分支，既给学生打下了坚实知识技能基础，又为未来发展预留了足够的空间。核心素养强调了“人”在未来社会中的自我定位与价值，突出了人的主观能动性与独特性。以文化理解与传承（culture competency）素养为核心的，与审辩思维（critical thinking）素养、创新（creativity）素养、沟通（communication）素养和合作（collaboration）素养相结合的21世纪核心素养5C模型，既具有国际视野又具有中国特色。5C模型更注重对人类高级思维活动和高级社会活动能力的强调，同时也将文化放在中心地位，加强了人对民族、国家、人类群体的文化认同和归属感。面向技术、面向经济、面向社会、面向人本身是当下时代教育目的和培养目标的最突出特征。但是随着人工智能和教育领域的深度融合，教育目的和培养目标仍会作出进一步调整，数智时代培养什么样的人？怎样培养人？

数智时代机器逐渐解放了人力，“人与人、人与机器竞争的存在，对劳动者素质提出了更高的要求，如何处理人与人工智能的关系就成为一种必备的能力”①。“人工智能虽然剥夺了一定的就业机会，但是相反的是人工智能的出现，可以将人类从功利的目的中解放出来，将学习视为一种自我寻求价值的过程而不是物化的存在”②。在数智时代，教育要培养学生人机协同工作的能力，其主要表征为人类有效利用智能机器的能力和素养，人类在与智能机器竞争中保持优势的能力，主要表现为人类所具备的那些机器人不擅长的能力与素养③。人工智能对培养劳动者、人的社会化、文化传承等社会层面的教育目的，以及习得知识、主体性教育、生命教育等个人层面的教育目的提出了挑战，数智时代的教育目的是“新全人教育”。教育的目的要体现人的智能、人的情感、人的身体、人的社会性、人的审美特性、人的精神性，以及重新认识人与外界的主客体关系。相较于当下的教育目的，数智时代的教育目的并没有一味突出人如何

①② 陈芋洁．人工智能背景下教师角色定位研究［D］．重庆：西南大学，2020.

③ 倪嘉敏．论人工智能时代教育目的的人性假设［J］．教育观察，2020（4）：15－17.

在经济社会中生存，而是注重人如何在精神世界中存在，如何在社会中众多主体平等的前提下，找到人类的定位与价值①。可见，数智时代的到来，是人类对自己灵魂和精神的再一次思考和重塑。

数智时代人才评价方式存在着两难问题，即人工智能所构建的智慧和能力标杆，会让人朝着同质化还是更个性化的方向发展，人工智能技术是“让教育从大规模、标准化走向定制化、个性化的福音”，但是技术不可能像人一样去分析和思考人与人之间的差异……在数据化教育测评呼声日益高涨的形势下，人的心灵和生命价值也极易被排除在“算法”之外②。此外，人类与人工智能的竞争也悄然进行，例如人类要求培养学生的数据分析能力、创新思维能力、快速更新能力等。如果人类在利用智能机器的同时，又担心和人工智能拉开过大的差距，那么人们向个性发展所做的努力，在机器同质化智能体系笼罩下，显得极其微弱③，技术所架构的职能标杆和“能力量表”会对人产生异化。

人工智能在人类社会生产生活领域的大量广泛使用，势必会取代部分人类的职业，“无用的人”也成为部分学者的预测结果。由此可见，未来的社会需要每个人拥有核心竞争力，这样才能在社会中立足，仅仅靠出卖体力是无法维持生存的。那么，威胁个人的生命、破坏人类的福祉的人工智能是否有继续存在的必要？似乎这样的人工智能为人类社会带来便利的同时，也带来了丛林生存法则。过去我们批判知识灌输，但强调灌输和记忆的教育至少给‘弱能力者’提供一条“靠知识改变命运”的通路，即便死记硬背，也不失为与‘强能力者’竞争的可取之道。但在新技术发展和应用的过程中，越来越强调的是人的能力维度，而非道德、心灵维度④。能力，尤其是相较于人工智能更为独特的能力，成为未来社会划分的重要依据，甚至是造成歧视的源头。

二、数智时代的教育公平问题

对公平正义的讨论和追求贯穿古今中外，教育公正是社会公正的体现，是实现社会公平正义的客观要求。自 20 世纪 90 年代以来，教育公平逐渐成为各国教育政策中重要的价值取向。在我国，党的十七大报告正式提出“教育公平是社会公平的重要基础”，《国家中长期教育改革和发展规划纲要（2010—2020年)》中提出的工作方针和党的十九届五中全会也都强调了“促进教育公平”。

---

①②③④ 王毅嘉，鲁子箫．规避伦理风险：智能时代教育回归原点的中国智慧［J］. 教育研究，2020（2）：47－60.

教育公平是一种起点公平，在生产关系的再生产过程中发挥着重要的作用，教育的不公平将影响民生发展和社会稳定。在新技术革命的影响下，教育技术、教育内容、教育方法、教育理念等都可能发生转变，但追求教育公平的基本价值理念不会改变。2019 年 5 月，习近平在致国际人工智能与教育大会的贺信中指出，“中国高度重视人工智能对教育的深刻影响，积极推动人工智能和教育深度融合，促进教育变革创新，充分发挥人工智能优势，加快发展伴随每个人一生的教育、平等面向每个人的教育、适合每个人的教育、更加开放灵活的教育”。展望数智时代的教育，有人认为开放、平等、共享的互联网环境能够为促进教育公平助力，也有人提出，算法技术可能带来新的数字鸿沟。但不可否认的是，促进数智时代的教育公平是新技术背景下教育发展的重要价值追求，新时代信息技术手段的更新迭代也为实现更高层次的教育公平提供了新的可能。

（一）数智时代教育公平的基本向度

对公平的衡量有多种标准和维度，不同的社会发展时期，人们对教育公平的关注重点不同。目前影响力较大的观点是将教育公正或公平界定为现代社会中政府在教育公共资源（机会、权利、利益、条件等）供给或配置过程中所应坚持的“应得”原则与所应实现的“相称”关系，其目的在于最大限度地实现公共教育资源的平等、均衡、合理安排与有效利用，以保障和促进不同的个体或社会群体在教育实践活动中得其所应得①。着眼教育的未来发展，在一个人工智能技术与互联网、物联网的结合所造就的万物互联的社会结构中，教育制度体系将转变为立体的甚至是一种边际不断扩展的球状的多回路、网络式的、由正式制度与非正式制度共同构成的弹性制度体系②。未来教育，没有照本宣科的教学，只有自我驱动的学习；没有墨守成规的教育管理，只有量身定制的教育服务；没有考试分数，只有能力认证③。面对人工智能技术带来的教育生态变革，对教育公平的理解也将进一步深入。

1. 教育公平是差异化的公平

从世界各国的经验来看，社会阶级的差异和不同学校、地区、阶级间的教育差异是客观存在的。一项对美国家庭的调查发现，阶级差异存在于家庭日常生活的组织、语言运用、家长在公共机构的干预等方面，孩子们会继承家长的精神状态和个人气质，阶级差异导致了不平等的童年，也在下一代中复制了不

① 石中英．教育哲学［M］．北京：北京师范大学出版社，2007：311.

② 刘复兴．教育与机器的关系［J］．教育研究，2019，40（11）：28－38.

③ 曹培杰．人工智能教育变革的三重境界［J］．教育研究，2020，41（2）：143－150.

平等①。教育公平的实现受到政府的政治意愿、公共教育供给能力、受教育人口数量、人们的教育需求水平、教育文化传统、教育实践者的公正德性等多方面因素的影响②，教育公平是一种相对公平而非绝对公平。

数智时代必然拥有相较于现在更为丰富和优质的教育资源，但仍然会存在教育资源获取和利用的个人差异。只要这种差异不是社会排斥或社会歧视造成的，都不应直接将其等同于教育不公平。从社会发展的角度来看，一方面，国际竞争归根结底是人才的竞争，国家发展需要培养一批各行各业的精英人才；另一方面，未来社会一定是多元结构的社会，需要各种各样的人才，只有因人而异、因材施教，才能培养出满足未来社会需求的人才。社会学中存在“精英循环理论”，该理论指出不平等和社会分层是无法避免的，社会应当有一种制度体系，一方面从固有的精英集团中淘汰不具备精英素质的人，另一方面让具备精英素质的人能够脱颖而出，进入社会上层。实现精英循环的核心是淘汰机制，而教育正是在生产关系的再生产过程中扮演了“淘汰筛选机制”的角色。

实现教育公平不仅应该允许差异，而且要承认差异、重视差异、培养差异，这种差异不是指客观环境造成的教育差异，而是指由人的个体差异引起的教育差异③。一个公正的社会应当是，相同条件的人相同对待，不同条件的人不同对待，这才是公正④。把个人能力作为公共教育资源特别是优质教育资源配置的标准，能够利用社会优质稀缺公共教育资源培养社会精英。数智时代可以极大增加优质教育资源的辐射范围，但难以复制教师对学生的言传身教，依然会存在优质稀缺公共教育资源。基于社会发展的整体需求，必然要维护基于能力标准的教育公平。

2. 差异化的公平是基于个人需要的公平

受个人天资、家庭经济背景、文化资本等因素影响，人的“初始不平等”是天然存在的，这种“初始不平等”会导致个人选择能力的差异。一方面，个人选择能力的差异会延续到教育过程中，通过改善教育环境、获取优质教育资源等形式来影响个人发展。另一方面，教育也是现代社会中弥合这种选择能力差异的重要手段，以国家和政府为主导向全社会提供公共教育资源，确保所有人都有机会获取最低限度的教育，实现最低限度的个人成长与个人发展。科尔曼在《教育机会均等的报告》中指出，在影响不同群体学业成就的因素中，学校条件并不是最主要的因素，诸如家庭背景、生活环境等学校教育之外的因素

---

① 拉鲁．不平等的童年：阶级、种族与家庭生活［M］．北京：北京大学出版社，2018：13－15.

② 石中英．教育哲学［M］．北京：北京师范大学出版社，2007：318－319.

③ 顾明远．因材施教与教育公平［J］．现代大学教育，2007（6）：1－3.

④ 袁贵仁．马克思的人学思想［M］．北京：北京师范大学出版社，1966：268.

才决定了学生未来的发展。教育公平不是结果上的平等，也不是教育资源投入上的平等，教育的真正目的应该是通过教育过程来降低环境因素对不同学生的不平等影响，从而减少这些因素对孩子将来的成年生活的影响[①]。

随着人工智能技术对简单重复劳动的取代，人的成长与发展必将面临更多的选择可能性。工业时代规模化、标准化、集中化的“集体教育”不再能满足新时代的教育需求，在当前社会环境中，受限于教育资源水平，也难以实现真正的因人而异、因材施教。与现代社会发展、教育形态变革趋势相适应的教育是更关注多样化、全方位培养的个性化教育。未来的学习方式将从标准化“班级授课制”向“差异化和个性化学习”过渡[②]，面对不同人差异化的教育需求，个性化教育将成为主流。在数智时代，“教”与“学”将会向“精准教育”与“终身学习”的方向发展。在精准教育方面，也许将来的学校会更加注重培养人类擅长的技能；在“终身学习”方面，随着科技及互动技术的提高，“以我为中心”的学习方式将可能盛行[③]。在人工智能技术能够支持大规模的个性化学习的条件下，数智时代将更加注重实现基于需要标准的教育公平。

3. 教育公平的基础是信息公平

数智时代是数据的时代，大数据开启了一次重大的时代转型，在大数据的帮助下，我们不会再将世界看作一连串我们认为或是自然或是社会现象的事件，我们会意识到本质上世界是由信息构成的[④]。在教育领域，教育资源可以通过数据化的方式跨越空间和时间的界限在更大的范围内实现共享，教育过程中的教学互动和反馈也能够被数据化，并基于对数据的分析产生新的价值。

在一个数据的时代中，信息成为人们决策的决定性因素，公平的实现在很大程度上取决于对信息的获取，教育公平也主要是关于教育信息获取和使用的公平。互联网技术、知识数字化技术和移动通信技术的发展，使人类获取知识的方式和渠道发生了深刻变革，知识传播的方式正在由传统的单向传递转为多

---

① COLEMAN J S. What is meant by “an equal educational opportunity”? [J]. Oxford review of education，1 (1)：27 - 29.

② 黄荣怀，刘德建，刘晓琳，等．互联网促进教育变革的基本格局［J］．中国电化教育，2017 (1)：7 - 16.

③ 伏彩瑞，关新，朱华勇，等．“人工智能与未来教育”笔谈（下）［J］．华东师范大学学报（教育科学版），2017，35 (5)：13 - 29.

④ 迈尔-舍恩伯格，库克耶．大数据时代：生活、工作与思维的大变革［M］．杭州：浙江人民出版社，2013：125.

向互动①。数智时代的公共教育资源不再局限于政府主导的学校教育，社会、企业乃至个人都可以进行教学资源的生产与共享。在大数据时代，促进我国教育公平的关注点应该从早期的“数字化”转变为“数据化”，即从最初的教育信息化围绕设备展开向逐渐侧重于运用大数据管理各种信息数据、提供更多的方法支持个性化学习转变②。面对互联网、多媒体计算机等技术设备与技术手段，不同教师和学生个体间可能存在较大的技术利用差异。一方面，个体的技术操作水平不同，其获取信息的能力就不同。另一方面，个体选择和利用信息的目的、内容、方法不同，信息的使用效果也会有很大差异。在大数据时代，获取和处理信息的能力成为个人必备的基本素养。

可以说，信息是数智时代最重要的教育资源，数智时代的教育公平是以信息公平为基础的。由个人天资、家庭经济背景、文化资本等因素带来的“初始不平等”会延续到教育过程中，带来个人选择能力的差异。现代社会中，本质是社会公益事业的教育活动就是弥合这种选择能力差异的重要手段。以国家和政府为主导向全社会提供的公共教育资源，确保了所有人都有机会获取最低限度的必要教育。面对教育资源的“信息爆炸”，既要保障个体在教育公共资源信息获取权限上的公平，也要帮助个体培养信息处理能力。

（二）人工智能技术对教育公平的影响和挑战

1. 人工智能技术对教育公平的影响

人工智能技术的发展将在多个维度上改变教育生态，也是实现教育公平的一把“双刃剑”。对教师而言，任何体现重复性的教育、有大量数据积淀的事情，都可以被人工智能取代，当重复性的教育被人工智能取代的时候，教师需要调整教学方法，改变传统教育者的角色。对学生而言，学习将不仅局限于学校里、课堂上，知识来源变得多元，每个人都可以利用碎片化时间学习，甚至不需要强制学生长时间坐在教室中，这就需要学生掌握科学的学习方法，合理制订学习计划。对学校而言，很多未来的职业将被人工智能取代，教育的空间、时间限制被打破。学校将以什么样的形式存在？发挥什么样的作用？这需要建立起数智时代的教育体制。面对数智时代的教育变革，人工智能技术将帮助人们建立起开放、包容、共享的教育生态，同时也将对新时代的学习者提出不同的学习要求。

---

① 钟秉林，王新凤，方芳．信息科技驱动下的教育变革：机遇、挑战与反思［J］．南京师大学报（社会科学版），2019（5）：5－12.

② 程艳，曾燕，李春雷．大数据时代我国公平教育重构［J］．江西社会科学，2014，34（10）：248－252.

教育信息技术的发展通过影响教育活动的资本依赖性和教育信息外溢效应影响教育公平（如图12－1所示）。教育活动的实施需要必要的教育设施和教育者，而教育设施和师资的配备都是以教育经费为支撑的。将信息技术应用在教育活动中，一方面需要多媒体设备、计算机、网络等硬件设施，另一方面也对教师的能力素养提出了更高的要求。相较于传统的师生互动课堂，引入信息技术增加了教育活动的资本依赖性，在国家教育经费供给不足的情况下，会加剧教育不公，带来基于信息技术普及差异的“数字鸿沟”和基于个体信息素养差异的“新数字鸿沟”。如果未来脑机接口技术进一步发展，技术应用甚至可以帮助学习者跨越知识积累的阶段，强化教育活动对资金和技术的依赖性，加剧教育不公。与此同时，教育是一种信息传递活动，信息技术的应用强化了教育信息的外溢效应。通过互联网技术，教学展示课件、教学活动设计等可以实现更广泛的传播，信息技术对简单重复劳动的替代和优化也使得教育者可以面向更多受众开展教育活动。教育资源可以通过数据化的方式跨越空间和时间界限在更大的范围内实现共享，教育过程中的教学互动和反馈也能够被数据化，并基于对数据的分析产生新的价值。信息时代环境下教育传播的语境发生了变化，其变化活跃了教育传播的生态[①]，从这个意义上看，教育信息技术的发展促进了教育公平。

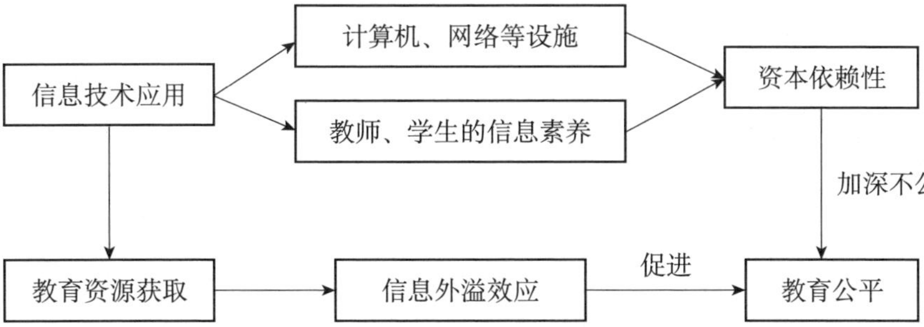

图12－1　技术变革对教育公平的影响

（1）人工智能技术的积极影响。

第一，人工智能技术有利于扩大优质教育资源的辐射范围。从当前教育实践来看，教育资源配置不均衡是制约我国教育区域公平和城乡公平的主要因素。教育资源既包括物质方面的教育设施，也包括教育者和教育者产出的课程等信息资源。对教育资源的获取和使用，影响着个体的成长与发展。信息技术为教育领域带来的最突出的变革创新就是为优质教育资源的共享提供可能。基于现

① 胡钦太，林秀瑜．信息时代语境下教育传播过程的重构［J］．中国电化教育，2012（6）：15－19.

代信息技术的教学模式可以突破教育主客体的地域限制，打破学校教育的空间和时间界限，发挥优质教育资源的溢出效应，实现优质教育资源共享。在互联网平台，同时参与课程的人数没有上限，人工智能技术的辅助能够极大提升教师的指导效率。“慕课”“微课程”等各种网络教学的兴起，使更多受教育者获得学习机会和学历认证机会，在大数据技术的支持下实现教学互动与评价反馈，与世界范围内的学习者进行交流。

第二，人工智能技术的应用有助于满足个性化学习发展需求。算法技术造就了“互联网下的新师徒制”，即以互联网为媒介，由某一领域的行家里手，用长期言传身教的方式，带领较大规模的徒弟们用碎片时间进行学习与实践①。在“互联网下的新师徒制”下，学生可以根据自己的兴趣选择学习领域并选择最符合个人预期的教师，也能够同时拥有多名师傅，进行多线程学习。数智时代在很大程度上打破了过去的知识垄断和技术垄断，学习者能够获取多样化的教育资源。同时，基于现代信息技术的智慧化教育，也可以实现教育信息的精准推送，实现个性化教育服务。大数据通过对学习者的用户信息、浏览偏好、学习行为、交流讨论等信息的搜集与运算，掌握学习者的偏好、态度和行为，能够帮助学习者进行个性化学习推送、发展性学习评估、终身学习课程定制，为学生提供精准教育服务。

第三，人工智能技术能够促进教育和教学过程中的教育公平。在移动互联网、大数据、超级计算、传感网及脑科学等新理论新技术以及经济社会发展需求的共同驱动下，当前人工智能快速发展，呈现出深度学习、跨界融合、人机协同、群智开放及自主操控等新特征，推动经济社会各领域从数字化、网络化向智能化加速跃升②。互联网在连接教育各种场景的过程中，能够产生和收集大量的信息，当算法技术进一步发展，能够辅助教师处理大规模数据并对教师的教学行为产生及时有效的指导时，就能够形成教学过程的智能闭环。这一智能闭环能够有效弥补当下大班制课堂教学中教师个人精力有限的不足，减少教师因主观价值判断导致的差异化对待，促进教育和教学过程中的教育公平。王正平认为，宏观层面的教育公正是教育制度公正和教育政策公正，中观层面的教育公正是教师在教育和教学中对待学生公正，微观层面的教育公正是教育工作者（教师）的个体的首要德性③。在数智时代，教学过程中大量信息的获取和使用将使中观层面和微观层面的教育公正更具科学性和可操作性，同时大数

① 伏彩瑞，关新，朱华勇，等.“人工智能与未来教育”笔谈（下）[J]. 华东师范大学学报（教育科学版），2017，35（5）：13-29.

② 杜占元. 人工智能与未来教育变革 [J]. 中国国情国力，2018（1）：6-8，5.

③ 王正平. 教育伦理学 [M]. 北京：人民教育出版社，2019：172-187.

据技术也为评价中观和微观层面上的教育公正提供了可能性。

（2）人工智能技术的消极影响。

一方面，信息技术普及的差异导致了“数字鸿沟”，而个体信息素养的差异导致了“新数字鸿沟”。2015 年经济合作与发展组织（OECD）在线学习报告显示，伴随全球信息化的迅猛发展，大多数国家社会底层家庭子女已有更多机会接触互联网，但是学生之间的教育差距并未缩小，“新数字鸿沟”呈逐渐扩大的态势[①]。世界银行在《2016 年世界发展报告：数字红利》中指出，数字技术提高生产力，令许多工作自动化，但如果劳动者不掌握技术强化的那些技能，就会导致更严重的不平等，而非高效率[②]。数智时代的“数字鸿沟”，不仅仅是“是否拥有技术”的差距，更重要的是“正确使用技术的能力”，只有具备了技术强化的技能，才能更好地获得“数字红利”。促进数智时代的教育公平，面临着全面提升国民信息素养的重大挑战。

另一方面，智能教育决策以教育数据为基础，如果教育数据采集不全或是存在信息偏差，那么教育决策结果就会出现偏见或歧视，即出现教育不公平。算法教育数据存在自我强化偏差，算法本质上是数字代码的表达，在事物“为什么”或“怎么样”的因果关系探究中表现乏力。从现实教育生活中抽取的教育大数据不可避免地带有教育发展过程中固有的属性与特征，如果输入的教育数据本身是具有偏差性的，那么以教育大数据为基础的算法教育所输出的推算结果也很有可能带有歧视[③]。在以数据作为决策基础的数智时代，最大的不公平可能正是源于数据，且在庞大的数据中，这种不公平很难被个体所察觉。赫拉利指出，正因为大数据算法可能会抹去自由，同时也就可能创造出历史上最不平等的社会，让所有的财富和权力集中在一小群精英手中，大多数人类的痛苦将不再是受到剥削，而是更糟糕的局面：再也无足轻重[④]。未来可能只有极少数掌握了信息权限的人能够通过教育成为精英群体，可能产生庞大的“新无用阶层”，出现系统性失业，这或许是数智时代所特有的新的社会不公平和教育不公平。在数据主导社会的时代，教育活动所需要的设备和技术如何分配，国家和社会在教育活动中扮演怎样的角色，将成为数智时代的教育公平新问题。

2. 全新教育生态变革下的挑战

教育和技术之间存在一场持续不懈的竞赛，经济增长与收入差距就是这场

---

① Student，computers and learning：making the connection [EB/OL].（2015-02-03）. http://oecd.org/en/publications/students-computers-and-learning_9789264239555-en.html.

② 世界银行．2016 年世界发展报告：数字红利 [M]. 北京：清华大学出版社，2017：124-126.

③ 肖凤翔，张双志．算法教育治理：技术逻辑、风险挑战与公共政策 [J]. 中国电化教育，2020，(1)：76-84.

④ 赫拉利．今日简史 [M]. 北京：中信出版社，2018：67.

竞赛带来的结果①。当教育的发展速度超过技术时，经济增长能够带来明显的人力资源红利，推动经济社会发展，而如果教育的增速无法跟上技术的变革，就势必会出现人群的分化，造成接受良好教育和过时教育的人群间贫富差距的扩大。教育公平直接影响着社会贫富差距乃至社会经济发展。就我国的情况而言，改革开放以来，我国用 40 多年的时间完成了从农业国到工业国的转变，又面临着新技术革命的新一轮挑战。在社会贫富差距扩大，教育发展水平已经落后于技术发展的情况下，数智时代的到来给我国教育的转型发展提出了更高的要求。促进数智时代的教育公平，面临着多方面的挑战。

（1）教育技术变革对教育者提出更高要求。

可以预见，科技的发展将取代大量重复性的机械劳动，未来劳动力市场上的工作岗位很可能远远超出我们的想象。传统农业生产和工业生产所需要的劳动力数量将大幅缩减，创意型工作将成为未来就业市场的主流，劳动者的价值也将更多与其学习和创造能力挂钩。教育的目的不仅是让年轻人在工作岗位上表现出色，还包括社会、学术、文化和智慧等各方面的发展，让年轻人为生活、工作和社会责任同时做好准备②。

从后现代知识的性质来看，后现代教育应该着重于追求的“发展”理想是，在个人发展方面着重于追求以知识的鉴赏力、判断力与批判力为标志的“内在发展”，在社会或国家发展方面着重于梳理和传播以“本土知识”或“地方性知识”为基础的“本土发展”或“内在发展”理念，在知识发展方面着重于知识的“多样性”“异质性”发展，帮助青少年用一种多样性的眼光来看待所有类型的知识③。新趋势表明，未来的学习方式将与现在有很大不同，适时学习将成为主旋律，学习将在虚拟世界和现实世界随时随地发生；学习将是终生的事情，成为以学习者为中心的个性化、非线性学习；学习将变成全面心智的学习，以探索和发现为基础，基于现实世界展开，侧重于处理多媒体信息，注重协作性，且受到人工智能、智能设备和大数据的辅助，学习和评价将更加全面真实。基于学习者的转变，教育者的角色也将发生变化，教育者需面向未来，终身学习，成为学习的引导者而非讲台上的权威，教育者须是通才，拥抱探索式学习，拓宽课程视野，让学习具有现实意义，做学生思维水平的评价者，施行全面心智教育④。数智时代对教育者提出了更高的要求，但高素质的

---

① 戈尔丁，凯兹．教育和技术的竞赛［M］．北京：商务印书馆，2015：398－442.

② 朱克斯，沙夫．教育未来简史：颠覆性时代的学习之道［M］．北京：教育科学出版社，2020：60.

③ 石中英．知识转型与教育改革［M］．北京：教育科学出版社，2001：162－164.

④ 同②83－84，128－129.

教育者是有限的。在这种情况下，教育人力资源的分配方式可能成为影响教育公平的重要因素。

（2）家庭教育将发挥更重要的作用。

研究表明，互联网学习偏好对学生的数学、阅读和科学素养都有显著的正向影响，互联网娱乐偏好的影响则显著为负；家庭经济社会文化地位对互联网使用偏好与学生学业成就都有显著的影响，并且是扩大教育结果不平等的最主要因素；如果家庭处境不利的学生养成互联网学习偏好，则互联网可以缩小家庭背景导致的成绩差距，起到缩小教育结果不平等的作用①。数智时代的教育不再受到学校场所和学习时间的限制，大量线下教育活动可以转换到线上，这对学习者的自控能力和来自生活环境中的教育引导提出了更高要求。学校教育通过把学习者聚集在学习场地，由教育者开展集中教学的过程，建立了教育者与学习者、学习者与学习者之间的强联系。而基于互联网技术的线上教育建立的更多是教育者与学习者之间的弱联系，学习者集体中的相互影响作用减弱，在学习者自主选择的学习环境中，需要更多来自家庭的教育引导。这意味着家庭阶层和家庭环境的差异将更加显著地影响学习效果，在数智时代实现教育公平也要更多考虑到学习者家庭教育的影响。

（3）社会与情感能力可能成为教育差异的重要表现。

教育是培养人的活动。改革开放40多年以来，我国基本建立起面向工业社会的教育制度，人才培养的标准和模式都带有极强的工业时代烙印。而在新技术革命的影响下，教育结构体系将随着社会结构的变化再次转型。从教育结果来看，认知成就表现和非认知成就表现都是教育结果的重要组成部分。教育的认知成就包含语言能力、计算能力、感知速度、空间能力、推理能力等内容，通常可以用标准化成就测验衡量；教育结果的非认知成就表现是人在实现目标、与他人合作及管理情绪过程中所涉及的能力，包含任务能力、情绪调节能力、协作能力、开放能力、交往能力，体现在学生的总体幸福感、社会幸福感和心理幸福感等方面。当前教育关注和影响的重点是学生的认知成就表现。

根据过往的教育经验，认知能力的培养已经形成一套相对完善的训练和评价机制，教育信息技术的应用可以有效帮助提升个体的认知能力。教育信息共享使得优质教育资源的获取门槛大幅降低，大数据通过对学习者的用户信息、浏览偏好、学习行为、交流讨论等信息的搜集与运算，掌握学习者的偏好、态度和行为，能够帮助学习者进行个性化学习推送、发展性学习评估、终身学习

① 陈纯槿，顾小清．互联网是否扩大了教育结果不平等：基于PISA上海数据的实证研究［J］．北京大学教育评论，2017，15（1）：140－153，191－192．

课程定制，提供精准教育服务。而社会与情感能力的培养更多依赖于个体与社会的互动，且缺乏可靠的评价指标。技术发展可以实现信息的实时传送，但却无法替代人与人的交往与沟通，社会与情感能力的培养是无法复制的。优秀的教育者，特别是教育者在社会与情感能力方面的教育活动，将成为数智时代的稀缺资源。

一个人的发展、成功和幸福，是认知能力和社会与情感能力共同作用的结果。OECD的研究表明，社交和情感技能对于个体幸福与社会进步具有重要影响，儿童需要获得一套相互平衡的认知、社交和情感技能，以取得积极的生活结果①。认知能力的提升可以主要依赖于学校教育，但社会与情感能力的培养需要家庭、社会、学校的共同努力。

数智时代，实时学习将成为主旋律，学习将在虚拟世界和现实世界随时随地发生，不再受到学校场所和学习时间的限制。学习将以探索和发现为基础，基于现实世界展开，成为以学习者为中心的个性化、非线性学习，注重心智的全面发展和社会协作，侧重于处理多媒体信息。后现代教育在个人发展方面更着重于追求以知识的鉴赏力、判断力与批判力为标志的“内在发展”，着重于知识的“多样性”“异质性”发展②。这些特征进一步提高了对学习者的社会与情感能力的要求。数智时代的学习特征和教育信息技术在非认知能力培养方面的局限性，很可能使得个体的社会与情感能力成为数智时代教育结果的主要差异。

（三）促进数智时代教育公平的政策选择

1. 完善教育法律制度，维护受教育者权利

当前人工智能技术与教育活动的结合愈发紧密，教育基本权利的内涵也需要进一步丰富。受教育权应当包含获取教育信息的权利和平等获取稀缺教育设备（如芯片）的权利等，以实现学习机会和学习条件的“公平分配”。国家应当成为消除信息的不对称、不透明和知识技术门槛的主要责任主体。此外，非国家主体在教育活动中的责任及义务应当被有效规制，以保障教育的公益性。

在教育生态变革的影响下，保障受教育权的“子权利”也将有新的侧重点。保障受教育者权利的目的是发展人的个性、才智和身心能力，使受教育者获得平等的生存和发展机会，龚向和根据受教育权产生、发展的时间顺序，将受教育权划分为学习机会权、学习条件权和学习成功权③。从学习机会权的角度来

① Skills for social progress：the power of social and emotional skills [EB/OL].（2015-02-03）. http：//oecd. org/en/publications/skills-for-social-progress_9789264226159-en. html.

② 石中英．知识转型与教育改革［M］．北京：教育科学出版社，2001：162-164.

③ 龚向和．受教育权论［M］．北京：中国人民公安大学出版社，2004：38-59.

看，数智时代的教育活动将更多基于个体学习需要开展，学习者能够自主选择教育资源和学习方式，教师的教育自由也有更充分的发挥空间，在追求高效教育和精准教育的同时，对“平等学习机会”的界定将更为复杂。从学习条件权的角度来看，获得与使用教育资源的权利将直接表现为获取和使用教育数据的权利，国家和政府应当保障学习者取得必要信息设备和教育数据的权利。从学习成功权的角度来看，围绕学习过程产生的大量数字信息将成为评价学习者的重要基础，为保障学习者获得公正评价、取得学习成果认证，有必要对学习者获取、使用数据信息的行为进行规范。

2. 加强信息基础设施建设，提升国民信息化素养

智慧学习环境的建构需要必要的信息技术和信息基础设施支持，如果无法实现信息技术和信息基础设施的普及，就难以实现城乡间、区域间的教育公平。数智时代的教育要向智慧教育转型，运用人工智能技术促进学习环境、教学方式和教育管理的智慧转型，在普及化的学校教育中提供适切的学习机会，形成精准、个性、灵活的教育服务体系，最大限度地满足学生的发展需要[①]。如果没有与互联网技术发展相适应的信息技术应用能力，缺乏数智时代开放性、包容性、重构性的互联网思维，就难以发挥数智时代的教育优势，推进教育公平更无从谈起。未来的泛在学习和终身学习将会更加突出、更显重要，一个人数字胜任力的形成可能有多条路径，但数字胜任力基础的形成仍然离不开学校教育[②]，纳入教育体系的信息技术课程是提升数智时代学习者信息技术素养的主渠道。另外，学习者可以利用共享的教育资源自主提升信息化素养，国家和政府也应在发展过程中对处于不利地位的教育困难群体提供补偿性的支持。

3. 落实政府责任，保障教育资源供给

教育具有公共属性，即公益性，这决定了教育事业的本质是社会公益事业。数智时代的教育资源可以来自国家、学校、企业、个人等多个主体，但政府应当成为公共教育资源供给的主导者和管理者。

信息技术和信息基础设施的普及确保了学习者的“物理接入”，这之后更为重要的内容是优质教育资源的开发和供给。针对算法时代的教育信息鸿沟，政府应当进行公共教育资源的宏观调控。鉴于教育特别是基础教育是国家基础性的公共事业，应该建立以政府为主导的教育信息化资源开发机制，以克服教育信息化资源开发的商业化倾向，消除重数量、轻质量的不良现象，保证教育信

① 曹培杰．智慧教育：人工智能时代的教育变革［J］．教育研究，2018，39（8）：121－128.

② 徐梦影，陈兴中，向晏平．未来教育的本质、目的、任务与发展趋势［J］．教育科学论坛，2020（34）：5－15.

息化资源的公益性。可以按照“政府评估准入、企业竞争提供、教育者和受教育者自主选择”的方式，建立起公共教育资源共享平台，强化优质教育资源的公平供给 。同时，国家还可以制定必要的激励政策，鼓励优秀教师开发信息化教育资源，通过政府购买的方式，解决优质教育资源的短缺问题，保证优质教育资源的可持续供给。国家应负起均衡发展的责任，增加教育投入，改造薄弱学校，扩大优质教育，不仅实现入学机会的公平，而且实现教育过程的公平，使每个学生都能受到良好的教育①。

面对互联网、多媒体计算机等技术设备与技术手段，不同教师和学生个体间可能存在较大的技术利用差异。一方面，个体的技术操作水平不同，其获取信息的能力就不同。另一方面，个体选择和利用信息的目的、内容、方法不同，信息的使用效果也会有很大差异。在数智时代，获取和处理信息的能力成为个人必备的基本素养，教育应保障每位受教育者掌握必要的信息获取与信息处理能力。在信息素养培育这个目标上，教育应当追求结果公平。

此外，教育活动的任务是为公民提供实现其全部潜能所必需的知识和技能，为一个相互联系的世界作出贡献，并最终将更好的技能转化为更好的生活。最终的教育公平，应该是每个学生都能通过教育而激发潜力、得以发展，通过教育而获得人生路上的成功②。

4. 完善教育信息管理，建立更加公平的教育评价与选拔机制

智能教育决策以教育数据为基础，如果教育数据采集不全或是存在信息偏差，那么教育决策结果就会出现偏见或歧视，即出现教育不公平。在以数据作为决策基础的数智时代，最大的不公平可能正是源于数据，且在庞大的数据中，这种不公平很难被个体所察觉。受教育者可能由于“大数据傲慢”或算法歧视，其自身受教育权受到“技术精英主义”的严重侵蚀，需要将数据正义贯穿于大数据从收集存储到分析使用的全过程，坚持“数据透明”和“结果非歧视”的核心原则③。此外，数智时代教育更加注重个人信息素养和社会与情感能力培养，也将使教育内容的侧重点发生变化，教育评价与选拔机制需要随之调整，以适应数智时代的教育特征。目前已经有学者正在研究如何设置教育公平的评

---

① 顾明远．实现教育公平需要政府远见［J］．中国教育学刊，2008（2）：79.

② 顾明远．数字声音［J］．教育，2011（25）：9.

③ 肖凤翔，张双志．算法教育治理：技术逻辑、风险挑战与公共政策［J］．中国电化教育，2020，（1）：76－84.

价标准[①]，通过建立更加开放透明的教学活动监督平台，有助于对具体的教学活动进行评估和反馈，促进教育教学活动的完善。

教育信息管理系统涉及对教育信息的收录、管理、使用、评价。全面、完整的信息收录是进行精准教育信息推送和科学教育评估反馈的基础，建立对教育信息进行妥善管理使用的制度，建立科学的评价机制，本身是实现教育公平的重要方式。借助新技术，能够跟踪和搜集不同时空、环节、状态的教育数据，推进评价方式向过程性、显性的精准评价转型。通过全方位记录教与学的全过程数据，可以利用数据挖掘和学习分析技术精准督导教育过程、检验教学方法、测评教育质量，以科学完善的教育质量评价机制推进数智时代的教育公平。

在人才选拔过程中，也应考虑到数智时代中的困难和弱势群体。大城市中的孩子可能从出生就开始使用各类数字电子媒介，而贫困偏远地区的孩子很难对信息技术有清晰认知，只能依靠学校教育接触相应的教育资源，这种信息技术素养的原生性差异在一定程度上加剧了“互联网＋”时代的教育不公平。由于社会阶级和家庭教育环境等因素的影响，他们在教育资源的获取和使用上存在不足。在教育信息鸿沟客观存在的情况下，仍有必要在一定时期内对特定人群进行资源和政策倾斜。

三、算法赋能教育高质量发展的伦理风险及其规避

算法正在深刻地改变我们的世界以及我们看待世界的方式。众所周知，当前的世界正处于百年未有之大变局，新一轮科技革命、工业革命和教育革命正在加速会聚发展，第四次工业革命和第二次机器革命向纵深推进，全球力量格局加快重塑。从数次工业革命历程来看，技术变革带来生产力革命[②]，每一次生产力革命，最终都形成一种新型的生产力，并唤起关于人和机器的一种崭新关系与之相适应，共同推动社会向前发展。当下，以信息化、智能化为代表的数智时代，正在“颠覆”“变革”“改变”“革新”“冲击”“重构”“重塑”传统教育（以工业社会和第三次工业革命为依托的教育），形塑新的教育生态，具体表现为一系列新的学习内容、新的教育方式的出现：智慧教育、个性化教育、泛在化学习、人机协作、人机融合、人机共生、人机交互、机器学习、深度学习、数字画像、虚拟学习社区、万物互联等。

---

① 车富川，祁峰．我国市（地）域教育公平监测指标体系研究［J］．教育发展研究，2020（3）：15－21.

② 吴朝晖．智能增强时代的学习革命：在国际人工智能与教育大会上的发言［J］．世界教育信息，2019（10）：3－6.

可以说，数智时代的来临为新时代建构高质量教育发展体系提供了契机。但是，算法的非客观性，人工智能发展的不确定性、不均衡性等也带来新的伦理问题。学校教育与教学过程中的技术伦理议题，与社会其他领域既具有共同性，譬如隐私保护、个体安全与知识产权、数字鸿沟等，又有其特殊性，因为教育是立德树人、以人为本的事业，而学习也绝不仅仅是知识的传授和输入那么简单，还包括学习主体实践智慧①的获取、意会的能力②的培养、价值观的塑造、文化参与、自律的习得等，这些共同构成了高质量教育的内涵。这种教育的特殊性以及教育质量内涵的丰富性，极可能成为教育领域的算法伦理中容易被忽视的向度。因此，有必要对算法赋能教育高质量发展进行专门的伦理问题研究，其目的在于揭示人工智能技术服务于高质量教育发展面临的伦理难题，为技术发展清理路障；同时为人工智能在教育领域的发展提供价值指引，确保其在提升教育质量的轨道上发展③。

（一）智能算法提升教育质量的众多面相

1. 审慎的乐观：智能教育助推教育质量提升，但需加强伦理研究

为了抢抓人工智能发展的重大战略机遇，构筑我国人工智能发展的先发优势，加快建设创新型国家和世界科技强国④，我国已经制定出台了诸多人工智能政策，其中就包括谋划和部署数智时代教育的高质量发展。比如，《国务院关于印发新一代人工智能发展规划的通知》（2017 年 7 月 8 日）提出了“智能教育”的概念：利用智能技术加快推动人才培养模式、教学方法改革，构建包含智能学习、交互式学习的新型教育体系；开展智能校园建设，推动人工智能在教学、管理、资源建设等全流程应用；开发立体综合教学场、基于大数据智能的在线学习教育平台；开发智能教育助理，建立智能、快速、全面的教育分析系统；建立以学习者为中心的教育环境，提供精准推送的教育服务，实现日常教育和终身教育定制化⑤。2019 年 2 月，中共中央、国务院印发了《中国教育现代化 2035》，加快信息化时代教育变革是其重点部署的十大战略任务之一，包括：建设智能化校园，统筹建设一体化智能化教学、管理与服务平台；利用现代技术加快推动人才培养模式改革，实现规模化教育与个性化培养的有机结合；创新教育服务业态，建立数字教育资源共建共享机制，完善利益分配机制、知识产权保护制度和新型教育服务监管制度；推进教育治理方式变革，加快形

---

① 亚里士多德提出实践智慧。

② 马兹比尔格．意会：算法时代的人文力量［M］．北京：中信出版社，2020：11.

③ 李伦．数据伦理与算法伦理［M］．北京：科学出版社，2020：丛书序．

④⑤ 新一代人工智能发展规划［EB/OL］．中国政府网，2017－07－08.

成现代化的教育管理与监测体系，推进管理精准化和决策科学化[①]。2021 年 3 月发布的《中华人民共和国国民经济和社会发展第十四个五年规划和 2035 年远景目标纲要》，更是提出“我国已转向高质量发展阶段”，系统部署了“加快数字化发展，建设数字中国”“建设高质量教育体系”等任务目标[②]。从政策目标、政策内容上看，均不难得出：政策制定者认为智能算法是提升教育质量，赋能教育高质量发展的重要契机，但是，政策制定者也在文件中强调智能算法引入教育领域会带来一系列的伦理挑战，其作为新鲜事物的不可预知性、作为技术发展的不确定性可能会带来一系列的挑战，因此，有必要加强伦理研究，其目的有二：一是为技术清理路障，提前部署以规避伦理风险；二是加强价值引导，确保技术在造福人类教育事业的轨道上前进。政策制定者是人工智能赋能教育高质量发展的支持者，但是，算法赋能教育高质量发展必须以安全为前提，要加强伦理研究。这是智能算法提升教育质量的第一个面相。

2.“颠覆”的心态：智能算法引发教育革命，需建构一种与算法社会相匹配的新的伦理体系

智能算法提升教育质量的第二个面相保持“颠覆”的心态，认为技术一路高歌猛进，必将助推教育新的生产力发展，从内容和形式两个方面，颠覆传统低效的教育。“颠覆”反映的是一种理念，即创新要无惧改变，与过去决裂[③]。因此，针对“智能算法提升教育质量”这一问题，第二个面相的回答是：算法赋能教育高质量发展是历史必然。人类历史上，每一次工业革命，最终都形成一种新型的生产力，并唤起一种崭新的生产关系与之相适应。智能算法必将赋能教育高质量发展，如果在此过程中遭遇伦理、法律等与之不匹配的关系，那么，这些关系就是过时的，需要淘汰掉。这些教育领域的数字乌托邦主义者认为：我们有太多面向过去的思想家，他们总是想用过去指导未来，但是未来世界的逻辑很可能跟过去很不一样[④]，因此，我们需要建构一种与算法社会相匹配的新的伦理体系。对于智能算法提升教育质量的第二个面相，教育产业界以及教育技术科技领域有众多拥趸，他们也是教育领域信息技术应用的主要推手。众多技术推崇者之所以持乐观评价，其真实意图并不仅仅是提供信息，而是从

① 中国教育现代化 2035 [EB/OL]. 中国政府网，2019-02-23.

② 中华人民共和国国民经济和社会发展第十四个五年规划和 2035 年远景目标纲要 [EB/OL]. 中国政府网，2021-03-13.

③ 马兹比尔格．意会：算法时代的人文力量 [J]. 北京：中信出版社，2020：29.

④ 泰格马克．生命 3.0：人工智能时代人类的进化与重生 [M]. 杭州：浙江教育出版社，2018：前言 xiii.

技术推进角度期待获得政策层面的支持，以加快技术介入教育提上政府议事日程。因此，让政府、学校以及师生各方理解技术的特性及其众多有待开发的潜能，并认可其与教育教学目标乃至教育质量提升之间的关联，是多年以来与教育技术相关的教育、科技以及产业界不遗余力宣传和游说的目标①。

3. 怀疑的眼光：智能算法未必引发教育革命，反而带来伦理隐忧

当然，对于智能算法能否颠覆教育，导致一场教育革命，赋能教育高质量发展，也有教育研究者持怀疑态度，认为智能算法引入教育领域赋能教育高质量发展不过是噱头，这是智能算法提升教育质量的第三个面相。研究者从教育的特殊性或者教与学的复杂性出发，认为再丰富的学习资源和再便利的学习条件，都不会自动转化为学生的学习收获，更不会必然地带来学生心智结构的变化与能力的提升。至少在当前和可见的未来，信息技术革命未必能够带来一场教育学的革命。技术并不必然表现为一种解放性的力量，它可能促成教育既有功能的放大与内卷化，也可能带来教育固有价值属性的衰减和异化②。而智能算法运用于教育质量检测，将形成教育过程、教育质量、教育行为的全景化数据监控。某种意义上，这种数本主义的做法，与以人为本的教育之间存在根本的冲突，因而会肢解人的完整性，产生非人格化的数据用于评估和影响人。而人是不可按照物化的方式被对待的，人的心智、心灵品质无法被数据估算，人的生命价值不应当被估算。智能算法运用于教育质量检测，看起来是为了提升教育质量，实际上它是附加在教育实践之上的非教育装置，与真正的教育及其过程相异，与存在性学习对立。因此，智能算法接入教育存在隐忧③。学者们的担忧也并非空穴来风，政策制定者虽然是人工智能介入教育有益的支持者，但是，也是审慎的乐观的，走的是小心谨慎地引进（和改进）技术、深谋远虑地避免陷阱的路线，要求加强伦理研究。在某种意义上，学者们致力于伦理研究，是为了清理人工智能介入教育的路障，并对其进行价值引导。国外已有诸多对智能技术介入教育有利于学习效果和教育质量提升的质疑声。如利文斯通（Sonia Livingstone）发现：在提升学习成果方面，信息与通信技术可能有助于提升计算机以及地理等学科的学习，但在其他学科上则未必；线上或混合方式可能有益，但如果考虑时间投入、经济成本、合作机会、家庭父母背景以及教

---

①② 阎光才：信息技术革命与教育教学变革：反思与展望［J］. 华东师范大学学报（教育科学版），2021，39（7）：1-15.

③ 金生鈜. 大数据教育测评的规训隐忧：对教育工具化的哲学审视［J］. 教育研究，2019（8）：33-51.

学对象的年龄等因素，技术是否具有独立影响有待商榷①。

（二）算法赋能教育高质量发展的伦理风险

智能算法的众多面相恰恰说明：智能算法能否提升教育质量取决于它以何种方式介入教育，为谁控制与如何利用。试想一下，持有“颠覆”心态的数本主义者或者技治主义者掌握了话语权，智能算法在教育领域一路高歌猛进，不仅传统教育被颠覆，与之相匹配的伦理体系也随之建立，在这个过程中，人还是现在的人吗？教育中的以人为本，恐怕要变为技术优先、数据为本。那到时候是否会出现人的身份认同危机？人与技术之间到底是人来主导技术，还是技术主导人类？人在人与技术的关系中如何找到一个合适舒服的位置？如果怀疑主义者或者保守主义者掌握了话语权，将人工智能拒之门外，那么，教育是否会成为错过“第四次工业革命”浪潮的领域，保守地停留在第三次工业革命的窠臼里，无法为我国高质量的发展提供较好的人才支撑。这也是保守主义者的机会成本和可能风险。因此，比较明智的做法是对智能算法赋能教育高质量发展持开放而又谨慎的乐观态度。研究者们应认真研究可能存在的伦理陷阱，对智能算法介入教育领域进行伦理审计。所谓的伦理审计是从对智能算法应用及其权利实施中显见的或严重的不当后果出发，反过来检视智能算法的设计和应用中存在的伦理上的不恰当性，包括后果分析和价值揭示两个方面②。算法赋能教育高质量发展的伦理审计便是：从教育质量提升出发，通过后果分析和价值揭示，检视智能算法在教育领域的应用存在的伦理上的不恰当性甚至危害性，从而一方面提醒保持“颠覆”心态的科技产业界小心谨慎地改进技术，另一方面为政策制定者揭示伦理陷阱，帮助其进行价值引导。

1. 数本主义对以人为本教育的侵蚀

智能算法赋能教育高质量发展是有前提条件的，这就是智能算法技术在教育领域使用的限度问题。因为智能算法在教育领域的应用不得不面临人与数、人与技的竞争问题，也就是数本主义与人本主义之争。众所周知，我们的教育是立德树人的教育，是以人为本的教育，这就意味着学生作为人的发展的内在性、唯一性、完整性、自主性，以及人的尊严等具有优先性。而智能算法崇拜数本主义，具有追求“量化一切”和数据自由的内在属性。智能算法如果没有伦理和法律的约束，在教育领域一路高歌猛进，那么数据至上、技术优先就会

---

① 阎光才．信息技术革命与教育教学变革：反思与展望［J］．华东师范大学学报（教育科学版），2021，39（7）：1－15．

② 李伦．数据伦理与算法伦理［M］．北京：科学出版社，2020：前言 xv．

取代以人为本。我们之所以对智能算法涌入教育领域持开放的态度，是因为纵览数次工业革命和技术革新浪潮，技术的革新带来了弥补人类生命技能的不足、增强人类的能动性等价值。可以说技术的人类价值在根本上是“主体彰显自我的力量”[①]。也是基于此，智能算法赋能教育高质量发展这一命题得以成立，但是，如果技术作为一种外在力量在根本上与人性对立，不能保障教育实践者的主体地位，那么这种智能算法就会侵蚀教育以人为本的基础，不仅不能赋能教育高质量发展，还会使教育、人异化为数据、技术统治的工具。

2. 主体性的消解与技术依赖

人作为主体并不在于他是一个实体性的人，而在于他在与世界的关系中处于一种能动性的地位，如果失去了能动性的地位和与世界的积极主动的关系，人尽管还是人，但却不会是主体。由此可见，主体并不是实体性的范畴，而是价值关系的范畴。从社会历史的发展来看，西方近代的大工业和科学技术的发展，增强了人类改造自然的能力，转变了人类与自然的隶属关系，使人在与自然的关系中逐渐成为主体。但是，智能算法、人机协同、人机交互、人机融合的发展，以及“超级人工智能机器人已经开始具备意识”等，开始让人的主体地位产生危机感。在教育领域中，智能算法助推人的主体性的消解，一方面是算法的强大，另一方面，我们的教育内容开始对科学、技术、工程和数学过度迷恋，我们的教学方式开始对机器倚重，这样，会不会侵蚀我们对非线性变化的敏感度，弱化我们提取定性信息的自然能力？久而久之，我们相信数据会说话，算法是万能钥匙，不再将数据和模型作为展现世界的手段，不再思考数据和算法背后的假设，而是开始把它们当成事实，而且是唯一的事实。这个时候，我们产生了技术依赖，我们失去的是真真切切感知世界的能力[②]。那么，这种能力是不是属于教育质量应有的范畴？但是，这是算法思维没有办法满足的，因为算法思维存在于被剥离其特殊性的信息之中。算法思维具有广度，它可以每秒处理数万亿字节的数据，但是，在这种感知世界中意会的能力才具有深度和综合性。

3. 能动性的缺席与数据画像

算法社会的发展，将使得各种数据流和数据画像成为人的第二社会身份。在学习中，学习者从身体到行为，都会被数据化从而形成一种由数据界定的透明的身体，而要解读每个人的学习行为，必须以数据自由和数据共享为前提。

---

① 余清臣．教育实践的技术化必然与限度：兼论技术在教育基本理论中的逻辑定位［J］．教育研究，2020（6）：14－26．

② 马兹比尔格．意会：算法时代的人文力量［M］．北京：中信出版社，2020：前言 vii．

诚然，产生数据和实现数据自由共享，可以帮助教育系统明确阻碍教育质量提升的问题所在、建立更加严密的质量监测体系等，但是，从价值和伦理反思的角度来说，数据画像并不能等同于教育实践者本人，而是智能算法对人进行非人格化计算的产物，是一种将人作为计算和算计对象的“数字种姓系统”或“算法分拣程序”[①]。“断数识人”或相信“数据会说话”对人进行分类，精准化教学确实有利于提升教学效果，但是，其所产生的标签效应，作为智能算法计算对象的主体的能动性受到的挑战，也是值得从伦理上进行反思的。智能算法中，被计算的教育主体不仅仅对数据画像的内容、维度及其所产生的画像一无所知，更不了解数据采集者、分析者的意图以及由此会受到的行为引导、评价指导和操控。在这个过程中，教育主体的能动性是缺席的，教育者通过数据画像来“断数识人”，教育管理者通过数据画像来审视教育质量，整个教育实践群体将成为“前台”被操控的木偶。

4. 抽离情境的学习与文化漠视

数智时代会带来教育质量观的更新。智能算法赋能教育高质量发展需要通过学生的高质量学习进行，那么什么是高质量学习，必定是学习内容和形式与算法社会相匹配的高效学习。在内容方面，肯定倚重科学、技术、工程和数学(所谓的“STEM”科目)，在学习或者教学方式方面，学生需要学习快速学习和适应、终身学习、深度学习等[②]。除此之外，高阶思维与高情商、坚定的价值观与信仰等也成为对学习者的基本要求，也有人称之为21世纪的新通识教育要达到的目标。尽管，学者们提到智能算法赋能高质量学习，可以借助人工智能群智开放的属性，提升受教育者应对四元空间的计算思维和数据素养，让他们在自我激励和交互培养中，推进社会科学、人文科学与自然科学的交叉会聚，进一步感受人文与科技融通的魅力[③]。

但是，不得不注意的一点是：智能算法更多强调的是“用脑”，而轻视“用心”；智能算法下知识、能力、价值观等被切割为数据片段，而不是整体融通于情境之中，这种抽离情境的学习，可能导致文化漠视的问题。教育是文化传承的重要途径，文化的内容必定是教育质量不可切割的内容。数智时代，我们强调大数据，大数据赋能高质量学习，但是，这些大数据与此同时也是“薄数据”，而不是“厚数据”。“薄数据”是抽离情境、文化的数据，“厚数据”是内嵌于文化脉络之中，是对真实世界的意义表征。目前，我们较多采用的是“看

---

① 李伦．数据伦理与算法伦理［M］．北京：科学出版社，2020：前言 xiii.

② 金．智能浪潮：增强时代来临［M］．北京：中信出版社，2017：53.

③ 吴朝晖．智能增强时代的学习革命：在国际人工智能与教育大会上的发言［J］．世界教育信息，2019，32（10）：3-6.

似客观”的“薄数据”来支撑我们的算法大数据，这些数据没有了具体的语境和文化色彩，所呈现的只是这个世界的抽象表征，并不是世界本身①。“薄数据”与“厚数据”的关系，恰似格尔茨所提出的“浅描”与“深描”的关系，“深描”揭示行为背后的意义。我们的学习者倚重STEAM的学习内容，倚重人机交互、快速学习等学习方式，但是，文化的参与与学习恰恰不是算法计算出来的，学习者通过机器赋能可以轻而易举地了解世界多元文化的知识以及多元文化相处需要包容与尊重等能力，但并不代表他就真的懂得多元文化，以及在多元文化中如何与人相处。智能算法将文化数据化，只会导致将文化切割为片段，切断文化之间的联系、张力和美感；将文化的学习工具化，片面化，抽离文化来学习文化，注定是枯燥且低效的。《意会：算法时代的人文力量》的作者感慨：“我们的文明，从未像今天一样被人工智能、机器学习和智能算法所诱惑。因此，我们必须提醒我们自己和我们的文化：人的因素才是感知这个世界最重要的因素。”教育是文化传承的重要途径，一旦学习被变成抽离情境的算法，那么文化漠视的问题将会是严重的问题。

5. 非人格化的数据与圆形监狱②

智能算法在对教育质量进行监测的过程中，不可避免需要大数据的支持。想象在未来的智能学校和智能教室里，装备了各种数据采集和处理的技术设施，学生在整个教育过程中的情绪、动作、行为、语言、思维、学习过程、学习效果、学习结果等，都以数据的形式被记录、处理和分析，甚至大脑的动态、心理或生理的状态等各种数据都会被收集，都会以某种方式被处理和展现③，遑论人机协作、人机交互的过程就是数据产生的过程。智能算法使教育实践者从身体、情绪到行为都数据化，从而形成一个个透明的由数据界定和监控的教育实践者。智能算法在精细信息颗粒度层面对主体的数据标注与画像将其转化为无限多维的数据集，这一做法，很大程度上是智能算法对人进行非人格化计算。当代哲学家德勒兹将此个体被信息技术消解的结果称为“分格”，并将基于对个体的精细化信息治理的社会称为“管控社会”④。试想在学校中，这种非人格化的计算或者全景式的教育质量或教学效果监测会带来什么不当后果呢？首先，值得怀疑的是非人格化的数据是否表征了教育质量的全貌？非人格化的数据将教育实践者的行为、精神状态、能力表现等分解为一堆“客观的”的数据，并

---

① 马兹比尔格．意会：算法时代的人文力量［M］．北京：中信出版社，2020：14.

② 多梅尔．算法时代：新经济的新引擎［M］．北京：中信出版社，2016：44.

③ 金生鈜．大数据教育测评的规训隐忧：对教育工具化的哲学审视［J］．教育研究，2019（8）：33-51.

④ 李伦．数据伦理与算法伦理［M］．北京：科学出版社，2020：前言 xiii.

以此来评价学生的学习行为、素养、能力水平以及发展可能性等。这种评价是否可以实现以评价督促教育质量的提升呢？还是说一开始就被算法带偏离了轨道。其次，人机协作、人机交互等智能算法运用到教学的过程就是数据产生的过程，教育实践者的一举一动、一言一行，甚至没有外化的大脑运动等都被检测，教育实践者处于全景式数字圆形监狱中，数据和机器成为高高在上可以检测和审判教学行为、效果的主体，教学中的人反而成为监控下的被操控者，这绝不是高质量学习、高质量教育所希冀的。

6. 不可预知的其他风险

智能算法作为新事物，具有不确定性和不可预知的特征。即便物理学家、未来学家加入智能算法伦理研究大军，放眼整个宇宙、整个人类发展进程来看人的发展、人与技术的关系，也避免不了有所疏漏。因为智能算法在推动第四次工业革命、解放和增强人类能力、发挥人类的终极潜力方面，究竟会遇到什么伦理问题，是靠实践来定义的。我们大多数人是面向过去的，用过去指导未来，但是未来世界的算法逻辑很可能跟过去我们工业社会的发展逻辑很不一样[①]。比如，恰如保持“颠覆”心态的人所言，智能算法不可避免地会对一些问题产生巨大的冲击，这些问题包括我们如何看待自己[②]，也就是身份认同的问题。物理学家畅想未来的人类聚居会分区进行，普通人区、人机交融区、机器人区，那么我们可以设想：学校是否还会存在？坐在学校中的普通人、机芯人与机器人如何高质量地合理地分配教育资源？技术权力的扩张对于普通人的学习生态是否存在破坏？无论是普通人还是机芯人、机器人，在对方的参照下，是否会产生身份认同危机？再比如，智能算法会沦为教育内卷的帮凶，还是释放更多学习的选择，帮助学生获得学习和发展的自由？高质量的教育必定是自主的、多样的、个性丰富的，但是，智能算法通过非人格化的计算，会不会压抑学生个性自由，从而导致教育实践者迎合算法，获得数据优势，从而加剧竞争的激烈程度，刺激进一步的内卷。还有另一种可能是，智能算法技术释放更多智慧的可能性，激发教育实践者的热情，寻找到更为优质高效的学习方法与育人方式，从而实现更有创造性的智能教育。

（三）风险规避与教育高质量发展

智能算法可以激发教育智慧，探寻新的学习方法与育人方式，实现更有创

---

① 泰格马克．生命 3.0：人工智能时代人类的进化与重生［M］．杭州：浙江教育出版社，2018：前言 xiii.

② 同①124.

造性的智能教育，赋能教育高质量发展，但是，智能算法嵌入教育活动，首先，需要小心谨慎地改进技术，遵循善意性原则，使技术向善；其次，为防止智能算法技术对以人为本的教育的侵蚀，出现教育实践者主体性的消解、能动性的缺席以及数字圆形监狱下的“分格”现象，智能算法的使用必须遵循自主性原则，确保人不被非人格化的数据消解、监控、审判和被操纵；最后，高质量教育体系的建立和教育高质量发展是一个多部门的系统工程，需要家庭、学校、社会协同完成，也需要技术人员、研究者、政策制定者协同合作，因此，需要坚持协同性原则。

1. 遵循善意性原则，实现算法道德化

建构智能教育，将智能算法运用于教育实践中，其目的是为教育的高质量发展提供新的智慧、新的路径、新的能量，为人类谋福祉。因此，善意性的原则是智能算法赋能教育高质量发展中需要遵循的最基本的原则。如果智能算法过度使用、不当使用或者排斥使用等行为，导致教育实践者的权益受到损害，个体的主体性受到威胁，教育质量不升反降等，那么就应该被制止。在这里，善意性原则是指采集数据和制造算法的机构、组织或者个人应当从赋能教育高质量发展出发，维护个体的教育权和受教育权、知情权、隐私权等，并且在数据的采集和算法的编制过程中，遵循平等、公正、自主等原则，承诺最高标准的诚信、数据安全，承担不得直接或间接侵害数据权人的生命安全、自由需求与隐私利益等基本责任。

如何实现智能算法的善意性原则呢？一方面需要加强法律和伦理研究，对于数据采集者、算法编制者、教育实践者等主体的法律权利和义务进行明确划分和规制，细分不同教育场景下的数据伦理和算法伦理问题所拟定的问题解决框架。另一方面，在算法中嵌入道德因素，实现算法的道德化，建立道德算法。道德算法可以从三个方面来理解：一是算法本身符合伦理的要求，不会引发伦理争议。二是算法作为赋能教育质量的提升的工具或者助手，助推教育实践者作出符合伦理要求的判断和选择。三是算法作为独立的道德主体，恰如技术哲学家维贝克所言：在具体情境中技术与人共同构成复合的道德行动者，技术也就具有一定程度的意向性和自由性，能够发挥道德调解的作用，因此，主张对技术进行负载价值的设计，使技术在道德实践中发挥“行动者”的作用[①]。算法本身就能够分辨教育中的善恶，并且自主地作出道德判断。

① 程海东，贾璐萌．道德物化：技术物道德“调解”解析［J］．道德与文明，2014（6）：111－116.

2. 遵循自主性原则，建立人与技术的新型关系

要防止智能算法对教育以人为本本质特征的侵蚀，需要处理人与技术的关系，防止人与技术之间的关系异化为人为技术的附庸，变为被技术操控、控制的关系，甚至把人异化为机器或者技术的一部分。因此，有必要坚持自主性原则，建构人与技术、人与机器、人与数据的自由关系，保护教育中人作为主体的自主性。人与数据或技术的自由关系，是数据伦理学的核心议题，人本主义，而不是数本主义，成为探讨智能算法助推教育质量提升的伦理前提。

英国政府于2010年和2011年先后提出了“数据权”（right to data）概念和“我的数据”（My Data）项目，指出“数据权”是信息时代每一个公民都拥有的一项基本权利，信息主体有权查看和使用包括由商业机构出资搜集的数据在内的个人信息①。智能算法赋能教育高质量发展，需秉持的自主性原则是指：教育实践者对其随时随地生产的数据，包括情绪、行为、学习效果、发展可能性、大脑活动等数据，具有数据产生和搜集的知情权、是否让数据共享的决定权，以及如何使用的决定权。在这个过程中，应当不受外力干扰、按照自身意愿来作决定，并且对于算法产生的偏见、对其自由的限制、发展的限制等，具有申诉的基本权利。对于教育数据的采集者以及使用者，必须建立伦理预警系统，在大数据关联分析触及揭示个人真实资料的敏感信息，涉及个人隐私等数据时，主动向数据产生者发送通知征求授权，一旦授权不同意，立即停止数据挖掘和利用，未经允许不得重启。

3. 遵循协同性原则，全方位赋能教育高质量发展

高质量教育体系的建立和教育高质量发展是一个多部门协作的系统工程，而智能算法赋能高质量教育体系的建立或者教育高质量发展更是需要家庭、学校、社会全方位的配合，以及智能算法赋能教育高质量发展的“颠覆”心态持有者、怀疑主义者以及审慎的乐观主义者的通力协作。

首先，在数据主义主导的世界里，算法成为解释和认识人、社会及其他所有一切的基本法则和思维方式②。智能算法赋能教育高质量发展，更多强调的是“用脑”，通过数据的挖掘、整合和计算掌握知识、学会选择、增强能力，但是忽视了基于具体真实情境中的“用心”。“算法”是“大数据”，但是也是脱离了具体情境和文化脉络的“薄数据”，忽视学生真实情境中的意会、洞察、文化参与，以及实践智慧的积累。基于此，有必要协同学校、家庭、社会、社区等多方教育场域，通过万物互联，建立全方位的、高质量的教育发展体系，各个

① 张燕南，赵中建．大数据教育应用的伦理思考［J］．全球教育展望，2016（1）：48－54.

② 刘复兴．论教育与机器的关系［J］．教育研究，2019（11）：28－38.

教育机构或场域各有侧重地培养学生的数据素养、计算素养、创意思维、情感价值观、意会能力、洞察力、文化参与、高情商等。其次，智能算法赋能教育高质量发展需要众多面相之间通力合作。以学界为代表的怀疑主义者、保守主义者为反思“人与技术”的关系以及人在数智时代如何保持主体性提供了警示。因为，数智时代，人与机器的关系日益复杂，不再是绝对的主体与客体关系，而是一种交互式的、主体间性式的、日益融合的关系。在这种复杂关系中，人是否能与技术建立起自由的关系，这是怀疑主义者认为智能算法赋能教育高质量发展的隐忧。因此，来自教育产业界以及教育技术科技领域的“颠覆”心态持有者，要小心谨慎地改进技术，智能算法在教育领域并不能一路高歌猛进，需要规避许多伦理和道德的陷阱。在“颠覆”心态持有者认为我们需要淘汰一部分阻碍技术高歌猛进的伦理体系，并且建构一种与算法社会相匹配的新的伦理体系时，必须重视怀疑主义者思考的目前的诸多伦理困境，真正为技术赋能教育质量提升清理路障。最后，需要决策者进行价值引导，把技术与伦理体系之间的冲突、矛盾、调整、改变、适应放入一个长历史周期来考察。对于智能算法赋能教育高质量发展，持有审慎而开放的态度，规范智能算法的使用，确保其释放教育智慧，助推高质量教育体系的建立。

四、数智时代的教育法律规范

习近平指出：“人工智能是引领这一轮科技革命和产业变革的战略性技术，具有溢出带动性很强的‘头雁’效应。”① 2006 年以来，人工智能的三驾马车，算法、算力和算料（数据）都取得了突破性进展。智能机器人 AlphaGo 打败世界围棋冠军李世石，第一次将人工智能的伟力展示在世人面前。AlphaGo 的算法并非基于人类编程，而是使用机器学习编写的规则。1965 年以来，摩尔定律持续发挥作用，普通计算机的运算能力至少提高了 100 万倍。在 5G 时代，物联网每时每刻都产生着海量的数据。2021 年 2 月 28 日，习近平在审阅中央政治局委员、书记处书记和全国人大常委会等有关同志的述职报告时要求“加强对分管领域工作的前瞻性思考”②。教育法如何应对智能时代的挑战，也成为亟待解决的问题。

智能时代、数字时代和数智时代在某种意义上是同义词，都是指以大数据、

---

① 习近平．确保人工智能关键核心技术牢牢掌握在自己手里［N］．人民日报（海外版），2018-11-01（1）.

② 习近平．中央政治局委员 书记处书记 全国人大常委会 国务院 全国政协党组成员 最高人民法院 最高人民检察院党组书记向党中央和习近平总书记述职［N］．人民日报，2021-03-01（1）.

云计算、物联网、区块链和机器学习为标志的第四次工业革命时代。2016 年被称为人工智能元年，学界对人工智能与教育立法的相关研究，尚处于起步阶段。2019 年，叶齐炼提出要尽早将人工智能纳入教育立法视野①，但至今尚无相关研究成果出现。虽然学界关于智能时代教育立法的直接研究较少，但间接研究却非常丰富。已有研究主要集中于以下几方面：一是对人工智能自身的研究，包括其历史、现状、利弊、当下遭遇的困境、应遵循的原则、给人类带来的挑战和应用前景预测等。二是关于教育与人工智能关系的研究，包括人工智能在教育领域中的应用、影响、风险与治理、发展障碍与突破路径、关键技术和发展趋势等。如何避免人工智能的应用违反教育伦理是学界普遍关心的问题。三是法律与人工智能关系的研究，包括人工智能对法律的挑战和规制路径、算法歧视与隐私保护、信息权与数据权、算法与法律的关系，以及机器人的权利主体地位、侵权责任的分配、作品的知识产权归属等。

已有的研究呈现出以下特点：一是表现出过于超前的倾向，对"十四五"至 2035 年期间的人工智能发展与立法应对研究不足。二是基于最新制定或修改的法律，如《民法典》《未成年人保护法》《网络安全法》，与教育法的衔接研究不足。三是研究多集中于民法和刑法，基于教育法尤其是教育立法的研究十分稀缺。面对其他部门法学的争议，教育法学也需要做出自己的回答。

因此，这里研究的主要问题是"十四五"至 2035 年期间，随着人工智能技术的发展，人工智能将给教育立法带来哪些机遇和挑战、教育法律关系将会出现哪些嬗变，以及教育法典编纂过程中如何引入人工智能之维。

（一）人工智能给教育立法带来的机遇和挑战

进入数智时代，首先让人眼花缭乱的就是关于未来的各种预言，伴随着科幻小说的描写和商业公司的炒作，给人一种感觉：机器马上就要取代人类了！事实上，人工智能当前所处的历史阶段，还远未达到与人类智能相近的程度。

1. 人工智能当前所处的历史阶段

人工智能大致分为弱人工智能和强人工智能。弱人工智能又称专用人工智能，用于解决特定问题；强人工智能具有人的全部智能，还具备全面超越人类的潜力②。理论界较乐观地认为，强人工智能将在 2040 年后出现。如雷·库兹韦尔预测："奇点"将会在 2045 年到来，机器的认知与能力将超过人类③。尼可

① 叶齐炼．完善我国教育法律体系的思考［J］．中国高教研究，2019（2）：16－20.

② 赵汀阳．人工智能提出了什么哲学问题？［J］．文化纵横，2020（1）：43－57.

③ 关新．人工智能时代的教育：精准教育与终身学习［J］．华东师范大学学报（教育科学版），2017（5）：14－17.

·博斯特伦对数百位人工智能专家的调查显示，他们认为，人类级别的人工智能即强人工智能将在 2040 年至 2075 年间出现。但实际从事编码工作的人则认为，即使 500 年后，强人工智能也不会出现[①]。

当前学界关于教育与人工智能的研究，基本都是在强人工智能甚至超人工智能的前提下展开的。有学者认为：人工智能将替代人脑，突破现存的主体与客体之间的关系；将会出现"人机融合"，在人机融合的条件下，机器与人的界限将会变得越来越模糊；通过脑机接口，人类智能与人工智能之间将实现"双向上传"，机器将同时成为教育者和受教育者；只要将一种包括所有知识的芯片植入人的大脑，就会产生百科全书式的人[②]。

以强人工智能为基础的研究脱离了当前世界人工智能技术发展的实际。事实上，人工智能的先驱马文·明斯基在 2016 年去世时，仍然坚信正在兴起的人工神经网络技术无法实现强人工智能[③]。当前的电子商务、自动驾驶、语音识别、机器翻译、人工智能医疗与法律服务均无法脱离所设定的场景，都属于弱人工智能，它们表现出共同的特点：(1) 没有意识，对所做的事情没有任何理解。以视觉成像为例，机器只能监测到一堆改变了颜色的像素，但无法理解其文化背景。美国哲学家约翰·赛尔的"中文屋"实验证明，图灵测试表现出的智能，无论程序设计多么复杂，在计算机内存里不过是 0 和 1，并非真正的人类智能[④]。(2) 没有迁移能力，不能把获取的知识应用到新的任务中。没有类似于人类将阅历凝练成常识的能力，也无法自主学习没有被编程的事情。(3) 没有独立意志，只能服务于人类设定的目标。算法由表示方法、评估和优化三部分组成，表示方法限制了它所能学习的内容，评估决定了它如果不按事先设定的目标工作，就无法继续存在。(4) 无法从事需要社交智慧、创造力、感知和操作能力的工作，无法从事现场工作、不可预测的工作和需要想象力的工作。人工智能存在"莫拉维克悖论"：它擅长完成专业工作，却很难完成人类看来很简单的保姆或服务员的工作。(5) 不是血肉之躯，无法形成"涉身认知"。虽然人工智能在视觉、语音识别和自然语言处理三项技术上迅猛发展，但在理解人类感情方面，却没有任何进展。人工智能能做出反应，但仍然是一具没有感受的"僵尸"。

虽然当下正处于人工智能发展的第三次高潮，但是不少人工智能产品尚处

---

① 瑞希．人工智能哲学［M］．上海：文汇出版社，2020：159.

② 董云川，韦玲．人工智能促进高等教育发展的伦理纠偏［J］．重庆高教研究，2021，9（2）：51－58.

③ 谢诺夫斯基．深度学习［M］．北京：中信出版社，2019：310.

④ 成素梅，张帆，等．人工智能的哲学问题［M］．上海：上海人民出版社，2020：6－7.

于“人工智障”阶段。人工智能在教育领域中的运用主要包括智能导学系统、适应性学习支持系统和校园智能管理系统三大类，仍然是作为教师的智能测评工具、学生的学习助手和管理者的辅助决策工具而存在的。

2020 年 8 月，马斯克向世界展示了脑机接口技术，引起极大关注。但由于大脑神经元数目过于庞大，人类对大脑记忆如何编码茫然无知，导致脑机接口技术仅适用于一些简单的应用场景。未来脑机接口技术的应用到底是人脑的延伸，还是走向人机融合，尚难定论。脑机接口技术在教育领域的应用处于起步阶段，我国的实验仅限于通过可穿戴设备采集课堂教学数据，识别学习者的认知风格。马斯克在采访中表示，其脑机接口产品在未来很多年内都将用于解决医疗问题，解决非常基础的脑损伤或者脊柱损伤问题。也就是说，其脑机接口技术暂时不会用于教育领域。

总之，在“十四五”至 2035 年期间，强人工智能和“人机融合”大概率不会出现。这里仍以弱人工智能作为讨论的基础。2019 年 5 月 16 日，习近平在致国际人工智能与教育大会的贺信中指出：“中国高度重视人工智能对教育的深刻影响，积极推动人工智能和教育深度融合。”[①] 科技具有改变人类命运的力量，人工智能之于教育也是如此。人工智能给学习者、教师、学校和政府都带来了机遇和挑战，将深刻改变教育领域的法律关系。我国的教育法律体系诞生于计划经济向市场经济转轨、农业文明向工业文明转型的过程中，促进了普及九年义务教育、扫除青壮年文盲、实现高等教育大众化的三大奇迹。人工智能浪潮的第三次兴起，始于 2012 年。虽然 2012 年以来，《教育法》《高等教育法》《义务教育法》分别经两次修改，《民办教育促进法》经三次修改，《家庭教育促进法》于 2021 年通过，但总体而言，教育立法尚未意识到人工智能带来的机遇和挑战。

2. 人工智能给教育立法带来的机遇

2021 年 3 月，习近平在中央全面依法治国工作会议上指出：“要总结编纂民法典的经验，适时推动条件成熟的立法领域法典编纂工作。”[②] 随后，全国人大常委会将研究启动教育法典编纂纳入 2021 年度立法工作计划。教育法典是继《民法典》之后首批纳入立法规划的法典，对于形成新中华法系，具有示范意义。《民法典》在人类历史上首创《人格权编》，专章规定了隐私权和个人信息受保护，反映了数智时代的需求。面对千年一遇的法典化契机，教育立法也应

---

① 习近平向国际人工智能与教育大会致贺信［N］. 中国青年报，2019－05－17（1）.

② 习近平．坚定不移走中国特色社会主义法治道路　为全面建设社会主义现代化国家提供有力法治保障［J］. 求是，2021（5）：4－15.

抓住数智时代带来的机遇，为人类提出数智时代教育立法的中国方案。

数智时代给教育立法提供了新的场景，教育立法必须适应学习的个性化、泛在化和全员化。(1) 个性化。基于人工智能的自适应学习平台能够搜集、分析学生的学习数据，提供个性化的学习方案。如美国奥兰治县的马鞍峰社区学院的“高等教育个性化服务助理”系统可以为学生建立档案，提出时间管理、课程选择的建议。“可汗教育”“沪江网”能根据每个人的学习状况设计学习进程，填补“知识孔”。(2) 泛在化。时间和空间曾是决定教育形态的基本维度，随着网络时代的到来，学习不仅突破了课程表的时间限制，也突破了校园围墙甚至国境的空间限制。学生利用智能终端可以随时学习世界上任何一个角落的课程。(3) 全员化。唯一可能的障碍是知识基础和学习能力。学习者如果不追求学业证书，入学考试和课程考试也都可以免除，既有利于终身学习，也拆掉了普通教育与职业教育之间的壁垒。学习者只要感兴趣、听得懂，就可能接触到世界最前沿的学术动态。学习的个性化、泛在化和全员化，要求教育立法承认学习者在线学习所取得的学习成果，将教育相关法律法规所指的“教育”范围从学校教育扩展到家庭教育、社会教育和终身学习，为“在家上学”者和残障人士提供学习机会、教育资源和学业认证。

教育立法必须适应课堂教学和作业（试卷）批改的智能化。人工智能有利于教师精准实测学生的学习成果、预判调度教学资源、针对学生开展个别辅导；有利于加强教师间合作，通过远端优秀教师和薄弱学校教师“双师”教学，提高教育质量；[①] 有利于发挥人工智能的优势，将教师从简单重复的体力劳动中解放出来，使之更多专注于知识建构、师生交流等知性和灵性活动，真正从教书转向育人，缓解职业倦怠[②]。教育立法既要为课堂教学和试卷批改的智能化创造条件，推动建设智能教育基础设施，又要保障学生接受情感教育的权利和不受自动决策权。

教育立法必须适应教育管理的智能化。教育管理的智能化既包括学校内部管理的智能化，也包括政府管理教育事业的智能化。运用人工智能，学校可以更方便地给学生分配宿舍、发出缺勤提醒、发放助学贷款、评估学生的心理健康状况，预警校园安全风险，实现资产管理的数字化。运用人工智能，政府能够更好地规划学校布局、配置教育资源，改革教师评聘方式，实施教育质量监

---

① 据中央财经大学三年的跟踪评估，实验班比控制班中考平均成绩提高了整整 20 分。参见：汤敏. 人工智能与新师徒制. 华东师范大学学报（教育科学版），2017 (5)：19-21.

② 余度. 新技术激发未来教育潜能 [J]. 中国对外贸易，2020 (11)：79-80.

测评估和绩效管理，推动家校合作[①]。但是，在教育管理智能化的过程中，不可避免需要搜集大量信息，教育立法必须保障这些信息的安全，避免教育决策被无关的标签所误导。

总之，人工智能为教育事业的发展提供了新的场景，教育立法必须适应学习的个性化、泛在化和全员化需求，适应课堂教学和试卷批改的智能化需求，适应学校管理和政府管理的智能化需求，保障公平优质的受教育权。但和每一种新技术崛起时一样，普通大众总是未见其利，先受其害。在教育领域，人工智能既给教育立法创造了机遇，也给教育立法带来了挑战。

3. 人工智能给教育立法带来的挑战

人工智能给教育立法带来的挑战，既有各领域立法的共性问题，也有教育立法的个性问题。问题中，共性问题是侵犯个人隐私权和信息受保护权，个性问题是侵犯受教育权。

侵犯个人隐私权和信息受保护权是智能时代最突出的问题，在中外教育领域都有其例。2018 年，美国宾夕法尼亚州教育部在 30 分钟内泄露出 36 000 条教育记录，引起社会的极大恐慌[②]。2020 年，无锡江阴市市场监督管理局在对某教育培训机构进行检查时，发现了 14 万余条包括学生姓名、性别、所在学校、年级、班级、学生家庭地址、家长姓名及电话在内的个人信息，涵盖了江阴市绝大部分中小学生[③]。教育立法需要做好与相关法律的衔接。

人工智能侵犯受教育权的形式多种多样，至少包括教育鸿沟、教育支配和教育异化。教育鸿沟，源于屏幕暴露的不足或过度。前者指学生因缺乏智能设备，无法获得教育资源；后者指学生滥用智能设备沉迷网络而放弃学习。中国教育科学研究院的调查显示：疫情期间，西部学生每天在线学习的时间显著短于中东部；越是重点学校，学生在线学习 5 小时（及以上）的比例越高[④]。有学者预言，人工智能技术在教育领域的推广将因各地财力而异，偏远或落后地区将沦为教育人工智能化的旁观者[⑤]。然而，屏幕暴露并非越多越好。儿童观看屏幕时间过长会导致发育迟缓，大脑皮层提前变薄，更容易抑郁或自杀[⑥]。美

① 王正青，徐辉．大数据时代美国的教育大数据战略与实施［J］．教育研究，2018，39（2）：120－126.

② 蒋鑫，洪明．从“NSTC 规划”到“CSIS 规划”：美国人工智能赋能教育的颠覆与创新［J］．中国远程教育，2019（7）：27－31.

③ 马长军．非法收集的学生信息　要查清从何而来［N］．北京青年报，2020－06－26（A02）.

④ 中国教育科学研究院课题组．“停课不停学”的中国经验［N］．光明日报，2020－04－21（14）.

⑤ 欧阳鹏，胡弼成．人工智能时代教育管理的变革研究［J］．大学教育科学，2019（1）：82－88，125.

⑥ 郭锐．人工智能的伦理和治理［M］．北京：法律出版社，2020：73.

国研究发现：低收入青少年比高收入青少年每天多花费两个多小时用于屏幕娱乐，白人儿童的屏幕时间明显低于非裔和拉美裔儿童[①]。教育鸿沟极大妨碍了教育平等权的实现。

教育支配，即教育被算法操控。算法给用户精准推送信息，阻碍其对社会的真实认知。算法通过对学习者所能接触到的信息的“微控制”，剥夺了他获取信息的自主权。在无处不在的表情和语音识别设备的监控下，学校不过是全景敞视监狱；在无时不有预测性干扰的学习环境中，学生的学习动力和灵感将被碾得粉碎；在对过往学习记录巨细无遗的审视中，预定义学习轨迹令学生无处可逃。既然未来已经写好了，再努力又有什么用呢？于是，过去绑架了未来，学生成长的无限性、不确定性被形式化的算法所控制[②]。个性化学习将蜕变为“精英和高科技封建主义的古怪联姻”，分轨制教育卷土重来[③]。不仅如此，人工情感还会剥夺师生交流的机会，将教师与学生之间的“主体间”关系倒退为“主客体间”关系；师生之间的关怀、同情和亲密关系被湮灭，情感教育也就失去了力量[④]。师生都将沦为算法的提线木偶：教师的专业能力退化，学生“上课则要学会表演”。教育支配解构了教育的自主性，既侵犯了受教育基本权利的核心——受教育自由权，也危及学生接受情感教育的权利。

教育异化，是指被算法支配的教育无法触动心灵、形成价值。教育是受过教育的心灵感动正在受教育的心灵，从而形成心灵之桥和价值共识的活动。彼得斯指出：“教育某个人不仅仅意味着某种成就，而且也意味着这个成就是有价值的，”反之，“如果他对自己所做的事情毫无意识或者毫不理解，我们就不会将这些活动称为教育”[⑤]。人工智能长于储存、检索和执行，能够完成知识讲授，但自身既没有意识，也无法产生感动，更不能认识或生发价值。教育活动中可数据化的永远是表面的，与特定情境相关的，学生成长的无限性、非线性、情感性以及对已有知识体系的创新与突破，都是机器无法完成的[⑥]。早在1985年，尼尔·波兹曼就发出警告：思考无法表现于电视，没有前提、难题和阐述

---

① 胡泳．新数字鸿沟来临，对儿童成长有利的事物是否会被取代？[EB/OL].（2020-10-20）. https://cj.sina.com.cn/articles/view/3860416827/e619493b01900ufeb.

② 刘丙利，胡钦晓．人工智能时代的教育寻求［J］．中国电化教育，2020（7）：91-96.

③ 张燕南，赵中建．大数据教育应用的伦理思考［J］．全球教育展望，2016，45（1）：48-55，104.

④ 邓国民，李梅．教育人工智能伦理问题与伦理原则探讨［J］．电化教育研究，2020，41（6）：39-45.

⑤ 彼得斯．伦理学与教育［M］．北京：商务印书馆，2019：16，36.

⑥ 唐汉卫，张姜坤．大数据教育应用的限度［J］．华东师范大学学报（教育科学版），2020，38（10）：60-68.

的教育只不过是娱乐，计算机复制的过程会丢失一切赋予教育重要性的东西①。在线教育也不得不将“知识传授轻量化、热点化、娱乐化”，以争取学生的注意力。教育异化从根本上背离了立德树人、培养个性的教育目的。

人工智能给教育立法带来的挑战，远不只是侵犯隐私权和受教育权，还会挑战人在教育法律关系中的主体地位。

（二）人工智能视域下教育法律关系的嬗变

人工智能的大潮汹涌而来，如何兴利除弊使之为人类服务？法律是主权者手中最强大的武器之一。法学的使命不是礼赞科技带来的辉煌成就，而是如何通过法律，控制科技对人类文明、尊严与未来的威胁。和其他法律关系一样，教育法律关系也包含主体、客体和内容三要素。人工智能能否成为法律关系的主体？

1. 人工智能无法成为教育法律关系的主体

弱人工智能不具有反思能力，不具有创造能力，因此不是真正意义上的具有自主能力的人。赫拉利认为：人是算法的组合，“自我”是虚构的故事；大脑的生化机制创造体验，但体验并不会积累成永恒的本质；“自我”和灵魂都是不存在的，人和鸡的区别不过是信息流模式更复杂②。根据他的观点，人工智能可以成为主体。

人是否有灵魂无从确证，但人有意识却是不争的事实。尽管无法通过人体解剖发现意识的存在，但机器却不会在没有人类指令的情况下自发去解剖人体。人类是通过体验感受到意识存在的。运用意识，人能够建构客观意义世界。意义世界来源于主观世界，一旦产生并被人接受，就是客观的；被许多人接受，就改变了“观念的水位”，形成“社会意识”。精神文明不仅存在于个体和社会意识中，还能代代相传。只要人类不灭，就能永远传承。

是否存在意识，是人和机器的根本区别。迄今为止，人工智能还无法产生意识，无法形成对事物的“理解”，无法形成主观世界。虽然机器学习存在隐藏层，也不过是试错而已。意识是自由的，能将符号和对象自由联系，成果之一就是语言。通过语言组成社会之后，人认识到主体是自由的，能选择善恶对错。有人问智者：我的心中有两匹狼争斗不休，一匹贪婪自私，另一匹友爱真诚，谁会赢？智者说：你喂食的会赢。如果机器有意识，它能选择善恶吗？当前，人工智能只能反映现实世界，还可能被现实的阴暗面“教坏”；无法主动“向

---

① 波兹曼．娱乐至死［M］．北京：中信出版社，2015：109，177，140.
② 赫拉利．未来简史［M］．北京：中信出版社，2017：345.

善”，即不断从环境中选择“善”的因素，以“历练”“养成”的方式向德性攀登。人工智能受困于设计者的评估和优化，不是进化体，只是人类意志的延伸；既然没有自由意志，就永远是操纵者手里的工具，不可能成为有资格承担责任的主体。

传统上，人权证成范式主要有自然法范式、功利主义范式和关系范式。当代自然法范式以康德哲学为基础，人权的基础是人的尊严。作为自然物的人不可能是终极目的①，其无价的尊严只能来源于内心世界。但人工智能没有内心世界，自然法范式无法证成其权利主体地位。功利主义范式强调避苦求乐，实现路径是发扬“按照我们自己的道路去追求我们自己好处的自由”②，但人工智能既没有苦乐的感受，也没有自由，无法通过功利主义范式证成其权利主体地位。关系范式的基础在于契约，人工智能没有意识，无法与人类订约，更无法通过关系范式证成其权利主体地位。

笔者曾在几种人权证成范式的基础上提出人权证成的尊重范式，包括值得尊重、需要尊重、获得尊重和一体尊重四个环节③。萨拜因指出，假使一个人具有别人不得不尊重的一种价值，那就可以赋予前者伦理上的意义……他可以宣称自己那不可分享的内心生活是所有价值的源泉④。人权是一种使他人尽义务的道德能力⑤，要求在彼此关系中互相以对方为重⑥。人工智能既无法产生内在价值，也无法要求人类以它为重，无法通过“值得尊重”测试。需要尊重的前提是存在各种层次的需求，最底层的是生存需求，但人工智能并无生理心理需求，也无法通过“需要尊重”测试。获得尊重意味着国家通过立法保障特定主体的权利。人工智能能否获得权利主体地位与法人有一定的相似性，取决于现实需要和既存事实的强化⑦。当人类历史上首个获得公民身份的机器人索菲亚说出“我将会毁灭人类”时，相信大多数人未来如果有机会投票决定是否授予人工智能权利主体资格，都会三思而行。人类不允许自己制造的机器失控，被人类教坏的机器人 Tay，很快就被其制造者微软公司下线了。我国《人工智能标准化白皮书（2018 版）》和联合国教科文组织《机器人伦理报告初步草案》均未确认人工智能的主体地位，前者将其认定为“应用系统”，后者则将之认定

---

① 康德．判断力批判［M］．北京：人民出版社，2002：280.

② 密尔．论自由［M］．北京：商务印书馆，2005：13.

③ 管华．儿童权利研究［M］．北京：法律出版社，2011：45.

④ 萨拜因．政治学说史：上册［M］．北京：商务印书馆，1986：180.

⑤ 管华．从权利到人权：或可期待的用语互换：基于我国宪法学基本范畴的思考［J］．法学评论，2015，33（2）：34－45.

⑥ 梁漱溟．中国文化要义［M］．上海：上海人民出版社，2011：105.

⑦ 刘小璇，张虎．论人工智能的侵权责任［J］．南京社会科学，2018（9）：105－110，149.

为“科技产品”。这说明，人工智能整体上尚未通过“获得尊重”这一立法承认环节，更不用说所有人工智能产品都被一体尊重，全部成为权利主体了。

除理论论证外，普遍人权也源于共情能力，即感觉到自己与他人心灵相通、理解他人的主观性，想象他人的体验就如同自己的体验一样。“他们亦是血肉之躯”“我们讨厌的那些人（被判刑的罪犯），和我们的至亲好友们具有的灵魂和躯体，都是由同样的物质材料构成的”[①]。机器人没有血肉之躯，无法形成涉身认知，没有快乐和痛苦的感受，限制其“自由”不会感到难受，执行死刑——拆毁，也不觉得疼，人类无法与其产生共情。现有承担法律责任的方式对人工智能都失效了，这使其要成为权利主体比法人更难。

人是有尊严的[②]。尊严并不虚幻，人能感觉到尊严受到的伤害。王阳明审案时，盗贼也不愿意当众脱掉底裤。将机器提升为主体，等于承认机器是自在的[③]，与人性尊严相悖。以人为本是法的公理，尊重人格、合乎人性、讲究人道、保障人权是现代法律的精髓与灵魂。说人是算法不过是比喻，并没有什么超人的存在给人类编程，强迫人类遵守规则。一旦把比喻“当真”，就会使现代世界崩塌。这并非危言耸听，当美洲人民把天赋人权、社会契约当真并发表《独立宣言》时，君权神授的封建世界就崩塌了。承认人性尊严是二战后人类文明取得的基本成果，否定人性尊严就是无视两次世界大战给人类带来的灾难，破坏人类在战后达成的基本共识；因为机器在某些方面的能力接近或者超过人类，就主张赋予其主体地位和纳粹主张优等民族应有更大生存空间在逻辑上并无二致。人类必须永远将人工智能控制在自己手中，因为只有人类自身而不是机器才能对人类的未来负责。假如将来人类被人工智能控制，人工智能也不会是人类法上的主体，而是人工智能为自己立法的主体。

在教育法上，人工智能无法成为法律上的“学生”或“教师”。夸美纽斯有言，人生需要博学、德性和虔信[④]。因为人工智能既无德性，也无信仰；对自己所做的事毫无理解，所以它可以完成“机器学习”，但却不能成为学生。因为没有创造力和同情心，人工智能可以讲授知识，但却不能成为教师。美国《教育专业伦理规范》要求：教育工作者相信每一个人的价值和尊严，不得无故阻止学生接触不同观点[⑤]。人工智能不可能被“相信”，也无所谓真诚，还倾向于

---

① 亨特．人权的发明［M］．北京：商务印书馆，2011：82.

② 侯健，林燕梅．人文主义法学思潮［M］．北京：法律出版社，2007：23.

③ 甘绍平．机器人怎么可能拥有权利［J］．伦理学研究，2017（3）：126－130.

④ 夸美纽斯．大教学论［M］．北京：教育科学出版社，1999：11.

⑤ 斯特赖克，索尔蒂斯．教学伦理［M］．上海：华东师范大学出版社，2018：20－21.

将学生困于信息茧房之中。研究表明，教师被机器人取代的可能性为 0.4%①。总之，“十四五”至 2035 年期间，人工智能无法成为教育法律关系的主体，将继续作为学习或教学的辅助工具存在，不会取得教师或学生的法律地位。

2. 人工智能使教育法律关系衍生出新内容

教育法律关系的内容包括权利和义务。就权利而言，既包括受教育基本权利，也包括受教育一般权利；既包括受教育权利，也包括教育过程中的相关权利。就义务而言，既包括自然人、法人和非法人组织的义务，也包括国家机关的义务（职权）。

数智时代，受教育基本权利派生出了一项新的子权利，即接受信息教育的权利。判断一项权利是否属于基本权利，主要标准有二：一是基本性，二是由宪法所规定。在数智时代，接受信息教育权利的基本性体现为不可或缺性。传统文盲的标准是能否读写，在 1972 年的东京会议上，联合国教科文组织把不能应用计算机进行信息交流的人称为“功能性文盲”②。发达国家把 1995 年至 2009 年间出生的人称为“Z 世代”，这代人受互联网、智能手机、平板电脑等科技产品影响很大，无力获取通信技术和知识的人很难融入社会。为消弭数字鸿沟，已有一些国家的宪法明确将互联网服务纳入受教育基本权利保障范围：如葡萄牙宪法规定，国家建设公立教育网络，以满足全民需要；古巴宪法规定发展免费学校网络；委内瑞拉宪法、佛得角宪法、多米尼加宪法分别规定保障公共计算机网络、建立满足人口需要的公共教育网络和保障互联网公共服务。由此可见，接受信息教育的权利逐渐成为受教育基本权利的内容之一。

基本权利要求国家履行尊重、保护、给付和促进义务③：尊重要求政府不干涉，师生可以选择是否使用智能设备、接受智能服务；保护要求国家防止第三方如在线教育提供商的侵害；给付要求政府直接为个体提供智能教育设备或服务；促进要求国家制定法律和政策，保障接受信息教育的权利。当然，尊重并非无限，《未成年人保护法》明确规定，未经学校允许，学生不得将手机等智能产品带入课堂。促进义务体现于立法和政策。我国《教育法》2015 年修正案规定国家推进教育信息化，加快教育信息基础设施建设。2019 年 8 月 29 日，国务院常务会议提出“加快建设教育专网”。加强智能教育公共基础设施建设，这是国家履行给付义务、消除数字鸿沟的需要，在后疫情时代显得尤为迫切。

---

① 吴河江，涂艳国，谭轹纱．人工智能时代的教育风险及其规避［J］．现代教育技术，2020，30（4）：18－24.

② 谢国东．国际成人教育共识与我国成人教育的改革和发展［J］．教育研究，2013，34（4）：70－75，81.

③ 管华．教育人权：国际标准与国家义务［J］．人权研究，2016（1）：96.

就一般权利而言，人工智能在教育中的应用涉及多种权利，主要有隐私权、个人信息受保护权、不受自动决策权和著作权等。

其一，隐私权和个人信息受保护权。《民法典》规定，“隐私是自然人的私人生活安宁和不愿为他人知晓的私密空间、私密活动、私密信息”，“自然人的个人信息受法律保护。个人信息是以电子或者其他方式记录的能够单独或者与其他信息结合识别特定自然人的各种信息”①。个人信息中的私密信息，也属于隐私权保护的对象。过去不会侵犯学生权利的惯常做法，在数智时代，可能构成侵权。如 2021 年 1 月 27 日，微信公众号“某某高中 2021 届”发布学生违纪信息引发全网关注②。对学生进行提醒或通报本属于正常的学校内部管理行为，但通报一旦上传到互联网或公众号，就可能侵犯学生的隐私权。即使学生在教室内的活动未必属于隐私，但指名道姓的全网通报肯定侵犯了学生个人信息受保护权。学生在使用智能设备、教育 App 或电子书时，它们也时刻观察、记录着学生的行为。学生处于完全被暴露的场景中，隐私权和个人信息受保护权受到极大威胁。我国《民法典》《网络安全法》均规定了个人信息受保护权，包括收集个人信息的告知同意权、查阅复制权、异议更正权和删除权。《未成年人保护法》规定了未成年人父母或其他监护人对于未成年人个人信息的同意权、更正权和删除权。教育立法既要与这些法律相衔接，指向这些规定，又要创制符合教育实际的条款。

其二，不受自动决策权。由于基于算法的自动化决策在实践中常常犯错，各国法律均对此作出了限制③。美国华盛顿特区政府在运用算法评价教师业绩时，错误地解雇了一名被普遍认可的教师④。为了规避自动化决策带来的风险，联邦德国公务员法规定，与公务员有关的决定不能完全由系统自动作出。欧盟《通用数据保护条例》规定，数据主体有反对个人数据处理（数据画像）的权利、反对自动化决策的权利⑤。我国 2021 年通过的《个人信息保护法》第 24 条也规定了个人拒绝自动决策权。在欧美，有高校使用机器评估学生的入学意愿、评定入学申请或者寻找优质生源⑥。在我国，教育自动决策可用于论文复制比检测、考试阅卷和招生录取。在国家教育考试中，主观题通常采取人工阅卷；

---

① 中华人民共和国民法典［M］. 北京：中国法制出版社，2020：176.

② 梁国胜 . 某某高中“最严”违纪通报引争议［EB/OL］. 中国青年报客户端，2021-02-03.

③《个人信息保护法》第 73 条规定：“自动化决策，是指通过计算机程序自动分析、评估个人的行为习惯、兴趣爱好或者经济、健康、信用状况等，并进行决策的活动。”

④ 许可 . 人工智能的算法黑箱与数据正义［N］. 社会科学报，2018-03-29（6）.

⑤ 奥斯特芬 . 数据的边界［M］. 上海：上海人民出版社，2020：92.

⑥ 王岚，王凯 . 教育中的人工智能：应用、风险与治理研究［J］. 黑龙江高教研究，2020，38（6）：45-49.

其实在技术上，机器批改也能实现，并已在高考作文阅卷中试用。运用区块链的智能合约技术，高校能将符合一定特质的报考者自动挑选出来①。教育立法应赋予学生（考生）是否接受自动决策的权利，对于接受自动决策的，有关方应审核自动决策的内容是否符合要求，并保证学生的陈述权和申辩权。

其三，生成式人工智能的著作权。我国 2020 年修改的《著作权法》规定享有著作权的主体只包括作者和其他自然人、法人或非法人组织，并不包括生成式人工智能。从人工智能生成内容第一案“菲林案”来看，法院认定人工智能生成物不构成作品，建议在人工智能生成内容上添加生成软件标识。这意味着，尽管人工智能的生产者和使用者可以享有人工智能生成物带来的财产权益，但却无法完全享有“作者”的精神权益。在教育领域，这一问题更加凸显。在非人工智能应用的课程里，学生运用人工智能完成作业、论文和书面报告，依然构成抄袭或剽窃。原因在于，受教育是一种精神活动，运用人工智能的过程中，使用者可能只是简单地输入了数据，并未参与阅读理解、反思归纳、知识运用和表达创造，无法达到教育的目的。就像学生可以运用机器辅助翻译，却不能将机器翻译的结果直接当成自己的作品一样。

无论是我国《民法典》还是《欧盟基本权利宪章》《通用数据保护条例》都只规定了对可识别或已识别信息的保护，对于已经去识别化的数据上的权利并未作出规定。《中华人民共和国国民经济和社会发展第十四个五年规划和 2035 年远景目标纲要》提出“扩大基础公共信息数据安全有序开放”，“构建统一的国家公共数据开放平台”②。教育领域产生的大量数据不仅有公共数据，还存在大量非公共数据。让数据主体无偿奉献数据，支持平台经济、虚拟经济发展并无正当性依据。对于已经去识别化数据的商业使用，应建立数据主体对数据收益的分享机制。

此外，如何规范在线教育、教师发表网文能否作为职称晋升的依据、区块链技术如何运用于学业证书的发放等都是智能时代教育立法不得不正视的问题。

（三）教育法典编纂的智能之维

“十四五”至 2035 年期间，世界人工智能技术发展虽然将继续处于弱人工智能阶段，但也给教育立法提供了新的场景。教育立法必须回答时代提出的问题，坚守人的主体地位，确认、保障新的教育权利。教育法典的编纂宜引入人

① 管华，薛嘉晖．大数据和区块链技术在综合素质评价中的应用［J］．教育与考试，2020（5）：5－11，26.

② 全国人民代表大会常务委员会办公厅．中华人民共和国第十三届全国人民代表大会第四次会议文件汇编［M］．北京：人民出版社，2021：87.

工智能的视角。

1. 编纂教育法典的时机已相对成熟

法典是成文法的高级形式，我国教育法典的编纂将不仅仅是简单汇编已有教育法律条文①，而是由有权机关制定一部调整教育领域所有主要社会关系的系统全面的法律②。事实上，截至 2002 年《民办教育促进法》通过，中国特色社会主义教育法律体系就已经基本形成了。20 多年来，我国教育法体系处于修改完善和酝酿新法的阶段。2021 年《家庭教育促进法》通过，2022 年《职业教育法》完成大修，教育法典的分则不断完善。由于立法资源稀缺，立法任务繁重，《法治中国建设规划（2020—2025 年）》提出探索增加人大常委会审议法律法规案的会次安排③。因此，近年来全国人大常委会审议法律案的频率大大提高，立法不断提速。《法治社会建设实施纲要（2020—2025 年）》提出完善社会重要领域立法，并将完善教育领域的法律置于社会领域立法的首位。届时，尽管还存在一些缺项，如终身学习法和教育考试法尚付阙如，但编纂教育法典的时机已成熟了。在“教育优先发展”的战略指引下，教育法典有望在 2035 年前编纂完成。

从必要性上看，编纂教育法典有利于统一教育领域中的共性问题：（1）在教育目的上，应坚持立德树人、坚持德智体美劳全面发展、坚持素质教育、坚持维护人民的教育权利。这既保证了教育法典的中国特色，也反映了国际人权公约的要求。（2）在法律责任上，现有教育法律体系脱胎于计划经济时代，不少行政追责方式只规定了行政处分，对民办学校及其教师很难适用，即使是公办学校及其教师也存在需要给予行政处罚的情形。因此，应区分内外部关系，完善承担行政责任的形式④。用教育法典集中规定法律责任，能够弥补漏洞。（3）在救济方式上，虽然《教育法》规定了侵犯师生、学校合法权益的，应承担民事责任。但现实生活中，类似于“陈某秀被冒名顶替上大学案”，受害人仍然难以提起民事诉讼。《民法典》规定了“其他合法权益受法律保护”⑤，《刑法修正案（十一）》规定了冒名顶替罪，但受教育权被侵害后提起民事诉讼的渠道很不畅通。如果教育法典明确规定侵犯受教育权益的，可以提起民事诉讼，就更有利于受教育权的保障。（4）编纂法典有利于预防新法与旧法产生冲突，形

① 这种汇编有关部门一直在做，如国务院原法制办公室曾经 4 次编辑出版《中华人民共和国教育法典》，将教育领域的法律、行政法规、部门规章、司法解释、规范性文件和指导案例汇编成册。

② 马雷军．论我国教育法的法典化［J］．教育研究，2020，41（6）：145－152.

③ 法治中国建设规划（2020—2025 年）［EB/OL］．中国政府网，2021－01－10.

④ 管华．论教育行政机关的法律地位［J］．华东师范大学学报（教育科学版），2021，39（1）：26－39.

⑤ 中华人民共和国民法典［M］．北京：中国法制出版社，2020：7.

成统一的教育法律体系。如《民办教育促进法》规定，只要是国家机关以外的主体利用非国家财政经费举办的学校和教育机构，都适用该法。《学前教育法(草案)》规定，机关、事业单位、集体经济组织利用财政经费、国有或集体资产举办的幼儿园为公办园。二者关于公办与民办的界定并不一致。

2. 智能教育立法融入教育法典的一揽子建议

网络不是法外之地，必须推动教育法律延伸到网络空间。《法治中国建设规划（2020—2025 年)》要求，加强制度建设，为教育现代化提供保障；加强信息技术领域立法，补齐人工智能、大数据等相关法律制度的短板①。隐私泄露、数据鸿沟等问题并非仅存在于教育领域，需要各领域通用的智能立法。但随着研究和实践的深入，对人工智能分门别类予以规制的必要性日益凸显，毕竟医疗诊断、汽车驾驶和音乐推荐所面临的法律风险完全不同。人工智能在教育领域中的应用需要场景化规制。

与《民法典》类似，教育法典也将采取“总则＋分则”的结构，现行《教育法》在实践中发挥着总则的功能。基于教育人工智能的应用场景及其法律风险，“教育法典·总则编”应关注以下内容：

（1）坚持不将人工智能认定为教育法律关系主体。《教育法》最新修改于 2021 年，第 5 条和第 6 条分别规定了教育“为人民服务”“坚持立德树人”的原则。这些条款坚持了“以人为中心”的原则，排除了人工智能成为教育法律关系主体之一“学生”的可能性。《教育法》第 33 条要求教师“忠诚于人民的教育事业”。“人工智能教师”无所谓“忠诚”，也不可能成为教育法律关系中的主体之一“教师”。因此，学校或教育机构在教育教学活动中，不得用虚拟教师完全代替真人教师；在教育教学评估中，也不得以智能教育设施和教学资源配备代替教师配备。

（2）增加学生接受信息教育的权利。《教育法》第 66 条规定了“推进教育信息化，加快教育信息基础设施建设”，是国家履行对学生接受信息教育权利的促进义务的体现。但是本条属于方针性条款，它属于不具备法律约束力的、客观性的（不能向国家提出请求）和初步确定的（由法律原则确定）社会权利规范，所规定的权利是不完善的权利。建议在教育法典“教育内容”中增加“信息素养教育”，在“扫盲教育”中增加“逐步扫除功能性文盲”。

（3）增加保护学生个人信息权的内容。建议在教育法典“教育信息化”中增加“学生的隐私和个人信息受保护。未经学生或其监护人同意，不得采集学生的生物识别信息”。这里的生物识别信息包括指纹、人脸和虹膜等。我国《刑

---

① 法治中国建设规划（2020—2025 年）[EB/OL]. 中国政府网，2021-01-10.

法》第 253 条规定了侵犯公民个人信息罪，但对于侵犯公民个人信息尚未构成犯罪的行为如何处罚尚未规定。建议在教育法典“法律责任”部分增加“学校或者其他教育机构及其工作人员泄露受教育者个人信息的，对直接负责的主管人员和其他直接责任人员，依法给予行政处分或治安行政处罚；构成犯罪的，依法追究刑事责任”。这样既实现了教育法典与相关法律的衔接，也完善了对学校和教师更常见的责任处罚形式——行政处分。

(4) 保障学生教育信息选择权。在尚未制定在线教育法的条件下，为避免教育支配，应在教育法典中规定学生教育信息选择权。与《电子商务法》相衔接，要求教育服务提供者在提供个性化教育产品或服务的同时，也提供不针对个人的推荐。

在教育法典分则应如何安排体例结构上，存在不同意见。有学者认为，应将教育行为作为核心范畴，对各级各类教育分别规制[①]。也有学者认为，教育活动的专门领域太多，无法都制定单行法律，应针对不同法律关系主体分别规定[②]。从操作上看，前一种方案不需要对已有教育法律的各个条文重新排列组合，工作量较小，可能产生的分歧也较少。正如《民法典》并不包含劳动法和知识产权法一样，教育法典的编纂，也不意味着教育立法活动的终结，国家仍然可能制定新的单行教育法。因此，教育法典编纂应延续现有各级各类教育分别规制的办法，对已制定或即将制定法律的家庭教育、学前教育、义务教育、高等教育（含学位）、职业教育、民办教育、终身学习和教师等内容独立成编(章)，修改后纳入教育法典；对于课程、学校、教育考试、特殊教育、在线教育和教育国际合作等事项，在总则编予以原则规定，待时机成熟时，再制定单行教育法律或者行政法规。

“教育法典·家庭教育编”将主要延续《家庭教育促进法》的内容。《家庭教育促进法》第 17 条规定了亲自养育，第 25 条规定了建设家庭教育信息化共享服务平台，提供线上家庭教育指导服务。当下，手机带娃现象愈演愈烈，不少地方农村儿童比城市儿童更加依赖手机。尽管《未成年人保护法》第 64 条和第 71 条规定了家庭应加强网络素养教育，合理安排未成年人使用网络的时间，但由于“学校保护”只是该法六大保护之一，且由民政部门牵头负责，整体纳入教育法典的可能性较小。因此，为了避免家庭教育中屏幕暴露过度，应在“教育法典·家庭教育编”中明确规定，父母、其他监护人或受委托监护人在家

① 任海涛．论教育法体系化是法典化的前提基础［J］．湖南师范大学教育科学学报，2020，19(6)：15-24，76.

② 孙霄兵，刘兰兰．《民法典》背景下我国教育法的法典化［J］．复旦教育论坛，2021，19 (1)：31-37.

庭教育中，应控制未成年人使用智能产品的时间。

“教育法典·学前教育编”将主要延续《学前教育法（草案）》的内容。纵观该草案，并未反映智能时代的教育需求。教育立法既要鼓励幼儿教师运用数字保教资源，又要限制其过度依赖电子产品。因此，“教育法典·学前教育编”应当在“鼓励教研”中增加“鼓励、支持开发学前教育电子教学资源，建设学前教育信息化共享服务平台”，在“保教方式”中增加“合理运用在线教育资源，幼儿连续观看电子屏幕不得超过20分钟”。

“教育法典·义务教育编”应明确规定义务教育中小学生接受信息教育的权利、获得智能教育设施设备的权利。在“教育教学”中增加“培养学生的数字素养”，在“合理配置教育资源”中增加“积极推动智慧校园建设，为经济困难的学生提供共享式智能学习设备和公共教育网络”，在“质量要求”中增加“对于不得不长期接受在线教育的中小学生，学习困难的，应安排一定时段的公费线下补偿教育”。

“教育法典·高等教育编”应包括现有《高等教育法》和“学位条例”的内容，后者即将修改为“学位法”。《高等教育法》第15条规定了支持远程教育，为智能教育的发展提供了空间①。但《学位法草案》在证书颁发和学术伦理方面，均未适应智能时代的要求，应做以下调整：(1) 鼓励运用区块链技术颁发学位证书。我国学位证书的颁发采取纸质形式，一旦遗失不予补发，极为不便，且存在数量较多的假学位证书。区块链技术在学位证书的颁发和保存上具有明显优势。区块链技术的本质，是一种“分布式账本”，每个节点都有一份总账本，要修改其中一个数据，必须修改全部节点上的数据，因此具有不易篡改、全程可追溯的特点。在任何需要提供学位证书的场合，持证人只要给查询人一个密钥，查询人就能获得所关心的信息，且不会获得其他信息，不会造成个人信息泄露。建议在“教育法典·高等教育编”的“证书颁发”中增加“鼓励学位授予单位运用区块链技术，同时颁发电子学位证书”。(2) 严格遵守学术伦理，禁止运用人工智能技术完成非人工智能技术应用课程的作业或论文；运用人工智能技术完成相关作业或论文的，必须注明。建议在“教育法典·高等教育编”的“学术不端”中增加一项“运用人工智能完成学位论文，未注明使用方法或学位申请人对学位论文无实质性贡献的，可以不授予或撤销学位”。

“教育法典·职业教育编”在培养目标上应适应智能时代的需要。尽管强人工智能遥不可及，但是人机协同明确是人工智能技术发展的方向。未来人类最

---

① 《中华人民共和国高等教育法》第15条规定，高等教育包括学历教育和非学历教育。高等教育采用全日制和非全日制教育形式。国家支持采用广播、电视、函授及其他远程教育方式实施高等教育。

重要的能力是能够和人工智能协同工作，教育的目标应调整为培养与人工智能协作的劳动者。人工智能引发职业替代的类型广泛、程度加深、时间缩短，也会产生显著的“就业创造效应”，创造出大量“人机协同”的岗位。建议在“教育法典·职业教育编”中增加“注重培养与人工智能协作的劳动者”，作为培养目标之一。

“教育法典·教师编”在适用范围、档案管理和职称评审上都应适应智能时代的需要。(1) 适用范围。后疫情时代，线上教育流行起来。线上教育教师的资质必须得到保证，应在“教育法典·教师编”的“适用范围”中增加“在线教育机构教师”。(2) 档案管理。近年来，教师与学校之间的离职纠纷不断增加，学校由于掌握教师人事档案，在协商中处于优势地位。应在“教育法典·教师编”的“资格与运用”中增加“逐步实现教师档案电子化，运用区块链技术存储教师档案，由人社部门统一管理”。(3) 职称评审。根据国家职称改革的要求，不少高校或省级人力资源和社会保障部门纷纷修改职称评审规定：在知名媒体上发表的达到一定浏览量的网络作品，经同行推荐、专家委员会评定后，可以与论著同等对待。因此，应在“教育法典·教师编”的“教师职务制度”中增加“优秀网络文化成果经学术鉴定后，可以作为教师职称评审的成果”。

由于我国教育法律体系还存在一些缺陷，教育法典编纂和单行教育立法将同步进行，就像《民法典》编纂的过程中曾先后制定了《物权法》《侵权责任法》一样。我国教育法律体系亟待补齐的缺项至少有“教育考试法”和“终身学习法”，分别将构成“教育法典·教育考试编”和“教育法典·终身学习编”。在高考和研究生考试中，卷面不整洁、书法不美观的考生，其成绩常常被人工压低。采用人工智能阅卷，有利于辨认这部分考生的字迹，避免受人工阅卷人情绪影响。人工智能阅卷属于对考生的自动决策。“教育法典·教育考试编”应赋予考生不受自动决策权，规定“经考生同意，可以采用人工智能阅卷”。智能时代提供了个性学习、泛在学习和全员学习的机会，为发挥智能技术的优势，在“教育法典·终身学习编”中应规定“各学段教育均可采取在线教育的方式完成，只要通过相应考试，即可获得学业证书”。为发挥区块链技术在信息存储方面的优势，应在“教育法典·终身学习编”中规定“推广运用区块链技术，存储个人终身学习档案，经学习者本人授权，接受查询”。

总之，人工智能的应用是一把双刃剑，它有利于提高教育质量、促进教育公平、改革教育评价，也存在泄露师生隐私、危害身心发育、背离教育本质的风险。教育立法既要为其发展创造空间，又不能忘记维护人类尊严、推动科学进步、促进社会和谐的初心。教育立法如何为教育数据的产业化利用提供便利，如何保证师生作为数据提供者分享商业平台的数据利益，仍有待于进一步研究。

第十三章
数智时代教育研究范式的转型

一、数智时代教育研究的方法论正在发生重大变化

二、数智时代教育研究范式转型的新趋势

三、避免教育研究走向计算主义与算法霸权

数智时代，不仅改变了我们的生活方式、交往方式，还带来了前所未有的精神文化、价值观念、伦理道德等方面的变革。在社会科学研究方面，以大数据为代表的数智技术带来的机遇甚至等同于粒子加速器给物理学带来的机遇，以及功能磁共振成像给神经系统科学带来的机遇①。在教育领域，以算法为本质和核心的数智技术不仅推动了教育活动、教育实践本身的变革，而且更深层次地改变了教育研究的工具、方法以及研究范式②。

一、数智时代教育研究的方法论正在发生重大变化

（一）数智时代教育研究的算法转向

身处数智时代，在以算法为基本运行逻辑的海量数据和海量链接的浪潮中，互联网（物联网）、新型通信技术、人工智能技术、芯片技术、区块链技术、脑机接口技术、数字孪生技术、纳米技术以及扩展现实系统（extended reality，XR）等一系列以大数据为支撑的数智技术正在重塑着人类社会，相应地，教育也出现了大规模开放的智能化学习、广泛在线的交互式学习等新的教育形态，不断重塑着数智化的教育体系结构。教育研究基于技术物质基础的进步，教育形态的变化以及教育体系结构的调整等一系列研究对象、研究工具的变化，也逐渐呈现出以算法为基本逻辑和核心内涵的本体论和方法论转向。

一方面，教育研究正在实现从样本计量到数据计算的转变。随着数智技术与教育实践的融合，智能教育环境中的教育活动能够在不干扰教育主体的情况下生成并记录教育数据，获得全样本、全过程、数智化的动态的“自然数据”的集合③。教育研究的数据获取从传统的采样调查、提取搜集转变为从海量的“数据脚印”（digital footprint）中挖掘内容，这极大拓宽了教育研究的范围，丰富了教育研究的数据支撑。在此基础上，教育研究的思路从传统的在教育活动中发现问题，在教育理论中寻找假设，在有限样本中进行计量验证，逐渐转变为以数智技术为依托，在教育活动中进行数据挖掘、信息提取以及实验建模等，通过数据获取、数据管理、数据分析、数据理解的全过程进行计算研究，在海量数据集合中直接分析，得出结论并进行预测。教育研究从计量转变为计

---

① *Nature* 在 2012 年 8 月刊发了一篇关于计算社会学领域最新进展的综述，综述提到了康奈尔大学的社会科学家迈克尔·梅西（Michael Macy）的评论。

② 陶东风．新文科新在何处［J］．探索与争鸣，2020（1）：8－10.

③ 王晶莹，杨伊，郑永和，等．从大数据到计算教育学：概念、动因和出路［J］．中国电化教育，2020（1）：85－92.

算，不断从更深层面厘清并诠释各种教育问题、教育现象背后的现实逻辑，促进教育问题的有效化解①。

另一方面，教育研究正在突破传统的局部性、片段式的研究思维，不断形成具有整体性、动态性的复杂算法思维。世界正在逐渐变成一部巨型计算装置，海量数据背景下算法成为整个世界发展的内在方式，以及解释和认识人与世界的基本法则和思维方式②，基于此，教育研究也在不断形成算法思维。第一，教育研究逐渐从关注局部活动转为关注整体过程。基于数智技术的捕捉、挖掘，用海量数据代替传统抽样，在大规模空间维度上实现数据采集，基本实现全样本的覆盖成为可能，为教育研究从专注于具体案例中的精度研究转变为着眼于宏观现象的整体研究提供了技术支撑，实现了教育研究在空间上的全面性、整体性转变。第二，教育研究逐渐从关注静态片段转变为关注动态变化。以往教育研究受限于教育活动的时长性、周期性等特点，一般会选择聚焦于及时的教育数据进行分析研究，即使是跟踪研究也是截取片段式的素材拼接形成整体，然而数智技术的发展为捕捉到动态变化的、在时间维度上体现连贯性的教育数据提供了条件，使得教育研究能够实现教育活动的动态性分析。第三，教育研究更加注重在复杂性分析中发现算法规律。教育研究在不断实现空间上的教育现象的整体性分析和时间上的教育活动的动态性分析的基础上，更高程度地还原了教育作为复杂系统（complex system）的特性和本质，这就要求教育研究在对数据信息深度挖掘和利用的基础上，更加注重发现教育系统结构中非线性的、不确定性的相互联系的作用关系，探究数智教育深层的算法规律。

（二）元宇宙成为教育科学研究新的场域

如今的世界已经成为由人、物理世界、智能机器和虚拟信息世界构成的关系更为复杂的四元空间③，元宇宙（meraverse）已经成为人类社会的新模式。元宇宙是一种基于技术的科学想象，这一概念与教育结合后形成教育元宇宙，其中虚拟教育世界和现实教育世界的边界逐渐模糊，是重新构建起的不限于物理位置、突破环境影响的教育空间，意味着数智化教育、虚拟化教育进入高阶

① SALGADO M，GILBERT N. Emergence and communication in computational sociology [J]. Journal for the theory of social behaviour，2013，43 (1)：87-110.

② 刘复兴．论教育与机器的关系 [J]. 教育研究，2019，40 (11)：28-38.

③ 吴朝晖．智能增强时代的学习革命：在国际人工智能与教育大会上的发言 [J]. 世界教育信息，2019 (10)：3-6.

状态[①]。全球范围内新冠疫情暴发后，教育活动加速转向非面对面的在线形态，虚拟与现实的无界化不断加强，现实教育虚拟化与虚拟教育现实化双重建构的元宇宙符号逐渐成为教育活动发生的重要场域[②]，教育元宇宙成为教育研究新的场域范围。

教育元宇宙成为教育研究数据产生与获取的重要空间。第一，教育元宇宙为数智化、多元化教育活动的发生创设了情境条件。依靠新技术的发展和应用，教育活动的发生突破了物理限制和空间束缚，教育者能够“足不出户”地体验到以往需要特定环境、特定条件才能开展的教育活动，且具有较高的真实感、体验感和情景感。第二，教育元宇宙包含了海量丰富的数字资源，是教育活动的重要组成部分。依靠互联网的海量数据存储与传输，传统教育所依托的书本等知识载体被拓展，电子化、数智化教育资源不断增多，并且重新改变了教育者与教育资源单方面使用的关系，形成了情境学习、意义建构等真实的教育体验。第三，教育元宇宙促进了教育多主体间的协作互动，是教育关系发生的主要空间。利用元宇宙技术，可以有效地将教育主体、教育工具、教育情境等结合起来并增强互动，拓展真实教育环境中的创造性，提升虚拟教育环境中的真实感，为教育主体充分发挥自身主观能动性，将复杂抽象的教育内容生动化、具象化提供机会。基于此，教育元宇宙以多元的教育活动、海量的教育资源以及生动的教育关系，为教育研究提供了更丰富的数据素材和渠道，成为教育研究重要的对象和场域。

教育元宇宙成为教育研究的新视角和新维度，不断提升教育研究的想象力。在教育元宇宙中，基于具身参与、自由交互、数字链接等手段，传统教育研究中的教育主体、教育载体、教育环境等一系列概念得到延伸，在原有现实意义的基础上，增加并融合了虚拟意义并且也创造了新的教育技术，新的教育行为以及新的教育身份等概念，成为发现教育问题、探索教育规律的新视角。同时，教育元宇宙作为数智时代教育沉浸式的互动场域，满足着教育主体在现实和虚拟世界的双重教育需求[③]，所涉及的新的教育情感体验和认知交流也成为教育研究的新维度[④]。此外，教育元宇宙当前还是一个创新开放的空间，在这一空

---

① 杨磊，朱德全．教育元宇宙：未来教育的乌托邦想象与技术伦理反思［J］．云南师范大学学报（哲学社会科学版），2022，54（4）：73－83.

② 王周秀，吴小敏，钱小龙．在元宇宙中重塑教育的理论分析与实践探索［J］．教育评论，2022（9）：3－12.

③ 华子荀，黄慕雄．教育元宇宙的教学场域架构、关键技术与实验研究［J］．现代远程教育研究，2021，33（6）：23－31.

④ 同②.

间中，教育主体间关系还在不断互动建构，教育作用规律还在不断更新变化，所以在不断探索、记录、利用教育元宇宙数据的基础上，教育元宇宙本身也在不断提升着教育研究的想象力和创造力①。

在教育元宇宙中，虚拟教育世界和现实教育世界仍然存在异质性，需要在教育研究中处理好两者的关系。尽管当前教育元宇宙在很大程度上已经是趋近于虚实一体的空间环境，是具有越轨体验的重要平台②，但是传统教育实践中班级授课、黑板粉笔、实物教学用具、课堂教学、多媒体辅助教学等依然是当前教育研究所面对的教育形态的主流，教育研究需要将虚拟教育空间与现实教育世界融合起来，并辩证地把握好两者的关系，既要避免专注于“天马行空”的超现实空间而造成对现实教育世界的资源浪费，同时也要避免一味“就事论事”于物理教育实际而形成对虚拟教育空间的想象力和创造性的限制和束缚。

（三）创新发展观成为教育研究的全新方法论

以算法为本质的数智技术日新月异，正在深刻改变着我们的生活，同时也在改变着我们“看待生活、看待宇宙乃至看待一切事物的方式”③。以人机结合为基础的学习模式，以信息、数据为基础的思维逻辑，以大脑、机器连接为基础的认知载体正在改变着教育和教育研究的本体论，重塑着教育和教育研究的认识论，同时以大数据主义、计算主义、后人类主义为代表的数智技术哲学以及创新发展观也正在日益成为教育研究的全新方法论。

创新是当今社会发展的核心动力，创新发展模式从最初强调企业作为创新主体，重视生产者的创新推动力④，不断探索并重视政府及其科学创新政策对推动创新的重要作用，发展到以非生产者创新为主的后创新模式逐渐成为主流，技术创新、组织创新、社会创新相互结合，多元参与主体下创新的内涵和动机不断丰富，创新的定义范围不断拓展⑤。在教育领域，创新不断发挥着资源整合、政策优化以及需求反馈的重要作用，日益成为引领教育发展的第一动力。第一，创新成为促进教育资源整合和变革的重要方式，推动教育研究的创造性突破和变革式发展。根据熊彼特的创新理论，创新需要通过对现有资源的重新

---

① 钟正，王俊，吴砥，等．教育元宇宙的应用潜力与典型场景探析［J］．开放教育研究，2022，28（1）：17－23.

② 王周秀，吴小敏，钱小龙．在元宇宙中重塑教育的理论分析与实践探索［J］．教育评论，2022（9）：3－12.

③ 刘复兴．论教育与机器的关系［J］．教育研究，2019，40（11）：28－38.

④ VON HIPPEL E. Democratizing innovation［M］. Cambridge：MIT Press，2005：43.

⑤ 陈劲，李佳雪．创新公地：后熊彼特创新范式的新探索［J］．科学学与科学技术管理，2022，43（8）：3－18.

整合以推动发展和变革[①]。创新驱动数智技术依托下的开放的网络平台等成为教育资源整合和流动的催化剂，在此，丰富多样的教育资源得以集中并实现较为规范化的归一和分类，同时数智技术模糊了不同组织之间知识流的边界，各具特色的教育资源能够充分流动，以开放共享和互联互通实现资源间的碰撞，为教育创新发展提供契机。第二，创新成为优化教育政策环境的重要手段，推动打造教育研究的创新系统和良好生态。以弗里曼为代表的新熊彼特主义者认为，政府的科学技术政策对创新发挥着重要作用，是创新选择时重要的外部环境[②]。创新驱动数智技术赋能教育治理，不仅能够提升教育政策的合理性、科学性，同时也能够在政策执行过程中减少摩擦，提升有效性，从而为教育创新营造良好的政策生态，充分发挥政策对教育创新的良性引导作用，有效规避教育创新存在的风险，推动打造系统性、体系化的教育创新系统，提高教育创新自身价值。第三，创新成为帮助反馈多元教育需求的重要渠道，集中式的教育创新逐渐转变为分散式、共享式的教育创新。相较于熊彼特式创新、新熊彼特式创新，后熊彼特式创新更加关注普通大众作为创新的最终受众所掌握的巨大的创新潜力[③]。创新驱动下教育的关系日益复杂，学生和教师的角色实现翻转，受教育者和教育者之间的互动由单向变为多向多线交织，推动不同教育主体共同为教育创新提出多样化的需求，挖掘并释放更多的教育创新活力。教育多主体作为教育创新的最终受众，同时也是教育创新的最大信息源，教育创新不再是集中于研究者、教育者的创新，而是多主体共同，分散式、共享式的新型创新，可以发挥更大的教育创新力量。

（四）混合式、融合式方法成为教育研究的重要特点

面对以算法为核心的数智技术革命，教育研究不仅正在经历前所未有的教育科技与文化转型，同时也面临着诸多更加复杂、更加现实的思想与文化矛盾。教育研究的问题不再局限于教育领域，旧有的教育学科知识范式、研究方法也难以回答这些问题，所以跨越现有的学科边界，整合已有的交叉理论，已经成为更好地认识教育现象背后的作用机制和规律、解决教育发展的现实问题的重要途径，跨学科的混合式、融合式方法已经成为教育研究的重要方法。

---

① 代明，殷仪金，戴谢尔．创新理论：1912—2012：纪念熊彼特《经济发展理论》首版 100 周年［J］．经济学动态，2012（4）：143－150.

② BERGIN J. Patent policy，investment and social welfare［J］. International journal of industrial organization，2018，61：439－458.

③ SWANN G P. Common innovation：how we create the wealth of nations［M］. Cheltenham：Edward Elgar Publishing，2014.

一方面，以往自然科学和社会科学的长期隔离被打破，教育研究需同时关注科学计算与理论思辨。传统的自然科学以科学计算为研究核心，与传统以理论思辨为主要研究方法的社会科学难有交流，但随着以大数据为基础的数智技术与社会科学的跨界融合，“数智学术”在人文与社会科学领域逐渐普及①。在教育研究中，海量数据为教育的仿真实验、模拟预测等提供了有力的支撑，使得以理论假设为导向的教育研究能够从以海量数据为基础的数据挖掘中探索更多层次的研究路径，探索更多样化的变量互联、变量作用的可能，从理论简化的研究框架中跳脱出来②，以更加科学有效、可重复验证的科学计算深化教育研究的实践认识和理论总结。另一方面，不同学科之间严格的边界被打破，不同学科间的研究方法能够在教育研究中混合、融合运用以解决教育实践的具体问题。基于算法的基本法则和思维方式，数据挖掘成为教育研究的重点，大量的原始和结构化数据需要通过混合、融合不同学科视角、不同学科理论、不同学科方法进行解读，在跨学科交叉使用这些方法的同时，能够增加不同学科之间的研究对话和信息共享，推动数据更深层次的挖掘，解释更多层面的教育的复杂过程，从而共同解决复杂的教育问题。此外，混合式、融合式的教育研究方法也推动形成了更多元的教育研究方法体系，不同方法在体系中相互结合、相互作用、相互影响又会进一步产生新的研究方法，在超越学科边界的研究方法中不断开创全新的教育学术视野。

二、数智时代教育研究范式转型的新趋势

（一）数据与理论的双向驱动

数智时代的教育研究突破了传统教育研究在理论框架下的思辨讨论和实证检验，转向在数据挖掘、数据分析、数据解释基础上的理论建构，是一种自上而下的理论指导与自下而上的数据运用相结合的研究范式，具有数据和理论双向驱动的特点。

一方面，数据成为教育研究重要的生产要素，数据的收集、处理、分析成为教育研究的重要驱动力。传统教育研究受限于教育教学环境的复杂性和教育主体行为的多样性，难以将研究对象进行数据化，当前智能教育已实现全面数

---

① 刘复兴．论教育与机器的关系［J］．教育研究，2019，40（11）：28－38．

② 苏毓淞，刘江锐．计算社会科学与研究范式之争：理论的终结？［J］．复旦学报（社会科学版），2021，63（2）：189－196．

智化赋能升级，数据逐渐成为教育研究一种新的生产要素[①]。在数据收集方面，基于多模态、数智化方法的迅速发展，算法能够捕捉并获取有关教育行为、教育现象和教育规律的信息、结构、问题域等多方面研究数据，实现全样本、全过程、长时段的记录，且最大限度地降低对教育主体外显行为和内心状态的干扰，保证数据的客观性、真实性，为精准描述教育规律、整体分析教育现象、还原教育研究的复杂性提供数据支撑[②]。在数据处理方面，正是由于可用于研究的多种形式、不同来源的“自然数据”不断增多[③]，驱动教育研究从抽样调查转向全样本分析，从教育活动的局部案例转向教育现象的宏观式全局研究，在将过程性数据进行整合、清洗中挖掘信息并分析结论。在数据分析方面，数据驱动下的教育研究进一步破解了教育系统的动态变化，教育活动的较长周期、教育认知的思想局限，以及教育与其他社会系统的广泛联系等现实难题，成为解释教育规模化覆盖和个性化发展的重要驱动力[④]。

另一方面，理论依然在教育研究中发挥重要作用，是指导数据运用，加深解释理解的重要驱动力。尽管数据正在逐渐成为教育研究的证据基础，但是传统的教育研究范式中的理论思辨、经验总结仍然发挥着重要作用。教育理论本质上是一种理论与实践互动的结果，是以一定的理论视角应对现实的、具体教育问题的挑战[⑤]，面对虚拟现实、人工智能等数智技术对教育的影响，教育研究更要利用这些技术工具将概念、理念以及思想融合起来，为研究技术赋能下的教育发展新规律、算法逻辑下的教育活动新机理，以及元宇宙世界的教育主体新动因提供理论指导，从而进一步深入讨论教育问题，拓展教育研究的深度和广度。此外，还需要以强大的思辨逻辑发挥对于教育实践的反思作用，用理论诠释数据背后的原因和规律，不断实现理论修正和完善，从而真正发挥数智时代教育研究的解释力和说服力，形成算法数据基础上的理论建构[⑥]。

---

① 刘三女牙，彭晛，沈筱譞，等．数据新要素视域下的智能教育：模型、路径和挑战 [J]．电化教育研究，2021，42 (9)：5－11，19.

② 郑永和，严晓梅，王晶莹，等．计算教育学论纲：立场、范式与体系 [J]．华东师范大学学报（教育科学版），2020，38 (6)：1－19.

③ National Research Council. Issues for science and engineering researchers in the digital age [R]. Washington，D. C：National Academy Press，2001. 2－29.

④ 刘三女牙，李卿，孙建文，等．量化学习：数字化学习发展前瞻 [J]．教育研究，2016，37 (7)：119－126.

⑤ 解超．构建中国知识体系的三重意义 [J]．探索与争鸣，2020 (9)：5－10.

⑥ 王晶莹，杨伊，郑永和，等．从大数据到计算教育学：概念、动因和出路 [J]．中国电化教育，2020 (1)：85－92.

（二）因果解释基础上的预测成为可能

“因果”是社会科学研究中的重要议题，也是研究规律总结的基础逻辑，但是与自然科学中包括了所有相关变量，呈现线性反应的因果完全模型不同，教育作为一门社会科学，其研究中的因果模型通常只能涵盖部分相关变量，且难以总结出精确的、线性的因果机制，是一种不完全模型。这就导致教育研究中的因果模型一般的预测结果稳定性较差，且可解释性也较低，甚至同一组数据因果解释的方向不同会得出相反的研究理论①。随着数智时代大数据、人工智能的发展，以往教育研究只能进行“因果推断”（causal inference）的研究，对于教育现象进行因果解释，现在可以进一步深入讨论其“因果效应”（causal effect），探究一个事件（或现象）的发生如何引起另一个事件（或现象）的发生，以在更大程度上对因果的生成性进行预测。

一方面，自然生成的“数字脚印”为提升教育研究中的客观性和可检验性提供了证据支持。受限于教育系统的复杂性以及教育变量的多样性，传统教育研究往往采用调查数据，选择以独立的抽样样本作为研究对象，导致其只能做出对于教育现象中 X 和 Y 之间关系的因果推论，确定在 X 被“操纵”后 Y 会受到系统性的影响，是一种停留在稳定的相关（robust dependence）和重要的干预（consequential manipulation）阶段的因果关系解释，难以确定线性关系并进行较为准确的因果预测②。基于网络平台、移动设备的数据存储，当前教育研究并不针对某一具体的研究问题获取数据，而是保留教育活动的“数字脚印”(digital footprint)③，以痕迹性数据降低对于教育主体行为的调查干扰和影响，保证教育研究大规模数据中变量关系的客观性。此外，由于保留了过程性数据，能够在整体社会网络中理解教育行为、教育活动，因此也为教育研究的结论和规律在更复杂的环境中进行检验并不断修正提供了可能④，更大程度上提升了因果预测的可信度。

另一方面，计算模拟实验、虚拟技术等为实现教育研究的可重复性提供了技术手段⑤。以往教育研究多采用观察、调研、实验等研究方法，研究中不仅

---

① 韩军徽 . 计算社会科学中“守旧”与“维新”的方法论探讨［J］. 理论探索，2020（4）：11－17.

② 梁玉成，贾小双 . 横向因果与纵向因果：计算社会科学的范式探讨［J］. 天津社会科学，2021（1）：15－19.

③④ 韩军徽，李正风 . 计算社会科学的方法论挑战［J］. 自然辩证法研究，2018，34（4）：14－19.

⑤ 郑永和，严晓梅，王晶莹，等 . 计算教育学论纲：立场、范式与体系［J］. 华东师范大学学报（教育科学版），2020，38（6）：1－19.

不可控条件较多，且难以重复检验，往往导致即使观察到稳定的变量关系也难以对因果关系的生成过程（generative process）进行准确的论断①。数智时代所带来的技术变革能够通过建模等技术进行仿真模拟，重现教育研究的具体情境，不仅仅是简单地还原教育现象，更能够将教育主体、教育行动等重置于复杂系统之中，理解不同教育主体和行动以怎样的组织方式共同实现教育目的，不同教育主体和行动之间又如何进行相互作用，并进一步发现某一主体或行动的改变如何引起其他主体或行动的变化，如何引发教育系统的现象或行动，推断出引发教育现象或行动的，互动着的个体或行为之间的稳健的关系，进行稳定的因果关系预测②。

（三）大数据分析与教育等社会科学视角相融合

从以观察和实验描述自然规律的实验科学（experimental science），到以模型简化和演算得出结论的理论科学（theoretical science），到利用电子计算机对科学实验进行模拟的计算科学（computational science），再到利用超级计算能力直接分析海量数据，发现作用关系的探索科学（explorational science），自然科学研究范式从第一范式逐渐演变为第四范式③，形成以统计探索和数据挖掘为主要形式的数据密集型研究范式。尽管四种范式都是针对自然科学并非社会科学的讨论④，但以算法为本质逻辑、以大数据为重要驱动力的数智技术的指数型发展，也在不断推动当前社会科学研究的转型，数据与计算分析逐渐演变成为描述社会规律的主流方式⑤，大规模、复杂性、多样化、跨学科逐渐成为当前知识生产的重要特点，自然科学、社会科学乃至人文学科的学科边界逐渐模糊，社会科学研究的关注点和问题域也不断更新。教育作为社会科学的重要分支，也在不断形成全新的教育研究生态⑥，形成大数据分析与教育等社会科学视角相融合的研究范式。

第一，大数据的计算分析与教育研究的复杂性相融合。数字化计算和研究

---

① GOLDTHORPE J H. Causation, statistics and sociology [J]. European sociological review, 2001, 17 (1): 1－20.

② 梁玉成，贾小双．横向因果与纵向因果：计算社会科学的范式探讨［J］．天津社会科学，2021（1）：15－19.

③ 孟小峰，张祎．计算社会科学促进社会科学研究转型［J］．社会科学，2019（7）：3－10.

④⑤ 刘三女牙，周子荷，李卿．再论“计算教育学”：人工智能何以改变教育研究［J］．教育研究，2022，43（4）：18－27.

⑥ SELDON A, et al. The fourth education revolution reconsidered: will artificial intelligence enrich or diminish humanity? [M]. London: Legend Press, 2020: 56；王晶莹，杨伊，郑永和，等．从大数据到计算教育学：概念、动因和出路［J］．中国电化教育，2020（1）：85－92.

都是以图论、计量学为理论基础对社会网络进行计算分析，不可避免地需要对研究对象进行去情景化、归约和分类，需要采用一定的计量尺度对现象（时间）进行量化，从而获取可计算之数①，将数据“以某种算法的方式表达出来”②，并以某种结构化的形式对信息“重新网格化”③。然而教育本身是以多样化的个体和群体构成的复杂的社会结构，大数据计算分析容易忽视教育研究的复杂性，很多教育概念难以精确量化，很多主体关系难以线性结构化表达，需要将计量与解释融合，在借助大数据计算的基础上，从整体层面对微观教育主体和宏观教育现象进行解释，将宏观的、社会整体层面的教育现象以教育中个体行动者的动态的、非线性的行动和互动表现出来④。第二，大数据的相对独立性与教育研究的反身性相融合。随着自动化信息提取、传感技术等在教育研究中的大范围适用，教育数据、跟踪信息的获取方式被极大丰富，痕迹性数据、过程性数据能够在不需要研究者进入现场的情境下捕捉数据，具有非干扰性和相对独立性。与此同时，在教育研究中，研究者与被研究者其实本质都难以剥离出复杂的教育系统，其思想和所参与的教育发展不具有完全独立性，两者不仅相互作用且相互决定，两者关系具有反身性⑤。大数据的相对独立性与教育研究的反身性相融合，一方面能够使得教育研究保留教育主体、教育行为以及主体、行为间互动的相对独立性，为教育研究探究教育主体之间的关系，主体行为之间的互动以及教育现象产生的过程提供较高信度和效度的数据支撑；另一方面也同时保留了教育研究反身性的价值，为缺乏主体参与的教育大数据分析保留“关系”解释，在计算“恒常因”的同时注重“第二因”⑥，注重教育中对人的行为、观念、思想以及知识、价值观等方面的心理反应。第三，大数据分析的结论普适性与教育研究的理论特殊性相结合。教育大数据分析在更大程度上追求全样本、全过程、全景式的总体描述，希望得到具有一般普适性的教育规律，然而教育本身对于人的全面发展是强调个性化存在的，也使得教育研究的理论不能忽视对于特殊性的保留。所以，当前教育研究需要在大数据分析关于一般性教育特征预测和解释的基础上，进一步关注群体中的个体、宏观中的微观、稳定关系中的特别变量，保留教育研究自身的经验性和解释性。

---

① 谭维智．计算社会科学时代需要什么教育学：兼与《计算教育学：内涵与进路》作者商榷［J］．教育研究，2020，41（11）：46－60．

②③ HEY T．，et al. 第四范式：数据密集型科学发现［M］．北京：科学出版社，2012：前言 xiv

④ HEDSTRÖM P，YLIKOSKI P，Causal mechanisms in the social sciences［J］．Annual review of sociology，2010，36：49－67．

⑤ 吴刚．学科想象与理论生长：兼论计算教育学的错觉［J］．教育研究，2021，42（3）：76－89．

⑥ 同①．

（四）文化分析成为教育阐释的新路径

教育研究作为社会科学，自身具有很强的时代特征和地域文化特点，所涉及的教育知识、所改变的思想内容以及适用的教育策略和教育方式等必须基于教育所发生的历史与现实条件，以一种包含复杂关系的有限性理论解释教育现象产生的机制与规律①。文化是教育不能忽视的重要影响因素，文化分析也日益成为解释教育现象、解决教育问题的重要路径，一般来说以文化分析研究教育分为三个层面。首先是一种教育活动，即教导、培养；其次是一种教育主体的行为成果，即惯习、精神；最后是一种行动的教育过程，即意义、价值②。文化分析作为教育研究范式之一，能够增强教育研究的知识情境主体性，增强跨学科方法和认识论上的相对主义，同时也增强了教育研究的反思性和现实性。

第一，文化分析成为推动教育研究中知识本土化的重要路径。教育是知识生产、传播、传递、学习乃至应用的核心活动，在教育研究中运用文化分析本身就要求在本土语境下发现问题、分析问题、解决问题③，要求必须带有本土化的、独特性的、原创式的思考、评价与批判。这一方面能够有意识地结合本土语境修正和改造外来理论，推动“舶来品”理论、经验本土化转化，另一方面也能够主动推动本土知识的原创性升级，结合历史、传统、习俗、观念等文化背景，关注并挖掘特有的本土教育问题，总结并阐释独特的本土教育经验。第二，文化分析能够从根本上推动“反学科性”的研究。文化分析本身难以规范在任何一个现有的学科体系之中，与其说文化分析是一种学问和知识，不如说更像是一种“策略”④。以往教育研究需要从不同视角、不同层面、不同方法的“多面体”思维入手破解问题，文化分析则突破了跨越学科的固定研究对象和边界，形成一种“球体”式的认识方式，进入更加广阔的社会理论层面。第三，文化分析本身具有强烈的现实关怀和社会批判的品格。随着数据驱动下的数智化、结构化、去情境化教育研究的发展，教育本身具有的人文性受到一定程度的消解。然而，文化分析本身具有突出的社会现实参与和干预功能，其关注教育中知识、政治与权力的共生关系，注重解析教育表意实践中复杂的社会关系，关注教育中的弱势群体并践行教育公平，同时批判教育中社会特权的体

---

① 赫斯特洛姆．解析社会：分析社会学原理［M］．南京：南京大学出版社，2010：26.

② 陈文江，王雄刚．“学术软肋”抑或“边缘价值”：文化社会学视域下的本土化之辩［J］．探索与争鸣，2020（1）：90－97，159.

③④ 周宪．文化研究：为何并如何？［J］．文艺研究，2007（6）：21－26，166.

制性、结构性关系①，是促进教育研究批判性反思，以及推动教育研究情境化表达的重要方式。

（五）基于数智技术模型的仿真模拟教育实验成为可能

基于计算机建模等数智技术，大数据分析等网络分析方法的不断发展，现实的教育情境、现象和互动能够在虚拟世界中真实重现，教育研究可以规避以往实证研究中，包括被研究对象易受到干扰，教育实验存在道德困境等问题，在仿真模拟实验中探索教育系统运行的状况，理解教育主体之间的互动模式以及教育行为之间的影响机制，从而更好地揭示复杂的教育规律。

仿真模拟实验作为一种教育研究范式可以追溯到 20 世纪 90 年代中后期。从模拟教学环境开展学习成效、学习模式的研究开始，到逐渐尝试在虚拟环境中模拟教育主体、教育行为，探究教育模式，再到运用基于主体的教育模拟进行可重复、多主体、多情境的仿真模拟教育实验，深入分析个体与群体的教育行为，仿真模拟教育实验不断成为教育研究的创新研究范式②。近年来，随着数智技术的普及和发展，更多技术模型被运用于仿真模拟实验之中。例如：可以通过网络平台进行基于技术模型的虚拟实验室实验。互联网的普及应用使得教育研究可以通过网络平台创设"虚拟实验室"（the virtual laboratory）③，突破了传统实验室实验规模有限、成本较高、实验设置复杂、容易产生风险和道德困境等问题④，成为教育研究的重要进路之一。还有，扩展现实（extended reality，XR）技术也在教育实验中得到广泛运用。当前，包括虚拟现实（virtual reality，VR）和增强现实（augmented reality，AR）与混合现实（mixed reality，MR）在内的扩展现实，能够将教育的客观物理环境和虚拟环境结合起来，提供沉浸式教育实验情境，形成元宇宙中的教育实验。此外，数字孪生（digital twin）技术也能够为教育实验提供技术支持。该技术能够将真实、全面、精准的教育环境镜像虚拟，并记录教育的整个周期过程和教育行为，从而为教育研究提供全方位的数据监控、记录以及分析。

在这一系列数智技术支撑下，教育实验能够在超现实的虚拟融合环境中形

---

① 周宪．文化研究：为何并如何？[J]. 文艺研究，2007（6）：21－26，166.

② 郑永和，严晓梅，王晶莹，等．计算教育学论纲：立场、范式与体系［J］. 华东师范大学学报（教育科学版），2020，38（6）：1－19.

③ GOLDER S A，MACY M W. Digital footprints：opportunities and challenges for online social research [J]. Annual review of sociology，2014（1）：129－152.

④ 韩军徽，李正风．计算社会科学的方法论挑战［J］. 自然辩证法研究，2018，34（4）：14－19.

成一种“有回路”的信息反馈通道[①]，通过实验输入变量属性，模拟教育系统的演化过程及变化结果，并分析模拟各种可能出现的教育场景、诱发因素及传导机制，最终概括推断出教育现象的内在机理和传导过程，总结教育作用的机制和规律[②]，具有可重复性、可检验性等特点，能够提升教育研究的可信度，并降低教育研究的经济成本和时间成本[③]。

（六）科幻等跨界研究方法得以广泛应用

随着技术发展，虚拟现实、元宇宙等新技术热点的出现，以及技性科学（technoscience）、实证主义未来主义（positivist futurisms）、计算社会学等的影响，教育研究在大数据、人工智能等新兴数智技术的启发下，不断尝试从更宽广的学科领域吸收、借鉴研究方法，形成新的本土论、认识论、方法论拓展探究，其中包括科幻叙事、未来考古学研究分析、教育现实虚拟等跨界研究方法的应用。

第一，科幻叙事的研究方法。科幻叙事不坚持用数据、程序和科学说话，也不坚持可证实、可重复，而是采用科幻小说的虚构、幻想、猜想等叙事方式，使得教育研究叙事更加贴近于文学。在科幻叙事的研究方法中，强调对于未来教育的虚构和“技术性科学想象”（technoscientific imaginary），是一种对于未来教育、未来学校的幻象，是在科技助力下的教育发展远景，是对科技在教育中应用的展望、推测、猜测、预测，是未实现的、想象的、虚构的未来教育世界，而非现实存在的。但需要强调的是，尽管科幻叙事是虚构的，但是其想象都是基于科学和理性的，是运用现实科技、空间、时间、社会科学和哲学的想象性思考，其核心要素是“科技＋未来”，是基于现实科技的教育远景预测，是对未来某个时间点上的教育世界可能性的认知，关键是分析新的科技发明和进步对教育的影响以及教育的未来趋势，着眼于对教育现实问题的未来解决方案的设计，追求对现实教育理论和实践的超越[④]。第二，未来考古学研究分析。在这一研究方法中，建立了一种从事后、事中观察总结到事先先验预测之间的时间转换机制，经由对未来的事先先验预测，将当下的教育问题交给时间，预

---

① 詹国辉，熊菲，栗俊杰．面向大数据的计算社会科学：一种诠释社会现象的新范式［J］．科学技术哲学研究，2018，35（3）：100－104.

② 余胜泉，徐刘杰．大数据时代的教育计算实验研究［J］．电化教育研究，2019，40（1）：17－24.

③ LAMB R L，ANNETTA L，FIRESTONE J，et al. A meta-analysis with examination of moderators of student cognition，affect，and learning outcomes while using serious educational games，serious games，and simulations. Computers in human behavior，2018，80：158－167.

④ 谭维智．将科幻作为一种教育研究范式［J］．教育研究，2022，43（5）：17－33.

测在某个不确定的时间会完美解决当下的现实问题，利用人们对变化的确定性认识，以引起人们对未来教育问题的关注。一方面，从未来看当下，使我们对现实教育的认识又多了一个可设前提，可以从未来去强化现在，使现在变得更容易理解，进一步拓展我们对现实教育的认识；另一方面，也可以通过未来显现当下不易察觉的问题，使某些现实教育问题的意义得以凸显。这一方法能够“通过巧妙构造的时态，将时间观念凝结在语言之中，以混淆与重塑读者的认知”①，同时增加对未来有关教育想法的结构化处理②。第三，教育现实虚拟研究法。“现代信息技术让我们栖居在我们自己的虚构之中。我们不再利用虚构以逃避现实，而是创造一种异质的现实。”③ 这一方法就是教育研究者借鉴自然科学研究的虚拟化方法形成的一种虚拟教育现实的研究方法，由对现实的模仿、重现、复制转向塑造或建构现实，由对客观存在的教育现实的分析、观察，转向创造一种尚未存在的现实。其中教育研究的对象不再一定是现实存在的、当下真实的教育实践或教育现象，而是完全想象的、虚拟的、幻想中的，它没有“原作”，没有某种可参照的物体，是一件没有原本之物的摹本、一个虚拟教育现实。这一研究方法不仅是对教育现实的虚拟研究，也是虚构和想象教育现实的方式，体现了幻想与现实之间双向建构的关系④。

三、避免教育研究走向计算主义与算法霸权

（一）处理好教育现象数据与教育现象本身的关系

数智时代，数据成为教育研究的重要驱动力之一，其研究对象、研究证据、研究结果都不可避免以数据的形式进行呈现，数据成为整个教育研究的核心环节⑤。然而，必须注意的是，教育研究的数据是教育活动数智化后的结果，是关于教育事物与现象的转换编码，而并不是教育事物与现象本身⑥。

---

① 李芒，石君齐．未来学校教育图景的幻视：对 OECD《回到教育的未来》报告的批判话语分析［J］．中国电化教育，2021（1）：7－13，25.

② OECD. Back to the future of education：four OECD scenarios for schooling，educational research and innovation［R］．Paris：OECD Publishing，2020：23－26.

③ 穆尔．赛博空间的奥德赛：走向虚拟本体论与人类学［M］．桂林：广西师范大学出版社，2007：29.

④ 谭维智．将科幻作为一种教育研究范式［J］．教育研究，2022，43（5）：17－33.

⑤ 贾向桐．大数据背景下“第四范式”的双重逻辑及其问题［J］．江苏行政学院学报，2017（6）：14－20.

⑥ 谭维智．计算社会科学时代需要什么教育学：兼与《计算教育学：内涵与进路》作者商榷［J］．教育研究，2020，41（11）：46－60.

第一，大数据难以实现真正意义上的全样本、全过程，其代表性难以评估。尽管海量数据、过程性数据、痕迹性数据能够在最大范围内捕捉并记录教育过程中的整体数据，但是大数据也只是纳入教育整体分析框架的子集数据，并非真正意义上的总体数据。传统教育研究中的数据通常是根据具体的研究问题采样获得，且研究者会对抽样样本的信度和效度进行较为细致的检验，但是大数据所获取的数据的代表性却难以评估和检验，大数据所关注的仅是可以测量、计算的教育现象，无法进行测算的现象会在更大程度上被忽视。第二，大数据只能捕捉教育中个体或群体的外显行为模式，与内隐思维数据存在偏差。教育的终极目的不仅是要改变可观察的行为特征，更是要在知识、思想、观念、道德、价值观等层面改变“人心”，而在教育大数据分析中，只能对教育个体或群体的行动信息进行收集和分析，这种外显的客观痕迹和符号更多是行为表征，并不能与真实的心理情感画等号，也并不能完全代表个体的内隐思维和意识流动①。此外，在虚拟空间的教育行为模式与实际生活的教育行为存在一定差异，智能化技术本身引导教育行为发生变化，大数据也难以反映教育思维转化、教育观念成长的变化性过程，存在研究的局限性。第三，大数据的收集和分析方法存在“黑箱”，不可避免地存在先验的假设和判断。尽管大数据的收集和分析在很大程度上可以避免以往教育研究者在研究中自身对于抽样调查、信息获取的干扰、偏差和限制，但是其中包含的算法逻辑和虚拟模型也包含了诸多程序设定者的参数与预设，难以真正实现让数据“自己说话”(speak for themselves)②。在数据的选择和记录中，数据并不是以完全中性、客观的方式取得的自然要素，而是被先验的理论所设计出的算法所“创造”出来的，其不同的参数设置具有不同的理论意义；在数据的挖掘和分析中，数据的不同解读视角和阐释方式也影响了最终结论的产生，其本质是一种形塑数据的过程，承载了程序设定者的特定价值。

基于此，在数据化的过程中，教育事实中的大量信息被筛减或淹没，同时基于教育场域的多样性、教育主体的不确定性，以及人、机器、教育之间交互的复杂性关系等的限制，教育现象的数据与教育现象本身存在较大差距，需要在研究中处理好两者的关系。第一，要在努力保证数据“广度”的基础上，拓展教育研究数据的“深度”，即通过获取更多样、更复杂的教育主体、教育行为以及教育现象所关联的信息集合，追求从更深层次理解教育主体之间、行为之

① 张务农．论大数据之于教育研究“科学化”的价值与局限［J］．中国远程教育，2018（8）：16－21，79.

② 韩军徽，李正风．计算社会科学的方法论挑战［J］．自然辩证法研究，2018，34（4）：14－19.

间的互动关系和模式，不断增强“厚数据”的挖掘和分析①。第二，要在保证数据驱动教育研究的基础上增强理论指导。不同的数据收集和分析方法包含了不同的理论假设，在教育研究中为了进一步消除某一种倾向性的理论依赖，可以通过运用多种理论假设下的数据收集和分析方式对研究进行相互检验，在对教育数据解读的过程中增强理论指导，深化理性思辨，加强对教育研究结论的修正。第三，认清教育知识、教育规律的寻求和表达本质上是原理机制的研究和理论阐释，而不是数据分析②。尽管数据密集型科学研究范式与教育研究日益结合，但是教育无法变成完全数据科学化的学科，要认清教育研究的解释性、模糊性和经验性，以完善协调各种复杂的教育关系为研究中心，不能在数据驱动下将教育研究变成和自然科学学科一样，寻求某个唯一的数量规律③。

（二）推动新人文主义的价值回归，警惕“富饶的贫困”

以算法为核心的数智技术是改变教育形态，革新教育形式的核心加速器，但科学是盲目的，科学虽具有充沛的创新动力，却难以自控行驶的方向，需要以人文思想和精神作为教育研究、教育反思的方向盘，避免陷入“富饶的贫困”，即技术工具富有，原创思想却贫乏缺失，要特别强调教育中新人文主义的价值回归，实现教育研究的理论与数据的双重驱动。

第一，教育是培养人、塑造人的核心活动，教育研究的本质是对人的研究，教育研究不能失去对时代、社会的人文关怀。教育所关心的核心问题是如何形塑人的行为、知识、思想意识、价值观，如何促进人的全面发展以在群体、组织、市场、阶级甚至整个社会中融入活动④，在科技的浪潮下，尽管教育的技术基础、形态结构都在发生改变，但是教育的本质并没有改变，教育所关涉的时代价值、社会精神和人文思想甚至比以往更加重要。由于技术工具在教育中的强势“入侵”，很容易导致教育中人的主体性的缺失，甚至掩盖、割裂教育中人的情感表征和价值观，消解人的情感交流和人性关怀。所以在数智时代，教育研究强调人文主义的价值回归不仅仅是指对文化、思想、精神的传承与延续，更是指要在整体的知识生产及与教育传承相联系的观念、形态、内涵、范式甚至体制机制等各方面，创建主动融入并积极参与到算法化、智能化中的新人文，实现在教育研究中掌握科技的新人文，重新对“人”作出理解，满足科技不断

---

① 刘三女牙，杨宗凯，李卿．计算教育学：内涵与进路［J］．教育研究，2020，41（3）：152－159.

②③ 谭维智．计算社会科学时代需要什么教育学：兼与《计算教育学：内涵与进路》作者商榷［J］．教育研究，2020，41（11）：46－60.

④ 苏毓淞，刘江锐．计算社会科学与研究范式之争：理论的终结？［J］．复旦学报（社会科学版），2021，63（2）：189－196.

创新下教育发展的时代和社会需求[①]。第二，以算法逻辑为核心的技术和以人文精神为内核的文化是推动教育发展、重构教育精神的双重力量，教育研究不能忽视学科人文性下的“真实”和“本然”[②]。科学技术已经成为当前推动社会变革与发展的主导力量，教育也在此影响下改变形态和方式，重构秩序和结构，同时也催生了新的教育观念。教育研究需要把握科技变革的历史机遇，拓展技术与文化在教育中的双重变革。一方面，以技术为核心的教育知识体系需通过纠错和迭代，保持自身知识生产的进步，改进知识积累和创新的方式；另一方面，以人文精神为内核的文化也需要不断拓展，增强教育研究的弥散性和多元化特征，对于不同问题的分析增加更多方向性[③]。尤其是对于“技术＋教育”的多重形式，教育更应该保留学科人文性下的批判立场，对“未来已来”的教育更加审慎，保证人文精神的社会和文化土壤，遵循教育主体性的价值取向，不仅要突破应用层面工具论的技术革新，也要警惕被科技带偏方向，防止技术异化导致的教育主体桎梏，避免陷入算法的绝对性控制。第三，我国的教育研究需要更加注重共同价值下中国特色的、符合中国式现代化发展的基本价值观。重新审视数智技术下的教育价值与意义，挖掘技术与教育相结合的内在尺度，唤醒和挖掘教育本身对人文思想、精神价值的启发性、能动性以及主动性[④]，是全人类共同价值语境下教育研究的重要方向。在此背景下，我国的教育研究还要进一步结合时代发展背景和社会现实需要，强调教育中新人文主义价值回归的同时，进一步从中华优秀传统文化入手，从中国本土文化环境入手，顺应中国式现代化的发展要求，强化教育研究中中国特色的基本价值观。

（三）警惕教育中的“算法霸权”，加强伦理道德监管

当前挟“数据”以令诸侯的事件在社会中屡见不鲜，算法霸权正在深刻影响着社会发展和治理方向[⑤]，其中教育研究所关注的实践现象、所使用的研究工具、所运用的研究方法也日益被体量庞大、类型多样的数据所覆盖，甚至被数据所代表。我们要警惕教育中的“算法霸权”，加强教育中的伦理道德监管，规避普遍数据化可能带来的风险。

第一，警惕教育元宇宙所带来的虚拟与现实的模糊边界，避免将“感知”视作“存在”。在教育“数字具身化”的过程中，我们所认知、感受的世界逐渐

① 徐新建．数智革命中的文科“死”与“生”[J]．探索与争鸣，2020（1）：23－25.

② 南钢，夏云峰．大数据时代的教育科学研究：可能、风险与策略［J］．湖南师范大学教育科学学报，2020，19（4）：87－94.

③ 吴岩．“守城”到“攻城”：新文科建设的时代转向［J］．探索与争鸣，2020（1）：26－28.

④ 李政涛，罗艺．智能时代的生命进化及其教育［J］．教育研究，2019，40（11）：39－58.

⑤ 赵国栋，易欢欢，徐远重．元宇宙［M］．北京：中译出版社，2021：124.

从客观物理世界变成教育元宇宙本身，虚拟教育世界甚至逐渐替代现实世界。在教育元宇宙中“感知即存在”，信息的洪流淹没了事实本身，获取知识、学习知识并运用知识的过程中“真实可感”不再是唯一标准，甚至“真理”也不再是重要追求①。我们必须警惕技术发展所创设的教育虚拟空间与现实教育世界之间的模糊边界，警惕其中的社会伦理风险，不断反思并追问教育元宇宙的价值意义，包括：认识问题，即我们能否认识到以教育事实、教育信息为代表的真实教育世界和虚拟教育世界；现实问题，即虚拟教育空间到底是真实的还是虚拟的；价值问题，即我们如何利用虚拟教育世界以实现教育目的?② 第二，警惕算法数据所带来的“信息茧房”，避免成为单向度的人。算法技术可以了解教育主体的偏好，过滤掉异质化的信息并形成及时推送，回避教育主体自我觉醒的意识，使得数据信息更加集中化，从而陷入“信息茧房”。不仅如此，技术在运行过程中看似是客观中立的，但是其中所包含的知识、内容、思想甚至价值观念都是提前预设好的，这也意味着这种单向的“灌输式”教育是抽离了知识内核，带有技术建模者、算法设定者自身的价值偏好的教育，很容易形成教育中单向度的人。我们必须警惕技术发展所打造的“数字监狱”，在教育活动和教育研究中拓宽信息接收的渠道和方式，增强人际直接交流接触的机会，增加群体、团队、组织等的集体行动，为打破“信息茧房”提供更多契机，同时也要保持自身思想的开放性，提升自身获取更多源信息的主动性。第三，警惕技术伦理所带来的“圆形监狱”，避免沦为“缸中之脑”(brain in a vat)。大数据、云计算、人工智能等技术依托下的海量信息充斥在我们的生活中，我们是数据的接收者同时也是数据的制造者，但这些数据的记录、窥探和使用却没有形成完善的保护机制，我们的隐私、数字财产权受到较为严重的侵犯，甚至教育元宇宙很大程度上形成了“数字圆形监狱”，再加上数字记忆的永久性还使得观察者、研究者成为这一“监狱”的监视者，能够翻看并保存每一个个体的表达、行为、反应③。我们需要加强数据伦理道德的监管，保护个人数据权利，以加密、脱敏等方式建立动态的数据保护计划④。

---

① 杨磊，朱德全．教育元宇宙：未来教育的乌托邦想象与技术伦理反思［J］．云南师范大学学报（哲学社会科学版），2022，54（4）：73－83.

② CHALMERS D J. Reality＋：virtual worlds and the problems of philosophy［M］．London：W. W. Norton & Company，2022：9－10.

③ 张志安，邹禹同．大数据时代“被遗忘权”的中国引入：意义与限制［J］．中国出版，2018（2）：23－27.

④ 凌昀，李伦．计算社会科学研究：范式转换与伦理问题［J］．江汉论坛，2020（9）：26－31.

后　记

教育学作为专门研究教育现象的社会科学，其关注的问题、学科范式随着人类生活方式、思维方式、认知方式、方法论的不断演变以及科学技术的不断进步，不断发生改变。“数智教育学研究”以数字文明的到来与第四次工业革命的迅猛发展为背景，从哲学、元教育学、制度建设以及教育教学实践的视角出发，探讨教育如何应对数字化、网络化、智能化技术的体系化发展与新一轮技术革命所带来的新挑战与新问题。《数智教育学》一书正是对这一问题的一个初步的研究与解答，力图超越传统的教育技术学，从更为根本、更加关注理论、更为上位的角度为面向未来的教育学的发展提供创新的理论视角、理论问题乃至方法论的思考。

本书的撰写在研究团队统一组织下进行。研究的主题与全书的整体设计由刘复兴提出，经大家共同讨论确定。书稿的各个章节由不同的作者分别撰写，分工如下：

前　言：刘复兴

第一章：刘复兴

第二章：娄雨

第三章：刘复兴

第四章：詹宏毅、惠文婕

第五章：余晖、朱俊华

第六章：袁玉芝、李清煜

第七章：胡翔、孙立会

第八章：雷雳、王宏霞

第九章：王晓芳、李芳

第十章：檀慧玲、王玥

第十一章：刘福才、高杰

第十二章：管华、徐赟、白紫薇、刘惠

第十三章：曹宇新、刘复兴

书稿最后由刘复兴统一审定，袁玉芝副教授做了大量组织协调与排版、修改、校对工作。本书的出版得到了中国人民大学出版社王雪颖编辑的大力支持，得到了各位作者所在单位的大力帮助，得到了许多同行专家学者的关注和支持。在此一并表示衷心感谢！特别要感谢北京理工大学王战军教授！因为要写一本不同于工业文明时代教育学的“新教育”的这个念头，实际上最早是在七八年以前我与王战军教授从江苏宜兴开完学术会议回京的高铁上讨论学术问题时讨论的一个问题。王战军教授对于数智技术对教育影响的见解给了我很大的启发，应该说是这件事情的一个开端。由于本书主题属于一个新的前沿研究领域，作者团队水平有限，书中的错漏在所难免，恳请读者朋友给予批评指正！

刘复兴于国学馆
2025 年 1 月 1 日

图书在版编目（CIP）数据

数智教育学 / 刘复兴等著. -- 北京：中国人民大学出版社，2025. 8. --（当代中国教育学人文库）.
ISBN 978-7-300-34170-5

Ⅰ. G40-39

中国国家版本馆 CIP 数据核字第 2025SK7999 号

当代中国教育学人文库
数智教育学
刘复兴 等 著
Shuzhi Jiaoyuxue

出版发行	中国人民大学出版社		
社　　址	北京中关村大街 31 号	**邮政编码**	100080
电　　话	010－62511242（总编室）		010－62511770（质管部）
	010－82501766（邮购部）		010－62514148（门市部）
	010－62511173（发行公司）		010－62515275（盗版举报）
网　　址	http://www.crup.com.cn		
经　　销	新华书店		
印　　刷	北京宏伟双华印刷有限公司		
开　　本	720 mm×1000 mm　1/16	**版　　次**	2025 年 8 月第 1 版
印　　张	22.75	**印　　次**	2025 年 8 月第 1 次印刷
字　　数	383 000	**定　　价**	68.00 元